本书受南京森林警察学院学术著作出版基金资助

国外大学研究论丛

全球化进程中美国学校教育意识形态问题研究

方蒸蒸 —— 著

南京师范大学出版社

图书在版编目(CIP)数据

全球化进程中美国学校教育意识形态问题研究 / 方蒸蒸著. — 南京：南京师范大学出版社，2017.2

(国外大学研究论丛)

ISBN 978-7-5651-3044-1

Ⅰ. ①全… Ⅱ. ①方… Ⅲ. ①学校教育—意识形态—研究—美国 Ⅳ. ①G571.2

中国版本图书馆 CIP 数据核字(2016)第 290608 号

书　　名	**全球化进程中美国学校教育意识形态问题研究**
作　　者	方蒸蒸
责任编辑	崔兰
出版发行	南京师范大学出版社
地　　址	江苏省南京市宁海路 122 号(邮编:210097)
电　　话	(025)83598919(总编办)　83598412(营销部)
	83598297(邮购部)
网　　址	http://www.njnup.com
电子信箱	nspzbb@163.com
印　　刷	江苏凤凰通达印刷有限公司
开　　本	710 毫米×1000 毫米　1/16
印　　张	18.5
字　　数	322 千
版　　次	2017 年 2 月第 1 版　2017 年 2 月第 1 次印刷
书　　号	ISBN 978-7-5651-3044-1
定　　价	43.00 元
出版人	彭志斌

南京师大版图书若有印装问题请与销售商调换

版权所有　侵犯必究

序

方蒸蒸的博士学位论文《全球化进程中美国学校教育意识形态问题研究》要出版了,这是非常值得庆贺的。回想她攻读比较教育学博士学位的历程,作为她的指导教师,我是非常支持方蒸蒸的研究主题的,也非常期待她的这项研究。她长期从事思想政治教育研究与教学工作,进入比较教育学专业攻读博士学位后,我特别强调如何把自己的原有学术专长与博士学位的努力方向联系起来,方蒸蒸的研究选题正切合了这种抉择、联结与融通,而且巧妙地把比较教育研究与美国学校的意识形态教育以及我国的思想政治教育联系了起来,这个研究选题对于方蒸蒸来说是顺理成章的。

方蒸蒸的博士学位论文试图探讨全球化进程中美国学校意识形态教育的特征及其存在的问题,研究选题具有较大难度和挑战性,但在方蒸蒸提出要研究这个主题的时候,我们就敏感地意识到这是一个非常具有研究价值和理论价值的前沿性课题;当她把论文各章的初稿传递给我的时候,我感到她是花费了大量的心血和精力的,她阅读了大量的英文文献和资料,对纷繁复杂的美国学校意识形态教育的矛盾、特征和问题进行了分析,研究是具有深度和理论性的,我对她的研究是满意的,所有的担心和疑虑都"烟消云散"了。

意识形态教育是世界各国社会发展不可回避的主题,也是一个价值选择的难题;它既是一个现实的教育理论问题,也是一个复杂的教育实践问题;意识形态既是教育的目的和旨趣,也是教育的内容和手段。正如迈克尔·阿普尔所指出的:教育是一个充满意识形态斗争与妥协的场所,既是导致社会意识形态的原因,也是其结果;教育既是决定性的因素,也是被决定的因素。研究全球化进程中美国学校的意识形态教育,不仅有助于理解美国意识形态教育的本质和矛盾,而且对于我国改革学校意识形态教育或思想政治教育具有重要的理论价值和现实意义。

方蒸蒸的著作是对一项非常复杂问题的探讨,研究的内容异常复杂且具有争议性,涉及美国学校意识形态教育的多种层面。为了达成研究的目标和任务,方蒸蒸的研究进行了创新性的、全面系统的探索。其一,著作对全球化进程中的意识形态教育进行了理论的或学理的分析,对全球化的意识形态、意识形态与教育的关系、意识形态与国家利益等基本理论问题进行了研究和论述,为深入探讨美国学校意识形态教育奠定了理论的基础;其二,著作历史地分析了美国意识形态教育的发展,论述了"美国精神"的形成过程,认为黏合美国社会种种矛盾的正是以"美国精神"为代表的主流意识形态,揭示了美国意识形态教育的历史阶段性特征;其三,著作分析了美国意识形态教育的争论焦点,这些争论说明美国意识形态教育存在不同的观点,著作对各种争论观点进行了较充分的评论,能够较好把握美国意识形态教育的冲突和本质;其四,著作研究了全球化进程中美国学校意识形态教育的实践,对美国意识形态教育的政策诉求、教师的意识形态、意识形态教育的路径选择、意识形态控制等进行了分析,分析具有较好的理论性,能够充分揭示美国学校意识形态教育的困局;其五,著作讨论了全球化进程中美国学校意识形态教育方面存在的问题及其实质,批判性地指出美国意识形态教育的冲突,以及美国意识形态全球霸权的问题所在;其六,著作分析了全球意识形态教育的共性特征及其对我国的借鉴意义,著作的研究结论和观点具有合理性和揭示性。

著作虽然研究的是美国学校意识形态教育,但作者始终秉持中国立场,提出在"放眼全球"与"立场坚定"之间寻求意识形态教育的突破。作者采用比较教育研究的方法论立场,以历史比较的研究方法和全球化的视角,在"文本之内"和"文本之外"对美国学校意识形态教育的历史发展和事实资料进行理论分析和批判性反思,为深入探讨我国学校意识形态教育改革提供了理论的思考和依据。著作采用历史比较的意识形态分析方法,讨论了全球化进程中美国意识形态教育的争论焦点、教育实践、问题与实质,目的在于论述我国意识形态教育的改革,以应对全球化的意识形态冲击,著作的研究目的和立场是明确的。

方蒸蒸是一位敢于挑战难题、挑战自我的青年,我对她的学术志趣是持肯定和支持态度的,她也在笃学、慎思、敏行的过程中取得了很大的学术进步。在她的著作付梓之际,作为指导教师,我很乐意为其新著再添上一份序言,以表示真挚的祝贺,也期待着方蒸蒸在学术的道路上越走越远,取得更多的研究成果。

程晋宽
2016 年 9 月 20 日于南京师范大学

目　录

绪　论
一、问题缘起与研究意义　/1
　　(一)问题缘起　/1
　　(二)研究意义　/9
二、国内外研究现状及趋势　/13
　　(一)国内研究现状及趋势　/13
　　(二)国外研究现状及趋势　/18
三、研究思路、方法与本书核心概念　/28
　　(一)研究思路　/28
　　(二)研究方法　/28
　　(三)本书核心概念　/30

第一章　全球化进程中的意识形态教育
第一节　全球化理论的意识形态演进　/35
　　一、意识形态观点的历史"流变"　/35
　　　(一)意识形态观点的历史"意蕴"　/36
　　　(二)意识形态观点的当代"内涵"　/38
　　二、全球化理论的"意识形态性"　/39
　　　(一)全球化理论的现代性演进　/39
　　　(二)全球化理论的意识形态"工具理性"　/42
第二节　全球化背景下意识形态与教育的关系　/45
　　一、意识形态与教育的"浸染"　/45
　　二、意识形态与教育价值观　/46
　　　(一)意识形态教育的"价值无涉"　/47
　　　(二)意识形态教育的"价值牵涉"　/48
第三节　全球化背景下的意识形态与国家利益　/49
　　一、"全球化"理论中的国家利益　/49
　　二、"意识形态"与国家利益的黏合　/50
　　三、"全球化"意识形态对国家的影响　/51

第二章　美国意识形态教育的历史传承
第一节　"宗教教育"与"公民教育"的融合　/56
　　一、"新大陆"的宗教意识形态教育　/57

（一）殖民地时期的宗教教育 /57
　　（二）宗教教育与世俗教育的"混搭" /57
　　（三）政府逐渐接手的大众教育 /58
　二、主张"平等"的公民意识形态教育 /59
　　（一）19世纪初公立教育的兴起与意识形态教育 /60
　　（二）19世纪末20世纪初公立教育的进一步发展与意识形态教育 /61
　　（三）公立教育的意识形态真的能带来"平等"吗？ /62
　三、作为意识形态的道德教育 /64
　　（一）道德教育的缓慢发展 /64
　　（二）道德与生活世界的剥离 /65
　　（三）价值观教育的复归 /66
　　（四）新技术时代的意识形态控制 /68
第二节　美国人的"美国梦"意识形态教育 /68
　一、"新"美国《宪法》中的政治权利 /69
　二、"美国梦"意识形态教育的历史演进 /71
　　（一）保守的"美国梦"：精英教育 /71
　　（二）"美国梦"的意识形态"新"冲突 /72
　三、"美国梦"是全体美国人的梦吗？ /73
　　（一）关于平等的"美国梦" /73
　　（二）关于"新秩序"的美国梦 /75

第三节　学校意识形态教育的民主图景 /76
　一、公立学校宣扬的民主精神 /76
　　（一）早期公立学校的民主意识形态 /76
　　（二）公立学校教育目标与现实的意识形态困境 /78
　二、"白人至上"的历史传统 /79
　　（一）自然科学依据中的"白人至上" /79
　　（二）社会心理认知中的"白人至上" /80
　三、"例外论"与民主承诺 /81
　　（一）"例外论"与技术理性 /81
　　（二）"例外论"与教育神话 /82
　四、种族隔离遭遇的"民主尴尬" /83
　　（一）种族隔离中的教育意识形态 /83
　　（二）"种族融合"后的意识形态冲突 /84
　　（三）种族歧视的持续发酵 /85

第四节　联邦政府的意识形态教育责任 /86
　一、内战后民主党政府教育援助的意识形态 /87

(一)学校教育"扩张"运动的意识形态　/87
　　　(二)政府的"进步主义"教育改革的意识形态　/89
　　　(三)持续扩大受教育权的意识形态　/90
　二、教育政策与社会变革的意识形态　/91
　　　(一)约翰逊总统的"伟大社会"计划　/92
　　　(二)《高等教育法案》赋予的"更多机会"　/93
　　　(三)"民权运动"的意识形态变革　/94
　　　(四)知识社会的工人"意识形态"转型　/96

第三章　全球化进程中美国学校意识形态教育的争论焦点
　第一节　学校教育改革中的意识形态之争　/98
　　一、教育改革中的意识形态:"标准"与"质量"要求　/99
　　　(一)基于"标准"的教育政策及意识形态　/100
　　　(二)教师评价的"高标准"与"低质量"　/100
　　二、教育改革中的"量化"模式及意识形态焦点　/101
　　　(一)教育理念的意识形态:教育"投入"与"产出"之争　/102
　　　(二)"量化"过程中的意识形态:"事实"与"价值"之争　/103
　　　(三)"量化"之后:"大众意识"与"精英意识"之争　/104
　　三、教育观念中的意识形态争论焦点　/105
　　　(一)受教育者的语言意识形态转换:"学生"与"学习"的新定义　/105
　　　(二)教育功能的意识形态争论焦点:资格性、社会性和个体性　/107
　第二节　学校教育政策的"意识形态"纷争　/109
　　一、"政治宗教"中的意识形态　/109
　　　(一)宗教意识形态的色彩:"民主党"与"共和党"之争　/110
　　　(二)意识形态分化:"教育"与"党派"立场　/111
　　二、教育的意识形态目的:"私人"与"公共"之争　/112
　　　(一)属于"私人事务"的教育意识形态　/112
　　　(二)意识形态的现实困惑:"个人"与"公共"的利益观冲突　/114
　　　(三)教育的"进步"和"保守"意识形态之争　/115
　第三节　知识社会的学校意识形态"冲突"　/116
　　一、知识社会意识形态:对"知识"教育的合理诉求　/117
　　二、知识社会中的"新"意识形态争论　/118
　　　(一)"后现代主义"的意识形态争论　/118
　　　(二)"新自由主义"的意识形态争论　/120
　　　(三)"第三条道路主义"的意识形态争论　/121
　　三、知识社会中高等教育的"意识形态冲突"　/122

(一)"教学模式"的意识形态转换：传统与现代的冲突 /123
(二)"教育结果"的意识形态冲突："大众化"与"民主化"的矛盾 /124
(三)"教育过程"的意识形态冲突："效率"与"知识"的矛盾 /125
(四)"教育方式"的意识形态转变："灌输"与"交互"模式的冲突 /126

第四章 全球化进程中美国学校意识形态教育实践探索

第一节 美国教育政策中的意识形态诉求 /128
  一、联邦政府的意识形态教育政策 /129
    (一)联邦政府对教育的"接管" /129
    (二)联邦政府对教育的大力投入 /130
    (三)政府对课程的意识形态操控 /132
  二、对扩张的联邦教育管理权的意识形态批判 /134
    (一)联邦政府的资金支持及其与公立学校之间的关系 /135
    (二)社区学院的"阶级分化"意识形态 /136

第二节 美国教师的意识形态观念影响 /137
  一、美国公立学校教师的意识形态特点 /138
    (一)教师意识形态的"一致性"趋向 /138
    (二)教师意识形态的"差异性"表现 /139
  二、美国教师"政治文化"的意识形态性 /140
    (一)教师中的意识形态"集体思维" /141
    (二)教师中的意识形态"同质性" /142
  三、美国教师政治观点的意识形态性 /142
    (一)教师的意识形态"政治化"立场 /143
    (二)教师的意识形态"政治化"过程 /144
  四、美国教师教育组织的意识形态抉择：以TFA为例 /145
    (一)美国教师选拔的意识形态困境 /146
    (二)TFA培养方案的意识形态批判 /150

第三节 美国学校意识形态教育的路径选择 /157
  一、促进公民民主的意识形态教育哲学 /157
    (一)公民教育的意识形态性 /158
    (二)政治学科中的意识形态教育价值 /159
    (三)创建与"政治实践"相结合的意识形态教育文化 /161
  二、基于教室的意识形态教育模式 /162
    (一)课程标准和竞选政治的意识形态"胶着" /163
    (二)教室中师生交流的意识形态定位 /164
  三、培养"客观"的意识形态教育立场 /165

(一)使用历史案例和模拟练习 /165
　　(二)使用假设和虚构的例子 /166
　　(三)传授民主技巧的意识形态教育方法 /168
　　(四)实证化的政治理论课堂模式 /169
　四、基于学生"参与效能"的意识形态教育目的 /171
　　(一)公民意识形态教育在"政治参与"中的效能 /171
　　(二)政治"参与效能"的意识形态目标 /174
　　(三)课外"政治参与"的公民空间:以南达科他州大学为例 /175
　　(四)课内"政治参与"的民主意识形态教育实践 /177
　五、基于家庭和宗教的意识形态教育环境 /179
　　(一)家庭在意识形态培养中的作用 /179
　　(二)宗教意识形态教育的影响 /180
　　(三)社区在意识形态教育中的作用 /180

第五章　全球化进程中美国学校意识形态教育问题及其实质

第一节　"教育平等"与基于"阶级地位"的教育意识形态 /182
　一、教育"机会平等"的愿望:目标与现实的差距 /183
　　(一)公立教育的"平等"神话 /183
　　(二)可"选择"的教育:促进教育平等的举措 /185
　　(三)"平等"与"质量"的兼顾:NCLB的保守主义意识形态 /187
　　(四)制定"高标准"的课程和绩效目标 /189
　二、"民主理念"与学校"多元主义"的文化意识形态 /190
　　(一)"一"与"多"的文化价值困境 /191
　　(二)种族问题:民主与"多元主义"文化中的"阴霾" /193

第二节　美国意识形态教育的"国家控制" /195
　一、地方对学校意识形态控制的"退化" /196
　　(一)地方控制教育的意识形态"退化" /196
　　(二)地方学校整合的意识形态困境 /197
　　(三)对教育管理的意识形态博弈 /198
　二、对教育管理权的意识形态争夺 /199
　　(一)政府对教育控制权的"集中化"趋势 /200
　　(二)"择校"和市场意识形态的影响 /201
　　(三)对学校管理的"私人接管" /204

第三节　教育"产业化"的意识形态冲突 /209
　一、教育的"产业化"意识形态 /209
　　(一)"隐性"教育和"产业化"模式 /209

（二）"商业文化"对教育的意识形态染指 /211
　二、美国高等教育中的"商业意识形态" /214
　　（一）高等教育商业意识形态的驱动因素 /214
　　（二）高等教育的商业意识形态模式 /217
　　（三）高等教育商业意识形态模式的局限性 /220
第四节　美国意识形态教育中"文化霸权"的全球彰显 /223
　一、学校道德教育中的"文化"意识形态冲突 /223
　二、全球化背景中的美国文化"软实力" /225
　三、基于"国家安全"的意识形态教育政策 /226
　四、全球化背景中的意识形态"价值争夺" /228

第六章　全球化进程中美国意识形态教育的发展及其启示

第一节　意识形态教育的共性研究 /230
　一、学校意识形态教育的功能 /230
　　（一）传播社会主流意识形态的重要方式 /231
　　（二）增强社会"认知一致性"的重要途径 /233
　二、学校意识形态教育的特点 /234
　　（一）学校教育的"意识形态性" /235
　　（二）西方社会意识形态教育的不同策略 /235
第二节　中国意识形态教育的探索与借鉴 /238
　一、中国意识形态教育的发展现状 /238
　　（一）中国共产党主导下的意识形态教育 /239
　　（二）中国意识形态教育中的问题 /242
　　（三）新世纪中国意识形态教育面临的挑战 /244
　二、美国"意识形态教育"对中国的借鉴意义 /246
　　（一）意识形态教育的"显性"与"隐性"的结合 /247
　　（二）注重培养学生的"民主协商"精神 /248
　　（三）探索意识形态教育的实践途径多元化 /250

结　语："立场坚定"与"放眼全球"的意识形态教育 /254
　一、意识形态教育中坚定"马克思主义"的指导思想 /254
　二、意识形态教育中"放眼全球"的融入姿态 /256

参考文献 /261

后　记 /283

绪　论

一、问题缘起与研究意义

（一）问题缘起

进入 21 世纪的今天，世界各国在经历经济深刻变化的同时，也都在注视着意识形态领域的发展，尤其近年来通过意识形态教育进行社会控制逐渐得到世界各国教育机构的重视，成为教育理论和实践研究者日益关注的课题。意识形态教育是世界各国社会发展不可回避的主题，也是一个关于价值选择的难题；它既是一个现实的理论问题，也是一个复杂的实践问题。冷战结束后的世界格局风云变幻，东西方意识形态之间的冲突不仅没有"终结"，反而朝向更加复杂和具有更多不确定因素的方向发展。研究全球化进程中美国学校教育意识形态，对中国意识形态教育改革具有重要的理论价值和现实意义。

1. 全球化背景下国家意识形态安全问题凸显

20 世纪 80 年代以来，全球化逐渐成为一个广泛流行的概念。作为现代社会最重要的特征之一，全球化正从政治、经济、文化、国家安全等多个层面改变着人们的生活方式和文化观念。全球化时代空前广阔的交往空间一方面促使人类共同利益的形成，另一方面也使得各民族国家对有限战略资源的争夺呈现更加白热化的趋势。在全球化背景下，世界各国正从对经济发展问题的一元关注中走出，逐渐加强了对文化"软实力"中凸显的"意识形态"问题的重视。

（1）全球经济问题诱发对"资本主义"的再思考。始于 2007 年，纵深蔓延的次贷危机不仅席卷了美国、欧盟和日本等世界主要金融市场，引起了世界范围的经济衰退和危机，而且再次彰显了"全球化"这把双刃剑所带来经济负面效应的威力。欧美等西方发达国家的经济萧条景象及其造成的大规模失业，让人们再次深切地感受到经济危机的可怕。在一百多年前金融危机的大背景下，马克思发表于 1867 年 9 月 14 日的鸿篇巨制《资本论》重新进入西方发达国家更多人的视野。人们发现，一百多年前马克思对资本主义制度下人性"贪婪""自私"的剖析，正印证了现在的金融危机。"马克思又回来了"这个声音在西方社会渐渐响起。美国的"占领华尔街"运动,欧债危机,利比亚、叙利亚等国的动乱等一系列事件充分说明了国际局势动荡不安,引起了人们对资本主义制度和"资本主义精神"的重新思考。

(2)"后"冷战时期"意识形态安全"的再挑战。在全球化问题中,争议最多、讨论最激烈的是"意识形态安全"问题,这也是全球化问题的关键所在。无论是从前人对全球化研究的成果来看,还是从全球化进程中出现的问题来看,"意识形态安全"问题的影响远远超出了经济领域,已经上升至文化、政治和国家安全层面。"冷战"结束后,全球范围内掀起了研究意识形态的小高潮,如丹尼尔·贝尔的"意识形态终结论"、弗朗西斯·福山的"历史终结论"、吉登斯的"第三条道路"、以哈耶克为代表的"新自由主义"思潮,还有所谓的"新保守主义"等。另外,在全球化进程中凸显出来的"民族主义"和"国家主义"等都对国家的意识形态安全提出了挑战。从国际上看,全球化进程中意识形态问题呈现多元化和复杂化的发展趋势,也是对所谓"文化全球化""世界主义"理念的拷问。反映在教育领域,正如西方有学者指出的,知识经济时代,在高等教育中的意识形态与社会文化的碰撞中,关于知识社会的讨论有三种"新"意识形态与之相关:后现代主义、新自由主义和"第三条道路"主义。在对其进一步的研究中,发现"新"意识形态是一个最具有竞争力的概念,这些"新"意识形态对高等教育产生了深刻影响,导致了实践中无法弥合的文化冲突。①

(3)中国意识形态教育中的"暗流"再涌动。从国内看,全球化不仅带来了中国与世界各国经济上的发展与融合,西方资本主义意识形态也趁虚而入。虽然目前我国学校的意识形态教育仍然是以马克思主义理论为方法论和指导思想,但由科技革命带来的信息传播手段的革新,各种"自由化"言论、"文化复古"主义、"告别革命论"等思潮也在影响着我国的青年学生。如从20世纪80年代兴起的"文化热",以文化史观为基础的"儒学复兴论""儒学第三期发展"、21世纪是"儒学复兴世纪"的宣传,以寻求儒学"道统"为旨归,宣扬"原道"意识,把文化价值的核心简化为单纯的义理,视文化为社会变迁的决定因素。其次,20世纪90年代出现了"告别革命"论,李泽厚主张从反思80年代"文化热"中的激进主义到反省"五四"以来整个中国近代思想史中的激进主义,从批判文化激进主

---

① Delanty Gerard. Ideologies of the Knowledge Society and the Cultural Contradictions of Higher Education[J]. *Policy Futures in Education*,2003(1). 71-83.

义到批判政治激进主义,反省反思整个中国近代史。还有观点认为,只要中国实现了现代化,独立与否是无关紧要的。这些思想和观点都是全球化时代不可避免的文化价值碰撞,全球化已经沦为一种特殊的"意识形态"工具,重视全球化进程中的国家意识形态安全教育,已经成为维护国家意识形态安全的时代课题。

2. 关于意识形态教育的本体论之争

受西方学者对意识形态教育认识的影响,改革开放以来,在中国的意识形态教育领域也存在诸多命题。能否正确认识这些命题,关系到中国的意识形态教育的方向和路线。

（1）思想教育的"泛"意识形态化与"去"意识形态化。"泛"意识形态化和"去"意识形态化是在意识形态研究中存在的两种倾向。"泛"意识形态化有两种表现：一种是指在意识形态研究中,把与"经济基础"相对应的"上层建筑"统统作为"意识形态"看待,如科学、技术、语言等,把意识形态研究领域过度扩大,存在将其"泛化"的危险;另一种是基于一定党派利益的意识形态,即坚持政党意识形态教育。持这种观点的人认为,意识形态教育就是思想政治教育,是进行阶级斗争的工具,用政党意识形态教育代替道德教育、公民教育等。这样做的后果是在实际教育过程中,把意识形态教育变成了一种单纯的政党思想意志的宣传活动或纯粹的政府行为。这种观点的危害在于,学校若将其作为政治任务来落实,必然达不到预期教育效果,也不利于学生正确世界观、人生观和价值观的培育。在全球化进程中,尤其是知识经济时代到来后,这两种倾向及其言行都是有危害的。

"去"意识形态的观点主要是受西方"价值澄清理论""价值中立"思想的影响,认为对学生的思想教育要想具有科学性,就必须与意识形态分离,而受特定政党思想影响的政治教育不可能具有科学性,因此,思想教育要"去"意识形态化。另外,"价值中立"学说认为,在要使"思想教育科学化"的人眼中,意识形态作为执政党的思想体系,是有价值判断的,价值因素阻碍了思想教育的科学发展,因此主张学术与政治相分离。同时,主张把马克思主义和其他意识形态放到同等位置,进行"公平竞争"。这些观点受到了抽象"人性论"的影响,而意识形态教育是做人的工作,"思想政治教育学的理论基础应该是马克思主义关于人的理论"①,不能离开具体的、现实的人。因为"政治意识形态为了维护现存的社会制度,必须统一人们的信念,因而它必然有不可移易的政治价值观,思想政治教育本质上必然要履行这种政治意识形态教育的职能"②。

（2）意识形态教育中的"理性因素"与"感性因素"。意识形态教育作用的体现既包括理性思维教育的结果,也包括感性因素渗透的结果,二者不可偏废。传统的意识形态教育主要是通过对思想理论家的理论体系成果进行理性分析和解释,并与其他理论进行比较,揭示其中的价值观念、方针政策、思想路线等的合理性和优越性,从而使人们认同并积极接受这些价值观念、方针政策和思想路线,并作为自己行动的指南。因此,要使作为理论的意识形态能够影响人,就必须通过一定的理论灌输,使人们通过理性的分析达到对理论的自觉。思想政治教育作为传播意识形态的主要工具,就要采取理论学习的方法,让受教育者通过系统的理论学习,能够深刻认识、领悟意识形态所包含的理论的科学性,对意识形态产生真正的理性认同。

除了理性因素外,还有各种"感性因素",如作为社会传统文化存在的意识形态。"作为文化的意识形态是人们精神的寄托、心灵的慰藉、理想的表达、生活的期盼。它表现为世代相沿的观念、规范、习惯、礼仪及制度等等,是人们物质生活条件的回声,是人们现实的社会关系的反映,是一定社会价值体系的核心。"③但它发生作用的方式通常不是通过理性的选择,而是靠内心的信念或习惯等方式在起作用。在意识形态教育中往往会忽视这些非理性形式,马克思在《路易·波拿巴的雾月十八日》中指出:"在不同的占有形式上,在社会生存条件上,耸立着由各种不同的、表现独特的情感、幻想、思想方式和人生观构成的整个上层建筑。整个阶级在它的物质条件和相应的社会关系的基础上创造和构成这一切。"④2003年发生在格鲁吉亚的"玫瑰革命"和2004年发生在乌克兰的"橘色革命"等"颜色革命"事件更加证明了意识形态发生作用的感性向度。所以,在选择教育方法时,也必须考虑到意识形态作用的感性机制,选择运用感性教育方法。人们

---

① 邹学荣.思想政治教育学[M].重庆:西南师范大学出版社,1992. 59.
② 朱其东,孙其昂.思想政治教育本质论的制度分析[J].探索,2011(3).125.
③ 石书臣.论思想政治教育的意识形态性与非意识形态性的统一[J].探索,2003(3).82.
④ 马克思恩格斯选集(第1卷)[M].北京:人民出版社,1995. 611.

"所需要的信仰不能硬灌进去;所需的态度不能粘贴上去。但是个人生存的特定的生活条件,引导他认知与感知到一件东西,而不是另一件东西,……生活条件在他身上逐渐产生某种行为系统,某种行为倾向"[①]。意识形态教育不能孤立地展开,而要根植于生动而丰富的社会生活,人会在丰富的社会生活中耳濡目染,受到熏陶,意识形态逐步得到内化。在这些"隐性"的意识形态教育方法中生成的对国家的忠诚与热爱也内含了意识形态教育的"理性成果"。

(3) 意识形态教育实质与"普世价值"的观点。普世价值观来源于基督教,将"普世"与"价值"联系在一起,是资产阶级"博爱"思想的翻版。它主张世界上存在着一种适用于一切时代和一切人的价值。应该说,普世价值中关于自由、平等、人权等内容是人类文明和进步的成果,适用于任何制度的国家。但如果就此打着"一切适用"的口号来抹杀意识形态之间的区别,尤其是通过对青少年价值观渗透的教育来实现,采用更隐秘的方式达到全球的"资本主义意识形态化",这就有违普世价值中积极一面的本质了。如持普世价值观的人认为,目前中国的问题不是经济改革中市场化取向的错误,而在于与经济体制相配套的政治体制改革的不到位、不彻底、不全面,缺失的是法治、民主、自由、人权、公平、正义等普世价值,主张用这些"普世价值"来代替马克思主义意识形态,取代社会主义国家中的主流意识形态指导地位。毫无疑问,这背后隐藏着的正是不同意识形态的利益诉求。

学校教育与其虚幻地"去意识形态化",毋宁现实地处理好学术与政治、述学与咨政的关系。列宁也早就批判过那种教育与政治分离的错误观点:"所谓教育'不问政治',教育'不讲政治'都是资产阶级伪善说法。"[②]意识形态教育是国家教育的重要内容,所有"知识"都不是中立的,而是带有社会偏见,知识的构建总是为社会中某些人的特定利益服务的,也就是说,课程内容必然反映社会统治集团的意识形态。因此,虽然人类社会存在诸如追求真、善、美等"普世"价值,但绝不能打着某种"普世价值观"的旗号抹杀或取代社会主义意识形态价值观。

3. 美国的意识形态教育研究现状

(1) 意识形态教育的核心——对资本主义制度优越性的推崇。美国一贯把

---

① [美]德弗勒,丹尼斯.大众传播通论[M].王怡红,等,译.北京:华夏出版社,1989.303.
② 列宁选集(第3卷)[M].北京:人民出版社,1972.301-302.

捍卫自由、平等的价值观和道德理想作为自己的国家目标。这一现象源于美国独特的建国经历和国家认同。在意识形态教育中,"学校通常成为争夺下一代心灵和意识的战场。学校教育作为核心机构之一也发挥着传递国家、社会和宗教价值观的社会化作用"①。学校作为占主导地位的意识形态国家机器,是传播意识形态的主渠道,学校在教育过程中不断复制和再生产意识形态,并使之能够顺利地传承。通过意识形态的灌输,不仅再生产出劳动力,而且再生产出现存的生产关系。阿尔都塞说:"所有意识形态国家机器,无论它们是什么,促成了相同的结果:生产关系的再生产,即资本主义剥削关系的再生产。"也就是说,学校教育不仅传授一定的知识和技能,还传授了现存社会的规范、价值观念等一系列的思想观念。这些规范和观念实际上是一定社会的主导意识形态。阿尔都塞从劳动力的再生产角度揭示了学校系统在意识形态传播过程中所发挥的重要作用。学校不仅使学生学会了劳动技能,而且还帮助学生确立良好的"行为规范",包括道德规范、职业良知等。这些规范不过是主导意识形态所规定的价值观而已,目的是使工人能够服从现存的秩序,因此,他说:"学校(还有像教会这样的其他国家机构,像军队这样的其他机器)给人传授'本领',无非是以保障人们对占统治地位的意识形态的臣服或保障他们掌握这'实践'的形式进行的。"②

在美国,学校并不开设"思想政治"课,并对"意识形态教育"这样的字眼也讳莫如深,因此给人以误导,认为美国政府和社会对学生进行"意识形态"教育是不可思议的,只有社会主义国家才会对其人民进行意识形态方面的"灌输"。然而,美国在公民教育、道德教育、法制教育、宗教教育、历史教育、地理教育等名义下进行了大量的、实质性的"隐性"意识形态教育工作,核心是宣扬资本主义制度的优越性和社会主义制度的"阴暗面"。无论是在"冷战"时期,还是"后"冷战背景下,资本主义制度及其优越性的教育、反共产主义教育、公民权利和义务教育、国民精神教育等一以贯之。"任何社会,为了能生存下去……必须紧密地围绕保持其制度完整这个中心,成功地把思想方式灌输进每个成员的脑子里。"③美国上至国家政策的制定,下至小学教室的布置,随处可以看到对"美国精神"的宣传。

---

① Chung Fay. Education: A Key to Power and a Tool for Change—A Practitioner's Perspective[J]. *Current Issues in Comparative Education*, 1999, 2(1). 91.

② [法]路易·阿尔都塞. 哲学与政治:阿尔都塞读本[M]. 陈越编. 长春:吉林人民出版社, 2003. 325.

③ [美]安东尼·奥罗姆. 政治社会学[M]. 上海:上海人民出版社, 1989. 317.

因此，全面研究美国学校意识形态教育可以使我们更好地认识到"意识形态教育"也具有"普世"意义，研究和揭示西方发达国家的学校意识形态教育实质，进一步完善和加强意识形态教育亦成为全球化时代的重要理论和实践课题。

（2）意识形态教育的主要途径——对学校教育的控制。在美国，对来自各个阶级的儿童进行学校教育，通过各种形式和方法向儿童灌输一定的基本知识，也正是在现代资本主义国家，才真正使意识形态教育成为普遍的"国家机器"。这些知识包括如语言、自然史、数学、科学、文学等似乎是与意识形态没有关系的"纯粹"知识，还有诸如公民教育、哲学、伦理学、历史等意识形态的"相关"知识。可以看出，学校所传授的知识以及为人处世方式和品德教育是每一个儿童成长为符合资本主义社会关系中的"正常人"、成为一个合格公民的必要条件，从家庭到社区，从学校到工厂，从电视剧到游乐场，每个角落都能发现美国进行意识形态教育的影子。作为意识形态国家机器的现代学校教育只能是资本主义生产关系再生产的工具，从根本上是为资本主义制度服务的。

（3）对美国学校教育的意识形态批判。首先，对基于美国资本主义制度"需要"的技能培训批判。鲍尔斯（S. Bowles）与金提斯（H. Gintis）揭示了资本主义美国的学校教育与经济制度之间的关系，揭示了学校教育不平等的本质和特点，并指出了学校教育其实也是制造不平等的场所，认为美国的教育承担着使资本主义制度永存或"再生产"（reproduction）的任务[1]，它是保持或增强现存社会与经济秩序的社会制度之一。因此，教育不能作为一种促进更大的平等与社会正义的改革力量。美国实行强制性大众教育的目的，正是资本主义制度需要的。大众教育为资本主义经济提供所需要的有知识和技术的人才，同时提供认可资本主义社会的价值观教育，使资本主义的治理具有合法性。

其次，基于国家意识形态的"隐性课程"批判。隐性课程一般被定义为在学校生活中，尤其是在与教师、学生的交互作用过程中，学生无意识地学到的一些东西，也就是在正规课程之外所学到的东西。学校之所以能够不依赖强大的外在统治机器就能发挥社会控制的功能，使其朝着既定的方向实现特定的意识形态的再生产，关键也就是学校生活和教育过程中存在着这种潜在课程[2]。这一

---

① [美]鲍尔斯,金提斯.资本主义美国的学校教育——教育改革与经济生活的矛盾[M].李锦旭,译.台北:桂冠图书股份有限公司,1989.44.
② 钟启泉,李其龙.教育科学新进展[M].西安:陕西人民教育出版社,1993.135.

界说得到了新马克思主义学者的共鸣,将人们研究的视野从教育的"再生产"引向学校课程中的"意识形态"问题方面。

再次,基于家庭阶级地位的教育成就批判。虽然美国的学校教育总是标榜"人权""平等"和对所有人开放,但是学校教育的"学业成就"始终受到儿童阶级背景的影响。如来自较高社会家庭地位的儿童,他们更有可能在学校教育中成为成功者,并最终成为上层的社会精英;而来自较低社会家庭地位的儿童,对学校适应能力不强,更有可能成为学校教育的失败者,最后还是处在下层社会中。

永恒主义(Perennialism)教育哲学的主要代表,美国教育家赫钦斯(Robert M. Hutchins)在《社会的改造与理论的抛弃》一文中也揭示了民主教育中的冲突。他认为在所谓的美国民主社会里,"以托马斯·杰佛逊(Thomas Jefferson)为例,他是一个著名的民主主义信仰者。他曾经指出,维吉尼亚(Virginia)的所有儿童都应该免费接受读、写、算和地理方面的三年级教学。他说'我们的大多数公民可能被划分为两个阶级——劳动阶级和知识阶级……当学生们离开小学时,这两个阶级就分离了——命运注定要劳动的那些学生将从事农业事务,或者去当他们可能选择的手工业技术的学徒;他们的同伴注定要从事科学的职业,并将进入学院……'"[①]。美国学校制度将由家庭出身造成的社会分层完全融入资产阶级的意识形态之中。

最后,反思美国社会的教育问题——与意识形态有关吗?恩格尔认为,西方资本主义市场意识形态就是资本主义以消费主义身份建诸学校的私有化教育体系,得益于 20 世纪 40 年代进步主义教育运动的消退。他指出,"现在跟过去比简直就是灾难,一个反民主体系的思想——市场意识形态——几乎成为教育政策和教育改革路径唯一的定义"[②]。他认为,市场意识形态"在其发展中我们除了物质自利、建造教育系统让青少年随波逐流外什么也没有。将其降低为商品,而不是教育成为'人'。学生的价值用美元而不是人文精神来

---

① [美]赫钦斯.民主社会中教育上的冲突[M].陆有铨,译.台北:桂冠图书股份有限公司,1997.53.

② Engel Michael. *The Struggle for Control of Public Education:Market Ideology vs. Democratic Values*[M]. Philadelphia:Temple University Press,2000. 3.

评价"①。恩格尔的痛心在于认为当今社会不再具有现实主义色彩,不再坚决反对保守派,资本主义意识形态成为现今学校民主教育的祸根:将学校市场化,学生成为产品,教师成为会计师——均以全球化市场为导向,在超神话的沙文主义的名义下进行。应该说,在某种程度上,美国提倡的民主、自由、平等、博爱等精神是人类文明成果,但是在"金钱决定一切"的全球市场经济氛围中,过度的"个人主义""消费主义"和"自由主义"的恶果也正在呈现,其魔爪正伸向不谙世事的校内学生。这些危机往往根源于美国的社会经济结构和美国人的价值取向与生活方式。

"在中国走向现代化的进程中,美国不仅将提供一些重要的技术和资金,而且是许多重要领域里的参照物。中国既可以向美国学到许多先进的东西,也可从美国的失败中吸取不少教训。也只有深化我们对美国的认识,才能对美国的经验进行正确的扬弃和吸收。"②这也是我们进行比较教育研究的初衷。

（二）研究意义

本研究以跨文化视角审视全球化进程中的美国学校意识形态教育,以对美国意识形态教育的现状、争论和批判为主要线索,运用多学科的方法对其意识形态教育的历史传统、争论焦点、实践路径、社会参与和问题本质等诸多方面进行系统研究,力求客观地把握其本质和发展规律。针对中国当下比较教育研究简单描述多、深刻分析少,就事论事多、理论挖掘少等弊病,本研究力图在比较教育研究的深度上做出努力。本研究以对美国学校教育意识形态本质的分析批判为视角,运用马克思辩证唯物主义基本原理,追溯美国意识形态教育的源头,从教育思潮的历史运动中,全面考察意识形态教育所赖以产生的政治、经济、文化环境,尝试对美国意识形态教育的本质和规律进行全面梳理,通过比较研究,批判吸收意识形态教育方面的成功经验和理论,同时也要坚定社会主义意识形态教育的核心价值观。

中国作为"后发外生型"国家,在意识形态教育共性的研究中,可以避免出现美国学校意识形态教育中的问题,尤其是目前中国处于经济转型的关键阶段,通

---

① Engel Michael. *The Struggle for Control of Public Education: Market Ideology vs. Democratic Values*[M]. Philadelphia: Temple University Press, 2000. 35.

② 孙建荣,冯建华,等. 憧憬与迷惑的事业——美国文化与美国教育[M]. 北京:中国社会科学出版社,2000. 序言.

过对美国学校意识形态教育本质的认识,更有利于促进中国学校意识形态教育的完善。因此,有必要对他国经验进行批判地吸收,力求既符合中国的客观实际又具有一定的超越性。

1. 对美国意识形态教育的批判和反思

运用意识形态批判的方法来研究分析美国教育,这在美国,乃至西方教育学界并不是一个新鲜的观点。早在20世纪60年代,第一批具有进步主义和激进主义精神的教育学家、教育社会学家们就开始以批判的眼光来看待美国教育。但就中国的美国教育研究而言,直到20世纪90年代,真正运用批判性反思立场来看待美国公立教育问题才开始起步①。

本研究试图打破西方鼓吹的"永恒的价值"观,主张不是"价值的永恒",而是"价值的流动"才是思想立足的根本。② 比较教育研究所要做的不仅仅是研究、比较特定的教育问题,更重要的是必须在一个更大的社会结构背景中不断反思、质询人们习以为常的认知与理解。同时,对美国意识形态教育的批判研究,并不意味着一味地否定其意识形态教育的价值。意识形态教育既可以成为宣传反动力量的舞台,也能成为释放进步力量的地方:"由于旧原则与实践的缺陷,而拒绝新原则与实践是荒谬的,因为正是这些缺陷使得变革成为必要。"③这说明了在进行批判性反思的同时,我们也必须保持辩证的思维方法。

本书通过对美国的"资本主义精神"的全面分析梳理,批判其意识形态教育的阶级性,尤其是警惕全球化的意识形态陷阱,对其虚假性进行揭露和批判,旨在引起大家对中国意识形态的竞争力、影响力与控制力的重视。在现代资本主义社会,资产阶级的意识形态统治形式发生了变化,不再表现为赤裸裸的压迫和宰制。资产阶级通过意识形态的话语权,营造统一的舆论,获取从属阶级"自愿"服从,从而维护其合法性统治地位。

对于资本主义教育的本质,伊利奇主张废除现代学校制度的最终目的是否定资本主义社会的现代精神。这些精神虽然广泛存在于医疗、交通、福利等各种

---

① 陈露茜. 美国公共学校的"意识形态冲突"[J]. 教育学报,2011(2). 120.
② [美]迈克尔·阿普尔. 意识形态与课程[M]. 黄忠敬,译. 上海:华东师范大学出版社,2001. 149-150.
③ Whitty, Geoff, Sally Power, and David Halpin. *Devolution and Choice in Education: The School, The State and The Market* [M]. Philadelphia: Open University Press, 1998. 141.

制度之中,但最集中地体现着社会精神的,还是学校制度。① 因此,需要对体现资本主义精神的学校制度进行反思。但是,由于伊利奇只是站在维护资本主义"穷人"的教育立场上,因此,不可能触及资本主义最本质的核心——资本主义制度的批判,因而其批判都是不充分的。在借鉴西方新马克思主义教育思想的批判基础上,我们应该运用马克思主义的唯物辩证法从制度上对资本主义进行彻底的批判。

2. 对中国学校意识形态教育的借鉴意义

进行比较教育研究的一个直接作用就是其借鉴意义。由于意识形态教育问题是当今世界普遍关注的话题,不仅社会主义国家关注对此问题的研究,资本主义国家同样关注。归根结底,意识形态教育就是关于对特定社会的占统治地位的思想通过特定手段进行传播的教育过程,这一过程可能是显在的,也可能是潜在的;可能是直接的,也可能是间接的;可能对社会和个人发展起促进作用,也可能起阻碍作用。因此,对青少年的意识形态教育无疑有助于统治阶级进行思想统治,从而维护其占统治地位的阶级利益,从而由阶级意识上升到国家意识,这无论对社会主义国家还是资本主义国家都是同样适用的。

随着世界各国的经济及社会发展日益全球化,世界范围内的各种思潮将会相互碰撞与交融。中国与美国都是具有世界影响力的两个大国,不仅在政治制度、文化传统、价值观念等方面都有很大的不同,在意识形态教育方面亦存在很大差异。对美国意识形态教育研究,一方面可以借鉴:"他山之石,可以攻玉","整个二十世纪,美国一直是世界第一强国……今天,美国是中国最重要的外交对手,是影响中国经济发展和政治稳定的最大外部力量;同时,美国……是同中国在教育、科学技术、文化等领域交往最多的国家。无论是总结二十世纪的历史经验、展望二十一世纪的世界未来,还是分析我国的国际环境,借鉴发达资本主义国家的经验,都必须全面了解美国,深入研究美国。"② 著名的比较教育学家康德尔认为比较教育研究的最终目的应是"发现教育问题,探讨问题产生的原因及其在特定背景中的解决办法,以及发展教育的原理和原则"。③ 因此,我们也只

---

① [美]伊万·伊利奇.非学校化社会[M].吴康宁,译.台北:桂冠图书股份有限公司,1997.译序.
② 史静寰.当代美国教育[M].北京:社会科学文献出版社,2001.序言.
③ 陈时见.比较教育导论[M].北京:商务印书馆,2007.7.

能从对美国意识形态教育的深入研究中获得理性借鉴、启示和警示,切不可照抄照搬。

3. 有助于坚定社会主义意识形态的信念

中国是社会主义国家,坚定对马克思主义和共产主义的理想信念是中国进行意识形态教育的必然立场。马克思主义和共产主义理想信念是对人类社会历史发展规律的把握,是无产阶级摆脱压迫和奴役、实现自身解放的思想武器,是实现无产阶级和人类解放的必由之路。坚持在中国共产党的领导下走有中国特色的社会主义发展道路是当代中国的主流意识形态,对青少年的意识形态教育也必然围绕这一核心进行。

然而,从国内学术界对全球化意识形态的研究来看,在全球化进程中,中国正面临社会转型的压力,中国社会的意识形态问题也不断凸现出来,"意识形态漂浮"现象一直困扰着我们。如何巩固和加强社会主义意识形态的权威性和感召力,如何培养人们对精神价值追求的自觉冲动,如何整合日益分化的社会,如何促进个体自由的实现与发展,这是时代和社会主义实践对中国意识形态教育提出的迫切要求。研究美国的学校意识形态教育能够让我们看清楚其借助全球化工具美化的"资本主义精神"实质,揭露其狭隘性和虚伪性,有助于我们在全球化浪潮带来的各种"是非"面前时刻保持清醒。

中国的社会主义建设已经到达了一个新的历史阶段,从毛泽东时期到邓小平时代,在中国特色社会主义理论体系的引领下,中国的社会主义发展在政治、经济结构和体制上已经有了很大的变化。中国市场经济制度日趋完备,政治民主稳步推行,正积极投身全球化发展进程中。社会主义意识形态与全球其他文化和意识形态在某些方面正主动或被动地相互影响并发生着变化。在这样一个经济、政治、文化交往日趋紧密的环境中,如何保持自身的意识形态主导性就显得尤为重要了。显然,对意识形态的研究与这个时代主题需求息息相关。对我们来说,认真研究马克思主义意识形态理论,批判地吸收资本主义意识形态教育方法,汲取其精华,并在马克思主义的理论指导下,与时俱进地开展中国的意识形态教育,这就是我们当前的任务。

另外,本研究还力求突出对美国学校意识形态教育研究的"批判性",出发点是全球化进程中的美国学校教育中的意识形态,着眼于对美国学校意识形态教育的本质揭示,力求对其方法、途径、内涵、模式等方面进行充分的比较研究,在马克思辩证唯物主义和历史唯物主义方法论指导下进行批判,进而"批判地吸收",寻找对我国的学校意识形态教育有益的思路。

二、国内外研究现状及趋势

围绕着"美国学校教育意识形态"这一核心问题,笔者通过中国知网、ProQuest 博硕论文全文库、EBSCO 数据库、Springer Link 数据库、SpecialSciDBS 国道特色专题数据库等国内外学术资源,对本论文所涉及的研究内容进行了全面查阅。通过分析相关文献,发现目前关于美国学校意识形态教育的研究主要集中在以下几个方面。

(一)国内研究现状及趋势

1. 对"意识形态"内涵的研究

(1)意识形态研究的唯物史观。国内学者一般把意识形态看作唯物史观的一个范畴,即作为观念的上层建筑并具有一定的实践功能的思想体系、学术主张、理论观点等。申小翠在对意识形态概念流变的研究中谈到"意识形态"概念的首次使用及对马克思、列宁的重新理解。"第一次正式使用'意识形态'这一概念的人是法国大革命时期的哲学家托拉西(Destuttde Tracy)。要用该概念来表征一门新兴学科——'观念科学'(science of ideas),并慎重申明建立'意识形态'这门新兴学科的根本目的就是反形而上学和宗教偏见。在拿破仑的强权下,作为一门理性的观念学科的'意识形态'消隐了,而'变成了皇帝用以拼命压制其反对者并维持即将瓦解的政权的斗争武器'。'意识形态'从此重新被涂抹上了一层浓厚的否定色彩","用马克思、恩格斯的话说,在这样的意识形态中它只是统治阶级'自己为自己编造出诸如此类的幻想'①。列宁提出了'科学的意识形态'这一新概念来指称马克思主义。在列宁看来,以往一切剥削阶级的意识形态都是'虚假的意识',只有马克思主义才是'科学的意识形态'"②。《中国大百科全书·哲学·Ⅱ》(1987年版)中认为意识形态是指"系统地、自觉地、直接地反映社会经济形态和政治制度的思想体系,是社会意

---

① 马克思恩格斯选集(第 1 卷)[M].北京:人民出版社,1995.100.
② 申小翠."意识形态"概念的历史流变[J].中国社会科学院研究生院学报,2006(4).35—41.

识诸形式中构成观念上层建筑的部分。在阶级社会中,意识形态具有阶级性,集中体现一定阶级的利益和要求"。宋惠昌认为:"意识形态是社会的思想上层建筑,是一定社会或一定社会阶级、集团基于自身根本利益对现存社会关系自觉反映而形成的理论体系,这种理论体系包括一定的政治、法律、哲学、道德、艺术、宗教等社会学说、观点;意识形态是该阶级、该社会集团政治纲领、行为准则、价值取向、社会理想的思想理论依据。"① 朱兆中认为"意识形态是一种特殊的有组织的理论信念体系,这种理论信念体系以逻辑的方式,通过一系列价值符号的特定结合,来论证某种政治运动、经济政治体制或现有秩序的合理性以及某种特定的理论目标的合理性,并规定一个国家、民族与社会成员所应承担的义务,以此作为广大民众的政治共识的基础"②。王国敏等人认为意识形态是一定社会阶级、集团基于自身根本利益对现存社会关系自觉反映而形成的思想体系,其目的是为了建立或巩固一定的政治制度以维护本阶级或集团的根本利益。③

　　(2)"意识形态"研究的阶级批判立场。季广茂指出:"意识形态是一个极其复杂诡异的概念,其内涵的多面性、多样性、复杂性是异乎寻常的。"④ 在马克思主义哲学的历史唯物主义著作中,一般都是结合意识形态与社会经济、政治制度、阶级利益来界定其内涵。国内较具代表性的历史唯物主义著作如肖前等主编的《历史唯物主义原理》,认为"社会意识形态作为社会的观念(或思想)上层建筑,是对一定社会经济形态以及由经济形态所决定的政治制度的自觉反映。在有阶级的社会里,社会意识形态是直接或间接反映社会的经济及政治的特点,体现一定阶级的意志和要求,力图保持或改变现存社会制度的思想观点的体系"⑤。在1981年版的苏联科学院哲学教研室主编的《历史唯物主义概论》中,意识形态的内涵被定义为"通过阶级或整个社会(在社会主义条件下)的利益、理想和目的的棱镜所反映社会关系的观点、思想和理论原则的比较严密的体系。

---

① 宋惠昌. 当代意识形态研究[M]. 北京:中央党校出版社,1993. 8.
② 朱兆中. 中国社会主义意识形态纵论[M]. 上海:上海人民出版社,2003. 4.
③ 王国敏,李玉峰. 挑战与回应:坚守马克思主义在意识形态领域的主流地位[J]. 马克思主义研究,2007(11).
④ 季广茂. 意识形态视域中的现代话语转型和文学观念转型[M]. 北京:北京大学出版社,2005. 2.
⑤ 肖前,李秀林,汪永祥. 历史唯物主义原理[M]. 北京:人民出版社,1983. 206.

意识形态包括政治的、法律的、哲学的、道德的、美学的以及宗教的观点和理论"①。因此,"可以看到意识形态是一定阶级和利益集团的思想体系。意识形态在本质上是集团性话语,并非是个人的社会自发形成,具有群体性,在阶级社会就是阶级性;一定阶级的意识形态总是能够反映现存的社会关系,只不过剥削阶级的意识形态是对现存关系颠倒的、虚幻的反映。而科学的意识形态是对现存社会关系真实的反映;意识形态作为观念的上层建筑,并不是经济基础消极的分泌物,而能够对现实具有能动的反作用,实践性是其重要特性"②。

2. 对美国意识形态教育的研究

近些年来,中国学者对美国的学校意识形态教育的比较研究取得一些进展,梳理其研究路径发现,一般在早期主要是翻译、引进外国教育思想,发展到对具体国别的意识形态教育的具体研究,然后在此基础上,针对具体问题开展专题研究,发现意识形态教育的一般规律和特殊规律,再进一步结合国际前沿理论进行综合研究。到目前为止,中国学者已经在区域性研究上取得了较多的成果,在专题研究上发展迅速,并且已呈现出研究向深入和细化方向发展的趋势。

(1) 对美国意识形态教育现状的研究。由于在美国不存在专门的"意识形态教育"和"思想政治教育"的指定课程,因此"美国不少教授、大学校长、政府官员和协会组织的负责人声称美国是个自由、多元的国家,有信仰和价值选择的自由,因此,提出或由政府来制订一个统一的道德教育目标'对我们来说是难以想象的'"③。实际上,这并不意味着美国就真的不存在意识形态教育。"美国不但有思想政治教育,而且它的思想政治教育搞得还很有成效,在维护美国的资本主义制度,促进社会的稳定和发展,培养合格公民和资产阶级接班人等方面发挥了巨大的作用。"④这一观点现已被越来越多的学者所认同,成为进行中美意识形态教育比较研究的基石。学者们在对美国意识形态教育进行研究时使用的概念也比较多样,除使用"思想政治教育"之外,还使用了"道德教育""公民教育""思想教育""思想道德教育""政治观、价值观教育"等多种概念,但究其根本,都是对

---

① 转自宋惠昌.当代意识形态研究[M].北京:中央党校出版社,1993.8.
② 孙帮寨.意识形态视域中的思想政治教育及其变革[D].中国矿业大学博士学位论文,2010.
③ 中国赴美道德教育考察团.美国道德教育考察[J].思想教育研究,1996(6).43.
④ 陈立思.关于美国思想政治教育的几个问题[J].中国青年政治学院学报,1997(1).28.

美国青少年进行"资本主义生活方式和价值观"的意识形态教育。

（2）对美国意识形态教育内容与方法的研究。刘世丽和杨连生认为，"美国国家精神、民族意识以及资产阶级意识形态、价值观念的培养却是通过许多实际上发挥着思想政治教育功能的教育和活动来完成的"。如"利用历史和文学作品进行爱国主义教育""通过社会参与、实践活动增强思想政治教育效果"和"通过大众传媒和社会公共环境来强化思想政治教育的整体性"。"美国虽然立法、执法都很严格，但犯罪率却逐年上升。实际上这正是美国思想政治教育所宣扬的资产阶级个人主义的极端表现，道德的沦丧是资产阶级道德教育所无法解决的固有矛盾。"① 陈军认为，"美国在实施国民教育过程中的'政治化倾向'非常明确。资本主义制度及其优越性的教育，反共产主义教育，公民权利和义务的教育，国民精神的教育——这四个方面做到了一以贯之。这种'政治化倾向'主要由两个主旋律来凸现：一是把美国的宪法和《独立宣言》作为最高经典进行传播和灌输；二是宣扬美国的三权分立，政治制度的民主、自由、平等、博爱的价值观念。这为维护美国的资本主义制度，促进社会的稳定和发展，培养合格公民和资产阶级接班人方面发挥了巨大作用"②。邓卓明在《国外面向21世纪的思想道德教育趋向》一文中对此进行了分析，并着重介绍了美国进行道德教育的具体措施。③ 王连夫的《美国的爱国主义教育略论》④，中国企业文化建设协会赴美考察团在对美国进行实地考察后发表的《美国的国家意识教育》⑤等都突出了美国意识形态教育的内容及核心价值观。

（3）对美国学校意识形态教育的功能研究。苏崇德认为，学校是各国进行思想政治教育的主要机构，在美国，在向青年灌输社会政治制度的准则和信念方面，学校起着越来越重要的作用。⑥ 在对美国学校道德教育的目标、方法以及内容方面的介绍和分析上，安钰峰提出，在美国人看来，美国根本就没有一个全国

---

① 刘世丽，杨连生.美国"政治社会化"教育方法的启示[J].思想教育研究，2002(9). 45-47.

② 陈军.美国国民教育的政治化倾向及启示[J].三峡大学学报（人文社会科学版），2001(5). 58-59.

③ 邓卓明.国外面向21世纪的思想道德教育趋向[J].思想政治工作研究，1992(8).

④ 王连夫.美国的爱国主义教育略论[J].思想教育研究，1994(5).

⑤ 中国企业文化建设协会赴美考察团.美国的国家意识教育[J].思想政治工作研究，1995(8).

⑥ 苏崇德.比较思想政治教育学[M].北京：高等教育出版社，1995. 3.

性的"教育体制",因此,道德教育的目标、方法以及内容就很难取得一致。究其原因,主要是多元办学及宗教多元主义使美国学校道德教育多元化。① 王平原指出:多样性与一致性的统一是美国高校思想教育的基本特点,即尽管美国高校的思想教育方式存在着多样性,但就其基本内容来说本质上是一致的。这就是"美国化"的基本的政治原则和基本的价值观念。另外,其思想教育在内容上存在着具体化、方法上存在着多样化、策略上存在着隐蔽化等特点。② 李彩英则认为,美国实行地方分权制,因此,美国各州甚至每个学校都按照自己的特点设置和教授道德教育课程,其内容表现出很大的差异性,但总体可归纳为以下三个方面,即(以爱国主义为核心的)公民教育、(以个人主义为核心的)价值观教育及(以社会行为准则为核心的)个人品质教育。③

3. 国内研究的不足

目前中国对美国学校意识形态教育的研究中存在的问题与不足主要表现在以下几个方面:

(1) 囿于语言、地域的限制,对美国的意识形态教育还停留在对其形式与内容的介绍和说明上,区块划分比较明显,研究的系统性和整体性还不充分;

(2) 研究美国意识形态教育的方法主要以翻译、借鉴国外的研究为主,自我创新的内容不多,同时对外国相关著作不能进行客观的批判研究,研究出现两极分化,要么偏"左"要么偏"右";而比较教育研究应该"以一种正确的精神和严谨的治学态度去研究外国教育制度的作用,其实际价值就在于,它能使我们更适于研究和认识本国的教育制度"④;

(3) 对美国的意识形态教育批判还仅局限于阶级立场,对深刻体现资本主义文化价值观的影响因素认识不足。作为"文化的意识形态"表现为世代相沿的观念、规范、习惯、礼仪及制度等等,是一定社会价值体系的核心。英国比较教育学家萨德勒说:"在研究外国教育制度时,我们不应该忘记校外的事情比校内的事情更重要,并且制约和说明校内的事情。"而中国对美国意识形态教育所赖以

---

① 安钰峰.谈谈美国学校道德教育多元化的问题[J].高校理论战线,1995(5).
② 王平原.美国高校思想教育主要特征及存在问题探析[J].煤炭高等教育,1994(2).
③ 李彩英.美国学校道德教育初探[J].首都师范大学学报(社会科学版),1995(2).
④ [英]萨德勒.我们从对外国教育制度的研究中究竟能学到多少有实际价值的东西?//赵中建,顾建民.背景教育的理论与方法:国外比较教育文选[C].北京:人民教育出版社,1994.115-116.

存在的文化因素的多元性挖掘还不够,缺乏深入的研究,这是比较教育研究中常见的不足,又是必须改进的地方;

（4）立足本国特色,对美国意识形态教育的有效借鉴研究不足。由于意识形态方面的巨大差异,在借鉴问题上容易出现"畏手畏脚"现象。笔者认为,只要研究建立在客观事实的基础上,研究成果就可以为我所用。

通过上述梳理可知,国内学者对美国意识形态教育的研究面狭窄,主要集中在意识形态教育的形式与内容层面,以介绍和描述为主,多是对美国意识形态教育的零散研究,对于其存在的问题缺少归纳、总结及原因分析,缺乏理论研究的深度和广度。

（二）国外研究现状及趋势

意识形态(ideology)在国外是一个研究领域很广的概念,哲学、政治学、社会学、教育学、文学等领域都有涉猎。由于国情不同,美国很少用"意识形态教育"(ideology education)这一概念作为直接研究对象,但是从其间接地体现在道德教育、公民教育等方面的研究中能够发现国外的意识形态研究涵盖面很广,研究内容也十分丰富。

1. 对全球化与"意识形态"教育的关系问题的研究

（1）对"意识形态"本体论的研究。现代知识社会学的重要代表人物卡尔·曼海姆(Karl Mannheim)在《意识形态与乌托邦》一书中,力图建立一种以形而上学为基础的超党派的"总体的意识形态概念"。曼海姆认为"当分析者不仅敢于对其对手的观点进行意识形态分析,而且敢于对包括本人的观点在内的所有各种观点进行意识形态分析"[①]的时候,总体性意识形态的特殊形式也就升华为一般形式,意识形态的朴素观念就发展成为知识社会学。那么,何为总体的意识形态呢? 曼海姆说,"在这里,我们指的是一个时代或者一个具体的历史—社会群体所具有的意识形态"[②]。

与此相反,西方马克思主义的第三代代表人物哈贝马斯明确说明科学技术是一种意识形态。他在《作为"意识形态"的技术与科学》一书中指出:在发达的工业社会中,保持经济持续增长不仅是工业社会中压倒一切的目的,而且也是政

---

① 陈振明主编.政治学[M].北京:中国社会科学出版社,1999.561.
② 陈振明主编.政治学[M].北京:中国社会科学出版社,1999.563.

治稳定的主要条件,而保持经济增长的惟一办法就是发展和应用科学技术,因为经济的合理性要用科学技术的合理性来保证。当科学技术具有赋予政治秩序以合法性的功能时,它本身就变为意识形态了。在他看来,在晚期资本主义社会,科学技术不仅仅是一种直接的生产力,更重要的是它日益成为社会的意识形态,即一种新的统治形式。这种作为新的意识形态的技术统治的意识是通过作为非政治力量的科学和技术潜移默化地发生作用的,但在客观上,它既维护了现行的政治统治的合法性,又成功地压制了人们寻求解放的观念和努力。科学技术由此而具有"一种辩护的功能"。

马尔库塞在对技术理性的批判中,提出了一个著名的公式:技术进步=社会财富的增长=奴役的扩展。他认为,在现代,科学技术不再是中性的,它在带来巨大的物质财富的同时,也变成了一种操纵和统治的力量。他由此指出:"思想的独立性、自觉性及政治对立的权利,在一个似乎日益能够通过其组织起来的方式满足个人需要的社会里,正逐渐被剥夺了基本批判功能。"[①]葛兰西提出了新的领导权理论,即相对于政治社会的"政治的领导权"和相对于市民社会的"文化领导权"或"精神的和道德的领导权",后者的实质也就是意识形态领导权。葛兰西指出,统治阶级要维持对敌对阶级的统治,就不仅依靠暴力和强制性的国家机器,而且要行使统治阶级的文化和意识形态的领导权。卢卡奇也从无产阶级立场出发,认为"只有无产阶级的自觉意志才能使人类免遭灾祸。换言之,当资本主义的经济危机击中资本主义时,革命的命运(以及与此相关联的是人类的命运)要取决于无产阶级在意识形态上的成熟程度,即取决于它的阶级意识"[②]。

(2) 全球化时代的意识形态与维护国家利益关系的研究。冷战结束后,美国的国家利益追求日益从"有形"的"物质霸权"向"无形"的"文化霸权"转移。约瑟夫·奈对此评论说:美国的国家利益涵盖人权和民主这类价值观,特别是当美国民众感到这类价值观对于我们的身份、对于我们身为何人的意识关系重大时,大家都会不惜为推动这些价值观付出代价。那么这些价值观也就成为国家利益的一部分。[③] 布热津斯基曾十分自信地说:"如果说美国成为历史上第一个全球化的社会,那是因为他是第一个传播发达的社会,全球至少有 65% 的信息源和

---

① [德]马尔库塞. 单面人[M].长沙:湖南人民出版社,1988. 1.
② [匈]卢卡奇. 历史与阶级意识[M]. 沈耕,毛怡红,译.北京:商务印书馆,1992. 129.
③ [美]约瑟夫·奈. 美国霸权的困惑[M]. 郑志国,等,译. 世界知识出版社,2002.149.

信息接收终端是美国","美国的强大基础在于他对世界传播市场的支配,85%的文字和影像来自美国"①。因此,在美国大体上已形成一种共识,普遍认为国家利益包括意识形态和道德利益。如体现在美国外交政策上,不仅仅是维护美国国家安全与扩大美国的国际利益,还包括维护美国的意识形态——自由制度与资本主义生活方式。丹尼斯在评价高等教育国际化时认为,"在无边界的跨国交流已成为21世纪高等教育重要特征的环境中,很少有国家认为本国高等教育体系参与到国际化进程中是抱着文化侵略或者意识形态教育的动机的。经济利益与平等的文化交流是最合乎要求的借口,尤其是文化交流,极其符合高等教育机构各类活动的特征"②。亨特认为,意识形态还可以使社会新成员对现有秩序的挑战得到合理的解释,把他们整合到一个统一的社会秩序中,使国家至少从表面上来看团结一致。"忽略了意识形态,想重新调整美国外交政策可能遗留关键性的一步……只要试图对美国如何进入国际政治的密林,或者对政策制定者的行为进行深入的探讨,意识形态都占据着显著地位。"③

(3) 对"后"意识形态的研究。现代社会向"后"现代转型,学者对意识形态的研究也向"后"转了。赫尔科默认为,"意识形态绝对不是凭空制造出来的幻想,而是能够把人们的实践生活组织起来、具有认知内容的一种稳定的现实。但是,它也可能包括歪曲和神秘化的东西,它可以为政权利益服务,可以帮助人们承认现有的力量对比,它可以包括幻想、玩世不恭的讽刺和嘲讽"④。赫尔科默列出了六种意识形态定义:"作为生产各种思想、信仰和价值观的物质过程,从政治和认识论的角度来看它是完全中立的";"作为思想,它是与各种不同社会集团、阶层或者阶级的生活条件和生活经验紧密联系在一起的";"作为众多思想的复合体";"作为使统治者局部利益合法化的手段";"为了统治阶级的利益,有意地掩盖或者歪曲事实";"含蓄的、无意的神秘化"。赫尔科默表明自己的意识形态立场是:"在前面所陈述的从贬义的到积极的、从价值中立的到批判的意识形

---

① [美]阿芒·马特拉.世界传播与文化霸权[M].陈卫星,译. 北京:中央编译出版社,2001.
② Farrington, Dennis J. Borderless Higher Education: Challenges to Regulation, Accreditation and Intellectual Property Rights. [J] *Minerva*, 2001(39):63-84.
③ [美]迈克尔·亨特.意识形态与美国外交政策[M].褚律元,译. 北京:世界知识出版社,1999.5.
④ [德]塞巴斯蒂安·赫尔科默. 后意识形态时代的意识形态[J]. 张世鹏,译. 当代世界与社会主义,2001(3):18.

态概念中,我的立场明确地属于后者。"①

2. 对美国社会价值观的控制与变迁研究

(1) 宗教传统对美国的影响和控制。学者们普遍认为,美国"是世界上最笃信宗教的国家"②,美国记者艾伦·埃尔斯纳认为:基督教是美国一支强大的社会力量,美国有近50万个教堂和宗教活动场所,每10个美国人中有7个说他们是教会会员,宗教似乎无所不在。与其他发达国家相比,美国不仅信教的人数多,而且教徒的文化程度也较高,宗教活动较为活跃。美国从立国之时起就实行了"政教分离"原则。1791年颁布的宪法修正案第一条对这一原则加以确认,规定国会不得制定"确立国教或禁止宗教活动自由"的法律。③ 尽管如此,在美国,政府与宗教之间仍然存在着密切关系。政府干预宗教、宗教介入政治的事例在美国历史上不胜枚举。有时,两者不是互相"分离",而是彼此"合作"。就宗教对政治的影响来讲,可以说是重要而深刻的,因为"宗教自由从一开始"即是美国的"经济自由和政治自由的基石"。④在总统竞选中,为了争取选票,候选人必定要迎合占选民多数的信教者的利益和要求。比如,罗纳德·里根总统在竞选时就提出,要在公立学校恢复祈祷。另外,在教会势力分析上,美国学者艾尔弗雷德·希罗认为"宗教机构在思想和行为上对美国外交事务,最终对美国外交政策的潜在影响是实实在在的","由宗教机构资助或与宗教机构有关的书籍、刊物、报纸以及其他著述可以抵达绝大多数美国人的家里"⑤。

在宗教价值观上,施密特说:"基督教的价值观为个人的自由和权利奠定了基础","基督教影响最深的地方,个人的自由和权利也最普遍"⑥。正因为如此深厚的思想文化基础和多数民众信奉宗教的社会基础,西方国家多利用宗教的道德教化、社会凝聚、社会控制功能,对国民进行教化,以实现社会的稳定和国家的正常运转。因此亨廷顿说"美国是一个基督教国家",美国人是"信教的人""基

---

① [德]塞巴斯蒂安·赫尔科默. 后意识形态时代的意识形态[J]. 张世鹏,译. 当代世界与社会主义,2001(3):18.
② [美]理查德·尼克松. 超越和平[M]. 北京:世界知识出版社,1995. 203.
③ [美]加里·沃塞曼. 美国政治基础[M]. 北京:中国社会科学出版社,1994. 236.
④ [美]理查德·尼克松. 超越和平[M]. 北京:世界知识出版社,1995. 203.
⑤ Hero, Alfred O., Jr. *American Religious Groups View Foreign Policy: Trends in Rank—and—File Opinion*, 1937-1969[M]. Duke University Press,1973. Preface, 1.
⑥ [美]阿尔文·施密特. 基督教对文明的影响[M]. 王晓丹,赵巍,译. 北京:北京大学出版社,2004. 240.

督教的人","宗教与爱国主义相交织,就表现为公民宗教","公民宗教使美国人得以将世俗政治与宗教社会结合在一起,使宗教信仰与爱国精神不仅没有矛盾,而且还互相支持和印证"①。

(2)对美国核心价值的研究。首先,对"平等"和"自由"两大核心教育价值观的研究。赫斯利普在《美国人的道德教育》一书中写道:"在《独立宣言》中,平等已成为一种力量。几乎同自由、知识一起,对美国人的实践、风俗和习惯有重要影响。'平等'这种价值观表明,作为这个社会道德核心的任何道德标准,如运用于实践,它们都必须与这个原则相一致"②,"自由也许是美国最著名的传统价值。它是宪法前十条修正案的中心原则。同时,它也是一种支撑每个美国人去实现他们理想的原则"③。客观上自由与平等又不可能是绝对的。"自由和平等是美国人的两个理想,但它们有时并不全然一致。如果我能随心所欲地做自己想做的事,我也许就会对别人带来不平等;但如果我不得不尊重他人的平等,我就不能随心所欲地做自己想做的事。"④美国制宪者们在根本大法的序言中开宗明义阐明了制定宪法的目的,其中一个重要方面就是"保证我们自身和子孙后代永享神赐的自由权力"⑤。这种自由至上的观念严重影响着美国人的思维方式。事实上,美国的种族歧视正体现了自由与平等对抗的恶果。

美国社会学家塔尔科特·帕森斯认为,每个国家、社会和复合组织总是面临着一项长期的基本任务,即"一体化"任务;一体化包括使那些不同的活动变得和谐,以及使人们的期望和动机与他们所要扮演的角色相一致等内容。⑥ 这个纽带就是政治上的共识,也就是意识形态或主要价值观念上的基本一致性。美国政治学家罗伯特·达尔说:"美利坚是一个高度注重意识形态的民族,只是作为个人,他们通常不注意他们的意识形态,因为他们都赞同同样的意识形态,其一致程度令人吃惊。"⑦

---

① [美]塞缪尔·亨廷顿.我们是谁:美国国家特性面临的挑战[M].程克雄,译.北京:新华出版社,2005. 70-86.
② [美]R.赫斯利普.美国人的道德教育[M].北京:人民教育出版社,2003. 66.
③ [美]R.赫斯利普.美国人的道德教育[M].北京:人民教育出版社,2003. 62.
④ [美]R.赫斯利普.美国人的道德教育[M].北京:人民教育出版社,2003. 22.
⑤ Shafritz, Jay M. *The HarperCollins Dictionary of American Government and Politics* [M]. Harper Collins Publishers, 1993. 523, 527.
⑥ [美]卡尔·多伊奇.国际关系分析[M].北京:世界知识出版社,1992. 19.
⑦ [美]杰里尔·A.罗赛蒂:美国对外政策的政治学[M].北京:世界知识出版社,1997. 354.

其次,从"融合"走向"多元"的教育价值观的研究。20世纪初,贾迪科(Gutek)指出,"把美国社会历史描绘成仅仅是由白种人、男性、盎格鲁—撒克逊清教徒所创造的,这显然是一种扭曲,多元文化教育能够纠正这种狭隘的观点。但另一方面,公立学校也有必要重视美国文化的共性,公立学校这个概念即意味着由美国人可以分享的某种共同的东西。关于公立学校的哲学必须既要反映美国社会的一致性、共同性,也需要注意到公共生活中所蕴含的各种文化的差异性"①。"在美国,它是民权运动(civil rights movement)的结果,正是对这种支撑着黑人民权运动的强烈而真挚的感情的理解,自由的美国人才逐渐懂得了,允许所有的美国公民拥有空间和机会去建立一个奠基于他们自己的文化传统的基础以维护自尊,那是很重要的。"②"闻名遐迩的马丁·路德·金(Martin Luther King)领导的民权运动,其影响力不仅仅是使得民权最终成功地恩及美国的黑人,而且是实施民权运动那种激动人心的方式,导致了一场全国范围内对美国身份和少数民族地位的重新评价。"③在尊重多元的同时,又要保证社会的凝聚力和亲和力,卡塔亚玛认为,"一个真正的多元社会尽管尊重其中的文化多样性,但并不一味如此,而且,它也强调社会亲和力"④。斯开普认为,"人们应该把多元文化教育看成与种族主义、阶级主义、性别主义等造成的歧视进行斗争的工具,……它是一种摆脱旧的与民主社会不相适应的教育偏见的,旨在真正促进健全的学与教的教育策略"⑤。莱姆斯认为,"在一个个人、文化、性、生活方式、种族受到重视的,具有多样性的世界里,多元文化观作为一种世界性的观念,它提供了一种解释人们的行为和事件的方式"⑥。因此,在全球化进程中,美国社会已经从最初的对移民文化进行社会"熔化"转变为近代的逐渐容纳并接受多元文化,其学校意识形态教育也必然趋向多元主义。

---

① Gutek, G. L. *Education and Schooling in America* (3rd Edition). Massachusetts: Allyn and Bacon, 1922. 152.
② [英]K. W. 沃特森. 多元文化主义[M]. 长春:吉林人民出版社,2005. 7.
③ [英]K. W. 沃特森. 多元文化主义[M]. 长春:吉林人民出版社,2005. 105.
④ Katayama, K. Is the Virtue Apprach to Moral Edocation Viable in a Plural Society? [J]. *Journal of Pilosophy of Education*, 2003, 37(2).
⑤ Scapp, R. *Teaching Values: Critical Perspectives on Education, Politics and Culture* [M]. New York: Routledge, 2003. 156.
⑥ Ramsey, Patricia. *Teaching and Learning in a Diverse World: Multicultural Education for Young Children*[M]. New York: Teachers College Press, 1987. 186.

（3）以意识形态为重心的公民教育研究。诺德认为，美国社会并不是严格意义上的民族国家，不能够靠某种道德价值观来统摄所有的美国民众，在历史上能够把形形色色的美国人团结和统一在一起的力量来自对国家的统一性的一致认可，来自对美国所倡导的政治理念的遵从，"如果我们的国家想继续生存下去，我们必须学会在宪法和相应的公民机构所规定的框架内共同生活和工作"。强化以意识形态为重心的公民教育，在20世纪90年代以来的美国历次教育改革、教育政策的制定中都得到了反映。1991年布什政府制订的《2000：美国教育战略》、1994年美国国会批准的教育法案《2000年目标：美国教育法》、1997年2月4日克林顿总统的长篇演说《做好准备，迎接21世纪》、2001年1月8日小布什签署的《不让一个孩子落后》（NCLB）的教育改革法案等均提到要加强公民价值观教育，以此作为不同文化、派别之间沟通的基础和美国社会的融和剂。

3. 对学校"意识形态教育"的批判研究

（1）对学校课程的"政治文本"批判。在20世纪20年代到30年代，逐渐萌生一股新的课程政治思潮：把课程看作是政治文本。其代表人物主要有进步教育主义者波德（Henry Bode）、康茨（George Counts）等人。在进步主义教育思潮推动下，他们所提出的一些观点体现出课程的政治向性。康茨认为课程变革都是装饰性的，"大体上，美国学校的课程思路没有从根本上达到美国公民的真正需要"[①]，并且学校总是由特权阶级所控制，学校为特权阶级服务。对此，他进行了无情揭露："那些被选为更有权力的教育董事会成员的人，就是那些曾经进入我们中等学校和学院学习，并且后来在社会中占有特权地位的人。他们是最经常成为商人、律师、银行家、工厂主和医生的人。在那些比较不幸的等级中，很少有人会成功。"[②]

此外，康茨坚持灌输（indoctrination）理论。康茨认为灌输是积极的、难以避免的。他认为："所有的教育都包含了大量强加的成分……这显然是可取的。教育工作者真诚地接受这种事实是一种职业义务。"[③] 杜威也同意学校在社会变革

[①] Counts, G. *The Senior High School Curriculum* [M]. Chicago, IL: University of Chicago Press, 1926. 8.

[②] Counts, G. *The Social Composition of Boards of Education* [M]. Chicago, IL: University of Chicago Press, 1927. 83.

[③] Counts, G. *Dare the School Build a New Social Order?* [M]. New York: John Day Co, 1932. 12.

中的作用，但是他反对康茨及其追随者把学校完全当作促进社会变革的生力军的观点。"他认为学校应该做的是培养学生的态度和意向，这些将为他们做准备并激发他们参与社会变革。"①

20 世纪 70 年代始，首先把课程作为政治文本来理解的学者是迈克尔·W.阿普尔，自此，课程作为政治文本逐渐课程学者广泛关注并接受。阿普尔的《意识形态与课程》对课程在内容和形式方面如何具有意识形态特点作了仔细的研究和描述。阿普尔认为，意识形态至少可以归结为三类："特殊和可确认的职业群体活动的相当明确的合理化或理由（如职业的意识形态）；更广泛的政治策划和社会运动；广泛的世界观、前景和伯格（Berger）、鲁克曼（Luckmann）等人称之为符号的世界。"②麦凯琳认为，课程是"肯定统治社会物质财富和符号财富的社会阶级之主要价值观念、利益和关注点的社会实践和表象"③。

可以看出，与康茨、拉格、波德等人在 20 世纪 20—30 年代关于课程作为政治文本的研究不同，实际情况是，在 70 年代以前的传统课程视域中，"一般意义上的学校，尤其是课程，在政治上是中立的"④。如今，已没有一位课程学者认同这种观点，在他们看来，课程不是中立的，而是具有一定的价值关涉性。在阶级社会，课程总是属于一定阶级的课程，反映一定阶级的意志和利益。因此，学校课程已经成为统治阶级权力控制的有效工具。

(2) 对学校教育与阶级压迫的批判。鲍尔斯和金提斯的《资本主义美国的学校教育——教育改革与经济生活的矛盾》是"第一本研究课程政治学的教科书"，他们指出："美国教育是非常不平等的，一个人获得很多或很少的学校教育，其机会实质上有赖于种族或父母的经济水准。再者，虽然教育制度看得出来有一种迈向更平等的趋势——例如，黑人教育不足的缩小——但是这种趋势对经济机会的结构的冲击，即使在最好的情形下也是非常渺小的"⑤"总而言之，二十世纪教育的历史并不是进步主义的历史，而是萌芽中的资本主义制度的'商业

---

① [美]威廉·F.派纳，等.理解课程[M].北京：教育科学出版社，2003.128.
② [美]迈克尔·W.阿普尔.意识形态与课程[M].上海：华东师范大学出版社，2001.20.
③ Mclaren, P. *Life in School : An Introduction to Critical Pedagogy in the Foundations of Education*[M]. New York: Longman, 1989. 172.
④ [美]威廉·F.派纳，等.理解课程[M].北京：教育科学出版社，2003.238.
⑤ [美]鲍尔斯，金提斯.资本主义美国的学校教育——教育改革与经济生活的矛盾[M].李锦旭，译.台北：桂冠图书股份有限公司，1989.45.

价值'与反映权威、特权的金字塔的社会关系被强加在学校身上的历史"①。阿普尔认为学校不仅再生产阶级的社会关系与统治阶级的文化,而且自身也成为社会关系与文化的装置。学校不是单纯的传授人类的所谓中立性知识的场所,这种"场所"(sites)和"实践"(practices)可以说是"相互矛盾的整体"(contradictory totality)②。赫钦斯也对美国教育的民主提出质疑,他指出:"民主的基础乃是普遍的参政权。它要使每一个人都成为统治者。"吉鲁认为教育学的核心目的是"赋权给人们,让人们为了改革社会、政治以及经济结构而努力,而这些社会、政治以及经济结构则组成了基于阶级的权力和统治之最重要的来源"③。在吉鲁看来,教育实践是构成多种族、阶级与性别之间的交流的公共空间的政治性实践。

(3)对学校"文化霸权"意识形态的批判。布迪厄在研究学校文化功能时,从"文化专断"(cultural arbitraries)入手,认为所有文化都含有"专断"的特点。其结果是:支配阶级的儿童发现教育是容易理解的,且显示出天才与卓越,支配阶级的文化被显示是比较高级的,以及一种"符号暴力"(symbolic violence)的行为靠着这种蓄意的欺骗被施加在较低阶级的儿童身上。④ 布迪厄认为教育是一种文化的再生产和符应,他强调"文化的"过程在维持现存社会与经济结构上的重要性。再者,他的观念对关心当代社会中教育的性质与角色的社会学家的思想,一直有着相当大的冲击。为此他有两个基本的研究结论:第一是教育有助于维持一种不平等的、阶级划分的社会并使其合法化;第二是如果教育被假定为一种传递观念与知识的制度,那么它并不是成功的。⑤

在对反学校文化的研究中,威利斯(Paul Willis)的研究表明,反学校文化与劳工阶级的态度和价值非常相似,反映了整个劳工阶级文化的一个层面,尤其类似于"工厂—底层"(shop-floor)文化。劳工阶级孩子的这种文化背景使他们从

---

① [美]鲍尔斯,金提斯.资本主义美国的学校教育——教育改革与经济生活的矛盾[M].李锦旭,译.台北:桂冠图书股份有限公司,1989. 57.

② Barton, R. Meigham, & S. Walker (Eds.). *Schooling, Ideology, and the Curriculum*[M]. London: Falmer, 1980. 56.

③ Olson, P. Rethinking Social Reproduction[J]. *Interchange*, 1981,12(2-3). 24.

④ [美]布列克里局,杭特.教育社会学理论[M].李锦旭,译.台北:桂冠图书股份有限公司,1993. 213.

⑤ [美]布列克里局,杭特.教育社会学理论[M].李锦旭,译.台北:桂冠图书股份有限公司,1993. 211.

学校过渡到工厂工作比较容易,他们也容易"选择"进入"工厂—底层"的世界,并因此接受他们在现存制度中的"底层角色"。在这个过程里,一种"宿命论"的成分有助于维护劳工阶级的不利情况以及再生产资本主义的社会秩序。学校反文化学生的文化背景教会他们准备进入工厂世界,它因而促进劳工阶级文化的再生产以及西方资本主义社会制度的再生产。①

伊利奇也认为,"许多学生,尤其是贫穷学生,都直觉到学校能为他们做点什么"②,但是"学校教育之结果,使得他们在比自己受到更好的学校教育的人面前感到自卑。他们对于学校的功德盲目无疑,这使他们有可能遭受双重剥夺:一方面,愈来愈多的公共资金被用于少数人的教育,另一方面,许多人只得接受愈来愈多的社会控制(social control)"③。这种社会控制体现在大众教育中,特别是劳工阶级地区的学校中。当学校并没有真正为劳工阶级孩子做出什么,反而成为控制他们进入社会流动的工具时,就产生了对学校"文化霸权"的批判、对学校权威的反抗,形成了"反学校文化"的独特风景。

从西方批判教育学者的研究能够看到,学校意识形态教育不可避免地传承了政治意蕴,资本主义制度可能为社会不平等及阶级压迫带来一些问题,但学校也参与了这个不公平的再生产过程。学校,尤其是课程,在压迫和改革中起着重要的作用。课程作为政治文本成为一种共识,它引起人们对学校教育的反思。

4. 国外研究的不足

国外学者对"意识形态教育"的研究,总体而言具有一定的前瞻性和超越性。但是也存在如下一些问题。

(1) 研究者的意识形态批判不够彻底。国外教育理论关于"意识形态教育"的批判中,往往只抓住了问题的表面现象,对深层次的原因分析不透彻,究其原因是"只缘身在此山中"。研究者基本上自身处于统治阶级上层地位,这决定了其不可能承担自身"掘墓人"的使命,因此,囿于其阶级立场,对资本主义意识形态的批判就不可能彻底。

---

① [美]布列克里局,杭特.教育社会学理论[M].李锦旭,译.台北:桂冠图书股份有限公司,1993. 235-239.

② [美]伊万·伊利奇.非学校化社会[M].吴康宁,译.台北:桂冠图书股份有限公司,1997. 5.

③ [美]伊万·伊利奇.非学校化社会[M].吴康宁,译.台北:桂冠图书股份有限公司,1997. 12.

（2）对于意识形态教育存在的问题没有提出切实可行的解决方案。诸如发生在美国校园中的暴力问题、"未婚妈妈"现象，过度的自由主义，种族歧视等问题，随着全球化的进程逐渐增多。对于这些问题出现的深层次的资本主义文化的缺陷分析不足，甚至不愿相信自身文化的不足，更勿论提出切实可行的解决方案。

三、研究思路、方法与本书核心概念

（一）研究思路

本研究坚持以马克思主义唯物史观为指导，主要研究第三次科技革命以来，美国学校意识形态教育的本质内涵及对其批判。本书从全球化的"意识形态性"分析入手，简要追溯了美国学校意识形态教育的历史影响因素，重点分析全球化以来美国社会在意识形态教育领域的思想传承、争论焦点，并结合对美国学校意识形态教育的实践研究，揭示了美国为维护其全球霸权的文化战略，对青少年意识形态教育的全球渗透。在对其进行批判的基础上，结合中国的意识形态教育实际，为我们社会转型期的学校意识形态教育提供可资借鉴的有益思考，从而发展和壮大社会主义教育事业。

第一，以西方资本主义国家为主导的全球化背景为分析起点，对全球化进程中的意识形态教育进行了理论分析，对全球化的意识形态、意识形态与教育的关系、意识形态与国家利益等基本理论问题进行论述，为进一步探讨美国学校教育意识形态奠定了理论基础；第二，历史地分析了美国意识形态教育的发展，论述了美国精神的形成过程，揭示了美国意识形态教育的阶段性特征；第三，分析美国意识形态教育的争论焦点，说明美国意识形态教育存在的不同观点，对其冲突和本质进行论述；第四，研究全球化进程中美国学校意识形态教育的实践，对美国意识形态教育的政策诉求、教师的意识形态、意识形态教育的路径选择进行分析，揭示美国学校教育意识形态的困境；第五，进一步探讨全球化进程中美国学校教育意识形态中存在的问题及其实质，批判性地指出美国意识形态教育的冲突和全球霸权；第六，分析全球意识形态教育的共性特征及对我国的借鉴意义。

（二）研究方法

本研究运用多学科的理论，包括哲学、社会学、经济学、文化学等，在研究过程中遵循历史与现实、国际与本土、定量与定性、理论与实践相结合的方法论原则。

(1) 唯物主义历史观的方法。本书探讨的是全球化进程中意识形态视域中的美国教育问题。马克思主义认为意识形态是一定社会关系在观念上的反映，并反作用于社会存在。研究意识形态教育必须运用马克思主义唯物史观才能进行正确认识和把握。

(2) 唯物主义认识论的方法。本书坚持从理论到实践，从实践再回到理论检验的研究方法。从全球化理论的意识形态工具性分析，美国意识形态教育必然围绕其核心理念，反映在美国意识形态教育的诸多方面；从意识形态教育的后果看，美国的个人主义、享乐主义、消费主义等资本主义价值观泛滥，导致道德问题频现，经济问题突出，甚至通过全球化趋势波及他国。通过分析意识形态教育对美国资本主义价值观的影响，进一步考察美国意识形态教育实践，总结资本主义意识形态教育的本质。

(3) 历史与逻辑相结合的方法。美国的意识形态教育作为传承美国精神的重要实践活动，是随着生产力的不断发展而不断更新的历史活动。因此，本书运用了历史的方法对其意识形态教育思想的历史渊源进行研究。然而，历史过程的探究如果没有逻辑的支撑将会是一堆材料的简单堆砌，所以，必须运用逻辑的方法，找出规律性，将其升华为有一定逻辑关系的内在统一的结构。这两种方法必须统一，才能得出科学的结论，因此，逻辑与历史相统一的方法，也是本书的研究方法之一。

(4) 多学科综合的方法。全球化背景下，意识形态教育研究牵涉到众多学科，比如哲学、政治学、社会学、心理学、教育学等，进行美国意识形态教育的研究，需要博采众长，不仅要深入到对美国历史、文化、政治的传统研究中，还要综合利用各学科的理论研究成果，才能最终实现研究目标。

(5) 文献法。文献法是对各种有声资料与无声资料进行查阅、整理、归类分析，从中得到客观结论的研究方法。本书涉及的"全球化""美国""意识形态""教育"等词在目前的研究中都比较热门，研究成果也相当丰富。可是，把这些关键词综合在一起，作为一个研究整体，具体的研究成果相对较少。如何解决好这"多"和"少"的问题也是本书的一个难点，需要广泛收集和运用各类文献进行综合研究。

(6) 比较法。在全球化进程中，美中两国是世界上具有影响力的大国。美国是中国最重要的意识形态对手，是影响中国经济发展和政治稳定的最大的外部力量，也是同中国在科技、文化等领域交往最多的国家。无论是批判还是借鉴,都需要建立在全面比较、深入研究两国的基础上。因此,本书需要从比较的视角进行研究。

(三) 本书核心概念

1. 全球化

(1) 全球化的内涵。早在1848年,马克思、恩格斯在《共产党宣言》中就指出:"过去那种地方的和民族的自给自足和闭关自守状态,被各民族的互相往来和各方面的互相依赖所代替了。物质的生产是如此,精神的生产也是如此。"① 这种各民族的"互相往来"和"互相依赖"在现代社会被描述为"全球化"。从世界历史的角度看,全球化实际上是人类发展的一个新阶段,是我们这一时代最重要的特征。

"全球化"是一个众说纷纭的概念。伯努瓦在《面向全球化》中总结:"有人认为,全球化是一种超越民族—国家的发展;还有人认为,全球化表明了由于金融资本的增加而带来的资本与劳动之间的新型对立关系,或者说熟练劳动与非熟练劳动之间的重新分离。"② 但不可否认的是人类正在进入一个全球化时代,全球化是人类历史的一个转变过程,其基本特征是,"在经济一体化的基础上,世界范围内产生一种内在的、不可分离的和日益加强的相互联系"。③ 吉登斯认为全球化是时空的伸延(time-space distanciation)过程,是"世界范围内的社会关系的强化,这种关系以这样一种方式将彼此相距遥远的地域连接起来,即此地发生的事件可能是由于许多英里以外的异地事件而引起,反之亦然"④。"全球化不是一种目标,甚至也不是一种稳定的状态,而是一个过程。"⑤ 在这个过程中,世界各国的联系日益紧密,不管是"时空伸延"还是"世界压缩",任何国家都不能离开全球化这样一种进程。

(2) 全球化意识形态。人们在讨论全球化的进程及后果时,不再局限于经济全球化,而开始关注思想政治、意识形态和文化的全球化。吉登斯也看到,全

---

① 马克思恩格斯选集(第1卷)[C]. 北京:人民出版社,1995. 254-255.
② [美]阿兰·伯努瓦. 面向全球化[C]. 王列,杨雪冬,编译. 全球化与世界[M]. 中央编译出版社,1998.1.
③ 俞可平. 全球化催变思维方式[J]. 当代社科视野,2010(3).
④ [英]安东尼·吉登斯. 现代性的后果[M]. 田禾,译. 南京:译林出版社,2000. 56-57.
⑤ 俞可平. 全球化催变思维方式[J]. 当代社科视野,2010(3).

球化虽然起源于经济的一体化,但它决不是一种单纯的经济现象。从历史上看,在近现代从殖民国和宗主国中争得民族独立的前殖民地国家,纷纷在经济上被重新纳入全球资本主义体系。随着经济上对发达国家的重新依附,其政治和文化呈现出一种既独立又依附的"后殖民状态"(postcolonial condition)。"后殖民主义本身是正在形成中的全球资本主义的文化/意识形态组成要素。"[①]因此,单纯从经济学角度来看待全球化现象是一个错误,"全球化是政治的、技术的、文化的以及经济的"[②]。哈佛大学肯尼迪学院院长、美国国防部前助理部长约瑟夫·奈称之为"软实力"。在奈看来,硬实力指的是军事、经济等物质杠杆,软实力指的是意识形态、文化和道德诉求。冷战的胜利、美国文化和价值观念的全球化正是通过"软实力"实现的。

法国学者布迪厄认为,"全球化"是西方新自由主义宣传的产物,正像"野火"一样在世界蔓延,成为势不可挡的西方的"主流"意识形态。"全球化"不是一个"自然的过程",而是一种有预谋、有组织的"政治行为",是一场"旷日持久"的"思想灌输工作"在人们心目中强加的信仰。[③] 全球化进程中凸显出来的国家的角色问题,民族文化的命运问题,世界经济的本质问题,世界政治的治理问题,全球不平等的问题,全球治理的伦理基础,以及全球化的各种政治反映等等,都通过全球化意识形态表现出来。因此,从这个角度上看,全球化本身就是一种意识形态。

2. 意识形态

学术界对意识形态的考察可以从"作为一种思想"和"作为一种方法"两个层次进行归纳。本书所指的意识形态是"作为一种方法和手段",而且意识形态本身也是本书研究的内容。本书将意识形态作为一种"方法""手段""途径"和"工具",根植于"美国的学校与意识形态教育之间的关系"这样一个根本问题,试图研究和分析美国主流意识形态在学校教育中的"再生产"过程。文化人类学家克利福德·格尔茨在《作为文化体系的意识形态》(1964)一文中结合现象学和解释学的方法,提出用"深描"的方法研究文化,认为意识形态就属于文化体系。他认

---

① [美]阿里夫·德里克. 后革命氛围[M]. 北京:中国社会科学出版社,1999.95.
② [英]安东尼·吉登斯. 失控的世界:全球化如何重塑我们的生活[M]. 南昌:江西人民出版社,2002.6.
③ 河清. 全球化与国家意识的衰微[M]. 北京:中国人民大学出版社,2003.3.

为,意识形态所揭示的意义必须在社会、心理和符号结构中加以理解,在其中,文化这一符号体系成为联系社会和心理的模板,它把心理与社会现实结合起来,并赋予社会、心理以方向和意义。因此"与社会、心理及文化背景相偏离的不是真实,而是我们为了把握真实而努力建构的符号"。① 对他来说,意识形态类似于一种对于社会事实以及人的行为进行解释的框架。格尔茨把意识形态放在一定的社会及文化背景中进行理解,认为意识形态是象征符号、价值观同信仰相结合的完整体系,从这个角度看他的理论是有意义的。但同时他对于意识形态的这一理解却忽视了权力斗争和社会冲突,"这是格尔茨的意识形态理论的一个重要缺陷"。② 同时存在着把意识形态泛化的危险。"当代关于意识形态的解释,大致沿着两个相反的方向进行:一是将其抽象为一种"世界观"假设,泛化为一般的信仰文化,用以协调个人与外部世界的关系……另一种是将意识形态窄化为纯粹的政治伎俩……如果去除政治意识,意识形态还有其独立存在的价值吗?上述观点实际上是把"非意识形态化"当作了走出意识形态困境的真正出路。"③

马克思、恩格斯曾指出:"统治阶级的思想,在每一时代都是占统治地位的思想。这就是说,一个阶级是社会上占统治地位的物质力量,同时也是社会上占统治地位的精神力量。支配着物质生产资料的阶级,同时也支配着精神生产资料,因此,那些没有精神生产资料的人的思想,一般地是隶属于这个阶级的。"④本研究中,结合马克思主义的意识形态理论,笔者认为对意识形态的理解应该是在一定的社会政治文化背景中,占统治地位的阶级意识及其控制力量在上层建筑中的反映,这些控制力量通过学校教育、文化传媒、社会力量及家庭教育等途径进行传播和扩散,成为社会上占主导地位的思想意识,这些思想意识反过来又以各种方式影响和制约着学校意识形态教育。

3. 意识形态教育

教育是指着眼于他人的素质、能力而进行的影响其精神世界或心理状态的

---

① [美]格尔茨. 文化的解释[M]. 韩莉,译. 南京:译林出版社,1999. 253.
② [英]汤普森. 意识形态与现代文化[M]. 高銛,等,译. 南京:译林出版社,2005. 149.
③ 侯惠勤. 马克思的意识形态批判与当代中国[M]. 北京:中国社会科学出版社,2010. 37.
④ 马克思恩格斯选集(第1卷)[C]. 北京:人民出版社,1995. 98.

信息传播活动,包括教学、宣传、训练等广义上的形式。①意识形态教育是社会主流意识形态通过"显性"或"隐性"的教育方式将其内化为社会公众的思想观念。马克思主义的意识形态教育与曼海姆通过知识社会学和马克斯·韦伯"价值中立"立场所表达的意识形态立场截然不同。阿普尔认为"意识形态通常被认为有三个与众不同的特色。它总是涉及合法性、权力冲突和辩论的独特风格"②。因此,主流意识形态要想能够起到控制社会成员的作用,除了依靠法律等强制手段外,还要实现社会成员对意识形态的认同,从信仰转化为行动,这是意识形态教育功能的重要体现。荷兰教育家兰格维尔德认为政治教育是有意识地传输参与政治过程所需要的知识、价值、态度和技能,他认为所有的教育都具有政治功能。政治教育的主要目标在于告诉人们以什么样的方式参与政治生活。政治教育的内容各国不尽相同,主要包括国家法律、政治制度、社会问题、世界问题和一些道德观念等。③

美国在实施国民教育过程中的"意识形态倾向"非常明确。学校教育与意识形态存在着密切的联系,学校教育既是美国贯彻意识形态的手段和目的,又是意识形态的教育内容,其"政治化"的意识形态教育内容包括了资本主义制度及其优越性教育、反共产主义教育、公民权利和义务及国民精神教育等方面,在维护美国的资本主义制度、促进社会的稳定和发展、培养合格公民和资产阶级接班人方面发挥了巨大作用。美国学校教育不仅仅是其政治意识形态长期延续的主要途径,也对美国"资本主义精神"教育理念产生了一以贯之的政治影响。

4. 意识形态控制

社会控制的手段从作用力的来源主要可分为外在控制和内在控制。内在控制从本质上讲是一种使社会成员内化一定的社会价值观,自觉地遵守一定社会规范行为的方式和手段。它主要通过思想教育、社会舆论、风俗习惯、榜样感化等手段,使人们从内心形成社会所要求的社会情感、信念和价值观念,培养良好的思想政治品德素质,并且外化为一定的行为。④

---

① 陈殿林.教育生活化:执政党意识形态转化为社会意识形态的路径研究[J].当代世界与社会主义,2011(2).177-178.
② [美]迈克尔·W.阿普尔.意识形态与课程[M].上海:华东师范大学出版社.2001.21.
③ 陈立思.当代世界思想政治教育的理论研究述评[J].教学与研究,2000(11).42.
④ 杨威.社会控制视野中的思想政治教育[J].武汉大学学报(哲学社会科学版),2012(3).16.

马克思主义意识形态教育主要表现在思想领域,特别是反映人和社会关系问题,建立在经济基础之上的政治、法律、道德、艺术、宗教、哲学等具体意识形式。马克思认为意识形态是"与物质前提相联系的物质生活过程的必然升华物"①,并表现为道德、宗教、形而上学等一系列的意识形式。因此,我们所讲的"意识形态教育"即是反映了社会政治、法律、道德、宗教等综合的思想体系,它包括占统治地位的思想文化和社会价值观,通过道德教育、公民教育、思想教育等方面进行的学校意识形态灌输。

美国的意识形态教育同其他社会存在一样是由其占统治地位的社会意识决定的。主流意识形态是凝聚不同阶级、阶层的"社会水泥",统摄着其他意识形态和亚文化,构成了社会精神文化的主体结构和有机内核。主流意识形态所具有的社会"粘合剂"作用,使它成为一种广义的社会控制系统。

"一个社会如果缺乏共识资源,是十分危险的离散社会。没有共识就没有凝聚力,也不可能产生任何稳定的社会秩序和道德规范。"②"无论你是否愿意,意识形态都无时无刻不在影响着你,无论你如何讨厌,意识形态都已经是你生活中的一部分。回避意识形态,否定意识形态,甚至说'意识形态'已经终结,这不过是自欺欺人而已。这就如同鸵鸟把头埋到沙子里,防止自己被人抓住一样,是极其愚蠢的。"③因此,任何社会都会借助教育的力量整合社会价值观,达到维护社会稳定发展的目的。美国由于强大的经济实力,在全球化进程中更是会充分利用发达的通讯手段传播"资本主义文明",进而实现其全球霸权的目标。国家控制的学校教育成为占统治地位的意识形态传播的主要手段,其作用也将越来越受到重视。所以,美国的"意识形态教育"研究问题,不仅不是个"伪命题",反而因为其隐蔽性更加值得我们去认真研究。

---

① 马克思恩格斯选集(第1卷)[C]. 北京:人民出版社,1995. 73.
② 王晓升,等. 西方马克思主义意识形态理论[M]. 北京:社会科学文献出版社,2009. 引言.
③ 王晓升,等. 西方马克思主义意识形态理论[M]. 北京:社会科学文献出版社,2009. 引言.

第一章 全球化进程中的意识形态教育

从罗马精英到中国王族,过去,教育只作为上流社会地位的象征,服务于统治阶层,平民很少能接触知识,同时也不需要文化教育,然而时至今日,教育已不再局限于对个人的影响,而是成为影响全球化世界进程的重要因素。现代社会,全球化不只是一种现象,也不只是一种短暂的知识,它是资本、技术、信息超越国界的结合,这种结合同时创造了一个单一的全球市场,在某种程度上也可以说是一个全球村,那么在这个越发平坦化的 21 世纪,教育究竟扮演着什么样的角色?教育为我们提供了怎样的准备?教育的发展改革和方向又在哪里?①

——美国学者 托马斯·弗里德曼

第一节 全球化理论的意识形态演进

在 21 世纪,教育逐渐成为整个世界的纽带,在人类生活中占据举足轻重的地位。"全球化的教育创造了一个平台,在这个平台上,从不同的地方,用更多的热情和更少的资金,更多人可以和更多其他的人共同竞争、接近、联系、共享并且创造,而这一切都是前所未有的。"②在全球化浪潮面前,人们在社会生活的各个方面都受到极大影响。一方面各国都极力推广本国的文化和价值观,另一方面又不可避免地要受到别国思想和文化的渗透与影响。如何在全球化进程中的意识形态多元碰撞中坚持自身的意识形态教育特色是各国都面临的新课题。

一、意识形态观点的历史"流变"

意识形态是哲学、政治学和社会学的一个基本范畴,是一定阶级和社会集团根本利益的理论反映。意识形态也是一个具有多重意义的概念。"这个概念的

---

① [美]托马斯·弗里德曼. 教育在全球化过程中发挥的作用[EB/OL]. [2013-10-29]. http://news.fudan.edu.cn/2013/1029/34704.html.
② [美]托马斯·弗里德曼. 教育在全球化过程中发挥的作用[EB/OL]. [2013-10-29]. http://news.fudan.edu.cn/2013/1029/34704.html.

光谱包括那些使拥有者感到十分自豪的意识形态直到被指责为完全虚幻即有意识地歪曲现实的意识形态。……人们可以用稍微夸张的话来说,有多少社会科学的教授职位就有多少种类的意识形态概念。"①

（一）意识形态观点的历史"意蕴"

一般认为,第一次正式使用"意识形态"概念的是法国哲学家特拉西(Destutt de Tracy),他用这一概念指称新的"观念科学"(science of ideas),目的是反对形而上学和宗教偏见。他认为人们通过感觉感知事物,具有通过记忆的判断感知到不同知觉之间关系的能力。他认为意识形态是动物学的一部分,只要通过对观念、感觉的仔细分析,就能"像动物学家研究动物标本那样探究人类思维"②,排除错误思想和偏见。

当拿破仑将"特拉西们"斥责为"意识形态家",认为意识形态是脱离了政治权力现实的一种抽象的不确定的教条后,他对意识形态进行了猛烈攻击,几乎把所有的这些观念和宗教思想都贴上了"意识形态"标签。曼海姆所说的正是拿破仑"由于他处于支配地位而能够通过指出这些人的思维具有意识形态本性来败坏名声"③。这时,"意识形态"被涂抹上了一层浓厚的否定色彩。

马克思认为,当这种物质劳动与精神劳动的分工出现在统治阶级内部的时候,意识形态就生成了。"因为在这个阶级内部,一部分人是作为该阶级的思想家而出现的（他们是这一阶级的积极的、有概括能力的思想家,他们把编造这一阶级关于自身的幻想当作谋生的主要源泉）。"④马克思明确地把这部分人称作"意识形态阶层"。1894 年恩格斯在写给梅林的信中指出,意识形态是由所谓的思想家通过意识、但是通过虚假的意识完成的过程。但如果笼统地批评不管是社会上占统治地位阶级的意识形态,还是所有的反映经济基础的意识形态都是"歪曲的、颠倒的"观念的话,就会使自身的学说陷入一个难以自圆其说的困境,即格尔兹所谓的"曼海姆悖论"："如果一个人持有一种作为批判的意识形态观

---

① ［德］塞巴斯蒂安·赫尔科默. 后意识形态时代的意识形态[J]. 张世鹏,译. 当代世界与社会主义,2001(3). 17.

② 转引自申小翠. "意识形态"概念的历史流变[J]. 中国社会科学院研究生院学报,2006 (4). 40.

③ ［德］卡尔·曼海姆. 意识形态与乌托邦[M]. 黎鸣,李书崇,译. 北京:商务印书馆. 2000. 83.

④ 马克思恩格斯选集(第 1 卷)[M]. 北京:人民出版社,1972. 52.

点,那么就会显得要将整个领域不是显然虚假的意识形态都从分析中去掉。在另一方面,如果将意识形态的术语看作包含所有形式的知识、信念、或者实践,那么这个概念的批判刀锋就失去了。"①因而,"一个观点和解释方法不再有可能把所有其他观点攻击为意识形态,而自己却被置于免于受到同样被攻击的地位"②。如此一来,代表工人阶级利益的马克思主义又怎能有不是"虚假的意识"这一豁免权呢?

为了解决马克思的意识形态理论所面临的这一"悖论",列宁提出了"科学的意识形态"概念,继承和发展了马克思主义。在列宁看来,以往一切剥削阶级的意识形态都是"虚假的意识",只有马克思主义才是"科学的意识形态"。列宁后来把"马克思创立的共产主义理论"称做"共产主义科学"③。与"虚假的意识"把自己的特殊利益抽象为普遍利益相反,马克思主义从不掩饰自己的阶级性,公开申明它是为无产阶级根本利益服务的。这样就完成了意识形态在唯物论上从"虚假"走向"科学"的转变。

20世纪30—40年代以批判的社会理论著称的法兰克福学派,被称为"新马克思主义"的典型代表。他们又从扩大的意识形态概念的外延上重新将"意识形态"定义为"虚幻"的和"为现实辩护"的与真理相对的虚假意识,认为"意识形态既不是真理也不是谎言,或者说,既是真理,又是谎言——人们真诚地相信这些意识形态,就这个意义而言,它们是真理;从另一个意义上来讲,即就这些被合理化了的意识形态具有掩盖社会和政治行动的真正目的这一点而言,这些意识形态又是谎言"④。这种辩护的功能不仅仅通过思想的宣传来实现,而且通过其他的手段内化到人们的心理机制中,成为人们日常行为的一种生活法则。其结果是个人不仅失去了反抗现存制度的批判性与否定性,而且成为维护现实的保守力量。

进入20世纪六七十年代以后,对于意识形态的认识已经成为一种背景知识。在这个新的论域中,人们已经将对意识形态与政治及其革命的关系转移到

---

① 转引自申小翠."意识形态"概念的历史流变[J].中国社会科学院研究生院学报,2006(4).40.
② [德]卡尔·曼海姆.意识形态与乌托邦[M].黎鸣,李书崇,译.北京:商务印书馆,2000.75.
③ 列宁选集(第4卷)[M].北京:人民出版社,1995.284.
④ 欧力同,张伟.法兰克福学派研究[M].重庆:重庆出版社,1990.262.

了对意识形态与科学关系的关注上了。"意识形态终结论"风生水起。这种所谓"终结"主要是指作为与资本主义意识形态对立方的苏联解体,冷战结束,国际政治格局发生了巨大变化,因而传统的意识形态中蕴涵的强烈政治因素已经终结,而不是意识形态本身的终结。有人对这种所谓的"意识形态终结论"进行批判:"有一种很荒谬的现象顽固地不断出现。不断有人向我们宣布意识形态的终结,但是与此同时,意识形态这个概念在普遍使用的语言中不但被人们顽固坚持,而且与各种不同色彩的词汇连接起来,日益膨胀发展。"①

(二)意识形态观点的当代"内涵"

20世纪西方马克思主义理论在意识形态的"批判"功能上大放异彩,从社会——政治维度中理解社会意义和价值得以生成的原则。"意识形态"成为国家、经济基础、文化等要素与权力之间的错综复杂关系的纽带。对于意识形态的研究主要有两条传统路线,"一条是从黑格尔到马克思、到卢卡奇、到新马克思主义,另一条是社会学的路线。目前最广泛的用法是把这两条路线结合起来,把意识形态作为手段,借助意识形态使统治关系合法化,并进而维护这种关系"。②

人类面临第四次信息化革命浪潮时,对科学技术这把"双刃剑"的反思也开启了现代社会对意识形态的反思。"意识形态绝对不是凭空制造出来的幻想,而是能够把人们的实践生活组织起来、具有认知内容的一种稳定的现实。但是,它也可能包括歪曲和神秘化的东西,它可以为政权利益服务,可以帮助人们承认现有的力量对比,它可以包括幻想、玩世不恭的讽刺和嘲讽。"③

有人认为,在西方发达的工业社会中,意识形态主要不是通过宣传和灌输,而是通过提供一种新的生活方式来行使欺骗功能,以消遣、娱乐、舒适的生活等为手段来掩饰现存社会的内在冲突和分裂。正是从这个意义上,阿多诺才得出意识形态就是"虚假意识"和"谎言"的结论。法兰克福学派认为,20世纪资本主义的合理化过程,是一个破坏阶级政治的物质基础的过程:一旦福利国家、科技与文化工业联合起来消除大众的不平等和不满足,那么大众就会沉溺于个人欲

---

① [德]塞巴斯蒂安·赫尔科默. 后意识形态时代的意识形态[J]. 张世鹏,译. 当代世界与社会主义,2001(3). 17-22.
② [德]塞巴斯蒂安·赫尔科默. 后意识形态时代的意识形态[J]. 张世鹏,译. 当代世界与社会主义,2001(3). 17.
③ [德]塞巴斯蒂安·赫尔科默. 后意识形态时代的意识形态[J]. 张世鹏,译. 当代世界与社会主义,2001(3). 20.

望的满足之中。工业化水平与消费主义可以实现这种满足,即资本主义可以预先阻止社会危机所带来的不稳定影响。因此,一般意义上的个体也会因为这种操纵、改造而消失。

哈贝马斯改变了这种境遇,认为主体间性(不是作为个体的主体)可以通过语言交往行动进行建构。哈贝马斯明确说明科学技术是一种意识形态。葛兰西通过对"意识形态霸权"的分析,揭示了统治阶级可以获得各种统治的方式:没有任何统治阶级能够单独依靠强迫来统治,而霸权所指的是社会上赞同的社会与文化组织。一个凌驾于整个社会之上的既定的社会群体的霸权,是借助于市民社会中众多的机构来实现的,如学校、教会、媒体与工会等,文化因此成为阶级斗争的主要领域之一。与葛兰西相通的阿尔都塞,也提出"意识形态国家机器"的理论来修正、发展马克思的意识形态论,在"多元决定"论中高度重视"意识形态"作为"国家机器"的功能。

可以看出,"意识形态"概念在当代主要是指向一种与利益和权力相关的控制。谁取得了这种控制权,谁就具有合法性。新制度经济学则更将意识形态定义为关于世界的一套信念,由相互关联的、包罗万象的世界观构成。

二、全球化理论的"意识形态性"

(一)全球化理论的现代性演进

1."全球化"的理论发展

"全球化"是 20 世纪 80 年代西奥多·莱维特(Theodore Levitt)在《市场全球化》一文中首次提出来的,就此,一般认为全球化始于 20 世纪 80 年代。从此以后,对于这一现象学者们展开了丰富多彩的研究。他的理论也被称为"激进现代性的全球化理论"。而"现代性的显著特征之一在于外延性(extensionality)和意向性(intentionality)这两'极'之间不断增长的交互关联:一极是全球化的诸多影响,另一极是个人素质的改变"。[①] 美国马里兰大学的厄内斯特·威尔逊教授则指出,对世界经济发展来说,全球化是一种状态,也是一个趋势、一个过程。[②]

---

① [英]安东尼·吉登斯. 现代性与自我认同[M]. 北京:生活·读书·新知三联书店,1998. 1.

② 吕志勋. 全球化到底是什么?[N]. 解放军报,2001-01-15.

因此，现代社会已经完全被全球化浪潮浸润，"在高度现代性的时代，远距离外所发生的事变对近距离事件以及对自我的亲密关系的影响，变得越来越普遍"。①

全球化作为一种客观的历史进程，不论是自然发展还是人们刻意为之，它都在世界范围内影响和改变着人们的生活。然而，在全球化浪潮中，各国所受影响的广度和深度是大不相同的，即使在一国内部，经济发达地区和欠发达地区对全球化的感知也是不同的。个人对全球化进程的参与程度，与个人的社会经济地位直接相关，在社会上占据较多社会和政治资源的精英人士参与得比一般人更深。因此，在全球化过程中，经济发达的美国社会中的精英人士、政府部门、企业和其他组织所起的作用，比其他国家同类人士和组织的作用要重要得多。

以美国为例，19世纪后期的技术发展促使美国精英人士加强国家意识，更重视国民身份。美国内战后，由于工业的迅速发展，企业需要在全国范围内谋求更广泛的资金、劳动力和市场份额。为此，大批有理想和抱负的人在全国各地流动，打破区域限制，追求更广阔的事业前景。与此同时，全国性的公司和各种组织打破了各州、县的范围，提倡实现国家价值和国家利益，国家的法律和准则优先于州和地方的法律和准则，国家意识和国民身份重于地区观念和州民身份。与此同时，20世纪后期的技术发展却促使精英人士追求超国家身份和非国籍化。在全球各地从事投资、生产和销售的跨国公司数量日益增多，规模日益扩大，政府和非政府组织以及其他各种实体之间的国际交往大幅度扩展，国际组织、规章和制度逐渐成为具有全球约束力的公约。

2. 全球化理论的现代语境

亚当·斯密在1776年说过："土地所有者一定是他的财产所在之国的公民……股票的所有者则应是世界的公民，而不一定依附于其一特定国家。"②全球化恰好验证了斯密的这一说法。当今的跨国企业家正是处于这样的状态中。詹姆斯·亨特和乔舒亚·耶茨采访了23家美国跨国公司的主管人以后总结说："这些精英人士肯定是四海为家者：他们周游世界各地，他们的责任范围是全世

---

① [英]安东尼·吉登斯.现代性与自我认同[M].北京：生活·读书·新知三联书店，1998. 5.

② Smith, Adam. *An Inquiry into the Nature and Cause of the Wealth of Nations*[J]. Chicago: University of Chicago, 1976, vol. 2. 375-376.

界，他们自视为'全球公民'。我们反复听到这些人说，与其说他们自己是碰巧在一个全球组织工作的美国公民，不如说他们自己是碰巧持有一个美国护照的'世界公民'。他们具有四海为家者的一切特征。他们老于世故，温文尔雅，从全球看问题和论是非。"①这些美国企业主管人与其他国家的"全球化精英"一起生活在一种"社会文化密室"之中，脱离具体国家的文化，彼此交流用的是一种社会科学型的英语，亨特和耶茨把这种英语称之为"全球行话"。

全球化使国家利益开始突破本土地理疆界向全球拓展。20 世纪 80 年代中期，美国等西方大国从维护自身利益的需要出发，确定战略控制范围，首先提出了"利益边疆"（或"战略边疆"）概念，全球化则进一步催生了利益边疆。

这些推行经济全球化的人像一个经济单位一样固定在世界上。他们的家就是全球市场，而不是他们故国的社会。正如亨特和耶茨所说："不仅仅是跨国公司，而且是所有推行全球化的组织，其活动的世界的定位因素都是'扩大市场'，追求'竞争优势''效益''成本进益比率''利润最大化和成本最低化''最佳市场''赢利率'和'底线'。他们声称自己全神贯注于此，是为了满足全球消费者的利益。全球顾客就是他们的选民。"阿切尔·丹尼尔斯·米德兰公司的一位顾问说："全球化起到的一个作用就是让权力从政府向全球消费者转移。"②随着全球市场取代一国社会，一国公民也就让位于全球消费者。

以经济超国家分子为核心，全球正在形成一个特等阶级。全球商务政策协会指出："随着相关全球经济一体化的辩论不断深入，至少有一种效果已经显现出来。日益一体化的全球经济已带出了一批新的全球精英分子。他们被称做'达沃斯人''金领工作者'或者……'世界事务专家'，这一正在形成的阶级的实力就在于新的全球连成一片的观念。其成员包括学术界人士，国际公仆，全球性公司主管人，以及成功的高技术企业家。"③这样的精英人士在 2000 年估计有 2 000 万人，其中 40% 是美国人。他们的人数估计到 2010 年会翻一番。这样的人在美国人口中还不到 4%，但他们是超国家主义者，不需要对国家有什么忠

---

① Berger, Peter L., and Samuel Huntington. *Many Globalizations: Cultural Diversity in the Contemporary World*. [M] New York: Oxford University Press, 2000. 352.

② Berger, Peter L., and Samuel Huntington. *Many Globalizations: Cultural Diversity in the Contemporary World*[M]. New York: Oxford University Press, 2000. 357.

③ Micklethwait, John, and Adrian Wooldridge. *A Future Perfect: The Challenge and Hidden Promise of Globalization*[M]. New York: Crown Business, 2000. 235.

诚,认为国界是碍事的障碍(幸好是正在消失之中的障碍),认为国家的政府是历史的残留之物,其现今唯一有益功能就是为他们这些精英人士的全球活动提供方便。一位公司主管人挺有信心地预言说,过不了多少年,"将只会有政治家关心国家的疆界"①。

全球化浪潮的开始也恰逢冷战结束,在美国"例外论"和美国民族主义的鼓噪下,美国例外特殊,不是因为它是一个特殊的国家,而是因为它已成为"普世的国家":经济全球化是超凡的力量,它打破国家的疆界,使各国经济会合成一个全球的整体,而且迅速地削弱国家政府的权威和功能。尤其是一些跨国公司的主管人员,一些大的非政府组织以及其他一些在全球范围活动的大型组织的负责人,还有一些掌握了全球先进的高超技能、能自由游走在各个国家的"先进"分子。德国哲学家哈贝马斯的"主权终结理论"认为全球化已使"民族国家"这一陈旧的概念过时;因全球化的到来,民族国家的主权不断萎缩,并被架空;全球化使社会福利国家妥协面临着终结;全球化使主权国家行使自己权力的能力日益削弱乃至丧失。为了应对全球化对民族国家主权的挑战,必须"超越民族国家",建立"世界公民社会"。要保证国家的"安全",必须使自身的"利益边疆"远远大于"地理边疆"。

因此,就全球化理论的本质而论,全球化虽然起于经济运动,但更重要的是具有政治、文化价值等倾向的运动。全球化运动正不以个人、族群甚至国家的意志为转移的趋势,席卷地球的每一个角落。伴随资本市场的全球性流动,西方先进国家占据着科学技术、管理体制的优势,其文化价值必然会呈现一定的全球扩张性。全球一体化已经从经济层面,拓展到政治层面、文化价值层面,自然也深深地影响到了学校道德教育层面。人们在讨论全球化的后果时,不再局限于经济全球化,开始关注思想政治、意识形态和文化的全球化,这一点也正是我们需要从全球化的意识形态陷阱中警醒的。

(二)全球化理论的意识形态"工具理性"

法兰克福学派认为,"工具理性"是指人类的行动只由追求功利的动机所驱使,借助于"理性"达到自己需要的预期目的,行动者纯粹从"产出"最大化的角度考虑行动方案,而漠视人的感受。进入现代社会,全球化也逐渐沦为一种实现人

---

① Berger, Peter L., and Samuel Huntington. *Many Globalizations: Cultural Diversity in the Contemporary World*[M]. New York: Oxford University Press, 2000. 344.

类目的的"理性"工具。有学者坚持全球化是一个"自然"过程,但也有学者认为对"人为操控"的过程的认识①。无论是何种观点,全球化无疑是源起西方发达资本主义社会的。马克思、恩格斯在《共产党宣言》里早已指出了全球化的意识形态性:"资产阶级,由于一切生产工具的迅速改进,由于交通的极其便利,把一切民族甚至最野蛮的民族都卷到文明中来了。它的商品的低廉,是它用来摧毁一切万里长城、征服野蛮人最顽强的仇外心理的重炮。它迫使一切民族——如果不想灭亡的话——采用资产阶级的生产方式;它迫使它们在自己那里推行所谓的文明,即变成资产者。一句话,它按照自己的面貌为自己创造出一个世界。"②因此,今日世界的全球化绝不是一个自然的历史过程,而是西方工业国一个世纪以来一直有意识地推行的对外政策的必然结果。西方学者保罗·史密斯说:"全球化大体来说是一种意识形态构形,宣布一种尚未到来的原教旨主义的资本主义。"③

世纪之交,德国雷根斯堡独立讲师格拉德·博克斯贝格等在《全球化的十大谎言》中,同布迪厄一样,对"全球化意识形态"进行了批判。他认为全球化的十大谎言中,第一个谎言就是所谓"全球化是不可阻挡的……这是一种由政治意愿而决不是命运所决定的发展"④,这里所说的"政治意愿"有具体的内容,显然是在全球化意识形态的范畴之内的"政治意愿"。

对全球化过程中的意识形态动因,中国学者认为,"经济全球化一方面代表着生产力发展的客观趋势,要求实现资源在全球范围内的最优化配置。另一方面也有西方国家在后面大力推动主观意图和战略"⑤。"随着经济全球化的推进,建立在资本主义经济基础之上的代表资产阶级利益的意识形态也随之而不断扩展,他们把自己的不可重复的经验上升为全人类的永恒的经验,运用各种手段到处推销。因此,西方发达资本主义国家所主导的经济全球化带有明显的意识形

---

① 姚雅欣. 消逝的左拉——现实矛盾与可能出路间的现代世界知识分子一瞥[EB/OL]. http://www.eyii.com/news/contend/200899/6024.html
② 马克思恩格斯选集(第1卷)[M]. 北京:人民出版社,1995. 271.
③ 保罗·史密斯. 一个世界:全球性与总体性// 全球化症候[C]. 天津:天津社会科学院出版社,2001. 96.
④ 格拉德·博克斯贝格,等. 全球化的十大谎言[M]. 北京:新华出版社,2000. 45-46.
⑤ 王永贵,等. 经济全球化与社会主义意识形态建设研究[M]. 北京:人民出版社,2005. 38.

态性。"①这进一步说明,意识形态的全球化实际上指涉全球化理论与目的两个向度。

与此形成对比的是,美国学者福山在《历史的终结及最后的人》一书中极力维护全球化意识形态的"合法性",他指出:全球化正在使民族国家之间的国际关系发生革命性巨变,其进一步发展为更加和平、更加繁荣的世界的出现奠定了基础;全球化通过三种方式来终结传统的冲突:一是全球化将整个世界统一为一个单一的全球市场,全球市场使民族国家相互依赖、相互依存、共同繁荣和进步,而人类生活水平的提高使国家更少有攻击性;二是自由民主的政体在全球扩展;三是消费文化的全球化扩散,缩小了文化之间的价值差距。②持此论调的都是西方主流意识形态的推波助澜者,主要有丹尼尔·贝尔的"意识形态终结论"、弗朗西斯·福山的"历史终结论"、安东尼·吉登斯的"第三条道路"理论、安东尼·D.史密斯的"民族国家理论"以及塞缪尔·亨廷顿的"文明的冲突论"等等。

面对这样堂而皇之的论调,法国记者愤怒地指出:"美国'文化帝国主义'在法国无处不在,电影院里演的是好莱坞影片,电视台播放的是美国电视剧,电台放的是美国摇滚乐,街上到处是麦当劳快餐店,年轻人穿的是西部牛仔服,娱乐的地方是迪斯尼乐园……这是一种令人惊讶的'新殖民化现象'"。③ 因此,意识形态化的"全球化"理论,有其特定的内涵。从经济角度看,它首先是西方国家主导和推动的由资源的全球配置流动性引起的,代表现代化生产方式的重大变革;从政治角度看,它是后冷战时代全球政治格局的重组和世界系统的重建;从意识形态角度看,它是以自由、平等为核心内容的资本主义民主价值观的全球传播及保障自由、平等、人权充分实现的民主制度的普遍化;从文化角度看,它是西方文化在全球范围的入侵和渗透的过程。

全球化的意识形态性不仅表现在这一过程的出发点和驱动因素上,也表现在全球化过程中所反映出的资产阶级意识形态诉求层面上。全球化进程体现出自身的物质化运动,但这决不是一个自然发生的客观历史进程,在该运动背后必然隐藏着强烈的资产阶级意识形态思维。无论是从物质财富的创造还是西方"自由、民主"价值观的宣扬,资本主义国家在全球范围灌输其经济理论、文化思

---

① 杨海英.社会主义意识形态创新研究[M].北京:中央党校出版社,2005.81-82.
② Fukuyama, Francis The End of History and the Last Man[M]. The Free Press, 1993.108.
③ 荆萱.法国:抵制美国"文化入侵"[J].前线,1995(4).44.

想、政治理念和价值观念。全球化日益沦为资本主义进行全球扩张与渗透的"理性"工具,隐藏在资本主义全球化理论背后的是符合其主流意识形态要求下利益与权力"合谋"的国家运作。在全球化进程中,意识形态领域的斗争将不断地变幻其形式,在其现实性上,如何在全球化浪潮中把握正确的方向,"既不走封闭僵化的老路、也不走改旗易帜的邪路"①,坚定具有中国特色的社会主义意识形态发展道路,就是我国新时期意识形态教育的重大课题。

第二节 全球化背景下意识形态与教育的关系

当今,随着全球化进程的日益纵深,世界与民族国家、传统与现代、价值普遍主义与相对主义等矛盾日益突出,世界各国如何有效地进行意识形态教育日益成为一个严峻的课题,各国立足于自身的社会历史文化背景和传统进行意识形态教育成为一种普遍的现象。在长期的教育实践中,道德教育、宗教教育、公民教育、政治教育等具有意识形态内涵的教育方式在不断发展完善。在学校教育中,课堂教学是传授社会意识形态的最常见的方式,甚至在知识教授过程中也可以进行价值观的传授,学校集会、集体活动、社会实践、团队活动、个别指导、学习场所以及"隐性课程"等都体现了意识形态教育的内容与方式。也可以说,"意识形态"就是教育的必然内涵。

一、意识形态与教育的"浸染"

在中国,"意识形态"几乎是一个大家都熟悉的概念。众所周知,现代中国是一个注重意识形态教育的国家,马克思主义是中国意识形态教育的理论指导。而西方人对"意识形态"讳莫如深,认为谈论"意识形态"是"政客"们的事情,而"政客"是一个靠巧言令色、蝇营狗苟行事的行当,与他们笃信的基督教精神中的"开拓进取、吃苦耐劳"是相违背的。因此,在西方的著述中很少看到关于"意识形态教育"的论述。而遭到西方人避讳的这种教育内容(形式)在西方的教育体制中就真的不存在么?

列宁指出,"所有一切压迫阶级,为了维护自己的统治,都需要有两种社会职

---

① 胡锦涛. 坚定不移沿着中国特色社会主义道路前进 为全面建成小康社会而奋斗[EB/OL]. 中国共产党第十八次全国代表大会报告,http://www.xj.xinhuanet.com/2012-11/19/c_113722546.htm.

能:一种是刽子手的职能,另一种是牧师的职能"。① 这后一种职能就是指进行意识形态的教育。葛兰西也认为,任何一个统治阶级若不能很好地利用意识形态来教化人民,行使思想文化上的统治,就不能长时期地掌握国家政权。特别是在资本主义社会中,资产阶级的统治主要已经不是靠军队和警察等暴力来维持,而是靠教化来维持的。②

一个人的成长总是要在现有社会关系和社会结构内部进行的。在这种关系和结构中,意识形态机构发挥了十分重要的作用。在下一代接受教育阶段,意识形态毫无疑问具有非常大的意义。③ 阿尔都塞则认为,意识形态是与科学完全对立的。他在1965年出版的《保卫马克思》一书中阐述了这一思想。在他看来,意识形态是一种想象,是人类对于自身与其生活条件的体验,更为具体地说,"为了培养人、改造人和使人们能够符合他们的生存条件的要求,任何社会都必须具有意识形态"④。

全球化背景下,西方资本主义国家都没有忘记通过政治教育和政治社会化宣扬资产阶级意识形态。美国学者认为:"任何社会,为了能生存下去……必须紧密地围绕保持其制度完整这个中心,成功地把思想方式灌输进每个成员的脑子里。"⑤从20世纪90年代始,一批意识形态教育研究的著作和文件相继问世,公民教育受到了新的重视,对学生进行宗教教育的呼声渐起,新一轮的道德教育注重的是对学生进行直接的西方资产阶级意识形态引导。在全球化继续扩展蔓延的世界经济浪潮中,英美等西方发达国家的意识形态价值观直接而强劲地影响了其他国家,其高度发达的经济、商业化运作的电影等文化模式、"及时享乐"的消费模式、快餐文化等对世界上其他国家的影响还在日益加剧。

二、意识形态与教育价值观

教育是价值负载的客体,一切教育形式都应该是具有思想性教育内涵或蕴涵着一定价值观的教育。对个体而言,意识形态教育是旨在培养人在社会关系

---

① 刘树道,刘社欣.新时期必须更加重视思想政治教育的比较研究[J].华南理工大学学报(社会科学版),2003(1).

② 周宏.作为"软国家机器"的意识形态[J].河南大学学报(社会科学版),2002(2).

③ [德]塞巴斯蒂安·赫尔科默.后意识形态时代的意识形态[J].张世鹏,译.当代世界与社会主义,2001(3). 20.

④ [法]阿尔都塞.保卫马克思[M].北京:商务印书馆,1984. 201.

⑤ [美]安东尼·奥罗姆.政治社会学[M].上海:上海人民出版社,1989. 317.

中的归属感和使命感,同时提升人的生命意义与人生境界的教育。对于社会而言,意识形态教育是国家向心力和凝聚力的提炼,是社会占统治地位阶层利益的体现,以及为维持这种统治对社会成员进行的特定的思想"灌输"的过程。

(一) 意识形态教育的"价值无涉"

自古以来,教育与对思想"浸染"就是同生同构的关系。有人主张去道德化的教育(demoralizing education),把教育与道德截然分开,一方面,他们从实证主义的本体论和认识论出发,把教育当作是一种纯粹的知识传授行为,尽可能保持教育的价值中立性(value neutrality),把人文学科和人文知识从科学的学术殿堂中逐出,纯粹科学成为知识的主宰,人文学科知识与自然科学相分离,"科学开始被界定为对于超越时空、永远正确的普遍自然法则的追寻",[①]其他知识丧失了合法性,科学知识成为唯一具有合法性的知识。[②] 另一方面,现代化进程中的物质主义、同质社会造就了没有精神生活和灵魂归属的现代人,物质主义与狭隘的进步观念相联系,科学技术、物质产品与社会进步的三位一体企图消除人类生活中的价值,使人误以为只要物质享受,无需精神生活,人就是通过自我奋斗成为自我的主体。这两种观念对教育有极大的影响,因此就出现了"价值无涉"的教育和"去道德化"的教育。

随着全球化进程的加深和人们认识观念的改变,人们对这种教育观念进行了反思和批判。20世纪90年代在欧美兴起了一种新的道德教育浪潮,注重教育的意识形态性和通过教育传递社会主流价值观。在终身教育社会,人的生存需要全面的教育,就是要培养和造就身心健康、富有情感、充满活力和体现特定意识形态观念的公民。因此,教育应该是具有思想性的教育,而不只是单纯地传授知识、培养技能和提高智力,"塑造知识人是一个值得反思的教育信条,教育回归人自身、回归生活才是教育的出路",[③]各级各类学校都应该加强价值观引导。从这个角度来说,意识形态教育是当今社会不可或缺的教育内容。随着后现代主义对现代性的批判和对社会科学认识的变化,价值无涉、物质主义、消费主义等思想受到了猛烈的批判,公民教育中的道德教育、思想教育、价值教育又焕发

---

① [美]华勒斯坦. 开放社会科学(第1版)[M]. 刘锋,译. 北京:三联书店,1997.4.
② [法]让-弗朗索瓦·利奥塔尔. 后现代状况:关于知识的报告[M]. 车槿山,译. 北京:三联书店,1997.
③ 鲁洁. 一个值得反思的教育信条:塑造知识人[J]. 教育研究,2004(6).

了勃勃生机。

(二)意识形态教育的"价值牵涉"

全球化给人们带来各种交往关系变化的同时,也使价值问题凸显出来。随着后现代主义对现代性的批判与全球化程度的加深,意识形态教育面对现代性社会危机出现了新的教育理念和教育形式,同时,意识形态教育也是一种古老而常新的教育实践形式,是教育蕴含其中的一种特殊形态,在社会的不同阶段具有不同的当代形态。正是在这种国际背景下,如何应对和处理本国意识形态教育问题又成为人们需要重新思考的问题,1988年英国的教育改革法案的一个关键点就规定了公立学校要提供一种平衡和基础广泛的课程。

立足于各国的政治文化历史和意识形态的具体情况,意识形态教育的重点包括如下内容:道德方面;宗教方面;文化审美方面;公民教育方面;民主方面;国家方面;个人和社会方面;精神关怀;教与学的过程;价值观导向。[1] 因此,对意识形态教育的界定需要注重以下几个特点:第一,突出教育的社会属性和教育的目的性,与价值无涉的教育或"去"道德化的教育区分开来,注重教育与人的社会生活的联系,突出教育的社会意义;第二,注重意识形态教育的特殊形式,为思想政治教育、道德教育和公民教育等的合理存在提供合法性辩护,并与各国社会的历史文化联系起来;第三,在具体的价值观的教育上,既要维护本国的历史文化优良传统和占统治地位社会阶层倡导的价值观念,又要注意吸纳借鉴国际意识形态教育的成果与方式,如中国的优秀传统文化教育、美国的公民教育、加拿大的基础价值教育等,可以学习借鉴国际意识形态教育的有益经验,丰富中国意识形态教育的具体内容和形式,改善意识形态教育的途径和方法,使学生能够健康全面发展,适应新世纪的国际竞争态势。

总之,从意识形态教育的具体实施来说,除了知识教育中蕴涵着一定的价值内涵以外,道德教育、政治教育、思想教育、公民素质、自然教育、文化与审美教育等都是意识形态教育的主要载体;道德教育、思想政治教育、公民教育等是意识形态教育的主要表现形式,学校教育通过实施这些形式的教育活动,传递社会主流阶层的价值观念,使学生形成符合特定社会要求的社会意识和价值判断,确保

---

[1] Taylor, M. *Values Education in Europe: A Comparative Overview of a Survey of 26 Countries in* 1993[M]. The Consortium of Institutes for Development and Research in Education in Europe, Dundee/UNESCO, NewYork,1994. 10-12.

在全球文化竞争中的意识形态优势,促进社会的稳定和发展。从未来的发展态势看,意识形态教育不仅不会削弱,而且会继续加强,并且,随着全球化社会国家间竞争的加剧,为维护本国主流意识形态的统治地位,学校教育的意识形态功能必然会继续强化,为了不引起被统治阶层的反感,其形式会尽可能隐蔽,但其实质内涵却不应该被忽视或被人为抹煞。

第三节 全球化背景下的意识形态与国家利益

当我们在更广泛的范围内考虑全球化时,不同的人在不同的社会、地理和文化环境中对全球化的体验都有所不同。全球化理论,尤其是研究者和实践工作者全球性的合作,能够促进民主观念、人权和环境意识的传播。全球化现状还能为人们提供不同于自身背景的各种文化资源,使人们得到不同的文化体验,感受到不同的文化活动和文化身份,同时全球化也是对多样性和差异性的深入挖掘。因此全球化能够促进文化的异质化,不过政府对于这种异质化的反应有可能是反面的。同时,在全球化的过程中,也有可能带来文化类型、教育政策、经济政策等的同质化。然而,全球化和信息化的浪潮正在冲击着世界的各个角落和领域,改变着国际关系的内涵和外延。

一、"全球化"理论中的国家利益

全球化对世界各国而言决不是一种价值中立的理论和发展趋势。克林顿政府的国家安全事务助理伯杰说:"我们看到了全球经济的出现,也看到了一个文化和知识的全球村。"正像一些美国学者所指出的,当今美国外交声明中宣传的"全球化",同冷战初期宣传的"自由世界"有异曲同工之妙,都是为美国建立"领导地位"服务的。其含义是美国在领导全球化的潮流,哪一个国家不向美国和西方开放市场,不在购买美国商品、利用美国资金的同时接纳美国的信息、思想、文化、观念、生活方式,哪一个国家就是保守、落伍,"站在历史的错误一边"。

"全球化"首先标志着美国资本对前所未有、无限广阔的海外新市场的憧憬。无论是墨西哥金融风暴、亚洲金融危机,还是俄罗斯的经济萧条,都没有真正阻碍美国经济的扩张,因而也没有动摇美国人对全球市场持续扩张的信念。美国资本集团相信本国的经济增长有赖于全球经济的发展。

美国领导人在宣扬全球化理论的时候,总是要强调全球经济、政治、文化"秩序"和"运行规则"。克林顿在1998年的一次讲话中声称,美国的责任在于"帮助人们为21世纪的大道撰写规则,保护那些已经加入了国际大家庭的国家,孤立那些不肯加入的国家"。他在1998年9月访问莫斯科时也说得十分露骨:"如果你想成为国际经济的一部分,那么除了遵守其规则之外别无出路。"近年来美国经济的急剧扩张,其在高新技术中的领先地位,都增加了美国人对自己发展模式的自信。许多美国人确实把全球化视为"美国化"。随着信息、知识和资本在全世界流动,全球化由政府手段和交流做传播媒介,由于其历史形成的现状使全球化变得带有"固有性"、歧视性和排斥性。①

"9·11"之后,美国成立了"全球宣传办公室",利用互联网等平台,对信息进行控制。由于历史惯性的影响,奥巴马政府仍然继续高调向全球移植美国至高无上的民主制度和自由民主的价值观。奥巴马政府更是专门设立"网络沙皇"来掌管美国网络安全事务。"由于全球市场的重要性,它们有很多相似的主题:竞争、能力、更广泛的参与以及工人继续学习的需要。只有这样,国家才能在世界经济中保持自己的地位,人民生活水平也保持稳定"。但是,在世界范围内,全球化所带来的经济利益的分配很不均衡。全球市场的增长以及政府对此的放任,导致对"民族国家作为国家经济、公共政治和文化发展的管理者"这个角色的重新定位。但是,全球市场的增长以及跨国公司的控制对民族国家角色的重新定位有重要的影响,比如对重要药品的专利控制以及所谓的"自由贸易"有可能会对地方经济产生毁灭性的打击。也就是说,对于世界上大部分人口来说,全球化不仅仅是一套理论、一种现象或一种态度,也是关乎生死存亡的大事。

二、"意识形态"与国家利益的黏合

意识形态作为一种特殊的叙事体系,反映了特定群体的利益和价值取向,不仅为其行动提供合理性辩护,同时也为个体行为提供约束,在世界各国的教育方针政策中被赋予了合法的地位。格尔兹曾描述过意识形态在现代社会中的重要性:"没有意识形态,我们几乎就没有善恶观,没有法律和秩序,没有停靠的锚地和港湾。意识形态造就了我们行为的动力、态度和生活于其中的政治制度,意识

---

① 王缉思. 美国意识形态的新趋势[EB/OL]. http://www.zhlzw.com/qx/whlw/720079_5.html.

形态形成了我们的价值观念。"①同时,意识形态还可以使社会新成员对现有秩序的挑战得到合理的解释,把他们整合到一个统一的社会秩序中,使国家至少从表面上看来团结一致。因此,意识形态是一种有效的精神武器。②

冷战结束后,在美国大体上已形成一种共识,即美国的国家利益应该包括意识形态和道德利益。按理说,国家利益应是有形的可物化的东西,但美国追求的国家利益却日益无形化。罗杰·惠特科姆认为,美国"具有一个强大意识形态教条的所有特质:使命意识、历史必然性和布道狂热",美国人的选民意识、天命意识和举国上下的对自由民主的执着,一直是一种不容置疑的自我评判和价值判断,被认为是绝对有理和正确的,因此,"从某种意义上说,美国是20世纪下半叶的大国中最具意识形态色彩的国家"。③

约瑟夫·奈对此评论说:美国的国家利益涵盖人权和民主这类价值观,特别是当美国民众感到这类价值观对于我们的身份、对于我们身为何人的意识关系重大时,大家都会不惜为推动这些价值观付出代价。那么这些价值观也就成为国家利益的一部分。④ 在美国看来,相同意识形态的国家、社会之间易于相互理解、沟通和达成共识,意识形态体系相差甚远的国家、社会之间更容易产生隔阂、误解和敌视,沟通和理解的成本较高。这一点已为美国历史传统特别是冷战时的外交实践所证明。"捍卫自由"几乎是美国历任总统的口头禅,是美国政治话语中出现频率最高,最能打动公众情感的政治词汇,是美国意识形态的凝聚,也是美国核心利益的集中体现。因此,国家利益必然会利用意识形态教育最大限度"绑架"国民意识。

三、"全球化"意识形态对国家的影响

现代教育的任务之一是培养学生适应社会变化的能力。全球化时代,新兴的知识经济、快速发展的技术、不断加快的社会多元化和人口老龄化、由新需求产生的新市场(终身学习)、新的供应商(以营利为目的的网络大学)、新的教育范

---

① MaCridis, Roy C. *Contemporary Political Ideologies : Movements and Regimes* [M]. Cambridge, Mass. : Winthrop,1980,Preface.
② 任晓,赵可金,成帅华.意识形态与外交政策[M]. 世界经济与政治,2003(2).
③ Whitcomb. *The American Aproach to Foreign Affairs:An Uncertain Tradition* [M]. Praeger, 1998. 52.
④ [美]约瑟夫·奈. 美国霸权的困惑[M]. 郑志国,等,译. 北京:世界知识出版社,2002. 149.

式(远程学习、开放教育资源),在更大范围内对学校教育的依赖,不仅建立在通过对新技术和新知识的学习上,而且需要培养学生具有适应社会需求的价值观和纪律。能够捍卫和传播文化和知识遗产,挑战既有规范和信念,创造和运用新知识为社会服务,不仅体现个体利益而且也体现着公共利益。

卡尔·费斯提出了关于全球化、人口和信息时代的一系列事实,无论是在学术界还是大众的社会生活领域,都将在未来继续产生重大影响①:

- 中国很快就会成为世界上说英语人口最多的国家。
- 25%的印度人口最高智商比整个美国人口的总体智商还要高。这意味着,印度比美国有更多的有潜力的子孙。
- 2010年的十大热门工作在2004年还不存在。
- 我们正在为学生做准备从事还不存在的工作,使用还没被发明的技术解决问题(我们甚至不知道问题是什么)。
- 美国劳工部估计今天的学习者到了38岁将会有10—14份工作。
- 四分之一的工人为他们当前的雇主工作还不到一年。二分之一的工人为当前的雇主工作少于5年。
- 去年美国已婚的夫妇中八分之一只能在网上见面。
- 每月有8.45亿"脸谱"(Facebook)的活跃用户。"脸谱"现在提供超过70种语言。如果"脸谱"是一个国家,它将成为(仅次于中国和印度的)第三大国家。
- "推特"(Twitter)目前每天能看到大约5 000万条推讯。分解到每秒钟,大约有600条推讯。
- 每月有310亿谷歌搜索引擎的用户。在2006年,这个数字是27亿。
- 第一条商业短信发送于1992年12月。今天,发送和接收的短信数量超过了地球的人口总数。
- 用多少年才达成一个市场5 000万的受众?无线电38年、电视13年、互联网4年、苹果播放器(iPod) 3年、"脸谱"(Facebook) 2年。
- 互联网设备的数量在1984年是1 000台。1992年1 000 000台,2008年是1 000 000 000台。
- 英语词汇大约有540 000个,大约5倍于莎士比亚时代。

---

① William, Swart, Duncan Steve, and Hall Cathy. Performance Standards in Higher Education: Truth and Consequences[J]. *Journal of Education Research*, 2013, Vol. 7 Issue 1.19.

• 估计《纽约时报》一周的信息含有量比18世纪的一个人一生中可能会遇到的信息还要多。

• 新技术信息的数量每两年就翻一番。

• 对于四年制应用或研究型大学学位的学生而言,他们第一年学习的知识,在第三年的学习中有一半将会是过时的。

• 2011年数字音乐的销售有史以来首次超过了实物销售。

• 来自苹果手机(iPhone)和平板电脑(iPad)的销售收入现在占苹果收入的72%。这些产品5年前是不可能买到的。

• 在大约5分钟时间观看"你知道吗"视频时:67个婴儿出生在美国;274个婴儿出生在中国;395个婴儿出生在印度;694 000首歌被非法下载。

无独有偶,新媒体联盟(The New Media Consortium)[1]通过他们的"地平线"项目发现了28个将会影响未来教育的"大趋势",前6名是:

• 工作世界将越来越全球化,而且越来越合作化。随着更多的公司搬入全球市场,工作团队跨大洲和时区将变得常见。团队不仅地理位置分散,他们也将秉持多元文化。

• 人们期望无论何时何地,只要他们想就可以去工作、学习、社交和游玩。越来越多的人拥有不止一台电子设备,同时使用电脑、智能手机、平板电脑和电子阅读器。人们现在希望所有的设备能实现无缝对接。

• 互联网已经基本成为一个全球移动网络。移动思维(Mobithinking)报道现在有超过60亿手机活跃用户。12亿拥有移动宽带和85%的新设备可以访问移动网络。

• 我们正在使用的技术越来越基于云技术并通过实用网络传递,促进在线视频和更多媒体的快速增长。我们目前的期望是网络拥有无限的能力并且是免费的。一个小时的视频片段每一秒都在上传至YouTube;每一天超过2.5亿照片发送到"脸谱"。

• "开放"这个概念正趋向于开放内容、开放数据和开放资源,随着观念的透明和

---

[1] N. DeSantis. "*New Media Consortium Names Top 10*"*Metatrend*"*Shaping Educational Technology*"[EB/OL]. http://chronicle.com/blogs/wiredcampus/new-media-consortium-names-10-top-metatrends-shaping-educational-technology/35234, February 1, 2012.

易获得的数据和信息,正从一种趋势转向另一种为世界上更多人的价值实现过程。

• 所有权和隐私权的法律观念落后于社会上存在的普遍实践。在那个年代我们的许多信息、记录和数字内容在"云"中,并且通常"云"在其他司法管辖区中的"所有权"的概念是模糊的。

因此,在全球化时代,各国的教育都需要为个体在生活与工作中的成功做好准备,培养符合当前和未来需求的毕业生,赢得市场和企业的青睐,同时准备继续致力于创造一个更美好的世界。

在全球化时代,我们将面临诸多挑战。首先面临的是快速变化的人口压力的挑战。北美洲、欧洲和亚洲的大多数发达国家的人口正快速地老龄化。中国老龄工作委员会发布的《中国人口老龄化发展趋势预测研究报告》指出,"21世纪的中国将是一个不可逆转的老龄社会"[①]。美国超过65岁的人口数量已经超过青少年人口,这种情况已经持续了几十年。在接下来的10年中,美国超过60岁的人口数量占比将达到30%~40%。[②] 老龄化的人口将使社会持续优先考虑老龄人口的需求(如退休保障、卫生保健、安全需求等),而不是通过教育和创新投资在未来的发展上。

然而,美国与中国的人口老龄化问题的重要区别在于美国开放的移民政策。在过去的十年中,来自拉美和亚洲的移民为美国贡献了53%的人口增长[③],超过了美国人口出生率,这是对老龄化人口的补充,刺激了新的和年轻的劳动力增长。不管以任何标准衡量,美国都在快速发展成为一个真正的多元文化社会,具有文化、种族和民族显著的多样性特征。这场人口变革发生在世界经济和社会持续变化的全球化背景中,需要美国人与世界上所有国家打交道。

全球化背景下,美国人口日益增长的多样性还反映在文化、种族、民族和国籍上,不仅成为未来经济发展的强大优势,同时也带来了最严峻的挑战。一个多

---

① 全国老龄工作委员会. 中国人口老龄化发展趋势预测研究报告[EB/OL]. 2006. http://www.cpirc.org.cn/new8/rkxw-gnjetail.

② Duderstadt, James J. Aligning American Higher Education with a Twenty-first-century Public Agenda. Examining the National Purposes of American Higher Education: A Leadership Approach to Policy Reform[J]. *Higher Education in Europe*, Vol. 34, Nos. 3-4, October-December 2009. 350.

③ Duderstadt, James J. Aligning American Higher Education with a Twenty-first-century Public Agenda. Examining the National Purposes of American Higher Education: A Leadership Approach to Policy Reform[J]. *Higher Education in Europe*, Vol. 34, Nos. 3-4, October-December 2009. 351.

样化的人口组成赋予该国文化极大的生命力。然而,日益增长的多样性也使得社会和经济因素更加复杂。比如至今美国还存在着种族隔离的障碍和少数民族与移民文化的"同化"困境。如果一个国家不能创造让所有公民人才流动和向上发展的机会,将注定会减弱其在全球经济增长和应对社会动荡中的作用。国家的意识形态教育将会在教育政策和培养学生的意识形态趋同性上发挥重要作用。

这些经济、地缘政治和人口因素刺激着强大的市场力量对"教育产业化"方向的大规模的重组,与银行、交通、通信和能源等其他经济部门的经历相似,我们正在逐渐迈向一个市场响应的、创收驱动的教育系统,因为全球化社会中满足知识经济社会要求的人才还远远不能满足国家发展的需求,尤其是面对老龄人口的优先需求,是国家增加投入还是引入市场竞争,一直是教育改革中讨论的焦点。

最后,日益上升的市场力量对公共政策的主导作用发出了挑战。一直以来,人们认为教育是公益事业,如果为应对财政紧缩,减少对公立教育的优先投入,在市场驱动下惠及社会全体公民的权利将会被侵蚀。全球化环境下,无论是公众还是教育领导者都认为高等教育主要体现了私人利益,认为教育的直接受益者即学生需为此支付学费。这种通过紧缩公共政策、减少公共投资,通过市场力量主导和重塑教育产业的做法,会使学校许多重要的价值观和文化传统包括其公共价值变得无人问津。正如已故的纽曼总结的:高等教育的公共目标、由大学实现的社会需求和这些机构的实际性能之间的显著差距正在形成。不断增长的市场力量将会缺乏干预功能,使高等教育的处境变得更糟[1]。因此,在全球化时代,更需要关注意识形态教育问题,不能在市场中丢失了我们弥足珍贵的东西。

---

[1] Newman, F., L. Couturier, and J. Scurry, *The Future of Higher Education: Rhetoric, Reality, and the Risks of Market* [M]. San Francisco, CA: Jossey-Bass Publishers, 2004.

第二章 美国意识形态教育的历史传承

请大家把普遍传播知识的机构当作最重要的目标来加以充实提高。政府组织给舆论以力量,舆论也应相应地表现得更有见地,这是很重要的。

——乔治·华盛顿1797年告别演说

美国人明白,一个社会赋予公民统治权,需要运用公立教育规训社会的意识形态,这是为了使公民负责任地行使职权而做的必要准备。意识形态认知的一致性是社会和政治稳定的必要组成部分,其特征之一是普遍的政治追求,可以广义地定义为"设定形成社会行为和社会理解力的信念"[①]。公立教育机构是社会再生产和社会意识形态传播的主要阵地。多年来美国的公立教育一直构建在教育与自由、平等、民主的关系定位上,可以毫不夸张地说,这种关系定位从殖民地时期一直到现在都在进行着定义与重新定义。可以说,在美国,公立教育是一个所有力量都能左右的"玩偶",这也必然成就了美国如今的意识形态教育格局。

第一节 "宗教教育"与"公民教育"的融合

随着美洲新大陆的发现,对于科学家和学者来说,"新"成了一个重要的术语和意识形态价值取向,他们都很自豪地指出他们的发现及他们描绘这些发现的文字的出"新"之处。[②] 19世纪前美国意识形态教育深受欧洲宗教教育传统的影响,最明显的特点是体现了折中主义的观念,学校既重视教授传统的价值观,也注入了适应社会需要的新内容:家庭和社区成为意识形态(宗教)教育最重要的机构,家庭主要传授传统的价值观。学校和教会起着辅助的作用,学校中盛行"教义"问答模式。美国的意识形态教育主要体现为宗教教育。宗教教育、学校教育、家庭教育,你中有我,我中有你。

[①] Hirschl, T. A., D. A. Ahlquist, and L. L. Glenna, Ideology and the Crisis of Capitalism[J]. *Workplace*, 2008, 15. 75-92.

[②] [瑞士]吕埃格主编,[比]里德·西蒙斯分册主编. 欧洲大学史:近代早期的欧洲大学;1500-1800(第2卷)[M]. 贺国庆,等,译. 保定:河北大学出版社, 2007. 6.

一、"新大陆"的宗教意识形态教育

定居美国殖民地的欧洲人担负着教育下一代的共同使命,这一共同的使命根植于他们的基督教信仰中。来自欧洲北部,特别是英国的新教徒给美国殖民地时期的道德教育烙上了他们的特点;从弗吉尼亚到马萨诸塞州,各种形式的新教主义对美国的文化和教育产生了重大的影响。早在独立之前,移民来到美洲殖民地的人们就很重视其子弟的意识形态教育问题。

(一)殖民地时期的宗教教育

16、17世纪的美国殖民地教育通常是以家庭为单位,融入了欧洲中心论和原教旨主义新教意识形态,根植于高度分权的地方和私人办学途径,几乎无一例外地使用《圣经》作为核心教程。1631年弗吉尼亚产生了第一个北美殖民地议会(House of Burgesses),通过了一项强调"教义问答"重要性的法律[①]。政府当局规定所有的父母、雇主必须要求他们的孩子、仆人或学徒在指定的时间去教堂,如果违反规定,将会受到法庭的责难。尽管当时各殖民地的教育方式和程度不同,但都把家庭作为宗教教育的主要场所,加上学徒训练、学校教育和教堂服务等重要的辅助机构。1647年旨在普及教育的《老骗子撒旦法》就在马萨诸塞颁布,规定满50户的城镇都必须任命一名教师来教本地所有儿童读书写字,满100户的城镇必须设立一所文法学校,教师薪俸由儿童的父母、雇主或全体居民承担。清教徒马瑟(Cotton Mather)牧师描述了他是如何培养儿童道德的:"利用各种机会如祷告和公开宣告,向孩子们传授正确的价值观","我运用各种令人愉快的特别是圣经故事,让孩子对此感兴趣,其中也包括一些虔诚的教导,让他们从故事中受到教育"[②]。其他殖民地的定居者也纷纷效仿清教徒的意识形态教育模式。

(二)宗教教育与世俗教育的"混搭"

到18世纪末和19世纪早期,出现了为数众多的小型单间校舍,教育更多地

---

① Hening, W. W. *The Statutes at Large : Being a Collection of All the Laws of Virginia from the First Session of the Legislature in the Year* 1619[M]. Richmond : Samuel Pleasants Jr. , 1809-1823. 157.

② McClellan, B. E. *Moral Education in America : Schools and the Shaping of Character from Colonial Times to the Present*[M]. New York : Teachers College Press, Columbia University, 1999. 1-2.

转为社区进行主导的事务,但从外部看还是以宗教教育为主。当时学校教育的主要目的是灌输给年轻人"新教共和党意识形态"①,并结合宗教信仰和道德,鼓励年轻人参与当地社区、州议会和日益壮大的联邦政府事务。如 19 世纪早期伊利诺斯州的公民建立了一间称为"会议和校舍"的房子,作为"社区活动中心",但主要功能是作为当地的学校。每个孩子的父母分担少量的教师工资,支付季节性授课费,孩子们也能够完成他们早期在家庭农场的职责。这时公共学校教师的教学方法是"识记和背诵,学生通过死记硬背学习功课"。1838 年冬天,由于教师的严重体罚引发了一场小的争论,当地居民生气地描述教师是如何在"教的过程中(对儿童)使用酷刑"。② 因此,这种早期的社区学校通常是粗放的和不民主的。

随着教育世俗化的发展,各级各类学校的数量逐步增加。按英国教育史家赫·巴纳德的看法,初等教育之所以有某些发展,原因是统治阶级看到在小学里对工人的子弟进行宗教教育是培养儿童顺从和驯服精神的一种手段。③ 通过他们唱的赞美词,通过他们背诵的祈祷词,通过他们听的布道,教育儿童自觉地、深深地信仰上帝。

(三)政府逐渐接手的大众教育

1852 年美国巴尔的摩第一届教育委员会成立之初,就要求所有的教区建立自己的学校。到了第二届时,这一要求就变成了政府的命令,要所有的主教在两年内建立宗教学校,如果没有建校会受到相应的处罚,同时要求所有信教的父母把孩子送到教区学校,让他们的孩子在宗教学校得到足够的宗教教育。④

那时的美国很大程度上是由一些平均几千人的小市镇构成的,这一时期的美国民主,正如法国自由派贵族、哲学家托克维尔描述的那样,是高度本地化和分散化的。在《论美国的民主》一书中,托克维尔描述了在早期美国共和国中两种意识形态力量的作用。他认为这两种虽然"不同但不相反"的精神分别是"宗

---

① Tyack, David, and Elisabeth Hansot. *Managers of Virtue*: *Public School Leadership in America*, 1820-1980[M]. New York: Basic Books, 1982. 18.

② Tyack, David, and Elisabeth Hansot. *Managers of Virtue*: *Public School Leadership in America*, 1820-1980[M]. New York: Basic Books 1982. 122.

③ 弗斯阿兰斯基·弗·普,拉普钦斯卡娅. 英国的国民教育制度[M]. 北京:人民教育出版社,1965. 3.

④ Bloom, Allan. *The Closing of the American Mind* [M]. New York: Simon&Schuster, 1987, 33-35.

教精神"和"自由精神"。他认为:"在道德的世界,一切都是分类的、协调的、能够预见的、提前决定的。在政治世界里,一切都是激动的、有争议的、不确定的;一方面是通过自愿被动的服从;另一方面,是独立、对经验的蔑视和对任何权威的嫉妒。"①意识到了这两种意识形态的力量,在美国大革命运动中,开国元勋们成功地打造了一个联邦政府,维持民族团结,保护宗教文化,避免政治分裂,使自由精神与宗教精神相分离,避免了几个世纪以来欧洲大陆遭受的文化战争暴力的陷阱和危害。

在重要的意识形态教育领域,联邦政府的知识分子和政治家希望扩大学校的意识形态作用,如杰斐逊(Thomas Jefferson)、韦伯斯特(Noah Webster)和本杰明·拉什(Benjamin Rush)建议学校教"共和国的价值观",1776年的弗吉尼亚权利法案第15条规定了"公正、适中、节制、勤俭"的优良品德教育,1776年《独立宣言》则庄严宣布"所有的人生而平等,上帝赋予他们若干不可剥夺的权利"②。开国元首华盛顿(G. Washington)曾指出:知识是每个国家和每个公民幸福的可靠基础;"为了普及知识,其主要目标就是要建立学校"。第三任总统杰斐逊也曾指出:"如果人类的生活像我们所希望和相信的那样应该一步一步地改善的话,教育应该是达到这个目的的主要手段。"③他们主张建立一种能为最富裕的和最贫穷的公民共同享受的普及的公立学校制度,创立忠诚于共和国的公立学校体系,强调德行的教学,把它概括地定义为摒弃纯粹自私的动机并为社会工作的善良意愿。然而这些政治家和知识分子的主张未达成普遍的共识,几乎没有人愿意放弃家庭对子女教育的权利,家庭和社区仍然掌握着子女教育的控制权。

二、主张"平等"的公民意识形态教育

美国大革命和1812年战争后,美国开始经历一系列政治、经济和文化的变革,意识形态教育理念也发生了巨大变化。由于民主化的进程加快,在政治领域,选举制取代了世袭贵族制。1828年平民总统杰克逊(Andrew Jackson)的

---

① Tocqueville, Alex de. *Democracy in America*. *Edited by Harvey C. Mansfield and Delba Winthrop*[M]. Chicago:University of Chicago Press (Original work published 1835),2002. 43.

② J. 艾捷尔编. 美国赖以立国的文本[M]. 赵一凡,等,译. 海南出版社,2000. 23.

③ Honeywell, R. J. *The Educational Works of Thomas Jefferson*[M]. Cambridge:Harvard University Press,1931. 147.

当选成为所有美国青年的榜样;在经济生活中,美国的经济结构受益于富有的工业和种植园精英,同时还有"新"出现的中产阶级。美国经济体系的壮大以契约奴仆、妇女和战前时期赤贫和种族化的产业工人阶级——更不用说对美洲原住民的取代和西班牙裔美国人提供的大片西部领土为来源。越来越多的年轻人离开熟悉的家庭和社区,到陌生的世界里寻找实现他们自我价值的机会。19 世纪的美国人抛弃了 18 世纪所提倡的自我约束、道德纯洁和循规蹈矩的生活方式,注重追求自由和个人幸福。

(一) 19 世纪初公立教育的兴起与意识形态教育

为了适应迅速发展变化的社会环境,美国人希望通过正规化的学校教育来维护社会和谐与培养孩子的道德品格。到 19 世纪 30 年代早期,在美国北部和中部各州,父母把 5—12 岁的孩子送到学校接受 3—4 年的教育已变得相当普遍[①]。公立学校免费或收取较低费用,向所有儿童开放,向他们灌输共同的文化知识和普遍的道德规范。学校管理者认为,教育儿童就是为了培养勤劳的工人、富有责任感的公民以及有德行的美国人。在初等学校课堂教育中,宗教价值观成为主要内容,很少涉及政府或政治方面的教育。如麦古菲(William Holmes McGuffey)的《选粹读本》不仅收入了许多优秀的圣经故事,也选编了众多诗歌、劝诫和英雄的传说。这一时期的意识形态教育提倡爱国主义和服从纪律,但很少关注对民族英雄或政治传统的宣传。

18 世纪末期爆发的法国大革命对推动美国公立教育运动产生了巨大影响,美国著名教育家 R. 克兰姆、萨美尔·斯密斯以及萨美尔·诺克斯等人,大胆提出了建立免费、平等和世俗的公立教育制度的主张。另外,美国的宗教派别多样化,其中占主导地位的新教徒希望通过单一的无宗派公立学校教育体系,来消除不同宗派之间在宗教教育上的分歧,但结果却使得各教派间的斗争愈演愈烈。这种斗争的其中一个副产品就是公立学校运动的兴起。贺拉斯·曼和巴纳德坚持不懈地宣传公立教育思想,抛弃了认为学校和教堂应该"设计成生产单一的道德、公民秩序和上帝选民的繁荣的机构"[②]的观点,从而使民众逐步接受了公

---

① Kaestle, C. F, and M. A. Vinovsk. *Education and Social Change in Nineteenth-Century Massachusetts*[M]. Cambridge of New York: Cambridge University Press, 1980. 37.

② Tyack, David, and Elisabeth Hansot. *Managers of Virtue: Public School Leadership in America*, 1820-1980[M]. New York: Basic Books, 1982. 19.

立学校的模式,第一次澄清了美国学徒制教育实施以来所造成的教育混乱,并把公立学校与实现自己的信念和希望联系起来。这样,美国公立教育进入了它稳定发展的初期。1852年,马萨诸塞州颁布了美国第一个普及教育法令。正是通过公立学校运动,美国公立学校的入学人数在5—19岁的人口中的比例,由1839年的35%增加到1870年的61.1%①。像贺拉斯·曼这样的公立学校运动的改革者都主张和宣扬民族主义的美德、爱国主义、宗教虔敬、经济繁荣、反对冲突的资本主义价值观的美国意识形态。

(二) 19世纪末20世纪初公立教育的进一步发展与意识形态教育

19世纪末,美国急剧发展的工业化、城市化与移民潮,对公立学校和教师产生了巨大的需求。社会改革者希望在父母工作期间,为避免儿童无人约束、逍遥自在地游荡在城市的大街上,要求教师成为儿童的看护者。政治家敦促教师去实现"新移民"(特别是东欧和南欧的移民)的"美国化"。与早期北欧的移民相比,这些东欧和南欧的移民似乎更加"外国化"。学校教育中除了公民权和爱国主义的基础知识外,还必须教授主流的盎格鲁—撒克逊新教徒的习俗、价值观和语言。1892年哥伦布日,当学生第一次背诵"永不背叛"时,他们的老师就被告知,在宣誓时高喊"一个国家！一面国旗！一种语言！"②以加强统一的意识形态教育。

1862年7月2日,美国总统林肯就签署了著名的"莫雷尔法案",通过划拨土地或将土地变成基金等方式,资助各州五年内至少开办一所学院③,开设实用课程。这一举措开创了高等教育直接为工农业生产培养实用人才的新理念,大大地促进了美国的经济发展。

这时,由州政府兴办和管理教育已成为共识,普及义务教育已成为一种不可抗拒的趋势。与此同时,为了适应南北战争后工业化发展的需要,公立学校的课程内容继续拓宽,从强调阅读、书写和计算转到对自然科学基础以及手工训练课程的强调上,并关注儿童能力的培养以及实际应用能力的锻炼。1893年,美国

---

① 单中惠. 美国公立学校运动新论[J]. 教育评论,2000(3). 58-61.
② [美]奥克斯,等. 教学与社会变革[M]. 程亮,等,译. 上海:华东师范大学出版社,2008. 6.
③ 夏之莲. 外国教育发展史料选粹:上册[M]. 北京:北京师范大学出版社,1999. 489-491.

教育协会还任命了"十五人委员会",专门研究公立学校课程问题。在教学方法上引入瑞士教育家裴斯泰洛齐(J. H. Pestalozzi)的直观教学法和德国教育家赫尔巴特(J. F. Hebart)的"五段教学法"教育原理来组织课程教学。公立学校的数量剧增,并延长了儿童入学年限。据统计,1898年的公立学校入学人数已占5—18岁青少年的90%①。

公立学校运动的改革者们都表现出对美国工业化和都市化运动的敏锐性,积极考量公立教育和社会进步的关系问题,体现了新教伦理的敬业和奋斗精神。同时,在为美国公立学校奋斗的过程中,又有意识地向欧洲国家学习先进教育理念,考察优越的学校教育制度,钻研教育理论,开拓性地创造了具有美国教育特色的公立教育模式。对于公立学校制度这一独特的革新,波兰革命者德格鲁斯基(A. G. DeGurowski)在《美国与欧洲》一书中指出:"美国社会的未来的祸福将建立在公立学校的基础上,而不是建立在别的基础上。公立学校是真正的美国社会和人民的精神、意志以及特征最高尚和最光辉的表现形式。"②这场遍及很多州、影响广泛的公立学校运动,力图摆脱欧洲教育的传统,体现出美国教育的特色。

(三)公立教育的意识形态真的能带来"平等"吗?

在这场公立学校运动中,社会各界人士和民众所追求的教育目标是一种对所有儿童开放的、依靠公共税款支持和实行公共管理的、不属于任何教派的、统一的和免费的公立学校制度。公立教育是以满足公共利益为其宗旨的一种公共事业,不仅关系到社会公众的切身利益,同时也是保障社会民主、公平和稳定的重要手段和途径。"18世纪的强迫教育更为19世纪群众地位的提高,打下了基础"。③民智的普遍开启带来了社会制度的变革,正是不断普及的教育动摇了封建社会的根基,催生了资产阶级和资本主义社会制度的萌发与生长,进而成就了社会生产力的解放,实现了有关国家在近现代的崛起。但是在一个利益多元化的社会中,这种公共利益又往往是不同利益群体之间斗争、谈判、协调、整合的结果,因而具有明显的意识形态性。

公立学校被吹捧为服务于公共利益的机构,但在阶级、种族和性别决定的社

---

① 单中惠. 美国公立学校运动新论[J]. 教育评论,2000(3). 60.
② 劳伦斯·A. 克雷明. 学校的变革[M]. 单中惠,等,译. 上海:上海教育出版社,1994. 16.
③ [德]弗·鲍尔生. 德国教育史[M]. 滕大春,等,译. 北京:人民教育出版社,1986. 102.

会结构中,公立学校并不能真正成为实现全体利益的民主工具。实际上,新兴的学校系统是为有钱的精英分子服务,同时检视不守规矩的工人阶级、移民、少数民族和种族派系。社会存在普遍的结构不平等,"进步的"公立学校的乐观断言掩盖了深层次的美国社会问题。例如在许多西方国家,家长和有特别利益关系的其他人可以通过投票反对为教育课税,可以投票选举各级学校的董事会成员,还可以在各种公众集会上发表对于教育的意见或成立利益集团,对行政官员、教师和学校董事会成员提出特定的要求等,以此来维护自己的利益。这些利益之争渗透到公立教育领域中来,不同程度地左右着有关公立教育的政策。

首先,并不是所有的阶级都有平等受教育的机会(最下层阶级和少数族裔必须为增加社会包容而努力)。当不同经济地位和种族阶级的儿童混合在公立学校中时,几乎不存在平等竞争,因为制度上的种族主义、社会资本的集中、赤裸裸的经济不平等弥漫在学校的政治生态中。很明显,在过去的19世纪,并不是所有的学生都被赋予了"平等的机会",建立在"偶然的出身"基础上的美国"贵族"的确很好地捍卫了自身利益,在社会上逐渐扩大其占有领域。

其次,公立教育是新教宗教复兴和传教士的事业,明显受益的是农村和城市的精英人士,他们通过灌输给新的移民人口对秩序的约定,重新形成资本主义的不同阶层,雇佣不断增加的虔敬宗教的中产阶级进行自我服务的一场道德改革。保守派的、福音派的和本土派的公立教育改革者贺拉斯·曼宣传政治"中立主义"和"公民道德"的安抚平台。由此,公立学校作为"千眼警察"[①]被用来代表统治的政治精英、虔诚敬畏的中产阶级福音派和工业经济增长者的利益。如哈里斯所言:"教育保护一个阶级反对另一阶级,通过赋予所有阶级自由竞争的机会,在竞争中变得聪明和善良。贵族是建立在偶然的出身、财富或地位基础上的,不能抗拒自由学校系统的反面影响,在那里所有人都被赋予同等机会。"[②]

"人人受教育,整个社会都明显受益,就像预防接种一样,教育被认为具有重

---

① Reese, William J. Public School and the Elusive Search for the Common Good // Edited by Larry Cuban & Dorothy Shipps. *Reconstructing the Common Good in Education: Coping with Intractable American Dilemmas*[C]. Stanford, CA: Stanford University Press, 2000. 23.

② Reese, William J. *"Public School and the Elusive Search for the Common Good."* p. 13-31 in Reconstructing the Common Good in Education: Coping with Intractable American Dilemmas[M]. Edited by Larry Cuban & Dorothy Shipps. Stanford, CA: Stanford University Press, 2000. 30.

大的积极的外部影响,因此,每个人不但要能免费接受教育,而且在一定年龄阶段,受教育应成为一种义务。"①这些政治法则以一种确定的规则和程序出现,公立教育制度是在这些规则和程序基础上建立起来的一种等级权威结构、一种学校控制的科层化体制。② 19世纪美国经济繁荣、公立教育发展的背后是对工人阶级和移民人口的劳动力压榨。保守的美国梦宣称竞争的美德和个体奋斗,但通过他们的种族、阶级地位和财富(继承的或剥削的)、极度的特权带来的是对赋予特定个体社会地位的忽视,这种不可逾越的较低社会地位群体无法竞争,更不用提受到无情压迫的非洲裔美国人和美洲原住民"奴隶"了。然而,尽管其为空洞的道德理论和虚伪的平等原则,在19世纪之交保守的精英主义美国梦在大多数教育领导者的心中仍然是一个强大的理想,它标志着进步时代改革家的哲学思想时至今日仍然体现在依赖联邦政府资助和集中管理的教育体系中。

三、作为意识形态的道德教育

美国大革命期间,为避免新国家发展中教区制度和派别之间的冲突,一些知识分子和政治家急于通过学校教育灌输"中立"的价值观以及鼓励对国家忠诚。他们主张把美德教育放在重要的位置上,并把"美德"简单定义为"自愿地放弃个人利益和动机,为社会做贡献"。

(一)道德教育的缓慢发展

从1750年到1820年间,美国教育中的道德教育总的来说仍是保守的,家庭继续进行传统的价值观教育,大多数父母仍认为世界存在于《圣经》里面,他们对儿童早期个性品质教育持有疑虑,但他们对自己和社区充满信心,赞同用正式和非正式的办法逐渐进行道德教育。他们相信,稳固的社区,有责任的家长,会找到合适的办法加固社会价值观,增强人类的信念和美德。③

迪尔凯姆(E. Durkheim)认为,教育是对年轻一代的有组织的个体社会化。有意识地把儿童引导到所属社会的规范、习惯、行为方式中去,就是教育的最重

---

① [美]E. S. 萨瓦斯. 民营化与公私部门的伙伴关系[M]. 周志忍,译. 北京:中国人民大学出版社,2002. 60.
② [美]戴维·波普诺. 社会学[M]. 李强,译. 北京:中国人民大学出版社,1999. 192-202.
③ 许桂清. 美国道德教育理念研究[M]. 北京:中国社会科学出版社,2008.

要的功能,道德教育位于教育的核心地位①。所有这些道德理想都有一个共同的特征,那就是它们都受特定时代、特定阶级的支持而出现,并且存在发展的全盛期,如美国早期基督教的禁欲的理想、中世纪的骑士道德理想、基于理性的启蒙主义思想以及指向人们潜在能力全面发展的德国古典主义的理想等。鲍尔诺(O. F. Bollnow)认为,形成人们在共同社会中发挥作用的、朴素的日常道德,是十分必要的,因为它是一切道德思想的出发点,而成为各自时代人格形成的伟大典范的"高尚道德"往往备受推崇。② 这些道德理想是各自时代的象征,然后随着时代的变迁而逐一地走向衰落。

然而美国学校道德教育的形成是比较缓慢的。因为在20世纪前,学校道德教育的内容,只是体现在一些基督教中的特殊课程或"行为与道德"等课程上。要做到完全改变这种模式是相当困难的。直到20世纪40年代,学校道德教育的一个相对连续的系统才出现。这种新模式的个性教育拥有精细的行为标准和详细的道德发展内容。当时的道德教育改革者们希望将传统的价值观变成现代的信条,从而促使社会新生力量创造个性。③

美国十分重视作为个体的人的独立性,但同时,个体不得无视社会规范,个体的独立必须回归社会的整体性。因此,人的存在必须在保持"个性"张扬的同时具有社会性,成人必须教会儿童遵守所属阶层的社会规范(习俗、法律等),进行家庭教育。这就带来了一个矛盾:人不仅是一个"个体"的存在,也是一种社会存在,不仅要彰显个体的"唯一性",也需要遵守公共社会规训。如何在保持个体独立性存在的同时,融入社会的集体规范正是价值观教育中的一个难点。康德认为,人并不是完美的人格存在。人一方面是道德的存在,另一方面又是欲望的存在。从这个意义上说,人天生是恶的。从根本上逆转由这种天生的恶造成的秩序,亦即使人回心转意弃恶从善,乃是人类本来的归宿,是道德教育的目的④。

(二) 道德与生活世界的剥离

人类社会进入工业文明以来,道德教育的力量慢慢被弱化了,生活世界中充

---

① Helena. M. Wall. *Fierce Communion: Family and Cummunity in Early America*[M]. Harvard University Press,1990. 69.
② Helena. M. Wall. *Fierce Communion: Family and Cummunity in Early America*[M]. Harvard University Press,1990. 72.
③ Reinier, Jacqueline S. *From Virtue to Character: American Childhood*[M],NewYork: TW Publishers, 1996. 25.
④ 康德. 道德形而上学原理[M]. 上海:上海人民出版社,1986. 55.

斥着实用主义的理念和普遍的工具价值的意义,道德逐渐被人们搁置一边了。

如果说 18 世纪的产业革命是用机器去代替和驾驭人类的肌体功能的话,那么新科技革命同时还征服了人类的精神世界,社会日益进入信息化时代,给美国的道德教育带来了双重影响。一方面,信息化时代为人类生存状态的相互协调发展提供了机遇和条件;而双刃剑的另一方面是随着日常生活领域的急剧缩小,道德教育的工具价值和制度体系也被强化到极致,完全被"科技理性"所笼罩,远离了作为意义和价值之源泉的日常生活世界。有研究报告指出,20 世纪的学校教育中,儿童的人格被分裂成两个互不接触的世界,"在一个世界里,儿童象一个脱离现实的傀儡一样,从事学习;而在另一个世界里,他通过某种违背教育的活动来获得自我满足"[①]。

进入 20 世纪,知识的膨胀和为职业做准备的新观点,打破了学校教育以固定的正规课程为特点的局面。科学和实用学科比人文和社会学科取得了更高的地位,特别是在一些著名的大学,研究纯粹和实用的学科成为新的主题。实证主义的发展对社会科学产生了特别的影响,加剧了反对在教室里解决伦理或价值问题的倾向。他们强调科学知识,假定现代世界的问题从本质上讲更是技术的,而非道德的,社会所需要的不是沉思或劝诫,而是科学研究和专业知识的应用。大学逐渐强调对能产生新知识的学科的研究,让学校教师和学生转而集中于他们学术活动的狭小领域。许多州立大学废除了宗教课程,屈服于教会与州分离的教义。虽然礼拜式的服务继续在许多大学校园存在,但是他们除了保留与教会隶属关系的机构,先前对宗教的支持急剧下降。

"价值"则被认为缺乏客观确定性和普遍性,只能归属私人偏好的领域,交由主观性随意处置,从而应当从公共生活中销声匿迹。对追寻人生意义的引导,构建个体的生活价值以及生命的终极目的,都不再被认为是价值观教育的职责。相反,教育应当回避甚至杜绝带有各种可能偏见的价值进入,教育应当保持价值中立或价值无涉。在 20 世纪 60 年代的民权运动中,这一思想发挥到了极致。

(三)价值观教育的复归

20 世纪 60 年代如火如荼的民权运动中,自由主义者猛烈地抨击学校教育,把学校描绘成毫无创造性的官僚独裁机构,"公立学校应该只教技术,把道德教

---

① 联合国教科文组织国际教育发展委员会.学会生存[M].上海:上海译文出版社,1979.14.

育的任务留给家庭、教堂和学生自己","在个性和价值观方面的教育,未能幸免于独裁的'强加的事物'。公立学校介入个人的领域,如同价值观与教会和州结合一样危险"①。这场运动的高潮是 1962 年,美联邦最高法院规定:禁止在公立中小学中继续推行课前宗教祈祷。1963 年,法院禁止公立学校读圣经。②尽管这些规定未直接涉及道德教育,但六七十年代的教育者把它们看作在价值观领域的纯粹的世俗化教育也可能违反宪法的信号。因此学校对学生的宗教、道德、价值观等意识形态方面的引导和灌输完全放松。相对主义逐渐成为人们认识和处理社会事件的主要方法。

而随着经济的迅猛发展、教堂出席人数的增加、离婚人数的下降,人们重新回归家庭生活。1980 年初,国家特别工作组(the Commissions and Task Forces)公布了一份令人恐慌的报告,认为美国学校的失败从本质而言是道德的失败:无视纪律,破坏行为,教师体罚,学生过度看电视,吸毒,逃避学业。尽管国家特别工作组对学校应该重新恢复道德教育的传统作用持回避态度,但公众却强烈要求学校对学生进行道德教育。1980 年秋天,盖洛普民意测验显示,对"你赞成或反对在学校进行道德和道德行为的教学"的回答,总人数中有 79% 的人赞成,而那些自己的孩子在公立学校读书的被调查者中,有 84% 的人赞成③。

美国社会又重新开始了对社会道德规范的探索。首先,1994 年,美国国会认可品格教育并为 12 个州拨专款,1995 年,美国教育部部长赖利(Riley)说:"尽管学校必须宗教中立,但他们在教公民价值观和德行方面却起着积极的作用,而且道德规则使我们如同一个整体结合在一起,事实上学校教有关宗教的一些价值观并不表示学校是违法的。"④其次,美国国内随着与日俱增的经济不平等,社会精英操控选民的政治意识形态动机变得更加明显。因为教育在种族制度化实

---

① Bereiter, C. *Must We Educate*?[M]. Englewood Cliffs, N. J. : Prentics Hall, 1973. 36.

② McClellan, B. E. *Moral Education in American: Schools and the Shaping of Character from Colonial Times to the Present*[M]. New York: Teachers College Press, 1999. 77.

③ Gallup,G. H. *The 12th Annual Gallup Poll of the Public's Attitudes Toward the Public Schools*[J]. Phi Delta Kappan, Vol. 62, No. 1, 1980. 39.

④ Riley, R. W. *Religious Expression in the Public Schools*[EB/OL]. Http://www. Ed. Gov/speeches/08-1995/religion. html.

践中,"学生在学校呆的时间越长,他们接触的占统治地位的意识形态就越多"①。而高等教育是一个潜在的对管理社会意识形态机构中精英阶层的意识形态训练基地,它能够成为新政治意识形态形成的聚集地。

(四)新技术时代的意识形态控制

21世纪诸如生物技术、数字计算机、互联网和机器人的革命性技术正在逐步取代劳动力,削减体力劳动者就业的机会。这个具有深刻意义的变化是由资本的利润最大化驱动的。在技术背景下,利润最大化会加剧结构性失业,不论是在美国还是在世界范围内皆是如此。另外,这一基本矛盾的发展在美国社会过去三十年中有很好的体现:工作安全被削弱、更多美国人没有医疗保险、收入波动增加并更加向下流动、社会安全网被严重侵蚀、工薪收入停滞不前、收入分配差距在扩大。社会物质范畴内的矛盾正成为社会意识形态和政治不稳定的背景。

现代交通与信息技术的高速发展,带来了另一方面"新"的全球(或西方)价值观念的冲击,世界正慢慢成为一个"地球村"。人们被各种不同的生活方式、不同的习俗和传统所吸引。社会的变革发展必然影响到学校的传统或现实的发展目标。哈格里维斯(A. Hargreaves)这样评述现代化或现代社会对当代学校道德教育目标与价值取向的根本性影响(当然他是基于西方的背景之下的):犹太—基督传统作为学校教育和教学的重要基础的衰落,以及由此带来的宗教、文化和种族多元化的更广泛的背景影响下,关于教育的道德目的出现了许多尖锐的问题。后现代社会,教育的最大危机将是公立学校的衰败:学校将依附于社会并将明确地灌输社会的道德价值。② 意识形态教育的前提是关于个人与社会之间的关系,谁将最终从社会的经济产品中获益。因此,教育从来就不是纯粹的技术,教育机构也具有多重功能,包括意识形态教育,技能发展和社会化。

第二节 美国人的"美国梦"意识形态教育

罗姆尼(M. Romney)在他的自传中说当我们还是小孩的时候就听说"每位美

---

① Perrucci, R., and E. Wysong. *The New Class Society* (3rd Ed.)[M]. Lanham, MD.: Rowan & Littlefield, 2007. 217.

② Hargreaves, A. *Changing Teachers, Changing Times*[M]. London: Cassell, 1994. 58.

国人都应该有机会实现他的美国梦"。许多人认为,"美国梦"的含义是获得一定程度上的财富或拥有舒适的生活。"美国梦"这个词最初是 1931 年由美国历史学家詹姆斯·特拉斯洛·亚当斯(James Truslow Adams)在他的著作《美国史诗》(*Epic of America*)一书中所创造的。他的描述与今天对这个词的普遍定义是有很大区别的。亚当斯写道,"美国梦不是物质丰裕的梦想","美国梦"是一种"社会秩序,在这种社会中,每一个人都能够以其天赋与能力来获得他的成就,而且他们的成就也能被其他人认可,不论他们出生的环境和偶然的地位境遇如何"①。

"美国梦"激励了世界上追求机遇的每个人——每位先驱者、创造者以及每位想要脱离其出生环境的人都指望着美国——这座"山巅上的辉煌之城"②。数以百万计的人来到美国,寻找自由,寻找机会。"美国梦"与"美国信念"(American Creed)被广泛认为是美国特性的关键因素。这个"梦"和"信念"是 17—18 世纪美利坚早期定居者的独具特色的盎格鲁—新教意识形态文化的产物。这一意识形态文化的重要教育因素包括:英语、基督教、宗教义务、英式法治理念,统治者责任理念和个人权利理念,对天主教持异议的新教的价值观,包括个人主义,工作道德,以及相信人有能力、有义务努力创建尘世天堂,即"山巅之城"。③

一、"新"美国《宪法》中的政治权利

美国革命是一场资产阶级革命,主要由以奴隶劳动占主导地位的有选举权的土地贵族和做苦力的人形成的一个庞大的中产阶级联盟共同进行的革命。"美国贵族"的这个模糊的修辞技巧使用激进的政治话语编织了一致对抗敌人——英国的统一话语,但是它更加强调对财产、权利和不平衡的权力结构的关注。建国的一代政治家(汉密尔顿、麦迪逊、詹姆斯、亚当斯和华盛顿)宣称"我们人民"作为"统一"的一群"美国人",能够制造一个共同事业。而埃利斯(Ellis)指出,"不同的派系"通过经营这个"共同事业"来摆脱英国,但"胜利后发现他们之间根本不同,政治上根本无法相容"。这正是新美国建立的社会政治基础。正是在新国家的建筑物上,这些"政治上的不相容"粘合了所有的"矛盾"④,当这些矛

---

① [美]罗姆尼. 无可致歉:罗姆尼自传[M]. 白涛,译. 北京:法律出版社,2012. 10.
② [美]罗姆尼. 无可致歉:罗姆尼自传[M]. 白涛,译. 北京:法律出版社,2012. 11.
③ [美]亨廷顿. 谁是美国人[M]. 程克雄,译. 北京:新华出版社,2010. 前言.
④ Ellis, Joseph. J. *Founding Brothers: The Revolutionary Generation*[M]. New York:Vintage Books, 2002. 10,15,16.

盾浮出政治辩论的水面后,埃利斯认为主要的政治遗产是采取"回避和沉默"的手段①——这种沉默的意识形态持续了近200年。

在"印第安革命"中,詹宁(Zinn)描述了围绕着革命战争的社会蓝图:"各种不同的受压迫者和受剥削者在相互猎食。"②战后,围绕着制定《宪法》和设置联邦政府机构经营这个"共同事业",政治家进行了激烈讨论。尽管传播了自由和平等的言论,《宪法》最终还是"保留"了特定集团的利益,从而"给予足够的人以足够的权利和自由,确保得到大众的支持"③。因此,这个神圣的政治文件省去了美国社会的四大类主要的"二等公民":奴隶、契约佣工、妇女、没有财产的男人的权利——更别提属于第五类的印第安人,作为一个深受迫害的少数民族,很大程度上被这个国家的建国文件所忽略,因此,几个世纪的政治和法律剥削制度得以合法维持。

美国宪法和随后的美国联邦政府是一个由"相对较少数量的相互了解的人领导,他们之间相互合作也相互冲突",并不存在"美国人"的统称,直到这个贵族集团发明了用来制造统一基础来对抗革命战争的话语后,为更多的选民唱"小夜曲",通过了将13个州联合在一起的组建强有力的联邦政府的决议。但在迅速发展的美国贵族中,仍存在着"自由/个人主义"者和"保守/民族主义"者之间的辩论。拉斯基在评论美国教育时曾说,事实上,美国教育是在两个不可能完全调和的原则背景下建立起来的。第一个,在历史上影响比较久远,对社会价值抱有种种信念,这些价值是通过教学培育的;第二个信念是一旦青年拥有了读、写和算的简单技能,生活本身就是他所要的最好学校,这是革命(指美国独立战争)后向西扩张时主要强调的信念④。正如埃利斯所说的"没有建立能够根本解决构成国家身份的诸多建筑物:美国建立于矛盾之上"⑤。

麦迪逊提出一个强大联邦政府的优势在于其能够"打破和控制派别暴力",

---

① Ellis, Joseph. J. *Founding Brothers: The Revolutionary Generation* [M]. New York: Vintage Books, 2002. 241.

② Zinn, Howard. *A People's History of the United States. 1492-Present.* 20th ed[M]. New York: HaperCollins Publishers, 1999. 88.

③ Zinn, Howard. *A People's History of the United States. 1492-Present.* 20th ed[M]. New York: HaperCollins Publishers, 1999. 91,97.

④ 马骥雄主编. 战后国际教育研究丛书:战后美国教育研究[M]. 南昌:江西教育出版社, 1991. 3-4.

⑤ Ellis, Joseph. J. *Founding Brothers: The Revolutionary Generation* [M]. New York: Vintage Books, 2002. 13-16.

因为有太多的措施不是由"正义原则"和"少数派的权利"（白人男性贵族）所决定的，相反由"利益"和"傲慢的多数者"的"优势力量"（无财产的白人男性）所决定。这种情况制造出了"对公共活动的不信任"和"对私人权利的警告"（私人财产）。麦迪逊继续对这个"压倒性多数"贴上"派系"的标签，他将"派系"定义为"一定数量的公民，无论总体上是占多数还是少数，联合起来，由一些常见的冲动、利益、反对其他公民的权利或社会永久的和自身集体的利益所驱动的团体"[①]。当然，他也说"最常见和持久的派系来源是对财产的不平等分配"，因此，政府的首要工作是调节和协调各种不同有产阶级的利益，同时控制有产者和无产者的利益，用以保持不平等的权力平衡。

二、"美国梦"意识形态教育的历史演进

开国元勋们强调以阶级为基础的经济地位，《独立宣言》则显示了关于"美国梦"的持久的神话轨迹。这一愿望使得许多民主理性变得神圣：平等、与生俱来的权利、生命、自由和追求幸福（和财产）的权利；政府统一管理；为了实现公共善的法律；自由的原则。

（一）保守的"美国梦"：精英教育

新兴的美利坚合众国的现实状况与杰斐逊主张的农业国或民主理想并不相符。他关于农业民主的概念是建立在种植园主对奴隶和契约佣工的剥削上的，因此他的教育愿景只是针对有产者的白人男性。他还使用他的奴隶建造他所希望能够成为永恒真理的启蒙城堡——弗吉尼亚大学（直到 20 世纪 70 年代还专属白人）。杰斐逊是国内矛盾的混合物，他的崇高理想与《独立宣言》中更加激进的理想之间相互对立。这种对立的理想在现实中是如何实现的？在保守主义者的美国梦中找到了对立的理想，它由美国社会实践的矛盾面构成。这种矛盾和保守的观点加强了"社会选择"和"精英分层体系"，用杰斐逊自己的话说即"最好的天才将从倾斜的垃圾中产生"[②]。他的美国梦遵循的是"贵族原则"，如权

[①] Ellis, Joseph. J. *Founding Brothers: The Revolutionary Generation* [M]. New York: Vintage Books, 2002. 130.

[②] Jefferson, Thomas. "*The Declaration of Independence*" in The Writings of Thomas Jefferson [M], Edited by A. A. Lipscomb and A. E. Bergh in The Norton Anthology of American Literature. Edited by N. Baym et al. New York: W. W. Norton&Company, 1995. 339-345.

威、秩序、不平等的财富分配、顺从的民众和统治精英。这个保守的美国梦是一个延续了充满机会的神话,成熟的果实只会为那些能够抓住和利用机会的人,然而,广大的贫困的"垃圾"却生活在"上帝"的阴影之下。

共和国早期还延续着许多典型的生活模式,如将"贵族模式"注入精英教育的神话之中。本杰明·富兰克林生活的时代,在很多方面呈现出一种激进的现实性,成为保守的美国梦的最好说明。本杰明·富兰克林的生活本身就是一个巨大的成功,他白手起家,他的成就被视为严格遵守清教徒职业道德的结果。富兰克林自豪地宣称他的信仰是神圣的"天意",奖励"勤劳"的人"财富和荣誉"①。被视为典范的"进步"生活,富兰克林归因于他个人的"美德"和他不懈追求的自我教育。他在自传中宣讲,每个人努力工作和帮助自己取得成功的道德责任(通过亚当·斯密"看不见的手"),将会为社会带来普遍繁荣和全民福祉。

因此,精英教育是美国梦的保守观念,赞扬自力更生、艰苦奋斗、勤奋工作、厉行节约、勤勉尽责、功成名就。19世纪早期,这个理想成了捆绑整个国家的意识形态,最明显的表现就是出现了新兴的学校体系。在表面上,精英教育维持了建立在传统欧洲贵族血统和遗产继承制上的独特的民主进步,但实际上,相对于美国权力更大的社会经济体系而言,作为教育授权的保守的美国梦的意识形态是个错误。因为它最终没有培养多少优秀的英才,反而怪罪和谴责那些被陷入"垃圾"的人,而且它固化了一种建立在原子化的个人主义和资本主义权力关系上的不公平的等级剥削制度。

(二)"美国梦"的意识形态"新"冲突

在20世纪后期,尤其是教育领域,在"进步主义"改革运动中可以找到美国梦的两个截然不同的立场。一方面,有保守的技术统治论的管理改革,强调美国学校要反映新工业化的管理伦理,即使用新发展的"教育科学"来创建和管理"教育/教学机器",采用原子化方法的课程教育学生,为每个人确立"不同的角色和规则""标准化的课程和过程""高效和理性的行政意识形态",具有"精密性""连续性"和"公正性"②。

---

① Franklin, Benjamin. *Autobiography in Autobiography and Other Writings* [M]. Edited by Ormond Seavey. Oxford: Oxford University Press, 1998. 1-180.

② Tyack, David, and Elisabeth Hansot. *Managers of Virtue: Public School Leadership in America*, 1820—1980[M]. New York: Basic Books, 1982. 98, 97, 95.

这种新的教育科学呼吁通过州和联邦政府推动付费的技术官僚精英教育——教育资金信托——一个更集中的方法，进行学校教育。他们寻求扩大联邦金融和官僚对教育部的承诺，同时扩大各州教育部职能，形成统一的课程，通过新形式的技术和职业培训与传统的道德和民族主义教化达成平衡。教育资金信托视其自身为管理学校系统的高级目的，然而，他们与激进的《独立宣言》的理想相差很远。这些教育专家设计者，通过技术专家和商业效率的话语，将其称之为教育的"去政治化"。实质上，这正是政治目标试图将学校教育从本土化环境转至一个更加结构化、层次化的秩序中，法兰克福学派理论将其称为"技术官僚理性"。提阿克和索特将这种意识形态总结为"专家为了个人的利益操控一切事情"，"这种结构变化的城市学校管理目标，是将有争议的政治问题，转变为通过大众选举代表的中央委员会决定，将争议交至行政裁量权力进行判决，实现专家所声称的'客观性'。这当然不是'去政治化'，它是另一种形式的政治，其权威不是来自代表或参与者而是来自专业知识"。①

教育的"职业化"和"去政治化"代表了更深层次的进步主义行政官员与经济利益相关者的"共谋"，即建立在共和道德基础上的美国民主的传统形式被贵族寡头政治、权贵资本主义和管理知识专家所取代。这种恶性竞争中的保守派的理想只是为了加强形式上的权威和阶级力量，以及以社会阶级为基础的更大范围上的不平等性，而不是关注促进个体幸福，使其适应更加市场化的工作场所。在这种环境下，"财富和梦想及向上的流动性"成为新的"美国梦"。②

三、"美国梦"是全体美国人的梦吗？

（一）关于平等的"美国梦"

20 世纪后半期以来，美国社会建设进行过几次大的变革，大部分美国人才意识到《独立宣言》中激进的美国梦的诺言并没有实现。1954 年布朗诉教育委员会案，1964 年公民权利法案，1965 年中小学教育法案和"伟大社会计划"（Great Society，美国前总统约翰逊提出的社会福利计划），都是由于底层民众的抗议而

---

① Tyack, David, and Elisabeth Hansot. *Managers of Virtue: Public School Leadership in America*, 1820—1980[M]. New York: Basic Books, 1982. 107-108.

② Robinson, Anthony W. *Ideological Influence on higher education: progressivism versus conservatism*[D]. University of Louisville Louisville, Kentucky, 2008. 41.

进行的进步的立法,这些法律致力于解决基于种族和阶级(性别)的最基本的不平等问题。这些政府计划一方面强调解决不平等问题,另一方面承诺使大众获得平等受教育机会,但这两者都没有实现。20世纪后半期美国的不平等问题仍在增加。普林斯顿大学经济学家、纽约时报专栏作家保罗·克鲁格曼(Paul. Krugman)称21世纪美国是一个"新镀金时代",并表示彻底的"现实增加的不平等是毫无疑问的;不平等在美国愈演愈烈,已经达到了无可争辩的地步"[1]。在这种背景下,教育与美国梦的关系"超越了美国梦的目标":教育政策之间持续的严重分歧永远不能得到彻底解决,因为它们来自美国梦的核心的基本悖论。大部分美国人相信每个人都有权利去追求成功,但无论基于其天赋、努力还是野心,只有少数人能获得成功。美国梦是"种族生活"中的平等起点而非终点,这也是一个悖论。应该认识到,这是一种意识形态选择,悖论源自这样的事实:一代人的成功至少部分地依靠他们父辈或监护人的成功。那些成功得到父辈劳动果实的人,可以用他们认为合适的方式继续使用这些资源;如果他们在一个好学校附近买房子,或使用更优越的资源使得他们附近的学校变得更好些,他们的孩子就会有一个好的开端,其他孩子则会落后,尽管不是孩子自己的错。悖论在于,事实上,学校应该给每一代孩子平等的机会,为每一个时代培养具有民主精神的公民,但人们自然希望给自己的孩子获得财富或权力的有利条件,有些人能够做到这些。当他们这样做时,每个人的起点并不平等,无论是政治上还是经济上的。

霍赫希尔德(Hochschild)的研究结论是"成为贵族的梦想在不时呈现",如果不进行社会和政治改革,"美国梦的意识形态将会成为社会不公正的掩护"[2]。这是左派理论家、教育家和活动家近两个世纪以来的观点,甚至连像《经济学家》这样以温和的新自由主义经济学家自称的杂志也开始刊登这类文章。菲利普斯(Phillips)的统计表明,当代美国60%的家庭税后平均收入只有不到32 000美元(这其中还没有考虑到无家可归者、失业者和非法移民);1%的人口收入实现净增长119%,占有40%的家庭财富总和。[3] 吉尔森(Jillson)在他最近的研究成

---

[1] Krugman, Paul. "For Richer: How the Permissive Capitalism of the Boom Destroyed American Equality"[J]. *The New York Times Magazine*, 2002. 62-67.

[2] Hochschild, Jennifer L., and Nathan Scovronick. *The American Dream and the Public Schools*[M]. Oxford: Oxford University Press, 2003. 201.

[3] Phillips, Kevin. *Wealth and Democracy: A Political History of the American Rich*[M]. New York: Broadway Books, 2002. 129, 123.

果中,坦率地表示:"在发达的工业国家中,美国具有最集中的财富,最大的收入不平等,最高的贫困率。"①面对这些令人沮丧的趋势,兰特林格问道:"我们将继续允许传统精英在大型机构中控制重要的话语权和进行决断,还是我们要认真考虑民主传统?"②人们问这个问题是出于对国家民主的关注。美国梦的实现还要被延迟多久?他们都认识到这样一个悖论,在一个不公正的社会中,没有中间立场,要么通过生活和工作来消除不公正和结构上的不平等,要么仍通过生活和工作来支持这个不平等的系统。

(二)关于"新秩序"的美国梦

第二次世界大战以来,美国的民主已经明确跨进了帝国主义霸权的门槛,美国梦的意识形态深深地保留在美国人的意识中。作为一个时代的象征,甚至是保守的精英教育的美国梦的理想也深陷不平等的困境中,阶级差别变得更加根深蒂固。康茨(Counts)对美国教育体系的控诉仍在全国流通:美国敢于建立一个新的社会秩序么?更多的美国人敢于为他们的国家、社会、学校、家庭和他们自己的生活负起责任来么?③作为一种理想,美国梦只是指引着通向可能性的灯塔。它还没有成为更大范围的美国人的联合一致的行动。近一个世纪的零碎的自由主义改革驱动和大范围底层人民的自主性的推动,赋予这个国家巨大的希望,而且已经超越开国元勋们的狭隘的意识形态,扩大了民主的前沿范围。但在过去的几十年中,保守的美国梦已经让位给管理资本主义精英、福音派原教旨主义、新自由主义的全球化以及赤裸裸的帝国主义。

> 美国是一个梦
>
> 诗人说这是个诺言
>
> 人们说它的确是诺言——终将会实现
>
> 在他们心灵最深处的伟大的思想
>
> 有时只能进行浮躁的表现
>
> 犹豫地和磕绊地说出

---

① Jillson, Cal. *Pursuing the American Dream: Opportunity and Exclusion over Four Centuries*[M]. Lawrence, KS: University Press of Kansas, 2004. 275.

② Jillson, Cal. 2004. *Pursuing the American Dream: Opportunity and Exclusion over Four Centuries*[M]. Lawrence, KS: University Press of Kansas, 2004. 8.

③ Counts, George S. *Dare the School Build a New Social Order*[M]? New York: John Day Co., 1932.

> 不完美地付诸实践
> 我们共同构筑我们的家园
> ——兰斯顿·休斯,《自由之犁》①

第三节 学校意识形态教育的民主图景

19世纪的社会学家马克斯·韦伯用"意识形态"这个术语,来指称那种对现实的"自利"的解释,社会中的权威群体用这一解释,使他们的统治看起来具有"合法性"。一种意识形态要想起作用,无论是掌权者还是无权者都必须相信,权力的分配(以及由权力所带来的利益)是合法的或必然的,即使在解释面对的明显的不公时,仍能够维持社会的团结。教师若能感知到这种无所不在的意识形态(包括他们自身),就会增强他们解释学校生活的能力与胜任日常工作的能力。

一、公立学校宣扬的民主精神

美国人形成一种古怪的、混合的学校意识形态教育,既支持又破坏他们对于公立学校的承诺②。这些意识形态结合在一起,就有助于解释美国人是如何一方面关爱他们的孩子,希望他发达,另一方而又坚持那些确保一部分儿童不会发达的制度与社会结构。

(一)早期公立学校的民主意识形态

自从美利坚合众国成立以来,美国人就把民主的希望寄托在公立学校上。从托马斯·杰斐逊开始的民主观念认为,民主社会要求公民参与公共协商,运用他们的理性判断,在相互冲突的观点中作出决策,从而为国家指引方向。他要求,政府应该为儿童提供3年的学校教育,以为他们的公民资格做好准备。他强调培养学生的基本素养——读、写、算。此外,学生还要学习希腊语、罗马语、英语、美国历史方面的基础知识。③ 美国的整个教育系统从19世纪下半叶到20

---

① Hughes, Langston. "Freedom's Plow"[EB/OL]. http://www.poemhunter.com/poem/freedom-s-plow/.
② [美]奥克斯,等. 教学与社会变革[M]. 程亮,等,译. 上海:华东师范大学出版社,2008. 18.
③ [美]奥克斯,等. 教学与社会变革[M]. 程亮,等,译. 上海:华东师范大学出版社,2008. 4.

世纪初最终形成后,在第一次世界大战之后获得了相当大的发展。因此,美国教育史上称第一次世界大战后这个时期为公立教育的"扩充期"。美国人拥有一个以民主为核心价值观的学校传统,尽管这种传统并不总是一以贯之的。

卡伯莱(Cubberley)在他的《合众国的公立教育》一书中,认为美国的"公立教育取得辉煌胜利"。他列举的美国教育取得的胜利有:(1)征税办教育;(2)消除穷人学校观念;(3)废止学捐和柴火费,使学校成为完全免费的;(4)建立视导制度;(5)消除宗派主义;(6)通过增加中学和州立大学,使教育系统扩大并完整化;(7)开办师范学校,培训教师;(8)建立分年级的教学制度;(9)各级教育均向妇女开放。[1] 19世纪30年代,贺拉斯·曼对杰斐逊公立学校的民主观进行了进一步扩充。他坚定地指出,所有美国人都应该在"公共的"学校中接受教育,这些学校将为家庭教育提供补充。公立学校能够教给公民参与民主生活所必需的知识、习惯和基本的素养,能消除贫困和犯罪,塑造一个明智而富有创造性的国家未来,传授知识的学校教育会让每个人都享有民主的权利和自由。这些公立学校为农民、商人、手工业者及其他社会人员的子女提供免费教育,公立学校的基本特征就是"平等"的学校。虽然直到今天,学校仍是不平等的(那时的学校也是如此),但是曼为这个国家提供了一个值得追求的目标。

美国现代实用主义哲学家杜威强调,课堂是生活的一部分,而不只是为生活做准备,为了使社会更民主,学生必须参与课堂,而课堂本身即民主的社会。教师必须给学生机会去了解个人的行动是如何影响着集体的成败。学生必须形成公民意识,承担起在复杂集体项目中快乐且艰苦的任务。作为课堂项目中的成员能够"发挥自己的作用",这可以培养孩子将来成为领导者或接班人。"为了拥有大量的共同价值观,集体中的所有成员必须拥有平等地接受和可获取共同价值观的机会。为此,必须给他们提供各种共享的任务和经验。否则,教育会使一些人成为主人,另一些人成为奴隶。如果各种不同的生活经验不能自由交流,各方的经验就将失去意义。自由平等的交流来自广泛的共享利益,缺乏这种交流会使智力发展失去平衡。"[2]杜威还将民主等同于自由。"我认为民主是一种精神事实,而不仅仅是一个政府机器……民主是自由。如果真理是最后的事情,

---

[1] Cubberley, Ellwood P. *Public Education in the United States: A Study and Interpretation of American Educational History*[M]. Houghton Mifflin, 1919.

[2] Dewey, John. Democracy and Education (1916)// John Dewey. *The Middle Works*, *Vol.* 9[C]. Carbondale, IL: Southern Illinois University Press,1989. 84-85.

自由意味着给真理一个展示自我的机会,一个从深处萌发的机会。民主,作为自由,意味着对中间阻隔和区分的放松的镣铐,磨灭的限制和打破的障碍。"①

(二)公立学校教育目标与现实的意识形态困境

美国社会的移民潮一直增长到19世纪末期,人们对学校民主的追求也伴随着社会发展逐渐失去了其原有的意味。甚至是公立学校的支持者也开始质疑学校松散的联系体是否可以完成其为自身设定的崇高目标。难道要美国将所有的非美国人视为洪水猛兽吗?事实证明,美国人根本不关心所谓的民主理念,他们更多关注的是对发生在身边的,在深刻的社会转型中建立某种程度的控制。在19世纪晚期和20世纪早期美国经历了剧烈的社会变革,现代学校发展在很大程度上也目睹了现代社会中"工厂的社会分工,铁路的守时,现代企业链的命令和协调",学校改革者日益增加的是对现代社会的"好奇感和兴奋"②的敬畏。这样的改革者,将现代商业效率引入学校,在诸多方面推动教育改革措施。传统学校中的"民主""自由"和"平等"权利逐渐被稀释。这些改革者很好地借助新教意识形态编织的价值观,洛瑞(Rury)指出,学校改革者通常努力承担着传教士的圣餐盘的工作③。

"今天,学校与电视、电影、互联网和其他大众媒体争夺孩子的时间和精力,学校运行者必须知道什么是只能学校做的事情","学校必须重申他们的主要责任是年轻人的智力和性格的发展"④,公立学校唯一所代表的就是"美国梦",一个"为那些所有愿意学习和研究的人敞开机会大门"的民主承诺。普通学校被期待"通过向所有追求它的人传播知识,使民主魔法发生作用"⑤。里维奇希望学校能有一个强有力的校长,对他自己的学科具有深入的知识,通过像点金术一样有意识的教育计划和像一个严厉而慈爱的父亲饱含对知识源泉的珍爱情感,带

---

① Popkewitz, Thomas S. Curriculum History, Schooling and the History of the Present[J]. *History of Education*. Vol. 40, No. 1, January 2011. 1-19.

② Tyack, D. *The One Best System: A History of American Urban Education*[M]. Cambridge, MA: Harvard University Press, 1974. 28.

③ Rury, J. L. *Education and Social Change: Contours in the History of American Schooling*[M]. New York, NY: Routledge, 2008. 63.

④ Ravitch, D. *Left Back: A Century of Failed School Reforms*[M]. New York, NY: Simon & Schuster, 2000. 16.

⑤ Ravitch, D. *Left Back: A Century of Failed School Reforms*[M]. New York, NY: Simon & Schuster, 2000. 20.

领学生理解作为一个公民需要知道的最重要的事情,保护羽翼未丰的民主共和国。

尽管公立学校的目的很清晰,是促进学生进行充分学习和自律意识养成,所以期望人们在民主社会成为一个好市民,会读报纸、能得到工作、在个人主义和自由竞争的社会得以生存,为社会福利做出贡献[1],但公立学校并没有实现人人都能达成美国梦的目标。一方面,公立学校并不是像他们看起来的那样"公立"。学校入学率通常很不稳定,地方控制几乎不起什么作用,而是由城镇外的教师进行控制。此外,据称由公立学校提供的"公立"教育,大部分适龄美国儿童却使用不到,当然更不会满足他们的需求和利益。公立学校提倡的价值观——忠诚、爱国和新教主要是针对培养发展那些最终会成为进步时代的中产阶级的人。用乔(Joel Spring)的话来说,"19世纪的公立学校主要设计用来保护美国新教文化的意识形态"[2]。卡尔(Carl Kaestle)也认为公立学校改革者"呼吁政府采取行动提供学校教育,使其更加普遍、更加平等、更加致力于公共政策,因此更有效地创造以新教、共和主义和资本主义为中心的文化和政治价值观"[3]。

二、"白人至上"的历史传统

从最早的殖民时代开始,许多美国人把他们繁荣的原因与没收土地和奴隶劳动联系起来。经济方面的原因和《圣经》对于白人优越性的解释,都为印第安人的灭绝与非洲奴隶贸易提供了"合理"辩护。早在杰斐逊提出公立学校计划之前,与种族、意识形态、经济因素相关的不平等,使得美国的公立学校黯然失色。

(一)自然科学依据中的"白人至上"

18世纪中叶以后,一群新的现代自然科学家——颅骨学家——提供的经验证据,证明白人的优越性依靠的是在头盖骨方面的种族差异。高加索人(白人)拥有较大的头盖骨,这表明他们也具有较强的能力。有些人认为,炎热的非洲气

---

[1] Ravitch, D. *Left Back: A Century of Failed School Reforms* [M]. New York, NY: Simon & Schuster, 2000. 20.

[2] Spring, J. *Deculturalization and the Struggle for Equality* [M]. New York, NY: McGraw-Hill, 1997. 4.

[3] Kaestle, C. F. *Pillars of the Republic: Common Schools and American Society, 1780—1860* [M]. New York, NY: Hill and Wang, 1983. 103.

候,使黑人缺乏活力,时间久了之后,就会减小他们的大脑和头盖骨的尺寸。法国学者亚历克西斯·德·托克维尔在研究19世纪30年代的美国社会后,指出"学校不会同时招收黑人和欧洲人的儿童"①。

当时被普遍接受的观点认为"非白人"在道德和理智上存在缺陷。这种观点使人们有理由否定他们的公民权,禁止"非白人"的土地拥有者将财产传给他们的继承人。许多南方的社区通过了"强制性无知"(compulsory ignorance)的法律,禁止奴隶接受学校教育。北方的社区建立了种族隔离的学校,因为(在与黑人儿童同校的情况下)"要让白人儿童免遭性或其他身体威胁和道德腐蚀",简直是不可想象的。这样,到贺拉斯·曼描述他对公立中小学的看法时,认为国家已经拥有了根深蒂固的传统,允许政府去限制那些包括在个人集合中被称为"公共"的东西。19世纪中叶,达尔文的《物种起源》提出,所有的种族都是人,但它也带来了许多新的理论,把白人看作是进化水平和认知发展较高的种族;甚至在农奴制废除以后,大多数美国白人仍把黑人看成是低人一等的,从而支持种族隔离。

(二) 社会心理认知中的"白人至上"

19世纪中期,美国各地的法律都对职业流动和学校教育的机会做了限制与规定。这些政策的支持者都采取社会达尔文主义的观点,认为少数族群在经济与社会方面所遭遇的不利处境,是根源于他们遗传的认识缺陷,有时是道德缺陷。

桑代克对儿童学习的研究被绑定到在社会问题上对城市生活的关注。桑代克的心理学包含着关于智力世代相传的观点,即道德体现在性格中。教育能够确保儿童学习这些科目,"如果不是一个理想主义者,他们可以得到人人都希望拥有的健康,远离贫穷,享受休闲时光等等更加体面的生活"。通过确定"事实与规律",人们的美好愿望能够被创造并得到加强,"在对待低等种族、对罪犯及其家属的法规、公共健康的关注、家庭的新观念中,我们能够看到达尔文主义的影响开始在政治手腕和社会控制中扩散"②。种族差异的定义,对于桑代克而言是

---

① Tocqueville, Alexis de. *Democracy in America* [M]. New York, 1945, Vol. 1. 373-374.

② Thorndike, Edward L. The Psychology of Arithmetic// *Psychology and the Science of Education* [C]. Selected Writings of Edward L. Thorndike, ed. Geraldine M. Joncich. New York: Bureau of Publications, Teachers College, Columbia University, 1909[1962]. 83-90.

世代相传的并且与基因有关。因此,智力及道德特征的概念体现的是一种分化观点,即黑人美国人在智力上低于白人美国人。

三、"例外论"与民主承诺

在20世纪初的美国"新"建国故事中,被铭刻为实现了民主的、解放了人类精神的世界主义的技术理性,成为击败艺术与科学的典范。在对未来的承诺上,美国却缺乏19世纪初期民族史诗中关于新世界般田园般生活的美好描绘。主要原因是初次爆发的大规模资本主义经济危机,城市中道德秩序面临崩溃,美国内战关于奴隶制的斗争引发的残酷的现代战争,产生了对声称"例外论"的美国——作为《圣经》伊甸园般田园生活化身的质疑。国家特殊的作用在于预告救赎和对人类未来的拯救,而不是将《圣经》本身作为国家的化身。

(一)"例外论"与技术理性

美国的"例外论"是对未来的技术承诺的既定表达,奈(Nye)称之为"技术崇高",在文化空间的科学和技术中包含着美好、美学、敬畏和恐惧[①]。从16、17世纪开始的对新的科学的追求,不仅仅包括知识本身,还强调了一个特征,即它们用于作为控制自然的手段。科学研究不再是冥思苦想的理论知识,而是更实际的生活,它是人文研究的教育理想,既包括语言教育和道德教育,也包括数学方面的训练。因此,铁路、电力、桥梁和摩天大楼的技术奇迹被放置到关系到国家命运的文化对话中。尼亚加拉大瀑布、科罗拉多大峡谷的自然力量和技术代表的铁路、桥梁和城市摩天大楼,被视为是年轻的共和国的艺术和科学在解放人类精神中的胜利。美国将一个荒野变为"繁荣与平等"之地的国际化大都市,其建国故事被人们津津乐道,通过他们的技术成就,这里的世界和人民是一种超然的存在。技术的存在使得修筑运河和铁路与实现"救赎"成为一个因果链,标志着社会与物质进步不可避免地同时发生。

大众学校教育的出现和美国进步主义教育就发生在美国"例外论"及其挑战的社会变革的背景中。进步主义在其更广泛的政治及教育目标上体现了美国启蒙信念关于世界理性和科学在个体及社会进步的解放上。普通综合高中出现在

---

① Popke. witz, Thomas S. Curriculum History, Schooling and the History of the Present[J]. *History of Education* Vol. 40, No. 1, January 2011. 1-19.

20世纪之交,最初被称为"世界性的高中",世界主义体现了美国具有神意特性的"例外论"的信念和乐观精神。

(二)"例外论"与教育神话

美国进步主义的新社会和教育科学体现了科学与技术的叙事性及其救赎故事。美国例外论的故事,出现在早期社会学家查尔斯·霍顿·库利(Charles Horton Cooley)关于教育的著作中。库利将美国视为"具有朝向未来秩序的精神"①,"美国'新的工业现代化'是成为第一个真正接近民主的'与之前的具有天壤之别,因为它更强调个性和创新','没有继承欧洲的阶级文化'"②。将美国视为一个有别于其他国家的"例外"之地,这也是美国人引以为傲的民族自信的张扬。

在这个"例外"之地,国家做出的"永恒的承诺",也被编入儿童发展和学习理论。斯坦利·霍尔(G. Stanley Hall),儿童教育的领军人物,宣称在以国家为背景的教育下,会带来"唯一完整的历史,其影响力将会促进或阻碍人类未来发展的完备化、理想化和永恒化"③。爱德华·桑代克(Edward L. Thorndike),美国著名的教育心理学家,更将国家的"例外论"的叙述深入教育的目标。他认为,科学正在揭示关于个体先天品质的规律。这个规律对个体的塑造和加工使得其"对幸福的追求"成为可能。教育心理学是形成"人类思想和精神"的工具,所以个体可以为其进步和对未来的信任负责任④。

在国家"例外论"的愿景上,再加上对知识和科学的信仰,已经成为美国人的一种生活模式和意识形态,也深刻体现在约翰·杜威的实用主义哲学中。杜威认为,基督教的价值观是一种关于个体努力工作的普遍观念,它与国家的民主观念没有任何区别。杜威对民主的预言与基督教(加尔文教派)的普遍道德观对真

---

① Cooley, Charles Horton. *Social Organization: A Study of the Larger Mind* [M]. New York: Charles Scribner's Sons, 1909.

② Ross, Dorothy. *G. Stanley Hall: The Psychologist as Prophet* [M]. Chicago: University of Chicago Press, 1972.

③ Hall, Granville Stanley, Aspects of Child Life and Education: The Contents of Children's Mind on Entering School[J], *Princeton Review* II (1893/1924). 249-72.

④ Thorndike, Edward L. Darwin's Contribution to Psychology// *Psychology and the Science of Education* [C]. Selected Writings of Edward L. Thorndike, ed. Geraldine M. Joncich. New York: Bureau of Publications, Teachers College, Columbia University, 1909 [1962]. 37-47.

理的渐进式启示相关联。基督教(加尔文主义的改良主义)和民主都是通过个体寻找"不断展开的,永不停止的对生活意义的探寻"的过程。

四、种族隔离遭遇的"民主尴尬"

美国黑人是美国人数最多的少数民族,长期受到种族歧视,处于社会最底层。从杜鲁门总统开始,美国政府便致力于黑人权利立法。到约翰逊总统执政时期,最终从法律上取消了种族主义。受到第二次世界大战后亚非国家有色人种争取民族独立斗争的胜利的鼓舞,以及由于工业化的进展,大批黑人流入城市,使黑人争取自身地位问题成为全国性问题。在今天的美国,虽然合法的种族歧视与隔离被取消了,但心理上的和制度上的种族主义却丝毫未减。

(一)种族隔离中的教育意识形态

美国南部具有特殊的不平等性,是受意识形态教育控制的特例。不同于北方,南方各州都是极其严格地基于封建等级的种族、性别和阶级制度进行组织的。在"南方例外论"、泛新教主义和种族化的美国精神影响下,种族融合的学校教育是一种带有偏见的机构,更强化了这种不平等和压迫状态。

南部精英将公立学校视为"对公共秩序的威胁",认为学校教育只是少数富有的白人精英的选择。而公立学校运动具有打破这种对"贫困和无权的"白人以及南方"非公民阶级"黑奴的仪式化的压迫的潜能[①]。在南方进行的小规模的学校教育纯粹是为了白人精英的利益,能够繁育出有教养的延续的贵族特权,使得残酷和不公正的南方种姓制度得以永存,能够管理对广大种植园资源的再分配。

1868年,美国政府宣布"强制性无知"法令为非法,并把公民权扩展到所有本土出生的非白人。但是,学校教育仍是各州的事务,各州可以选择是否资助非白人儿童的学校。1896年,最高法院在"普莱西诉弗格森案"中判定,为不同种族设立分离的公共设施仍是平等的,并支持各州在学校及其他公共生活领域对少数族群进行隔离的权力。确立对黑人采行"隔离但平等"措施的合法性,对南方黑人人权造成严重的打击,最高法院判决中有关"隔离"的部分被执行得十

---

① Beach, J. M. The Ideology of the American Dream: Two Competing Philosophies in Education, 1776—2006[J]. *Journal of the American Educational Studies Association*, Vol. 41, No. 2, 2007. 148-164.

彻底,但有关"平等"的部分则不然,导致南方出现更多种族隔离制度法令,甚至连在工厂、医院及军队都采取种族隔离制度。直到1910年,大多数黑人儿童才得以进入学校,而墨西哥裔、亚裔、印第安人的儿童,直到1920年才进入学校。按照普莱西判例,他们进入隔离的学校。尽管法律对他们的自由和机会做出了限制,但是遭到歧视的群体是在复杂的教育环境中学习的——无论是独处于他们自己的文化中,还是在隔离墙内出现轻微的摩擦,都是如此。然而他们中的大多数在享受公共支持的教育机会与取得学校成功方面总是受到限制。1944年,瑞典社会科学家冈纳·米达尔关于美国种族的长达1,500多页的研究,得出的结论是:一个深刻的令人困扰的美国尴尬,是国家的民主意识形态与普遍的种族主义之间的根本对立。

1954年,最高法院关于"布朗诉教育局案"的判决,推翻了普莱西判决,判定隔离本质上是不公平的,同时命令学校以谨慎的速度废除隔离,判定种族隔离的学校并未提供黑人学生公平教育,因此公立学校应该要种族混合。然而,布朗案最初对机会均等的承诺至今仍未兑现。美国的黑人学生仍然像布朗案以前那样遭到种族隔离。而且,针对拉美人的种族隔离仍在不断增加。① 一个社会居然允许隔离的、不公平的学校存在,当人们回首"布朗案"之前的历史时,会发现这个让人气愤的事实在今天的美国社会依然存在。

(二)"种族融合"后的意识形态冲突

沃特金斯(Watkins)分析机构对1865—1954年美国社会种族意识形态的演化和传播进行了基本分析。研究发现,这一时期新创建的教育机构整合了分离的和受不平等待遇的非裔美国人,这种教育强调培养半熟练的手工劳动者。当时最初被描述为"国家建设"者的汉普顿学院里,社会慈善家纷纷慷慨解囊,急于安抚打破奴隶枷锁后,由进步主义运动提升了种族地位之后而挥之不去的社会冲突。教育系统的发展使美国社会的种族意识形态制度化了。分析认为,对于意识形态传播和再生产,教育是一个核心机构。②

贝尔·霍克斯(Bell Hooks)作为种族隔离学校的孩子,在描述隔离的历史

---

① Orfield, Gary, Mark Bachmeier, David James, and Tamela Eitle. *Deepening Segregation in American Public Schools* [M]. Cambridge, MA: Civil Rights Project, Harvard Graduate School of Education, 1997.

② Watkins, W. H. *The White Architects of Black Education: Ideology and Power in America, 1865—1954* [M]. New York: Teachers College Press, 2001.

时曾说过在学校的那些年是"纯粹的快乐",学校是"一个让人着迷的地方","充满了欢乐与冒险","思想发生变化是纯粹的乐趣",不仅仅是她成为受教育者,也意味着学会珍惜新事物和质疑她自己的经验。"学校学到的观点与在家中学到的价值观和信念背道而驰就会把自己放置在危险境地,"她回忆道,"家庭是一个我被迫符合别人关于我是谁及我应该有怎样想法的地方。学校是一个令我可以忘记自我,并通过思想重塑自我的地方。"①对于霍克斯而言,她接受的学校教育随着种族融合的出现而改变。"突然,知识仅仅只是信息","它与一个人如何生活、如何表现毫无关系"②。这种巨大转变的原因在于学校追求的目标任务发生了根本性的变化:最高法院在布朗诉教育委员会案(1954)的判决带来的巨大社会变化的后果之一是学校让无数的非裔美国儿童失去了与反种族主义者斗争的联系。"这种转变从心爱的,全是黑人的学校转向白人学校,在那里,黑人学生总被视为入侵者,并不是真正属于那所学校","不同教育之间的区别只是作为自由的实践,教育仅仅是为了加强统治"③。

霍克斯的学校经历是发人深省的。毫无疑问,整合学校运动由一个清晰的目的驱动——社会平等能够通过教育达成,当他们之间相互学习的时候,不同种族的学生才能学得最好——但布朗案后的快速的学校整合运动,以及无数黑人学校的关闭,导致对另一种教育目的的抛弃。教育目的的意义在霍克斯的学校中由她的教室中的成年人为代表:霍克斯和她的同学由住在他们社区中的教师带领,分享学生在隔离社会中面临的生活挑战,并设法改善学生的生活。教师在某种意义上通过强调他们共同分享的挑战和目标,肩负着有组织地训练学生们的发展的任务。霍克斯属于那个学校,因为那个学校也属于她,属于她生活的社区。这一意义被打破后,却没有新的教师能够共同为这些黑人学生分担生活压力。

(三)种族歧视的持续发酵

如同先前的改革一样,20世纪末美国的教育改革方针并未触动社会不同种

---

① Hooks, B. *Teaching to Transgress: Education as a Practice of Freedom*[M]. New York, NY: Routledge, 1994. 3-4.
② Hooks, B. *Teaching to Transgress: Education as a Practice of Freedom*[M]. New York, NY: Routledge, 1994. 4.
③ Hooks, B. *Teaching to Transgress: Education as a Practice of Freedom*[M]. New York, NY: Routledge, 1994. 4.

族、不同社区的儿童之间的机会不均。人们关注的核心问题是儿童没有获得平等的机会,而不是社会没有提供良好的学校条件。1997 年,克林顿总统与国会把面向所有学生的公立教育的经费支持,延长至高中后的两年学院教育。曾经只为一小部分国家精英群体所享有的学院,到 20 世纪末就变成理想的美国公立教育的一部分。21 世纪初,乔治·W. 布什的保守主义政府通过"不让一个孩子掉队"(NCLB)法案。但是,由于种族之间存在巨大的"成就鸿沟",在深入解决种族或收入的不平等方面,美国任何一届政府都没有取得太大进展。对于那些低收入家庭的学生与有色人种的学生来说,这些不平等是一个巨大的障碍。

实际上,布什总统的措施也只是延续了美国教育传统的一部分做法。这些措施为所有学生的学习提供了资金支持,但却没有挑战社会资源和机会的不平等。最值得注意的是,以前奴隶的子女根本没有机会接受教育;而且,尽管杰斐逊提出,凡是非奴隶的子女都要接受 3 年的公立学校教育,但只有那些最有"潜能"的学生才可以依靠公共经费,进入特定地区的文法学校。教育者再从这些学生中挑选一些出来继续接受教育。杰斐逊认为:"通过这一途径,每年将有 20 个最有天赋的学生从底层脱颖而出,依靠公共经费接受教育。"[①]相比之下,21 世纪上半叶的大多数白人学生的学校同时也提出了很多目标,这些教育目标并不是为了获得所谓的"解放",或为了"自由的实践"。相反,很多这样的学校被描述为有快速"反应能力的""可以迅速移动的地方",总的来说,就是培养的学生能够适应变化的社会经济现实。而现实中,很多隔离中的黑人孩子所上的学校是真正的由社区组织的,教师也是来自这样的社区,对于在学校教什么以及怎么教具有决定权。与之不同,在同一时间很多白人孩子上的学校越来越多地由外围的专家主导,他们希望对学校的课程进行改革,希望引入一个管理机构,慢慢地削弱教师在学校生活中的主导功能。这种发展趋势与美国传统的"教育自治"理念发生冲突,也加大了不同种族学生教育成就的差异。

第四节　联邦政府的意识形态教育责任

建国之初,美国人将《圣经》中的道德、古典"共和主义"的美德和洛克的

---

① Jefferson, Thomas. *Notes on the State of Virginia*[M]. quoted in Joel Spring. The American School. New York: Longman, 1990. 8-10.

"自然权利观"结合,作为这个新生共和国的意识形态基础,并将共和主义的美德作为国家长期繁荣的保障,所以新教伦理、共和主义的美德和个人权利等就构成了传统的意识形态教育内容。面对自由主义者所要求的培养具有质疑精神和批判社会现实能力的公民,保守主义者做出了强烈的反击。保守主义者将传统价值观的教学置于公立和私立学校教育的首要位置,在他们看来,这些传统道德和宗教价值能够让美国变得更加强大。因此,在两党制的美国,面对保守主义者和自由主义者的要求,联邦政府只能在某个阶段更倾向于某种理念。

一、内战后民主党政府教育援助的意识形态

美国社会一直存在浓厚的实用主义理念。随着工业革命的发生,对实用学科发展的需求变得越来越明显,在扩大的工业基地和迅速发展的技术推动下,社会需要更多的工程师。

（一）学校教育"扩张"运动的意识形态

建国初期,美国大部分人口集中于东部沿海经济发达地区,西部居民仅占全国人口的3%。为平衡东西部发展,联邦政府以优惠的土地政策吸引大批移民西迁。随着"西进运动"的推进,迫切需要大量懂实用农业技术的农业劳动力;而当时美国的高等教育主要效法欧洲大学的模式,侧重于向上层人士子女传授经典学术科目和宗教课程,普遍轻视实用农业技术教育,造成各州农业技术人才严重短缺。国会议员贾斯丁·莫里尔(Justin Morrill)建议创建联邦政府资助的赠地学院[1]。美国国会于1862年颁布了旨在促进美国农业技术教育发展的《莫里尔法案》(Morrill Act)。该法案要求学院和大学为学生提供更多面向实际的教育机会,而不是仅仅提供古典和神学教育的课程。

由于莫里尔的赠地法案提供了大片土地用以修建大学,因此内战后美国大学的数量迅速增加[2]。尽管这些大学仍然教授古典课程,但也存在着向实用教育的转变。迅速发展的工业经济对机械化的需求,催生了美国的工程机械类学

---

[1] Rudolph, F. *The American College and University*[M]. Athens, GA: University of Georgia Press, 1990.

[2] Unger, I. *The Best of Intentions: the Triumphs and Failures of the Great Society under Kennedy, Johnson and Nixon*[M]. New York: Doubleday Press, 1996.

校数量的增加。同时农业研究也有显著的发展,能够满足为快速增长的人口提供更多食物的需求①。

然而,美国国内并不是所有人对于高等教育的扩张都持积极态度。一部分原因是出于"反智主义"的思想,以及害怕社会地位的变化②。许多农民认为自己并不需要聘请一个大学毕业生来管理农场,认为农业研究对于实际的耕种是多余的③。对于很多人来说,农业的技艺是祖祖辈辈传下来的,并不需要在教室里学习。此外,还存在一种担心,认为教室里的诱惑会说服许多农民的儿子接触到更广阔的世界,因而完全远离农业,使得农场里人手不足④。在19世纪尽管更多的人比自己的父辈更有机会进入学院学习,但获得大学教育的人口比例仍然比20世纪低得多。《莫里尔法案》为赠地学院建立了年度拨款制度,目的就是改善和扩大农业和机械技术专业。然而,有一项规定被写入法案,那就是如果存在"种族歧视"则禁止该州获得资助金。各州为非裔美国人围绕着创建"隔离但平等"的赠地学院制度做着不懈的努力⑤。联邦政府利用纳税人的钱努力促进教育平等。《莫里尔法案》凸显了联邦政府在教育中的作用,因为在那之前,教育还是私人的和州属事务。从某种角度看,《莫里尔法案》并不真正属于联邦政府在教育政策上的进步主义运动,但其为大学未来的发展奠定了基础。因为对于政府来说,教育对于国家的发展至关重要。教育的重要性还体现在能为社会带来"民主"的氛围⑥。而且通过教育获得的知识为工人赚取了更高的工资,尤其是通过高等教育获得的知识对于个人成功更有帮助。一个整体而强大的国家正是由大量受过教育的人,在工业和农业领域的不断增加的创新技能和劳动产生的。

---

① Rudolph, F. *The American College and University*[M]. Athens, GA: University of Georgia Press, 1990.

② Hofstader, R. *Anti-intellectualism in American Life*[M]. New York, New York: Knopf, 1963.

③ Rudolph, F. *The American College and University*[M]. Athens, GA: University of Georgia Press, 1990.

④ Rudolph, F. *The American College and University*[M]. Athens, GA: University of Georgia Press, 1990.

⑤ Rudolph, F. *The American College and University*[M]. Athens, GA: University of Georgia Press, 1990.

⑥ Key, S. Economics or Education: The Establishment of the American Land Grant Universities[J]. *The Journal of Higher Education*, 1996, 67. 196-220.

（二）政府的"进步主义"教育改革的意识形态

进步主义是 19 世纪末美国出现的一种社会政治思潮。进步主义教育或者说美国"现代教育"的观念来源于欧洲的"新教育"运动。1919 年进步教育学会成立,使其在 20 世纪 30 年代达到全盛时期。一般来说,进步主义是美国社会各种不同的集团,对南北战争后迅速工业化和都市化所产生的种种问题做出的反应。一方面是日益严峻的社会问题：普遍存在的贫民窟和经济贫困；对劳工的剥削；由于政治组织或机构与商业利益相关联的出现而引起的各县、市和州民主政府的瓦解；财政和工业的迅速集中等等。另一方面是美国的旧教育已经不再适应社会发展的需要。从 1852 年开始到 1918 年,美国各州都通过了义务教育法,但当时教育还是沿袭欧洲传统的教育制度,被分割为贵族教育和平民教育,具有鲜明的阶级性。同时教育中重视学术,轻视职业,使得学术和职业相对立,导致人与社会的隔离,使教育无法适应工业发展的需要。

社会和经济的变化,对倡导的个人精神、正直、发展空间,都提出了新的要求。这就为进步主义教育得势准备了适宜的气候和土壤。在这个时代,美国越来越按课程是否能充分地提供目前的生活经验来衡量教育的效果。这时的美国在教育对象上强调的是"全体美国青年",而不是经过严格选拔的少数"尖子"或"精英"。在教学内容上,着重的是生活适应教育和职业训练,而不是"学理"或"学术"教育,即并非智育。其目的在于使青年能谋得"挣取生活费的工作",并善于处理个人同集体、生活与工作的关系。换句话说,能成为顺应美国资本主义社会秩序的自立人,使他们在社会上能各得其所。上述为每日的实际生活作准备的种种要求,被美国的教育社会学家概括地称为"社会效率"或"社会化"。这正是进步主义教育运动所关切的。

在进步主义运动中,总统西奥多·罗斯福扮演了重要角色,他通过反托拉斯法有力地打击了垄断集团,并通过制定法律保护环境、保障劳工利益、保护食品安全等,使美国得以重新焕发活力,进而跻身世界强国之林,这其中的新闻自由、结社自由、政治竞选、三权分立起到了决定性作用。富兰克林·罗斯福总统(Franklin D. Roosevelt)1933 年就职之际,美国正在经济大萧条中挣扎。成千上万的人无家可归,四分之一的人口失业[①]。罗斯福认为联邦政府在调整经济

---

① Dunlon, J., and W. Calenson. *Labor in the Twentieth Century*[M]. New York: Academic Press,1978.

发展,从而促进社会"公正"和"自由"中起着至关重要的作用①。罗斯福"新政"的实施预示着联邦政府对公民的日常生活具有深远的影响。这些"新政"减轻了经济大萧条给人民带来的压力和痛苦。大量的公共建设工程项目,如田纳西流域管理局为减少失业率,开始对农村提供电力;公共事业发展署、民间护林保土队、土木工程署等为失业者提供工作;《农业调整法案》(The Agriculture Adjustment Act)帮助保护商业化农民获得政府补贴等②。这些政策的目标是确保公民最基本的需求能够得到满足。

新政实施的最初几年里,政府开始在教育上对学生进行直接资助。成立于1935年的国家青年局(The National Youth Administration),为16—25岁之间离开学校的青年人提供就业机会。该项目一方面是提供学生工作机会以支付他们在学校的开支,以此获得更高的课堂出勤率。另一方面是帮助那些早已辍学的学生获得就业和工作机会。

(三)持续扩大受教育权的意识形态

第二次世界大战后,联邦政府在更大程度上改革了公立教育,早在1944年,《退伍士兵权利法案》就为更多数量的学生提供进入大学的机会。不同社会经济背景和种族的人突然拥有返回学校读书的机会,对于非裔美国人来说意义尤其不同。新的教育机会被认为是民权运动的基石③。首先是为了防止第二次世界大战中犯下滔天罪行的纳粹和日本帝国主义所主张的思想,侵入到潜在种族主义者和恐怖分子的思想中,其次是美国以超级大国的状态在逐渐崛起。这两者的结合,使得美国人认识到意识形态教育的重要性。美国将教育作为在国内促进平等及缓解种族歧视的一种手段。④

第二次世界大战后,美国上大学的学生数量及经贸学校的学生数量都获得了长足发展,因为人们已经从这种新的机会中获得了好处。随着美国经济变得

---

① Robinson, Anthony W. *Ideological Influence on Higher Education: Progressivism Versus Conservatism*[D]. University of Louisville, Kentucky. August, 2008. 19.

② Robinson, Anthony W. *Ieological Influence on Higher Education: Progressiviasm Versus Conservatism*[D]. University of Louisville, Kentucky. August, 2008. 20.

③ Jeynes, W. *American Educational History*[M]. Thousand Oaks, CA: California State University, Long Beach, 2007.

④ Jeynes, W. *American Educational History*[M]. Thousand Oaks, CA: California State University, Long Beach, 2007. 249.

更加工业化和自动化，工人们需要更高程度的特定技能，因此促进了公民社会经济地位的向上流动。而工业制造业的工作岗位需求旺盛，同时报酬丰厚，因此也有很多人希望进入新的更加专业的管理、科学和技术工作部门中。青年人能够通过《退伍士兵权利法案》进入大学，获得大学学位，能够保证他们在职业专业化时代过上更好的生活。

早期的政府资助教育项目为退伍老兵提供的是无条件的资助，1958年艾森豪威尔签署了《国防教育法》，帮助他们获得在大学更广层面的数学、科学和外语的招聘培训，尽管该法案不一定支持进步主义教育，但其的确为更广大人群提供更有力的教育基金。《国防教育法》是为了回应苏联1957年发射的第一颗人造地球卫星所引起的反响，为了提高美国人认为的与苏联教育的差距。由于国家技术技能的发展被认为是应对苏联入侵，进行自我防御的至关重要的部分，教育很快成为联邦政府的头等大事，新增加的财政支出主要用在援助构建和维护新教学设施上，尤其是在自然科学和工程领域。这些新的教学设施和项目对于提高大学的入学率有着显著影响。

通过《退伍士兵权利法案》获得的联邦资金，以及随后的《国防教育法》在某种程度上都有助于建立一个能够使更多人获得新的高等教育入学通道。有人统计，大约360万退伍军人通过《退伍士兵权利法案》获益[①]。这些数据不仅有助于改变高等教育的面貌，而且增加了获得学士学位或更高学位的人数。联邦政府《退伍士兵权利法案》帮助退伍军人建立了进入中产阶级的又一条大道。

二、教育政策与社会变革的意识形态

在美国历史上，作为主流意识形态的"进步主义"和"保守主义"的争辩一直在持续。在更广大的意义上这是美国社会的一场文化战争，交战的一方是主张有限政府、自由市场、放任自由、个人主义和自我调节的资本主义；另一方是主张在经济和社会公正中进行政府投资和积极的干预。不管谁胜出，教育者将会调整和适应政策变化的新趋势。美国政府20世纪中后期推行"扩大的教育权"政策，为美国成为世界强国奠定了坚实的基础。

---

① Rudolph, F. *The American College and University*[M]. Athens, GA: University of Georgia Press, 1990.

(一)约翰逊总统的"伟大社会"计划

在艾森豪威尔政府和肯尼迪政府期间,中产阶级和美国经济共同持续增长。两任政府持续采取进步主义政策为公民个体谋得福利。艾森豪威尔总统继续实行罗斯福的新政,杜鲁门总统通过《国防教育法》扩大高等教育援助范围。肯尼迪总统的"新边疆计划"在艾森豪威尔政策的基础上更进了一步(该计划由于保守派的干涉而没有完全实行),被视为通过新政倡议的对民众需求的回应。

约翰逊政府比肯尼迪政府增加了更多教育基金。1964年约翰逊总统发表演说宣称:"美国不仅有机会走向一个富裕和强大的社会,而且有机会走向一个伟大的社会。"约翰逊的"伟大社会计划"不同于"新政"和"新边疆计划"。一方面,新政试图减轻大萧条时期带来的贫困压力,而"伟大社会计划"是为了根除导致贫困的根源。另一方面,1964年总统选举后,约翰逊及其民主党已经完全控制了国会两院,因此面临的反面提议也较少。约翰逊曾经设想利用联邦政府的权力,不仅仅战胜贫困而且也改善种族歧视。政府认识到了民权运动中强调的种族群体在社会中存在着的巨大经济和社会差距,强调经济地位剥夺了少数群体的权利,认为政府应该在学校教育中发挥更加积极的作用,为少数群体创造一个向上的社会流动性。

联邦政府扩大了教育系统的各个层次,约翰逊总统对高等教育寄予了整顿美国经济秩序的强烈愿望[①]。约翰逊利用总统职责帮助开辟了从反贫困行动、创造工作机会、税收优惠到医疗保险各个方面的通道。由于约翰逊本人曾经是一名教师,他理解教育作为"反贫困"措施的作用,因此教育改革成为他的总统生涯的基石。1965年的《高等教育法案》成为教育历史上联邦资助规模最大的一项法案。该法案的标志性条例是第四条,为那些没有资格获得其他联邦资助项目的学生拨款和贷款。约翰逊总统及其政府代表着进步主义治理的历史巅峰,认为政府在道义上有义务确保每个人都有平等的机会获得大学学位。这个受教育机会反过来会有助于整个社会的发展。这种进步主义观点认为,尽管个体在获得更高教育中受益更多,但社会作为一个整体也将获得巨大收益。拥有较高

---

① Graham, H. *An Uncertain Triumph: Federal Education Policy under the Kennedy and Johnson Administrations*[M]. Chapel Hill: The University of North Carolina Press, 1984.

教育水平的个体其收入预期也随之提高,这样同时也会为政府创造更多的税收。另外,个人的大学教育使其更有可能参与公民社区生活,增强对国家整体的公民责任①。这种将教育视为"公共产品",引起联邦政府关注和慷慨资助的进步主义观点正是约翰逊政府的标志。资助款项创造了空前的高等教育的水平和规模。这种进步主义的教育观给个人及至给整个社会带来的显而易见的好处正是由财政对教育的支持带来的。

(二)《高等教育法案》赋予的"更多机会"

尽管第二次世界大战后政府对教育发展大力支持,来自上层和中上层中产阶级的大学生的数量仍然比其他社会经济团体要多。日益专业化的职业要求,使得那些没有受过高等教育的人很难找到工作。很明显,那些设法获得学士学位的人能给他们自己和他们的家庭更好的生活条件②。在约翰逊政府期间获得高等教育变得更加容易,随着1965年《高等教育法案》获得通过,美国人得到比以往任何时候都要多的高等教育机会。该法案成为最大的联邦基金学生援助项目,也成为约翰逊总统"伟大社会计划"的创举。他认为"在与贫困进行斗争中教育是核心因素"③。

《高等教育法案》扩大了高等教育的联邦资金对许多领域的支持,包括给城市大学增加资金支持和援助黑人学院,提升研究能力和加强图书馆功能。另外,法案第四章提供直接的学生资助,学生有几种途径获得援助,几乎覆盖了学费的所有范围。该法案利用美国政府的信用担保提供给每一个学生(无论是否需要)利率补贴。商业银行为学生的学费和其他花销提供贷款,联邦政府支付利息,要求在学生离开大学10年内支付3%。完全的金融资助让那些最需要经济支持的学生能够获得大学教育的机会。

联邦资金的增加最直接的影响是增加了学生数量。1963年大约有超过230万学生注册四年制公立大学,到1966年人数上升到310多万。到1968年,在

---

① O'Connor, J. Civic Engagement in Higher Education[J]. Change: The Magazine of Higher Learning, 2006, 38(5): 52-58.

② David, M., and J. Morgan, Economics and Education[J]. The Quarterly Journal of Economics, 1963, 77. 423-437.

③ Graham, H. An Uncertain Triumph: Federal Education Policy under the Kennedy and Johnson Administrations[M]. Chapel Hill: The University of North Carolina Press, 1984. 54.

《高等教育法案》实施三年后,学生的注册数达到了 370 万,三年中增加了 100 万①。在《高等教育法案》正式成为法律后,约翰逊和民主党的进步主义教育的预算获得通过。1966 年是该法案被完全实施的第一年,随后,高等教育中的联邦支出数量有大幅增长。1965 年高等教育拨款是 3.96 亿美元。而 1966 年实施《高等教育法案》后,数额上涨至 6.48 亿美元,其中 2.4 亿美元被用来直接资助本科生和研究生。1967 年高等教育资金升至 9.72 亿美元,学生援助资金达到 4.71 亿美元②。

《高等教育法案》(HEA)与《国防教育法》(NDEA)不同,后者要求学生学习自然科学、工程学或一些美国认为其落后于苏联的关键学科领域,允许学生学习全部学科,然而,他们只为退伍军人提供资金。《高等教育法案》允许所有学生学习他们想学习的任何学科,为此提供资金而不附加条件。资金决策基于金融需求而非划分资助的标准。高等教育使得更多的人进入知识工人阶层,它的扩大无疑造成了美国制造业工人的缩减。新的大学毕业生通过《高等教育法案》实现了更高层次生活标准的愿望,比那些先于他们进入中产阶级的人的生活更优越,因为以知识为基础的工作将比曾经的制造业工作获得更高收入。③

(三)"民权运动"的意识形态变革

20 世纪 60 年代中期,越南战争爆发,许多美国人开始不满政府的对外政策,反战游行伴随着各种民权运动风起云涌。美国国内的"共产主义"威胁越来越少,20 世纪 60 年代保守主义将其注意力转向了危害美国的社会剧变上。右翼势力认为造成社会动荡的部分原因是联邦政府主导的进步主义趋势所带来的道德相对主义。从民权运动到学生运动,保守主义者认为他们目睹了社会的破裂。那种自我调节的和谐社会系统被一些具有危害的思想和进步主义政策所破坏。社会破裂的原因在于相对主义、全面启动的"新政",同时还与美国社会传统模式中的"无根性"有关。

---

① Robinson, Anthony W. *Ideological Influence on Higher Education: Progressivism Versus Conservatism*[D]. University of Louisville, Kentucky, August, 2008. 24.
② Robinson, Anthony W. *Ideological Influence on Higher Education: Progressivism Versus Conservatism*[D]. University of Louisville, Kentucky, August, 2008. 25.
③ Baum, S., and J. Ma. *Education Pays: The Benefits of Higher Education for Individuals and Society*[EB/OL]. http://www.collegeboard.com. [2007].

早在 20 世纪 60 年代中期,新左派,尤其是学生民主社团(Students for a Democratic Society,SDS)和其他社会社团,开始挑战他们父母的中产阶级价值观。尽管面对的现实不同,许多保守主义大学并没有控制学生的这些行为,允许他们进行抗议,有时候甚至纵容学生采取暴力方式,却很少考虑这种"自由言论"的后果。最后,大学被视为进步主义思想在美国的堡垒①。自由派的保守主义者认为,联邦政府在民权运动中的功能是对国家权力的非法使用,这将会使联邦政府创造出不受约束的权力,正如肯尼迪总统通过"国有化"阿拉巴马州国民警卫队确保对阿拉巴马大学的隔离一样②。由于民权运动的发展以及对现状的不满,具有保守主义传统的学生感到他们的生活方式正在受到攻击。到 20 世纪 60 年代后期,大学生的抗议运动发展势头更加猛烈,使得保守主义者感到自己正处于严峻的历史关头。许多教授被视为站在右翼一边,包括一些文学专业者、在学生中拥有进步主义思想和道德相对论者。对于相对主义的接纳,使得知识、真理和道德的信条不再有绝对性,公然向保守主义者所珍视的信仰发起了挑战。保守派评论员认为这种宽容、质疑的氛围允许甚至鼓励骚乱与静坐抗议的发生。国家保守主义的声音在怀疑大学是否能够控制像"黑豹"或 SDS 这些学生组织,使得"公正无私"等价值观饱受争议。③

在将国家作为一个整体的意识形态的推动下,转向"左翼"还是"右翼"的社会和文化斗争也在加剧。保守主义的核心是假定这些争端最终会直接追溯到联邦政府的进步主义政策,公众也逐渐认同这样的观点。社会差距的拉大加剧了这种紧张博弈,那些早先声称自己是新政支持者的白人中产阶级民主派也开始重新思考他们的政治阵营。这个曾经坚固的民主核心开始调整自己与保守主义者在政治蓝图上的关系。保守主义意识形态开始左右公众观点。随着越来越多的人离开过去的民主政治关系,开始转移到共和党中,20 世纪 60 年代中期政治权力开始转向"右翼"。尼克松总统的当选在这种政治转换中具有里程碑意义。他所宣称的"法律和秩序"的竞选内容吸引了白人中产阶级,他们认为每天晚上在电视上看到的社会的"分崩离析"局面需要得到改变。当罗纳德·里根当选总统的时候,这种转变成为主流。正是在这个时刻,保守党有机会开始重塑政府,

---

① McGirr, L. *Suburban Warriors*: *The Origin of the New American Right* [M]. Princeton, N.J.: Princeton University Press, 2001.

② 美国总统面面观. 博文网[EB/OL]. http://people.bowenwang.com.cn/president.htm? cid=QQA_president. [2008-12].

③ Zoll, D. *Shall We Let America Die* [J]? *National Review*, 1969, 15.1261.

保守主义者从根本上反对联邦政府干预教育。联邦政府对教育的资助被重新审视,因为重新调整教育结构吸引着每个人的注意力。

(四)知识社会的工人"意识形态"转型

在20世纪七八十年代,通过产业外包、自动化和加剧的市场竞争,美国加工制造业的工作增长日益缩减,白领工人作为新兴阶级充斥着管理技术工作的空间。社会存在着对更大的知识工作群体的需求,如管理者、技术人员、工程师、教师和卫生保健者。这个新的"工人阶级"从根本上改变了劳动力面貌,他们不是通过体力劳动而是通过对知识的操纵创造财富,使得理论知识成为经济发展的核心。[1]

以知识为核心的增长领域之一是信息技术(IT)产业,要求一定程度的中等后教育者。有关数据表明,该领域的增长速度异常迅猛。20世纪60年代晚期,金融业(包括保险和房地产)稳定增长,尤其是随后几年增长速度更加迅猛。所有的工作部门都伴随着对高等教育人才的需求增长。从1969年以来专业化的部门增加超过一千万个。对教育、卫生与社会保障(包括教学、护理、医学和社会工作)领域的人才需求急剧增长。这些领域在1979—2006年制造了一千一百万个工作机会。[2]

服务和知识领域正快速成为美国经济的支柱。工人不再依靠简单劳动,他们不仅要能够操纵生产机器,还需要专业知识。知识的快速增长越来越依赖于获得广泛的受教育机会,尤其是为低经济收入人群提供教育机会。然而,对于较低社会经济阶层的人来说,日益增长的花费使他们获得高等教育变得越来越难。这使得许多家庭处于一个尴尬的境地,因为父母希望他们孩子的命运要比他们自己好,因此这些家庭越来越依赖可选择的融资渠道支付学费。

总之,在200多年的美国教育发展的历史进程中,公立学校运动在全国逐渐展开,宣扬社会流动性的美德、个体责任,鼓励努力工作和奉行新教伦理道德,开创了一个体现了"美国梦"的自由精神的精英体系。人们认为美国的学校是进步的,因为她推翻了欧洲贵族阶级垄断的教育体系,实现了教育权的"平等化"。美国经济体系使得国家的财富高度集中在一小部分精英手中,也就注定了其教育在本质上隐含着根深蒂固的不平等。

---

[1] Chafe, W. *The Unfinished Journey: America Since World War II*[M]. New York: Oxford University Press, 1995. 114.

[2] Robinson, Anthony W. *Ideological Influence on Higher Education: Progressivism Versus Conservatism*[D]. University of Louisville, Kentucky. August, 2008. 31.

从 19 世纪开始,财富集中导致的贫富差距日益扩大,在这种背景下,为了确保下一代继续保持安全和繁荣,美国学校成为不同利益集团争夺的战场。工人阶级和少数种族群体为孩子的入学权增加了斗争。在整个 20 世纪进步的联邦政策对高等教育的资助使得许多家长和学生在联邦政府的金融援助下,实现了进入大学的愿望。从 1862 年的《赠地法案》到 1965 年的《高等教育法案》,联邦政府自身以某种形式涉入教育已经超过 150 年。但在实际上,由于学校变得更加多样化,课程也越来越分化,工人阶级孩子还是会回到工业经济的底层。"美国梦"究其实质只是少数上层精英人士才能够实现的梦想。

第三章 全球化进程中美国学校意识形态教育的争论焦点

教育也是一个充满意识形态斗争和妥协的场所。大而言之,教育是不同群体围绕制度目标、群体利益和最终决策进行斗争的中介机制。小而言之,教育也是一个充满斗争的场所,在这里不同的资源和权力分配以及意识形态的竞争导致了不同的教育政策、教育财政、课程、教学法和教育评估方式的出台。因此,教育既是导致社会意识形态的原因,也是其结果;教育既是决定性的因素,也是被决定的因素。[①]

——美国批判教育学家 迈克尔·阿普尔

2000年前,有人问亚里士多德,在他那个时代教育的确切目的是什么:是培养有知识的人,还是培育美德,抑或是满足社会的物质需要?知识、美德和实用性,促进社会、道德和宗教行为规范的遵守,以及为高级职位或专业技能培养人才是大学在整个历史上最主要的三个目的[②],而这三个目的的侧重点在不同国家和不同时期都不相同,因此,改革的原因主要与社会主导的政治、经济和社会文化集团对于每一种目标的优先考虑程度有关。在这种境遇下,学校教育也必将成为各种意识形态争夺的"战场",意识形态之间的冲突在所难免。

第一节 学校教育改革中的意识形态之争

教育改革涉及重大的价值判断、选择标准、文化传统、意识形态和制度安排之间的博弈。全球化时代以来,美国发起了新一轮的教育改革,特许学校(charter school)的成功在一定程度上要归功于这些学校形成的新的教学和管理文化,以及更为广泛的社会意识形态转向。基于"标准"的美国基础教育改革,其重要意义不仅在于NCLB法案深化了联邦政府对于地方教育的主导作用,甚至将其影响的触角深入到了教室;而且在于它是完全建立在与传统美国价值观和

---

① [美]迈克尔·阿普尔. 谁改变了我们的常识?——美国教育保守主义运动与教育不平等[J]. 罗燕,译. 清华大学教育研究,2006(4).
② [瑞士]吕埃格主编,[比]里德—西蒙斯分册主编. 欧洲大学史:近代早期的欧洲大学:1500—1800(第2卷)[M]. 贺国庆,等,译. 保定:河北大学出版社,2007. 45.

意识形态相背离的教育政策选择上。采用统一标准的"量化"意识形态的考核模式,其成功与否考验着美国社会和美国教育对于该模式的意识形态变革的接受程度。

一、教育改革中的意识形态:"标准"与"质量"要求

进入全球化时代以来,美国公立学校改革正经历着一个关键的阶段。公立教育改革始于"美苏竞赛",苏联人造卫星升空引起的反响和对红色政权的恐慌催生了1983年的《国家处于危机之中》法案。2001年通过的《不让一个孩子掉队》(NCLB)法案的实施使得对公立学校的改革达到了一个高潮。这种教育改革采用的正是企业和学科联合的"正统话语"——关于问责、标准、评估、可测量的结果和成就的评价原则。正如阿普尔(Apple)描述的新管理主义要求对学校进行彻底的重组,这种重组包括私人对公共事务的入侵,同时也是商业运作模式对公共领域和机构话语权的输入。"这是一个理想的项目,在同一时间融合了教育授权、理性选择、高效组织以及经理人的新角色……人们可以使学校机器变得现代化……成为高效的公司经理人,同时能够确保'质量'。"[①]正是出于对新兴学科的崇拜,学校改革中增加了这种企业管理模式。

NCLB法案的初衷是通过科学有效的研究,希望学校在改革中能够产生自主驱动力。在福柯式的观念中,占主导地位的改革话语是:为教育真理的生产建立了话语权和技术规范;定义了"异常"的真理生产的话语,规范了教育研究和学者认可的合法性语言,规定了在教育中谁的话语具有权威性及谁应该保持沉默。总之,这些共同形成了一个符合当代精神的教育活动或教育意识形态的"企业—学科"的分裂模式。有批评者认为,这种改革抛弃了学校教育事业的有机性、生态性和教师作为知识分子的功能性。这种改革议程的错误体现在:(1)认为公立学校教育已经失败了,应该通过私有化提高其竞争力;(2)不称职的学校教育应该为培养缺少"竞争性"的工人负责;(3)如果为后现代"全球经济"进行充分准备,就会有更多的高收入工作。[②] 在这个意义上,该法案超越了阿普尔的新自由

---

① Apple, Michael. *Educating the "Right" Way*[M]. New York: RoutledgeFarmer, 2001. 30.

② Apple, M. W. *Cultural Politics and Education*[M]. New York: Teacher's College Press, 1996.

主义框架,实现了与经济模型建构的组合及与新自由主义的联合,达到利用科学方法实现政治化的特定意识形态目的。

(一)基于"标准"的教育政策及意识形态

1981年秋,里根总统授权成立了"美国高质量教育委员会",该委员会于1983年4月发表了《国家在危机中:教育改革势在必行》的报告。加强国家对教育控制的呼声越来越高,美国州长联盟(National Governor Association)在1989年度的州长会议上倡议设立全美课程标准,这一倡议立即得到了当时布什政府的支持。布什总统于1991年4月在白宫签发了由教育部长亚历山大等人起草的题为《美国2000年:教育战略》的纲领性教育改革文件,推出了一系列改革措施。克林顿总统延续了基础教育改革思路,于1994年3月签署了《美国2000年教育目标法》(Goals 2000: Educate America Act),这项法案将六个国家目标扩充为八个,成立国家教育目标专门小组(National Education Goals Panel)和国家教育标准和发展理事会(the National Education Standards and Improvement Council, NESIC),以保证全国和各州课程标准的制定、实施和评价。该法案明确指出要进行"基于标准的改革"(standard-based reform)。至此,美国90年代基于标准的课程改革以法律的形式被正式确定下来,[①]主导了美国教育改革的意识形态。

1995年,曾任美国联邦教育署署长的波伊尔在《基础学校》(Basic School)中曾提出过未来美国学校的框架:强调共同体文化;强调连贯性;强调学习气氛与环境;强调对学生品德的教育,帮助学生成为社会情感健全的人。从美国基础教育课程教学改革的历程中能够看到波伊尔的设想,包括课程改革在内的教育改革成败的关键往往在于意识形态、文化传统、价值观念和制度安排之间的相互关系。

(二)教师评价的"高标准"与"低质量"

面对社会经济变革的挑战,科研、教育、技术、课堂教学的发展不断对教师提出新的要求。20世纪80年代也是美国教师教育的转折点。以1986年的卡内基报告和霍姆斯小组报告为标志,美国教师教育开始从"能力本位"(competence-based)向"标准本位"(performance standards-based)过渡。为了确保美国学生接受公平和高质量的教育,美国政府从教师资格和标准入手,注重绩效考核,以期提高教师队伍质量。20世纪90年代,美国总统克林顿签署"行动

[①] 陈霞. 标准驱动:基于标准的美国基础教育改革[M]. 合肥:安徽教育出版社,2010.

起来"提案,要求提高教师质量以及教师本身的素质。NCLB 法案要求在 2002—2003 学年开学后,使用该法案经费雇佣的新教师必须是"高胜任教师"(highly qualified teacher),到 2005—2006 学年度结束时,所有公立学校主要学科的教师必须达到"高胜任教师"标准,即教师对学生及其学习尽心尽责;教师通晓所教学科的知识和教学方法;教师有责任管理和监护学生学习;教师能系统地反思,从经验中学习;教师是学习型团队的成员。新的教师评价核心维度和指标的最大特色是其前瞻性、关注教师和学生学习之间的适切性、关注教师教学行为与学生学业成就间的相关性。[1]

但是,即使以最低的标准来衡量,公立学校教师任教科目与其所学专业匹配的情况仍非常不理想,如生命科学专业的教师从事物理或者化学教学,物理专业教师从事美国历史教学。在美国基础教育行业工作的 350 万公立学校教师(中学教师 26.1 万)中,至少有四分之一被分配从事与自己专业无关的教学岗位,在这一方面,美国高中是重灾区。[2] 强调标准的另外一个表现是对教师的评价开始明确地与学生的学业成绩挂钩。2003 年以来,布什和奥巴马政府都通过绩效考核系统(performance-based evaluation system)奖励那些为提高学生学业成绩做出突出贡献的教师。[3] 但也有人反对政府这项举措,认为此举会限制教师的活力,出现"为考而教"的现象,也是对"学术自治"的侵害。

二、教育改革中的"量化"模式及意识形态焦点

自 20 世纪 50 年代以来,伴随着教育管理理论的兴起,教育管理科学成为美国教育管理研究的主流理论学科。"教育管理科学论将自身建立在逻辑实证主义的基础上,强调教育管理研究立场的价值无涉,强调教育科学理论的描述、解释和预测功能,强调教育科学理论的可应用性、可操作性,强调量化研究,重视测量、数据统计,强调观察、实验的重要性,偏爱用图标和模型说明问题。"[4]尽管教

---

[1] 孙河川,王婷. 美国高质量教师啥标准[N]. 中国教育报,2008-09-09.

[2] 余凯,David Martin Osher. 基于标准的美国基础教育改革的问题和政策启示[J]. 教育科学,2013(6). 89-97.

[3] 余凯,David Martin Osher. 基于标准的美国基础教育改革的问题和政策启示[J]. 教育科学,2013(6). 89-97.

[4] Brindley, G. The Role of Needs Analysis in Adult ESL Program Design// *Johnson, R. K. ed.. The Second Language Curriculum*[M]. Cambridge: Cambridge University Press, 1989. 63.

育管理科学论在 20 世纪 70 年代后遭到了主观论和价值论的挑战,然而,纵观今天美国的教育研究,量化研究方法依然占据着重要地位。

在过去的 20 多年里,美国教育改革中对于教育量化评估的兴趣有增无减。教育测量文化就是对教育"产出"的测量。这一现象最突出的表现是在国际比较研究中,如"国际数学与科学研究趋势"(TIMSS)、"促进国际阅读能力研究"(PIRLS)和经合组织的"国际学生评估"(PISA)等项目。用这些研究结果的排名表说明哪些较好或哪个最好,旨在表明一国与其他国家教育系统成就的对比及最终表现出来的总体竞争力。这些结果被国家政府部门拿来调整教育政策,以便在"提高标准"的旗帜下进行改革。

(一)教育理念的意识形态:教育"投入"与"产出"之争

美国不仅关注国际比较研究中教育结果的排名,在美国国内也出现各类"排行榜",目的是为学校或学区的相关表现提供进行比较的信息。这些排行榜往往运用复杂的原理,结合问责制和择校因素及社会公正原则,对每个人都应该接受同等质量教育的结果进行评价。同时,这些排行榜的数据也通常被拿来确定所谓的"失败学校",在某些情况下还包括确定学校内的"失败教师"。[①] 由于在现实中,学生进行择校的灵活性非常有限,而且教育机会均等很难转变为教育结果均等,因为结构性因素(比如教材质量、财政支持、家长重视等)的制约作用超出了学校和教师的控制能力,因此削弱了对失败学校进行"责备和羞辱"的程度[②]。

改革者对教育"产出"的量化兴趣并不仅仅体现在排行榜的设立上。量化结果及其与教育"投入"的相互关系也是研究的中心内容,目的在于为教育实践提供事实依据[③]。支持这种做法的人认为,教育应该转变为以事实为依据的专业化模式,通过开展大规模的实验研究,其"黄金法则"是通过随机控制的现场实验,仔细测量"投入"和"产出"之间的相关性,教育就将被视为"整个 20 世纪,在医药、农业、交通运输和技术领域,作为经济和社会的特色成就组成部分,是一种

---

① Biesta, G. J. J. Education, Accountability and the Ethical Demand. Can the Democratic Potential of Accountability Be Regained? [J] *Educational Theory*, 2004a, 54(3). 233-250.

② Granger, D. No child Left Behind and the Spectacle of Failing Schools: The Mythology of Contemporary School Reform[J]. *Educational Studies*, 2008, 43(3). 206-228.

③ Biesta, G. J. J. Why 'What Works' Won't Work. Evidence-based Practice and the Democratic Deficit of Educational Research. [A] *Educational Theory*, 2007a, 57(1). 1-22.

进步的,一段时间内有系统的提高的领域"①。

在关于学校效能的研究中,可以找到这些发展研究的重要前提。在20世纪80年代早些时候开始的教育改革和促进的讨论中,学校效能被视为具有重要的作用②。研究最初集中在学校和行政管辖范围内,后来为了识别更加高效的学校教育的其他因素,增加了关于教与学的动态研究。此后就出现了更狭窄的关于教育"产出"和"投入"的相关性的研究视角③。近几年,学者更加感兴趣的是对在更大范围内的学校进步问题的整体改革研究,而不再仅仅关注学校效能问题④。美国2001年的《初等和中等教育修订法案》使得联邦研究经费仅针对鉴别"有用的"科学知识的特定方法进行研究。尽管如此,学校的效能和改进运动对于教育产出的量化研究仍一直在进行。

(二)"量化"过程中的意识形态:"事实"与"价值"之争

从最高层面的国际或国家教育政策的制定,到地方学校和教师的教学实践层面,教育改革中"量化"意识形态都牵涉其中。在某种程度上这种影响是有意义的,因为它是建立在事实数据上的讨论,而不是关于"可能是什么情况"的假设观点。然而,关于教育"产出"的信息仅仅依据这些事实"数据",就出台了对关于教育政策方向及教育实践的形式与内容的决定却引起了人们的争论和怀疑。虽然关于教育的国际比较、各种各样的排行榜、绩效责任评估和高效的学校教育正日益吸引人们的关注,但"量化"的方法真的能客观、真实、全面地反映教学"产出"吗?

首先,关于"教育应该做什么","量化"标准虽然以事实"测量"为依据,但"应该做什么"在逻辑上并不等同于"是什么",存在着"应然"和"实然"的区分。因为在对教育方向做决定时,人们通常会陷入价值判断的泥淖中——判断"什么"是

---

① Slavin, R. Evidence-based Educational Policies: Transforming Educational Practice and Research[J]. Educational Researcher, 2002,31(7). 16

② Luyten, H., A. Visscher, and B. Witziers, School Effectiveness Research: From a Review of the Criticism to Recommendations for Further Development[J]. *School Effectiveness and School Improvement*, 2005,16(3). 249-279.

③ Gray, J. School Effectiveness and the "Other Outcomes" of Secondary Schooling: A Reassessment of Three Decades of British Research[J]. *Improving Schools*, 2004,7(2). 185-198.

④ Townsend, T. (ed). *International Handbook of School Effectiveness and School Improvement*[M]. Dordrecht/Boston: Springer, 2007.

满足人们需要的。这就意味着当人们说出教育方向时,人们通常希望补充关于"我们需要什么"的事实信息。换句话说,人们对数据进行评估时,需要结合满足人们需要的价值进行判断①,而人们需要的未必就是科学的。

其次,关于测量的效度问题。不仅仅是测量的"技术效度"问题,也包含着是否测量了我们"希望"测量的内容,这就牵涉到"规范效度"的测量。在这个问题上,也就是是否真的测量了有价值的部分,或者是否仅仅测量了那些容易测量的内容而放弃了不容易测量的内容,从而"篡改"了能够测量的"有效"的部分。这被称为教育中的"表现文化",结果是目标和质量指标错误地成为质量自身,这种意识形态成为测量方法的主要"动力"之一,其中"规范效度"往往被"技术效度"所替代②,因而其真实性就非常可疑了。

在决定教育方向时人们很容易忽视价值观的潜在指示作用。在讨论教育的效度问题中也是如此。尽管实际上在教育中很难找到"没有效能"的例子——这就给了"教育效能"最初的合理印象——"效能"就是一种价值观。问题是,效能是一种"工具性"价值,这种价值是关于教育过程的质量,关于用稳妥的方式带来特定产出的能力。至于产出自身是否是我们需要的就另当别论了。人们需要以价值为依据进行判断,而非通过工具价值体现,而是由"终极价值"——价值的目标和教育的目的来判断。这就是为什么效能教育是有缺陷的,并且教育方式本身有时也显得并不"高效"。如给学生提供机会让他们自己思考解决问题的方法、提高自己动手处理问题的能力,这显然比预先提供给学生一个明确的答案要"低效"。除了关于教育效能的问题外,还需要询问"高效是为了什么"。对于在某种情况下或某个群体学生的高效,在另一种情况下或另一群体的学生就未必高效,因此我们还需要追问"高效为了谁"③。

(三)"量化"之后:"大众意识"与"精英意识"之争

一直以来,关于教育目的的问题都被视为一个很难解答的问题,或者从根本

---

① Schwandt, T., and P. Dahler-Larsen, When Evaluation Meets the "Rough Ground" in Communities[J]. *Evaluation*, 2006,12(4). 496-505.

② Usher, R. Lyotard's Performance[J]. *Studies in Philosophy and Education*, 2006, 25(4), 279-288.

③ Bogotch, I., L, Mirón, and G. Biesta. "Effective for What; Effective for Whom?" Two Questions SESI Should Not Ignore// T. Townsend (Ed.). *International Handbook of School Effectiveness and School Improvement*. Dordrecht/Boston:Springer,2007. 93-110.

上说是一个无解的问题。尤其是当被视为完全依赖个人的价值判断时,教育目的这个问题就显得更加棘手。因为依赖个人的价值判断通常意味着一种主观性——包含着不可能进行理性讨论的价值观和意识形态。这其后隐含的其实是一个关于教育目的的两分的视角:保守主义与进步主义的视角或传统教育与自由主义教育的视角。

由于特定的"大众意识"提供了关于教育目的的观点,因而缺少了对教育过程和教育结果的明确关注。然而需要注意的是,那些所谓的"大众意识",通常只为某些群体的利益服务。关于教育目的的大众意识观点中最显著的一个例子是他们最关注课程领域的小范围内的学术成就,尤其是语言、科学和数学,而正是这种大众意识的主导才赋予那些国际教育"比较排行榜"更多的信度。学术知识是否真的具有更大的价值,比如比职业技能的价值更大,全要依赖于社会对这些知识的支持,正如社会学家的研究充分证明了通过教育工作如何进行社会不平等的再生产。首先是为了那些既得利益者保持现状的需求,他们不希望进行关于"教育应然性"的讨论。而那些处于社会不利地位的人通常支持那些保持现状者的愿望,希望能从处于特权地位者那里最终取得一些利益。如英国政府的教育目标中说最终50%的人口应该获得高等教育。这看起来是一个颇具吸引力和雄心勃勃的目标,人们通常会忘记一旦实现了这个目标,目前具有较高学位优势的人的地位将会发生巨大改变,其他做出"区分"的标记,如对于排行榜上"好"和"不太好"大学的区分,将会用另一种方式取代现存的不平等地位[①]。

三、教育观念中的意识形态争论焦点

美国社会相对缺乏对教育目的的关注,其原因不仅仅在于目的具有"外在性",还在于教育领域自身观念的转变,这都与教育过程和教育实践紧密相关。

(一) 受教育者的语言意识形态转换:"学生"与"学习"的新定义

在过去的20年里,在"教育"视域中对"学习"概念的关注显著上升。这被称为"学习的新语言"。例如,重新定义了教学是"作为学习机会或学习实践,提供促进学习的教育";使用"学习者"这个词替代"学生";成人教育转变成"成人学

---

① Biesta. Gert Good Education in an Age of Measurement: On the Need to Reconnect with the Question of Purpose in Education[J]. *Educ Asse Eval Acc*, 2009, 21. 33-46.

习";将"永恒学习"替换成"终身学习"。在学者和国家的政策文件中"学习"这个词也备受欢迎,例如在英国发布了《学习时代》和《学习成功白皮书》,美国学者埃德加·富尔提出了"学习化社会"理论等。

"将学习者和学习放置到教育和培训方法与过程的中心绝不是一个新概念。但是实践中,教学方法实践的框架建立在大部分占主导地位的教学形式而非学生的学习上……在高科技的知识社会中,这种教学模式失去效率:学习者必须积极主动,更加自觉地为更新知识持续努力,建设性地回应问题丛和环境变化。教师成为学生的陪伴者、促进者、辅导者、支持者和引导者,为学习者通过自己的努力去接近、使用和最终创造知识而服务。"[1]尽管在目前的教育语境中学习的概念无所不包,还是应该看到学习的新语言表达与其说是某个特定过程或单一潜在议程的表达结果,还不如说它是不同意见的混合的结果,甚至是部分的矛盾趋势和发展的预兆。这些包括:(1)关于学习的新理论将重点放到学生在知识和理解力的创造上的积极作用,而将教师的作用放置到辅助的位置;(2)对于教育过程能够被教师控制并且应该被他们控制的观点进行后现代批判;(3)通过人们生活中大量的非正式学习出现所谓学习的"沉默的爆炸";(4)削减的国家福利及随后兴起的新自由主义教育政策,使得个体以某些因素为依据被分先后顺序,终身学习责任的"提供者"变为"消费者",教育"权利"转变为"责任"[2]。

对于学习的新语言的关注可以被视为教育的"学习化":将关于教育的所有的一切都转变为学习和学习者。对学习和学习者的关注并不都是不利的,认识到学习并不仅仅由教育投入决定,而且还依赖学生的自觉性,能够帮助我们重新思考教师怎样做才能最大程度地帮助学生的学习。在某种程度上学习的新语言甚至有可能实现学生的解放,赋予个体权力控制自身的教育议程。

然而,还是存在一些与此相关的问题。我们不能低估了语言结构中存在的思考、行动和推理的方式对其他思考、行动和推理方式的损害度。"学习"被作为一个"个人主义"的概念:作为个体的人,即使是在集体或合作学习中,也按照自己的兴趣和需要习得知识。与"教育"的概念形成鲜明对照的是,教育通常意味着一种关系:某人教育某人,人们接受教育因此具有某种意义上的教师的目的

---

[1] Commission of the European Communities 1998, p.9// Field, J. *Lifelong Learning and the New Educational Order*[M]. Stoke on Trent: Trentham Books, 2000. 136.

[2] Biesta, Gert. Good Education in an Age of Measurement: On the Need to Reconnect with the Question of Purpose in Education[J]. *Educ Asse Eval Acc*, 2009, 21. 33-46.

性。另外,"学习"是基于过程的表达,它表示的是一种开放的过程和行动,指向学习的内容和方向。

在这种背景下,明确学习的"新语言"在更大范围内组成教育"学习化"的一部分,是关于教育政策和教学实践持续发挥影响力的过程。如对个人品质和能力教育的持续关注中,苏格兰国家课程框架"卓越课程"(A Curriculum for Excellence)制定教育目标赋予学生发展的四种能力,即成功的学习者、自信的个体、负责任的公民和高效的贡献者[①]。这一趋势近乎将教育转变为一种疗法,关注学生的情感幸福胜过学生的自我解放[②]。在这个过程中被忽视的是不同地位的学生的学习及他们为什么学习。如他们将成为什么样的公民以及将会带来什么样的民主[③]。因此,在这个意义上,教育是困难的和具有挑战性的,而不能仅仅被描绘成一个平稳的过程,满足学习者假定的"需求"。

(二)教育功能的意识形态争论焦点:资格性、社会性和个体性

一般认为,教育(学校和其他教育机构)的主要功能在于给予儿童、青年人和成年人某种资格,提供给他们知识、技术和理解力,通常根据他们的性格和能力允许他们"做什么事","做"的范围包括非常具体的如为特定工作或职业的培训,或为特定技能或技术的培训,以及较广泛的如对现代文化或美国文明的介绍,也有生活技能等的培训。教育的"资格性"功能毫无疑问成为教育机构的主要功能之一,并且成为获得联邦资助的头等理由。教育在劳动力培养中的贡献在于促进社会发展和经济增长。在社会生产的劳动力大军中,也通常会因为明显的教育失败,未能提供合格雇员满足工作需求而引起政府与雇主之间的"战争"。如英国通常所说的"技能差距"。然而,为将来满足工作需求的教育"资格性"的功能并不仅限于此。为学生提供知识和技能与满足其他方面的需求是同样重要的。例如,政治素养——对于公民而言必备的知识和技能,或者更普遍的文化素养——是作为公民知识和技能的必要准备。

教育的另一个重要功能是社会性功能。社会性功能体现在社会很多方面,

---

① Scottish Executive. A Curriculum for Excellence. *The Curriculum Review Group*[M]. Edinburgh: Scottish Executive, 2004.

② Biesta, G. J. J. A New "Logic" of Emancipation: The Methodology of Jacques Ranciere[J]. *Educational Theory*, 2008.

③ Biesta, G. J. J. *Against Learning. Reclaiming a Language for Education in an Age of Learning*[M]. Nordisk Pedagogik, 2004, 23. 70-82.

通过教育,学生成为特定社会、文化和政治秩序的一员。毫无疑问,这是教育的一个实用目的,因为教育从来不是中立的,总是用某种特定的方式表达自己的观点。有时"社会性"成为教育机构的主要目标,比如:为了传播美国特定规范和价值观,关于对特定文化或宗教传统的延续,或者为了职业目的的社会性。但即使社会性没有明确的教育内容和实践目的,它仍以某种方式发挥作用,阿普尔关于"隐性课程"的研究充分说明了这一点。通过教育的社会性功能,融入个体特定的存在方式,再通过这种方式扮演着延续文化和传统的意识形态功能——无论个体是否需要,这对于任何一个社会都是至关重要的。

教育不仅仅具有资格性和社会性,同时也具有影响着个性化的过程,或者称之为"个体性"成为一个社会"个体"存在的功能。从某个角度看,个体性功能或许可以被理解成社会性功能的对立面。它并不是将"新人"融入现存秩序中,而是关乎个体存在的方式,暗含着来自某种秩序的个体的独立性;在存在的方式中,个体并不是简单地包含着秩序的"标本"。目前是否所有的教育都有助于个体发展还存在争议。有人认为这是不必要的事情,教育的实际影响只被限制在资格性和社会性上。另一些人认为教育总会对个体产生影响,通过这样的方式它总会产生"个体效应"。然而重要的是,在这里需要将问题从对教育实际功能的质疑转变到对教育目标、结果和目的,即关于个体的"质量"的质疑中,也就是说,个体的种类、特定教育安排和配置的可能结果如何。任何值得称之为教育价值的内容应该为个体发展进程作出贡献,使被教育者个体成为更加自主和独立思考和行动的人。①

任何构成"好教育"的要件都是一个"复合"问题,需要认识到教育的不同功能以及教育的不同潜在目的。对构成"好教育"的任何回答必须围绕着关于培养对象资格性、社会性和个体性功能即教育的这三个维度来进行。但是,当提及教育的基本原理时,就需要将这三个部分分开了,这三个维度分别需要运用不同的原理进行阐述,它们之间不仅需要协同作用,同时三者之间的潜在冲突也是必然存在的,尤其是一方面在培养学生的"资格性"和"社会性"维度上与另一方面培养学生作为独特"个体"的"个体性"维度上。也就是说,在回答什么构成"好教育"的时候需要明确学生的资格性、社会性和个体性之间的既相互关联又相互冲

---

① Biesta, Gert. Good Education in an Age of Measurement: On the Need to Reconnect with the Question of Purpose in Education[J]. *Educ Asse Eval Acc*, 2009, 21. 33-46.

突的矛盾面。尽管后现代主义的批评者认为对学生"社会性"和"个体性"进行详细区分是不可能的,但应该承认教育的理性自治知识是现代西方社会性的一种形式,正是在后现代理论和哲学的帮助下,我们才能够在教育的"社会性"和"个体性"之间进行区分,连接这一理念的正是一种"独特性",这涉及对"相同"和"区别"的教育目的的负责任的回应①。

第二节 学校教育政策的"意识形态"纷争

美国社会各界专家针对文化战争、红蓝州之争、社会主义的威胁论、大政府的主张、保守主义的标签、自由主义和进步主义,用一种明确和令人畏惧的术语进行著述和演讲。从历史上看,在教育领域的很多教职员工受益于1944年由富兰克林·罗斯福签署并由杜鲁门实施的《退伍士兵权利法案》。退伍老兵从战场上服役归来,该法案增加了他们向社会上层流动的机会。2001年的9·11事件发生后,政府为那些从中东战场返回的老兵提供相同的教育机会,国会通过了《2009年士兵法案》。在经济领域,美国历史上的历次经济危机中,总是会发现教育政策在进步主义和传统主义意识形态之间摇摆。在经济下行时民粹主义的观点引人注目,而经济繁荣时期"自由放任"经济政策则被推到前沿阵地。这使得无论在经济繁荣还是在经济萧条以及不同程度的衰退背景中,教育改革者在"自由"与"保守"的博弈中见风使舵。

一、"政治宗教"中的意识形态

美国总统在国家意识形态的形成中具有独特的地位,比如里根总统利用其特殊地位向"基督教意识形态"和"市场意识形态"阵营传达声音。就职之前,里根在意识形态方面与自由市场理论经济学家(如米尔顿·弗里德曼和哈耶克)保持一致。这种结合与共和党传统的"利商"立场不同,而是发展成为通过一系列激进的自由市场政策的市场原教旨主义。其次,里根的活动紧密联系基督教原教旨主义的"道德多数派"。这个团体处于传统共和党基地之外,为其带来了新

---

① Biesta, G. J. J. Education after the Death of the Subject: Levinas and the Pedagogy of Interruption// Z. Leonardo, Ed.. *The Handbook of Cultural Politics in Education*[C]. Rotterdam: Sense, 2008.

的选民和能量。这一阶段以市场为主导的思想家主张回归亚当·斯密在《国富论》中提到的自由市场,而圣经教条主义者主张社会政策要来自于对圣经字面的解读。美国政坛熟悉这种教条主义者主张的社会行动方法,新教徒证明与圣经相关的信仰和行为是大多数宗教传统①。

(一)宗教意识形态的色彩:"民主党"与"共和党"之争

在美国政治中长期存在"亲市场政策"和来自市场的"社会保障"之间的意识形态与政策对决。罗斯福政府时期,尤其是新政实施后,民主党被定义为社会的"保护者",而共和党成为亲市场政策者。然而,自里根政府开始,这两者之间的政策平衡开始被打破,在20世纪90年代民主党总统比尔·克林顿签署了一项福利法案,破坏了对贫困家庭现金收入权的保障,这是个具有重要意义的社会保障制度。这个政策决断充分证明了政府被置于市场逻辑的操纵之下。

菲利普斯(Phillips)讲述了他及其他策划师通过吸引对党内支持民权问题不满意的民主党白人,建立一个更加强健的保守党的方法:"四十年前,尽管我的书《新兴的共和党多数派》(*The Emerging Republican Majority*)很少谈及南方原教旨主义和福音派,新的共和党联盟看起来肯定会享受北方天主教徒和南方新教徒的大量输入。我也从未对此担心。"②在20世纪七八十年代,占主导地位的共和党认为"世俗"自由主义者严重误判了美国宗教的重要程度,给了保守党有力的和合法的选举机会,菲利普斯现在哀叹他的构建策略是将共和党转变为"美国第一个宗教党派"③。在1980—2000年间的大选中,里根总统试图在保守的基督徒和激进的自由市场主张的共和党之间建立一种新的意识形态气候。这一阶段包括共和党的布什总统和民主党的亲市场的克林顿总统,制定的政策明显弱化了国家的社会安全网④。

---

① Williams, R. H. Politics, Religion and the Analysis of Culture[J]. *Theory and Society*, 1996,25. 993-900,888.
② Phillips, K. American Theocracy: *The Peril and Politics of Radical Religion, Oil, and Borrowed Money in the 21st Century*[M]. New York: Viking, 2006. p. xiv.
③ Phillips, K. American Theocracy: *The Peril and Politics of Radical Religion, Oil, and Borrowed Money in the 21sty Century*[M]. New York: Viking, 2006. p. xiv.
④ Hirschl, T. A., D. A. Ahlquist, and L. L. Glenna. Ideology and the Crisis of Capitalism[J]. *Workplace*, 2008,15. 75-92.

（二）意识形态分化："教育"与"党派"立场

有分析表明，白人、受过大学教育的美国人，与他们没有接受过大学教育的同行，可以直接从与党派政治相关的意识形态上进行区分。受过大学教育者、新教徒、白人认为圣经就是上帝的字面话语，强烈支持共和党。受过大学教育的世俗主义者和其他成员、非基督教信仰者强烈支持民主党。天主教徒在受教育程度、收入和圣经信仰等方面差距较大。受过大学教育的美国人最具有意识形态偏见特性，明显看到正式教育和主流意识形态的痕迹。正是在大学教育中意识形态信仰与政治党派之争的关系最为密切。[①]

圣经教条主义者和白人共和党的党派之争与在大学教育中的联系成为基督教原教旨主义政治意识形态的组成要素。就其自身而言，认为圣经是上帝话语的信念并不是政治意识形态，但当一个圣经教条主义者加入主要的政治党派之中，它就成了关于社会应该如何被治理的政治意识形态。受过良好教育的白人基督徒说明了一种道德论据：由于他们的宗教道德权利而分配给他们自己资源——证明他们的社会地位的相对优越。

另一个方面，美国的总统政治完全是种族化的。白人支持共和党，因宗教传统、圣经的权威、教育和收入有所不同，而非裔美国人支持民主党，这一类别中比较有规律。宗教和市场意识形态在政治上的态度取决于种族。许多社会科学家将种族问题视为美国层级秩序中存在的最尖锐的分裂。不仅是美国社会层级秩序中的分裂，还存在于对政治意识形态的影响上[②]。宗教原教旨主义也未能超越种族，因为美国的政治就是种族化的。

相似的关于市场的党派之争模式，受过大学教育的白人中，那些认为自由市场应该引导社会政策者倾向于共和党，那些主张要求来自市场的社会保障者则投票给民主党。在某种程度上，未来民主党总统追求亲市场政策。同样的，低收入的大学毕业生比高收入者更倾向于民主党，这表明物质地位（社会阶级）与政治党派是相关联的。这也就带来了教育的"私人"与"公共"性质的争论。

---

① Hirschl, T. A., D. A. Ahlquist, and L. L. Glenna. Ideology and the Crisis of Capitalism[J]. *Workplace*, 2008,15. 75-92.

② Hirschl, T. A., D. A. Ahlquist, and L. L. Glenna. Ideology and the Crisis of Capitalism[J]. *Workplace*, 2008,15. 75-92.

二、教育的意识形态目的:"私人"与"公共"之争

20世纪中期的美国,从里根总统时期开始,进步主义的管理哲学开始慢慢被削弱。布什总统在2000年入主白宫后,保守主义意识形态发展成为主导政策。

(一)属于"私人事务"的教育意识形态

20世纪中期以来,国会两院和行政部门由保守的共和党人控制,使得布什总统能够按照保守派的意愿改变政府职能。布什政府开始削减学生助学金,减少从1965年开始实施的联邦资金的学生援助计划金额。因此政府将大学学费开支的责任转移到学生身上。数据显示,学生的非资助贷款数额明显上升。布什政府也改变了对州政府的财政拨款,这对于高等教育无疑又是一个不利影响。减税已经减少了联邦资金收入,减少的税款迫使各州削减预算来应对他们自己的财政赤字。这些预算赤字通常通过削减教育资金来兑现,相对于基础设施或医疗保险等经费削减,对教育经费的削减在政治上是更加可行的目标。许多大学最终采用学费上涨的方式来应对削减的教育经费,同时联邦政府的援助资金也更难获得。这就最终将经济问题转嫁到学生及其家长身上。

美国学者詹恩斯(William Jeynes)认为保守派的教育哲学根基是双重的。第一个根基是概念的二重性,保守主义认为人类具有两面性,高尚的一面和自私的一面,教育的目的正是对自私的驯服;第二个根基观念是人们只能通过理性进行学习[1]。所以,从保守主义的视角看,如果教育事业是关于道德的培养,那么这件事最好交给其父母、当地社区和教堂来进行。联邦政府还用承担教育的任何任务么?詹恩斯认为这种双重观念是不正确的,人类不是通过理性而是通过经验来学习。如果人们通过体验世界来学习,没有什么是不能被研究的,每人都应该有这些经历。保守主义运动的"自由放任"愿望,希望将教育从联邦政府规章中解放出来,引导他们将联邦资金视为一种教育控制模式。学校运作中较低的政府投入资金水平,使得学校不得不采取市场商业模式来运营。

整个保守主义关注点是低税收,运作方式之一是通过削减教育开支来实现。

---

[1] Jeynes, W. *American Educational History*[M]. Thousand Oaks, CA: California State University, Long Beach, 2007.

高等教育成为"不受欢迎"的机构,一方面是需要联邦资金的投入,另一方面是机构自身的相对主义,这些都成为保守主义攻击的靶子。保守主义试图将更多的教育成本转移到上大学的学生和家长身上,这是他们认为"教育是私人事务"的最好证明。保守主义的观点是个体是获得高等教育的最大受益者,因此也应该担负经济支出责任。保守主义意识形态关注点是联邦资金对高等教育的投入,因为他们已经很大程度上影响着联邦政府的决策。

美国2005年有680万学生注册四年制公立大学,平均的学费、食宿费用共计10,454美元。2005年的联邦预算拨款684亿美元给佩尔助学金和斯坦福贷款。其中125亿美元分配给佩尔助学金,仅仅510万学生得到了这种资助,平均为每人2,456美元。① 在附加贷款项目中,830亿美元被贷出,其中60亿来自有担保的贷款项目,22亿来自直接贷款项目。2005年共有232亿美元没有补助金的贷款,750万学生得到这种贷款,平均每人4,300美元。②

学生承担的非资助贷款人数比担保贷款数量要少,而总量却更大,表明他们需要更多的钱来维持日常开销。在1995—1996年度和2005—2006年度,斯坦福贷款资助比例从29%下降到19%。此外,在该年度学生贷款补贴总额也从57%下降到34%。由于补贴贷款比例的降低,对非补贴贷款和私人贷款的依赖加重。这都归因于快速增长的学费。考虑到通货膨胀因素,在2001—2006年中学费增加了35%。③ 私人贷款部门由银行、信用社和其他贷款机构组成,向学生或其父母直接贷款,无需联邦系统要求的贷款规定。联邦政府也不提供财政补贴,他们的借贷利息不受限制,他们使用的可变利率甚至能达到20%。许多学生可以得到十万美元的私人贷款额度,一旦他们没有能力偿还贷款就会根据联邦破产法修订案提出破产申请。在1995—1996年私人贷款量不到5%,而在2005—2006年私人贷款增加到20%。④ 与高等教育相关的费用成本日益上升。私人资金通过助学金和奖学金获得的途径越来越少,更多的学生不得不

---

① Robinson, Anthony W. *Ideological Influence on Higher Education: Progressivism Versus Conservatism*[D]. University of Louisville Louisville, Kentucky, August, 2008. 56.

② Robinson, Anthony W. *Ideological Influence on Higher Enucation: Progressivism Versus Conservatism*[D]. University of Louisville Louisville, Kentucky, August, 2008. 57.

③ Robinson, Anthony W. *Ideological Influence on Higher Enucation: Progressivism Versus Conservatism*[D]. University of Louisville Louisville, Kentucky, August, 2008. 57.

④ Robinson, Anthony W. *Ideological Influence on Higher Enucation: Progressivism Versus Conservatism*[D]. University of Louisville Louisville, Kentucky, August, 2008. 57.

在联邦政府之外寻求私人贷款支付学费。而受教育程度对于劳动力市场来说越来越重要,使得教育成为一个紧俏的必需凭证。随着时间的推移,摆在立法者、决策者和高等教育管理者面前的压力是如何设法帮助学生应对大学成本过高的问题。

(二)意识形态的现实困惑:"个人"与"公共"的利益观冲突

中产阶级和较低经济地位的学生由于学费持续上升,可利用的联邦资金下降,必须面对抉择,是放弃上大学进入劳动力市场,还是去上能够承担学费的当地社区学院,或者贷款完成四年制大学。如果他们选择进入社区学院,他们将面对的是据统计只有23%的人会继续获得学士学位。如果他们选择贷款,他们面临的困境为毕业时平均17,700美元债务[①]。从大学毕业后,即使不考虑这些债务,在劳动力市场他们的选择也是非常有限的。就业市场的活力越来越依赖于在高等教育中获得知识技能的工人。而日益萎缩的加工制造业限制了那些没有受过高等教育学生的择业机会。高中毕业生离开学校后比以前的毕业生更难找到工作。在持续的工作机会紧张的情况下,那些设法获得这些工作的人会由于不留心或者没有外部培训经验而失去这份工作。教育、医疗、信息技术工程等专业领域的工作机会显著增长,但都需要至少是中等或高等教育水平。

高等教育费用持续增长,政府援助水平却停滞不前,这种停滞将日益增加的费用和较少的补助金之间的差距摆在学生面前,他们要么去工作要么接受私人贷款弥补资金差距。高等教育资金不仅限于联邦学生资助贷款。各州议会拨款也在历史上发挥了重要作用。20世纪90年代早期美国的全国性拨款水平呈负增长态势,在过去的几年中,这些拨款总体上保持稳定,仅有少数州能够增加他们的高等教育拨款,也是由于良好的经济增长带来的。2001年以来的经济衰退使得很多州由于资金困境不得不削减教育开支。伴随着州财政削减,联邦学生援助的停滞不前,许多州立大学出现财政赤字。为了缓解这些赤字,大部分大学转向了提高学费抵销资金的减少额。佩尔助学金受限越来越多,许多学生转向联邦学生贷款,但他们只能依靠非担保贷款而不是担保贷款,因为每年的担保贷款数额都在降低。这就产生了债务负担,学生本来已经承担比较大的债务压力,

---

① Robinson, Anthony W. *Ideological Influence on Higher Enucation: Progressivism Versus Conservatism*[D]. University of Louisville Louisville, Kentucky, August, 2008. 60.

又开始累积利息压力,担保利息只会推迟到学生毕业 6 个月后产生。越来越多的父母也必须帮助孩子完成大学学业。许多家庭通过附加贷款帮助孩子上大学,而这些贷款会带来潜在的严重后果。学生拖欠的贷款使其父母的信用也受到影响。

大量证据表明,那些有学位的毕业生要比没有学位的年轻人在找工作时更有优势。有学者认为,获得高等教育并不仅仅对个体有益,也能促进社会整体利益。平均而言,大学毕业生的收入要高于那些没受过大学教育的人,这些高收入会为政府带来更多的财政税收。获得高等教育机会对于应对低就业率和对更少依赖政府的援助都是有好处的。与获得高等教育利益相关,越来越多的学生将大学视为通向更高等级社会经济地位的阶梯。

(三)教育的"进步"和"保守"意识形态之争

目前美国的"进步主义"和 21 世纪之交的时代特点都反映了民主党全面执政并握有立法权。2008 年奥巴马总统的当选,反映出社会差异性的持续扩大和不同种族和少数群体投票参与度的提升。在过去传统主义和保守主义之间的摇摆中,一个政党获得支持率的上升和下降都反映了进步主义和民粹主义的博弈。

在世纪之交,美国政府正努力减缓社会的不公正性。如扩大医疗救助方案,通过国会立法税收调节举措解决穷人、失业者、老人的问题,让那些低收入者、处于危险的家庭和个人共同分享社会财富。有学者认为在一个基于游说和正当"分赃制"的政治体系的美国社会,不受约束的"自由—放任"主义哲学在过去并不起作用,次贷金融危机更是揭示了在未来也不会产生作用[1]。

与此同时,在教育领域,进步主义继续努力恢复其统治地位,满足经济多样性和政治公正的需要。进步主义者反映了对现状的警醒,对社会进行全方位的考察,主张民主的复兴和重新振作。进步主义教育通过民主和合作学习的环境,专注于现实世界的问题解决活动。这种教育观点根植于归纳推理的科学方法。作为一种教育理论,它鼓励学生追寻过程,实际地参与探究过程,最大限度达到期望的目标。进步主义者反对一味强调普遍真理和过去以经验和社会相关活动

---

[1] Patten, Jim Van. Progressivism: Another Look Then and Now[J]. *Journal of Philosophy and History of Education*, 2010, 60. 126-131.

替代的教学行为。①。进步主义被称为实用主义哲学在教育上的应用②,主张学校围绕着学生的关注点、好奇心和真实世界的经验组织教学。进步主义的教职员工学习如何帮助学生提出有意义的问题并设计回答这些问题的策略,认为答案并不直接来自列表或者"名著",他们通过真实世界的经验找到答案。

而保守主义强调强势政府,尤其是在知识和价值的问题上。"社会正义""不分年级的学校教育""开放教室""学习社区""多样性""技术""女性和少数民族课程""发展中国家的新兴经济""受限制的英语水平课程""肯定性行动""差异性影响""远程学习""种族课程"等都是保守主义教育者所批评的内容,而这些所谓的"时尚"概念就成为保守主义者在所有教育层次上对进步主义的永恒批判领域。保守主义意识形态的教育政策包括:"强制统一的全美或全州课程计划""全美或全州范围的标准考试""重新强调'高'的教学标准和'西方传统'的回归",以及在性格教育中对爱国主义和其他保守特征的养成。③ 批评进步主义的保守主义者主张教育回归家庭、建立私立学校,主张教师将注意力更多地放到课程上而不是意识形态运动上,认为后者降低教学效果,导致更低的国家水平成就层次。不过,值得指出的是,隐藏在保守主义教育和社会政策下的考量并不仅仅是教育的"回归",更核心的是对全国统一课程的强调、对双语和多元文化的攻击以及对提升教育标准的诉求。

全美学校改革的话语越来越为保守主义力量所掌控,多围绕着"标准""卓越""责任"和"绩效"等展开。由于课程标准中的弹性部分在教学实践过程中往往需要较高的花费,因而关于课程标准的讨论只不过是为保守主义力图加强"合法性知识"的中央控制以及"提高学业成就水准"无形中增加了话语上的说服力。而由此政策将带来的学校在学业成就上的分化却越来越大。

第三节 知识社会的学校意识形态"冲突"

几个世纪以来,人们一直都梦想由知识产品来引领世界。与柏拉图哲学传

---

① Webb, L. Dean, Avlene Metha, and K. Forbis Jordon. *Foundations of American Education*[M]. Columbus, Ohio: Merrill, 2007.

② Sadker, David Miller, Myra Pollack Sadker, and Karen R. Zittleman. *Teachers, Schools and Society*[M]. New York: McGraw Hill, 2008. 324.

③ [美]迈克尔·阿普尔. 谁改变了我们的常识?——美国教育保守主义运动与教育不平等[J]. 罗燕,译. 清华大学教育研究,2006(4).

统的启蒙运动遥相呼应,它建立在"科学的共和国"思想基础之上。在那里,为了将知识从低端文化中拯救出来,知识生产者将会取代教堂。在19世纪的欧洲,社会愿景由三种形式的科学和学术知识组成。在法国,启蒙运动的"理性意识形态"是最普遍的,"新社会"由知识分子组织形成;在英国,乌托邦式的承诺正在变弱,在科学知识的帮助下将会实现道德和社会进步,但科学就其自身而言永远不会终结;在19世纪的德国,大学在创建"民族意识"上扮演了重要的角色。由此可见,19世纪末期的确迎来了一个"专业化社会"①。作为工业革命的结果,中产阶级的上升、民族国家的独立、民主和教育的改革产生了,科学和专业文化越来越成为现代社会的核心。

一、知识社会意识形态:对"知识"教育的合理诉求

知识可以由专业知识组成,与之形成对比的是非专业知识和相对于经验的日常知识。知识可以等同于科学或学术知识,或者被视为文化或实践,还有一种自我认知上的自我知识。

从19世纪晚期到20世纪中期的工业社会,可以被简单地概括为专业技术时代。它主要由中产阶级职业,如工程师、化学家、农业专家、医生、教师和律师等所主导,他们附着在工业社会的核心部门。专业技术社会的主要功能是对专业知识进行培训和认证②,由此,建立在"个人学习""资产阶级自我修养""无私精神"和"理论知识基础"上的大众知识的启蒙模式也就寿终正寝了。在工业社会中,知识首先是其"有用性"。但从20世纪60年代起,社会学家越来越意识到工业社会正在让位给"后"工业社会,因为越来越多的工作人口分布在服务业而非工业。对此最著名的表达是,"新阶级"(New Class)的出现,也包括定义广泛的知识分子的出现③。新阶级比早期的专业化阶级更宽泛,专业技术人员现在列入了从事道德、政治、社会和经济领导的社会范畴。新阶级的理论实际上相当于知识社会的理论,发展到近期又受到了信息社会的挑战。

信息社会理论带来了对知识社会思想的修订。在这个概念里,知识社会被

---

① Perkin, H. *The Rise of Professional Society: England since 1880*[M]. London: Routledge,1989.

② Collins, R. *The Credential Society*[M]. New York: Academic Press,1979.

③ Gouldner, A. *The Future of Intellectuals and the Rise of the New Class*[M]. London: Macmillan,1979.

视为一种新的社会类型,由信息和通讯技术的新发展所驱动。全球资本主义的一些最重要的经济发展与知识在科技上的应用密不可分。曼纽尔·卡斯特斯(Manuel Castells)进行了最全面的分析,认为知识社会也是一个全球化社会,而非以民族国家为单位[①]。它也是倾向一种更民主的社会,因为它建立在新的可能性的基础上。在不同理论家的分析维度上,最有名的是乌尔里希·贝克(Ulrich Beck)和安东尼·吉登斯(Anthony Giddens),他们认为在信息社会中,会出现将知识作为其核心特征的新型的政治。经济和社会变革带来了知识和经济的模糊分离,知识社会本质上是社会的科学化问题。因此,贝克认为由科学和技术产生的政治风险会增加。吉登斯认为当代社会围绕着民主被越来越多地组织起来,形成知识和文化各自的类型[②]。

现代大学基于科学知识,运用技术手段。工业社会的技术是由科学知识驱动的,然而,如今信息社会中,科学知识与技术之间的关系越来越复杂,因为许多技术不再由"科学知识"所驱动。在科学—技术时代,生物技术,如转基因技术,信息交流技术中,技术已经吸收了科学知识并改造了专业技术社会的本质。在发展中大致平行的学术基础和应用科学的扩散,使得科学知识失去了使其自身合法化的能力。因此,在原创性上产生了诸多方面冲突:专利、知识产权、出版和商品化等。

二、知识社会中的"新"意识形态争论

知识社会代表了现代社会的新发展阶段,是扩展和超越了现代工业社会的后工业社会,带来了工业社会的转变。在知识社会中,新的意识形态——后现代主义、新自由主义和第三条道路主义关注焦点的出现,对现代美国教育理念和教育政策的制定都产生了重要的影响,也为不同的教育改革方向和理念埋下了争夺的隐患。

(一)"后现代主义"的意识形态争论

随着19世纪工业革命的迅猛发展,科技理性逐渐代替了工具理性的角色并

---

① Castells, M. The Rise of the Network Society[J]. Vol. 2: *The Information Age*. Oxford: Blackwell, 1996.
② Beck, U. The Risk Society[M]. London: Sage, 1992; Giddens, A. *Beyond Left and Right*[M]. Cambridge: Polity Press, 1994.

在与人文理性的共存中占了上风,人文理性中的自由与人权渐渐被科技理性所主导的标准化、统一性、整体性所侵蚀,这样人所创造出的科学技术反过来控制了人的思想行为与文化生活,人们不得不以内在的精神沉沦去换取外在物质利益的丰厚,人出现了异化。20 世纪 60 年代以来在西方出现了具有反西方近现代精神倾向的思潮,被称为"后现代主义"。格里芬说:"如果说后现代主义这一词汇在使用时可以从不同方面找到共同之处的话,那就是,它指的是一种广泛的情绪,而不是一种共同的教条——即一种认为人类可以而且必须超越现代的情绪。"①后现代主义具有知识社会的核心特征。这个概念包含了"后现代立场",即"万物皆文化"的原则,因为文化缺少意义,因此可以成为一切,从而作为一种新的意识形态被新学术话语所接受。后现代主义成为一种强大的意识形态,攻击"意义"的生存能力,使得知识分子针对相对主义取得的合法性地位。而后现代主义旨在成为一种新的批判哲学,打破了现代主义思想的藩篱。在政治文化中,现代主义政治建立的基础是对知识和观点之间的差异的假设,后现代思想模糊了知识和观点的差异,明确政治和权力与知识具有可分性。这个差异建立在知识生产阶层能够定义知识的基础上。②

在教育界,后现代主义导致了新意识形态伪装下的几对矛盾的出现。利奥塔认为教育作为一种控制方式,在那里绩效原则变得无孔不入③。这个立场实际上要求教学与研究相分离,因为调查发现,一定程度的自治权会保护教育免受工具主义控制。伴随着意识形态的多样性,后现代主义对高等教育最显著的影响是对课程的现代主义思想的抛弃。因为任何事情都具有可选择性,不存在最终立场,正确性可以被建立,单元中的制度形式可以按照学生的需求进行设计、打包和消费。后现代意识形态在高等教育中的另一个方面是关于"卓越"的话语。卓越是一个"去—参考性"的术语,没有自身的分类。缺乏参考和内容,允许其作为一个原则通过不同的类别发挥作用:教学、服务、研究——都能被归结为

---

① [美]大卫·格里芬. 后现代科学——科学魅力的再现. 转引于刘放桐等编著. 新编现代西方哲学[M]. 北京:人民出版社,2000. 616.

② Delanty, Gerard. Ideologies of the Knowledge Society and the Cultural Contradictions of Higher Education[J]. *Policy Futures in Education*, Volume 1, Number 1, 2003. 70-82.

③ Lyotard, J-F. *The Postmodern Condition: A Report on Knowledge* [M]. Manchester: Manchester University Press,1984.

"卓越",因而失去其意义。"卓越的吸引力标志着事实,大学不再存在任何想法或者这个想法已经失去了所有内容。作为一个非参照性的统一价值完全成为内部系统,卓越标志的不过是对技术的自我反思。"①总之,后现代意识形态表现在认识论的"去"分化上,被广泛表达为知识缺少"意义",意义可以被文化话语所模仿却不需要被学识支撑。

(二)"新自由主义"的意识形态争论

与后现代主义不同,新自由主义是意识形态在政治信条的意象中具有自我意识地寻求社会重建。后现代主义为了文化反对社会,新自由主义为了无所不在的市场反对社会,这些在高等教育中都产生了重大影响。众所周知,由于新自由主义意识形态的输入,"社会不复存在",因为只剩下了市场和个体消费者。在寻求市场的分配原则时,新自由主义引发了一个主要矛盾:它要求臃肿的政府机构转向市场运作。新自由主义革命的实际结果是普遍增加的官僚控制,在高等教育中表现得尤为明显。

20世纪50年代,著名新自由主义经济学家米尔顿·弗里德曼(Milton Friedman)的研究认为,美国的公立教育制度实质上是一种政府对教育的垄断,而这种垄断的后果是不利于学校的竞争及高效率的产出。到20世纪80年代末,随着里根总统和撒切尔夫人的执政,新自由主义成为发达国家政治、经济领域的主流价值体系,家长选择学校的权利通过"教育券计划"(voucher project)和"特许学校"(charter school)运动进入教育实践领域。新自由主义者认为,"判断一切知识价值的标准是'市场',凡是有利于市场的,必然是有利于社会的,因此,有市场的知识便是有价值的、有用的,没有市场的知识即使再科学也是无用的。知识经济就是使一切知识接受市场检验的经济。"②

新自由主义的教育理念已经成为欧美民主社会占主导地位的思想,尤其对于一些社会民主党派和美国民主党成员来说,这个理念是其核心思想,在教育观上倾向于工具主义,以突出教育的经济功能、政治功能和社会功能,在功利主义思想的统帅下,倡导对教育进行市场化的全方位改革。高等教育中,在新自由主

---

① Readings, B. *The University in Ruins*[M]. Cambridge, MA: Harvard University Press,1996. 24.
② 邬志辉.课程全球化的四种哲学观评析[J]. 东北师大学报(哲社版),2003(6). 115-121.

义的影响下形成了现在所谓的"微大学"(McUniversity),在这里"效率"意识形态和"问责"的控制手段导致了许多国家高等教育的重组。尽管还没导致大学的消失,但正如后现代主义者建议的那样,"微大学"宣布了大学的一体化时代的到来,教育、专业组织和研究正体现了标准化的新自由主义思想。在"微大学"中,大学行政的新官僚主义形式正在形成,学术自治正在消失,将大学转变成"福特主义"者的机构,进行高等教育的大批量生产。① "微大学"拥有更大的管理权,具有中央集权的特点,其接纳的学生人数不断增加,临时工和低效率也会消失。一般来说,新自由主义的合法性来自对"效率"的追求,同时附加"问责"的意识形态,实际上是增加了政府的"账单收益"。

(三)"第三条道路主义"的意识形态争论

现代"第三条道路"一般是指在传统的左派与右派之间,不放任自流也不像左派那样过分干预,试图调节激进派和保守派的观点,选择走"中间路线"。在美国,1980年里根上台之后,保守主义政府全面推行哈耶克、弗里德曼的新自由主义政策,获得连任8年的执政佳绩。1992年克林顿赢得总统大选的胜利,由此全面推行一种取代陈旧过时的左派和右派的信条和政策,继续推进"第三条道路"的教育发展道路。在英国,1995年,布莱尔公开使用"第三条道路"来表述自己的政治哲学,宣称工党要超越新自由主义和社会民主主义,建构新的思路。1997年,布莱尔击败保守党首相梅杰,从而使工党在告别政坛18年后重新获得执政地位。布莱尔的胜利使德国、意大利、瑞典、丹麦、葡萄牙等国的社会民主党领袖人物纷纷成为"第三条道路"的热心鼓吹者和拥戴者。

第三条道路意识形态已经取代了更加极端的新自由主义意识形态,与此相结合的是出现的一个新发展方向,对社会福利项目和"负责任国家"的思想的基本承诺。第三条道路主义的核心意识形态信号是"自我需求"的本能。首先,人们可以通过获得知识进行生活规划设计,知识经济的发展被赋予了无穷力量。事实上,"赋权"(empowerment)这个词正好说明了第三条道路主义的特征。它的潜在影响有:人们正越来越多地使用知识形塑他们的生活、健康、教育和保险。这是"自我需求"性的知识,因为人们正使用知识创造更多知识,正在增加日常生活中的专业技能运用。新第三条道路主义,借用了新自由主义的诸多精神,试图

---

① Parker, M., and D. Jary. The McUniversity: Organization, Management and Academic Subjectivity. *Organization*, 1995, 2. 319-338.

调和新自由主义和社会民主、市场与国家的关系。与此相关的是对民主全球化信念的积极影响。有学者提出"新"第三条道路主义的提法,该术语的使用意义仅仅限于与其他事情的关系上,最重要的是超出了"左派"或者"右派"意识形态限定。例如对"良好治理"或者"全纳"的概念反映中,"社会全纳"是新第三条道路的部分说明,但这个概念只是作为与过度的不平等有关的矛盾面,因为社会全纳政策的目标只是简单地将外部事物全部包括其中,而在减少不平等性上就变得模糊了。有研究表明,实际上社会全纳将会产生更大的不平等[①]。

知识已经成为当代社会的核心概念,在某种意义上,我们生活在一个知识社会。而在对此概念的不同理解中,大家广泛认为知识正承担着越来越多的具有一致性的公共形式[②]。而知识社会的术语中隐含的这三种意识形态观点,对教育政策的影响是最明显的。由于现存的旧的合法性并没有消失,所以这些意识形态在教育变革中带来了新的意识形态冲突。

三、知识社会中高等教育的"意识形态冲突"

高等教育一直处于文化冲突的漩涡中。随着新世纪的到来,高等教育发展的传统模式已经穷途末路。首先,该模式与美国精神的核心——"自由"相冲突而使其处于孤立的境地。为了换取自治,"象牙塔"可以向任何政治规训屈服。其次,是高等教育在"世界主义"和"民族主义"的意识形态张力间的徘徊。实际上,大学是世界主义和普遍主义的非常重要的代理机构,科学自身也是建立在真理的普遍性上。但大学同时也是民族文化的重要培养机构。学科发挥着将民族文化从19世纪早期的冲突中解救出来的作用。再次,传统大学模式的另一个冲突是大学作为一个"新知识的制造者"还是对"现存知识的传播者"的矛盾功能上。这个冲突与大学作为"创新的进步主义机构""新思想的载体""社会转型模式"和大学作为"旧政权的保守堡垒"的多重功能大致平行[③]。

这些高等教育中的意识形态冲突无疑是存在于美国的突出问题。卡拉克·克

---

① Delanty. Gerard Ideologies of the Knowledge Society and the Cultural Contradictions of Higher Education[J]. *Policy Futures in Education*, Volume 1, Number 1, 2003. 70-82.

② Nowotny, H., P. Scott, and M. Gibbons. *Re-thinking Science: Knowledge and the Public in an Age of Uncertainty*[M]. Cambridge: Polity Press, 2001.

③ Delanty, G. *Challenging Knowledge: The University in the Knowledge Society*. Buckingham: Open University Press, 2001.

尔在20世纪60年代指出,新兴的冲突体现在"大学"和"综合性大学"之间,后者是指新出现的以信息化为基础的后工业社会的大学①。虽然这些冲突可能还没有全面爆发,但其足以说明知识社会新意识形态传播的结果,在高等教育中存在深层次的文化冲突。这些冲突潜在的因素源于国家和市场在知识社会中生产、传播以及知识合法化的根本矛盾。如今大学不得不面对全球力量进行自我调整,其不再是一个民族国家的机构,目前的这种矛盾在很多方面是对全球化和民族国家之间深层次矛盾的表达。

(一)"教学模式"的意识形态转换:传统与现代的冲突

传统的大学教育模式是工业时代的产物,具有统一的功能。对大学的憧憬来自德国启蒙运动哲学家设想的"教学是进行研究的交流活动"。关于这点最有影响力的观点来自洪堡,他认为面对新知识的培养方式是"自我教育"。大学是一个科研和教学相生相长的地方。对于康德而言,在他的著作《系科之争》中,基于教师作为理性的哲学教员,是大学的统一原则。尽管大学教育中伴随着英国的剑桥大学被赋予教学优先权,但也具有统一的功能。即使在帕森斯的关于美国大学的伟大研究中,也存在一个统一功能的假设,尽管他进行的只是关于研究生院的研究②。今天美国处于一个不同的境地。大学的数量,更重要的是,高等教育供应商的数量在增加。实际上,大部分高等教育不再由大学提供。在美国,有超过3 000所高等教育机构,只有几百所被认为是大学,以研究为基础的研究型大学不到200所。此外,即使在领先的研究型大学,大部分教学工作并不是由研究者担任,而是由短期合同工承担③。这些临时的学术活动劳动者实际上已经不能承担教学与研究的大部分的学术活动。在这种状况下,高等教育的大多数机构和那些工作其中的人并没有有效执行将教学和研究严格连接的方式。虽然他们内部的互联性仍然存在。

尤其是在信息化社会,网络已不可避免地成了知识的主要基础设施,它既是信息的容器,又充当了人们交流知识的全球平台。在这种冲击下,大学终于失去

---

① Kerr, C. *The Uses of the University* [M]. Cambridge, MA: Harvard University Press, 1963.

② Parsons, T. and G. Platt. *The American University* [M]. Cambridge, MA: Harvard University Press, 1973.

③ Jacob, M., and T. Hellstrom (Eds). *The Future of Knowledge Production in the Academy* [M]. Buckingham: Open University Press, 2000.

了它在高等教育中的垄断地位。与此同时,它也向大学的基础运作方式——教学与研究模式提出了一系列根本性的挑战。具体而言,就是许多大学所提供的学习模式,与数字时代成长起来的年轻人最习惯的自然学习方式之间,出现了一条日渐增宽的鸿沟。教授站在讲台上,面对一大群学生侃侃而谈的旧式课堂教学,在许多校园里依然是大学生活中一道不变的风景线。这是一种以教师为中心的、单向的、无法因材施教的模式,而学生们在学习过程中也是彼此孤立的。但是,在交互式数字环境中成长起来的学生,需要采用一种完全不同的方式进行学习。他们在 Google 和维基百科的潜移默化之下,愿意进行查询,而不是靠教授给出详细的路线图。他们要的是生动的交谈、交互式教育,而不是课堂灌输。

(二)"教育结果"的意识形态冲突:"大众化"与"民主化"的矛盾

在新自由主义意识形态的影响下,大学明确地从国家转向了市场,大众化与民主化之间的关联性也随之变得脆弱。高等教育的大众化并不必然带来高等教育的民主化。这是存在于大众化和民主化范畴的深刻矛盾。大学通过模糊"高等教育"和"进一步教育"(further education)的界限,来应对民众对增加"入学率"的要求。第三条道路主义与新自由主义策略的结合后果是大学被迫用更少的资源接纳更多的人入学,通过公布排行榜和质量控制迫使大学之间相互竞争。为了减少投入成本,部分大学教员成了临时工,"进一步教育"和"高等教育"之间的界限被模糊了,在许多国家这两者很难被区分。

这就引起了人们对高等教育中"高等"这个词的意义的追问,在谈到"大学"的时候是否有其特定含义,特别是在大规模地提供高等教育的"虚拟大学"[1]?在英国,自从 20 世纪 90 年代早期的科技专科学校被赋予大学地位以来,对教育二元体系的抛弃,使得以职业为基础的"进一步教育"和以大学为基础的高等教育开始分离。但在高等教育提供问题上的最大矛盾是"第三条道路主义"承诺一方面扩大受教育程度的参与率,另一方面允许新自由主义意识形态通过市场的"投入"与"产出"的收益率所做的调整。迪林报告(Dearing Report)[2]通过进一步考察,发现许多所谓的"终身学习"是由主张劳动力"灵活性"的第三条道路意

---

[1] Robins, K., and F. Webster (Eds). *The Virtual University? Information, Markets and Managements*[M]. Oxford: Oxford University Press, 2002.

[2] Dearing, R. *Higher Education in the Learning Society*[R]. Report of the National Committee of Inquiry into Higher Education. London: HMSO, 1997.

识形态驱动的,"灵活性"正是第三条道路主义的信号,因此成为"后福特主义"的灵活性(post-Fordist flexibility)原则。或许所有这些矛盾的潜在的更深层次的根源在于"全纳"和"平等"的矛盾心理。"全纳"意识形态,隐含着扩大参与和终身学习的理念,对于"平等"而言具有非常大的不确定性和模糊性,"全纳"的最简单事实本身并没有带来更大的"平等"。扩大的参与和全纳并不仅仅简单地通过主要的市场手段和管理方式的增加来得到。

(三)"教育过程"的意识形态冲突:"效率"与"知识"的矛盾

大学中新自由主义意识形态的扩散导致出现了广泛的对道德和身份的质疑。在许多学者眼中,学问的价值即更广泛程度上科学的尊严正在被更大范围的新价值观所践踏,这些新价值观中的"效率"最具有代表性。大学,像所有的机构一样,为了生存和就效率自身的价值而言必须是"高效"的。然而,如今效率通常作为唯一的知识判断的评判标准。尽管知识可以被测量这点让人感到很可疑,但伴随着"任何事物都是可被测量"的信念,对效率的崇拜作为主导价值观已经导致了其与知识之间的矛盾。毫无疑问,这一矛盾与内部和外部的治理相关。外部治理的规范性越来越重要,正在形成内部政权治理的重要环节,内部治理已经失去与学术自治相关的自治权,这已经被视为一个老生常谈的过时话题。

在变得"更加高效"的驱动下,市场价值和科学与知识价值之间的矛盾是最大的矛盾之一。随着越来越多的大学进入工业领域,这一矛盾变得尤为明显。在许多批判家眼中,随着大学的合作办学程度越来越高,尤其是在美国,资本主义提出的毫无意义的科学中立的价值观和大学作为慈善机构的地位将会产生根本冲突[1]。现代性——在西方启蒙运动中,基于对基本的效率和知识的分离的假设,低端文化被排斥出高端文化的领域。在知识社会,这种二分法的区别已经坍塌,外行与专业知识的区别变得模糊。在文化战争和"学生选择"时代,大学也被低端文化入侵,结果是,知识变得越来越容易通过大众教育、媒体获得,而科学的民主性变得不可靠并引起争议。高等教育是知识社会在这个方面的矛盾的集中体现地。正如前面看到的在教学与学习、传统和教育的多元文化冲突中,高等教育已经成为认知失调的主要发生地。

---

[1] Slaughter, S., and L. Leslie. *Academic Capitalism: Politics, Policies, and the Entrepreneurial University*[M]. Baltimore: Johns Hopkins University Press, 1997.

（四）"教育方式"的意识形态转变："灌输"与"交互"模式的冲突

30岁以下的美国青年是在数字环境中成长起来的第一代。在他们成长的过程中，使用手机、平板电脑等载体及Facebook等互联网交际平台收发信息，都很常见。他们在长大成人时所产生的这种互动媒体，影响了他们的大脑发育，因而也影响了他们思考和学习的方式。在数字环境中长大的经历已经改变了他们的思维模式，可以帮助他们应对数字时代的挑战。他们习惯了多任务，已经学会了处理超负荷的信息。他们期望进行双向交谈。此外，在数字环境下成长的经历，也激励着这一代人成为主动的、步步紧逼的追问者。他们不会坐等某位值得信赖的教授告诉他们都发生了什么，而是亲自动手，用Google等搜索引擎查明所有的一切。这一代的文化就是关于学习的新文化。新的学习模式不仅适合年轻人，而且渐渐地会适合所有人。

在批量生产学生的工业模式中，教师是灌输者。灌输是从发送方到接收方以单向、线性方式进行的信息传输。在学习过程中，老师是发送方，学生是接收方。传输规则是"我是教授，我拥有知识。你是学生，是个空容器，没有知识。准备好，知识来了。你的目标是将这些数据存进你的短期记忆中，再通过练习和复习，建立更深刻的认知结构，这样我考你时，你就能给我回想出来"。

在知识社会，顺应潮流的教授，将不得不放弃传统的课堂讲授，开始聆听学生们的想法，并与他们交谈——从灌输的授课转变为互动式教学。教授应该鼓励学生亲自去发现，学习一种发现与批判性思考的过程，而不只是死记硬背教授所储藏的信息。还要鼓励学生彼此合作，并与校外人士合作。需要调整自己的教学风格，以适应不同学生各自的学习风格。与传统课堂上的学生相比，使用精心设计的计算机辅助教学的学生通常会取得更高的期末考试成绩，在更短的时间内掌握课程内容，更喜欢他们所学的课程，对他们学习的课程内容培养出更积极的态度。这些结果广泛适用于各种学生群体，也广泛适用于从自然科学到社会科学到人文学科的各种学科门类。完成这样的教学方式的意识形态转化也就能吸引信息社会中学生对学校教育的兴趣。

总之，知识社会新意识形态的影响可以被总结为在高等教育、国家和市场中蕴含着新的关系。但这并不意味着产生了新型大学。"微大学"、多科性大学和虚拟大学在实际上集结了诸多矛盾，有学者认为大学作为一个机构已经失去了知识社会的方向，对外部压力的回应已经发生了重要变化，由新生的意识形态带来了纯粹的矛盾冲突。大学似乎不可能恢复其已经失去的功能,但可以肯定的是大学必须生活在复杂的社会基本事实中。

在知识社会,大学可以发挥主要作用,大学并不是一个专业知识的排外机构,而是一个公共话语机构。大学正变为公共领域中重要的机构,成为社会变革者而非仅仅是响应者。目前关于大学功能的辩论越来越多地被后现代和新自由主义关于"大学消失"的观点所主导,第三条道路主义的"全纳"意识形态提供的也仅仅是最一般的替代品①,大学中的意识形态冲突焦点反映的正是社会不同利益代表者的观点,在不断变化的社会发展中,国家必须通过消除一些意识形态的影响来强调另一些意识形态的存在。这也体现了不同国家的社会文化背景。

---

① Delanty, Gerard. Ideologies of the Knowledge Society and the Cultural Contradictions of Higher Education[J]. *Policy Futures in Education*, Volume 1, Number 1, 2003. 70-82.

第四章　全球化进程中美国学校意识形态教育实践探索

　　教育者的能动作用,表现在运用精神的和物质的教育手段,对受教育者施加系统的长期的影响,来达到自己预定的教育目的。受教育者的能动性,则是自己努力学习与善于接受教育者对自己施加的有利的影响。教育过程是否能够收到最好的效果,要看能否充分发挥教育者与受教育者两个能动作用和这两个能动作用是否结合得好。①

——中国经济学家、教育学家　于光远

　　任何国家的公立学校系统,从其产生之初,就常由政府垄断,通过公共财政维持并纳入公共行政管理领域,具有国家官僚体制的典型特点,即具有集权性、等级结构、非人格化的规章制度和自上而下的行政管理体制等特点。美国的公立教育当然也不例外。尽管美国联邦宪法第十修正案中规定了联邦管辖范围之外的教育权归属各州行政管辖范围,但是教育本身的"政治属性"始终是不能被忽略的②,而这一属性最典型的表现方式就是其意识形态导向是为国家整体的全球发展战略服务的。学校作为培育和传播社会主流意识形态的场所,上至制定教育政策的最高官员,下至社区学院中的志愿者,都会在教育实践中受到主流意识形态的或"显"或"隐"的影响。

第一节　美国教育政策中的意识形态诉求

　　美国的公立学校系统作为一种制度,具有"双层"结构的特点,即国家行政层级和个人能力差异层级。以这两个层级为基础确立起来的公立学校系统,是一个通过严格控制的科层化制度架构与工业社会的层级结构相适应的制度体系,具有典型的等级特征。政府行使着从发起到办学过程中的一系列权力,从宏观的学校发展规模、速度、质量、效益直到微观的学校兴办、经费投入、教师管理等,都纳入国家行政系统之中。政府之外的其他力量对公立学校的介入实际上是非

---

① 于光远. 教育认识现象中的"三体问题"[J]. 中国社会科学, 1980(3).
② 李敏. 美国教育政策问题研究——以20世纪80年代以来基础教育政策为例[D]. 上海:华东师范大学博士学位论文, 2006.76.

常有限的。而个人则会在各个层次的学校中按照个人"能力"的差异进行"分类",或者进入社区学院接受职业教育,或者进入大学接受更高层次的学术培养。

一、联邦政府的意识形态教育政策

早期的学校模式注重的只是学习者个人之间的关系,公立学校出现后,使得学校系统转化为国家与个人的关系,公立学校逐步变成了对社会成员实施社会分层、维系社会等级结构的工具。而国家办学的首要目的就是对每一个将要进入社会的个人进行鉴别和分类,其次才是满足个人发展的需要。因此,对于公民社会的教育而言,国家的意识形态干预是必不可少的。

(一)联邦政府对教育的"接管"

长期以来,美国实行的都是"双重联邦主义"制度,即各州政府代替联邦政府履行对教育的管理职责,但联邦政府并未放弃对教育领域管理权力的抢夺。尤其是在全球化时代、知识经济的背景下,社会、政治、经济、外交等各方面的发展需要使得这种"联邦政府及其附属的州政府分管国家事务"的"双重联邦主义"的特点愈发彰显出来。

20世纪30年代,美国为了解决社会平等问题以及促进经济的发展,各级政府间的合作逐渐增多,联邦政府的角色也就从这个时候开始被重新界定:联邦政府要负责建立一个福利制国家,在全国范围内建立教育市场经济体制。美国人认为,如果国家将入学机会永恒地建立在学生家庭的社会经济地位上,就会剥夺大部分具有潜在领导力和竞争力的公民的大量机会。杜鲁门总统也认为联邦政府应该在教育中发挥显著作用,应该为儿童入学机会创建公平竞争的环境,政府应该为此提供实质性的经济支持。所有儿童,无论其种族、信仰、性别或国裔,都将得到更多的入学机会,每个孩子都要平等地获得公立教育的权利。为了解决社会中的教育不平等问题,1947年的杜鲁门总统委员会做了关于高等教育的报告(the President's Commission on Higher Education)(PCHE),有些人称它是"有先见之明的,有大无畏精神的和激动人心的",也有人认为它是"令人困惑的,混乱的和矛盾的"[①]。尽管如此,杜鲁门总统第一次建立了国家对教育的无可争

---

① Hutchins, R. M. Double Trouble: Are More Studies, More Facilities, More Money the Key for Better Education? //G. Kennedy, Ed.. *Education for Democracy*[C]. Boston, MA: D. C. Heath and Company,1948/1952. 81.

辩的话语权。① 然而,在历史上共和党向来主张联邦政府应较少地干预教育事务,极力反对联邦政府对教育权的控制,认为教育是地方政府和家庭的事务。里根总统和老布什总统都曾一度主张取消联邦教育部。② 民主党则主张扩大联邦政府在教育中的作用,增加联邦政府的教育投入和教育经费。尽管联邦政府逐渐加大对教育的投入,但并没有收回全部甚或主要的管理权限,但在以"民主的广泛性"享誉世界的美国,教育从来都被坚信为他们实现民主的主要途径③,因此,教育管理的权限仍旧应该主要属于州和地方,联邦政府更多扮演的是"服务者"的角色。

(二)联邦政府对教育的大力投入

关于对公立学校教育的资助问题,美国共和党和民主党侧重点各不相同。共和党谴责公立学校教育质量低下,缺乏竞争性,主张应当改变由公立学校承担大部分教育的现状。民主党则主张大力发展公立学校教育,反对实行教师绩效工资制。比如《不让一个孩子掉队》(NCLB)法案从四个方面加强联邦教育投入:向家长提供教育券、向机构提供专项拨款计划、减税和提供贷款。为兑现承诺,NCLB法案签署后,布什发表财政计划,提出向教育部增加14亿美元的投入,并规定专款专用。据统计,法案实施的7年中,美国国会对教育的资助由422亿美元增长到544亿美元。法案受到的资助增加了40.4%,即由2001年的174亿美元增加到244亿美元④。

在克林顿政府期间的直接教育贷款中,联邦政府提供了用于学生贷款的资金,标志着联邦政府回归到对教育进行更多的直接资助的意识形态上。之前,银行是唯一的为学生提供贷款的机构,由联邦政府授权其进行贷款分配和管理⑤。

---

① Hutcheson, P. The 1947 President's Commission on Higher Education and the National Rhetoric on Higher Education Policy[J]. *History of Higher Education Annual*, 2002, 22. 91-109.

② De Bray, Elizabeth H. *Politics, Ideology & Education: Federal Policy During the Clinton and Bush Administrations*[M]. New York: Teachers College Press, 2006. 145-153.

③ 艾萨克·康德尔. 教育的新时代——比较研究[M]. 王承绪,等,译. 北京:人民教育出版社, 2001. 150.

④ 张燕军. 从奥巴马政府修订NCLB法看美国教育均衡发展[J]. 外国教育研究, 2011(2). 44-29.

⑤ TG Research and Analytical Services. *Opening the Doors to Higher Education: Perspectives on the Higher Education Act 40 Years Later*[EB/OL]. http://www.tgslc.org/publications/, 2005.

2008年的金融危机中,联邦政府对高等教育的资助产生巨大影响,2009年通过的《美国复苏和再投资》法案,被视为联邦政府对高等教育的更进一步的投资承诺。该法案为高等教育提供了十亿美金的财政支持,资助范围包括学费及对州提供设备升级的稳定财政资金,并且对全州范围预算削减进行补贴。通过对这些资金的分配,加上对学生的直接贷款,说明了联邦政府的重要干预不仅仅延伸到国民的意识中,还要延伸到对教育再投资的复兴中,投资达到1 150亿美元,达到了前所未有的规模。仅《力争上游计划》拨款就达到43.5亿美元,成为美国历史上最大的联邦教育投资计划。另外还有总计约120亿美元的计划彻底检查社区学院[1]。这个提议成为奥巴马政府的经济复苏的宏大计划的一部分,即美国复归世界上最高大学毕业率的目标,要实现该目标,需要在下个十年增加500万社区学院的毕业生[2]。另外增加了对佩尔助学金(Pell Grant)的资助,将会有20亿美元直接用于职业培训的款项。虽然这120亿美元的目标还没有实现,但政府已经成功地通过了有利于社区学院的立法。

2010年3月,奥巴马政府和国会通过了《卫生保健改革法案》,其中包括转向学生的完全直接的贷款,至此完全切断了银行作为学生贷款的中介机构的渠道。这个转变不可避免地使得联邦政府更多地介入高等教育。而这里的介入重点仍然是贷款,现在联邦政府直接作用于所有的《高等教育法案》中的相关的学生贷款。在2011年9月,奥巴马总统提出4 470亿美元用于增加工作机会的投资,其中50亿美元将被分配给社区学院建立现代化的建筑。[3] 如今的社区学院学费比四年制大学要低一半以上,大约是私立大学学费的十分之一。美国联邦教育部还制定了教育稳定基金计划。因此,联邦教育预算从2000年的462亿美元增加到2011年的497亿美元,创下了自1965年以来对《中小学教育法》(ESEA)增加拨款的新纪录。2012年教育部的预算为680亿美元,比2011年增加38.5%,是联邦各部门增加预算比例第二高的部门。[4]

---

① Beam, C. *Community College Organizer: What Obama Wants to Do for Entry Level Higher Ed. Slate*[EB/OL]. Retrieved from http://www.slate.com/id/2222570, 2009, July 14.
② Jaschik, S. *The Obama Plan.* Inside Higher Ed[EB/OL]. Retrieved from http://www.insidehighered.com/news/2009/07/15/obama, 2009, July 15.
③ Gonzalez, J. *States Would Distribute $5 Billion to Community Colleges under Obama's Jobs Plan.* The Chronicle of Higher Education. [EB/OL] Retrieved from http://chronicle.com/article/States-Would-Distribute/128943/, 2011, September 9.
④ 周满生. 奥巴马政府任内的教育政策[J]. 华中师范大学学报(人文社会科学版), 2012(4). 140—145.

联邦政府为使美国在 21 世纪的知识经济中占有首席位置,加大对教育的财政支持,推行一系列以"卓越"和"机会均等"齐头并进的教育改革方案。而为争取更多的拨款,地方教育部门不得不迎合政府改革步伐,使得联邦政府真正成为教育的服务型领导者。而这一"集权化"的发展趋势也经常遭到社会各界人士的诟病。

(三) 政府对课程的意识形态操控

自 20 世纪后半期以来,美国在课程控制方面出现了一些"权力集中"的趋势,即由州以下的行政单位向州和联邦政府集中。① 因此,正如美国学者古德莱德(J. I. Goodlad)所言:没有什么事情比为国家的学校系统制定课程方案更为重要了。课程政策的核心就是如何平衡地方利益与国家利益、州的目标、课程标准以及国家测试之间的微妙关系,亦即分权和集权控制以及权力之间的典型关系。

学校与课堂存在于一个关乎多方利益的政治体系的夹层中。美国以"三权分立"所著称的各级政府的选举中,国会与州立法确定政府行动的目的,形成实现这些目标的规划战略,然后再将资源分配给不同地方的儿童。在这些政府提供的项目中,针对学校的课程与教学实践活动,教育领导者们可以创造教育机会,也可以施加压力。出现的悖论是,联邦与州计划向那些处于"危机边缘"的学生提供额外帮助,但对这些孩子来说,政府这么做是将他们从常规教室中隔离了出来。由此可见,教育政策的制定者们必须要先正确地理解政府行为与课堂实践之间的关系。② 出于选举的需要,政党越来越需要与未来的选民进行密切接触,扩大政党和个人影响力,往往会通过在学校进行公开演讲、参与学生的话题讨论等方式来达到目的,并且学生在课堂的学习内容通常会被添加入对候选人的宣传和讨论中。在这方面,现任总统对自己的宣传就更加具有得天独厚的优势。

比如,在新泽西州伯灵顿镇小学,学生们被要求记住对总统巴拉克·奥巴马的赞歌。在一个上传的视频上,儿童图书《我是巴拉克·奥巴马》中写道:

---

① 钟启泉,等. 为了中华民族的复兴 为了每位学生的发展[M].上海:华东师范大学出版社,2003. 347-359.

② 李敏. 美国教育政策问题研究——以 20 世纪 80 年代以来基础教育政策为例[D]. 华东师范大学,2006.79.

巴拉克·侯赛因·奥巴马

他说,都应该伸出援手,使国家强大起来

巴拉克·侯赛因·奥巴马

他说,我们今天必须是公平、平等的,同工同酬

巴拉克·侯赛因·奥巴马

他说,采取行动,确保人人都有机会

巴拉克·侯赛因·奥巴马

他说,红种、黄种、黑种和白种人在他眼中都是平等的

巴拉克·侯赛因·奥巴马

是啊! 巴拉克·侯赛因·奥巴马

……您好,总统先生,今天我们向您致敬

为您所有的伟大成就,我们都高呼万岁

万岁,总统先生,您是最棒的,

第一位黑人美国人领导这个国家。①

  图书对奥巴马进行赞扬的用意是突出对学生的激励。它作为一个宣传工具,从美国的第一任总统起,都会宣传这样的理念:通过自己的努力,让孩子觉得自己能像奥巴马那样从一个普通的孩子成长为总统。如果更进一步问他们"谁将改变世界"? 他们最终会回答他们将改变世界。

  无独有偶,在诺思菲尔德的新特里尔高中,教育者按照奥巴马的教育演讲进行了一个 45 分钟的"拓展指导",讨论"演讲中的重大意义"。伊利诺斯州作家汤姆·布鲁默(Blumer)报道,这场讨论"没有及时通知家长,他们不知道将会讨论什么,也没有得到确切的如何让孩子退出讨论的指示"。学校的校长和副校长发布了一系列的问题集中在"做些什么"的公函中:

  ——在讨论你为自己的教育负责之前,为什么奥巴马总统列举教师、家长和政府的责任?

  ——什么是你"擅长"的,你有什么可以"提供"给你的家庭、朋友和社区吗?

  ——在演讲中,奥巴马总统谈到的一些有效努力的步骤。记住它们,直接引

---

① Malkin, Michelle. *The Three R's in the Age of Obama*: *Rappin', Revolution and Radicalism*. FrontPageMagazine. com [EB/OL]. http://archive.frontpagemag.com/readArticle.aspx? ARTID=36433.

用来支持你的观点。

——回应奥巴马总统的最后的问题要问你:你们将做出什么贡献? ……①

这种对奥巴马的讨论和赞美课正是白宫官员计划的总统的教育演讲中的竞选游说活动。而一些警觉的家长和行政管理者抗议以奥巴马为中心的教育,也引起了教育部的激进分子的关注。这一做法立刻遭到了有些家长的抗议。有人认为,所有高喊教育改革的人所迷失的正是致力于传授实际知识的核心任务。对于奥巴马时代的进步主义来说,相对于"全体儿童"教育的自我完善和"服务"于社会正义的事业来说,制定高学术标准是第二位的。② 这无疑削弱了教育的学术目标。

二、对扩张的联邦教育管理权的意识形态批判

第二次世界大战后联邦政府通过消除经济、种族、性别和宗教障碍扩大入学机会,这在高等教育机构中产生了重大影响,极大提高了中等后教育的参与率。然而,由于联邦政府对教育的干预是史无前例的,这也引起了人们的巨大争议。尤其是在高等教育内部存在强烈的反对声音。肯尼迪(Kennedy)简明地指出联邦政府的"平等的入学机会",以及"大众接受高等教育"的观点只是水中月和镜中花,他认为美国的大部分年轻人,缺乏能力和动力,让他们上大学在政治上行不通,经济上也不可能。③ 简而言之,促进高等教育大众化被视为完全的空想。但第二次世界大战后经济的空前繁荣,工厂对有知识工人的需求,使得联邦政府加大了对高等教育的立法支持,在 20 世纪 60、70 年代美国大学入学人数,尤其是女性和少数群体学生入学人数急剧增加。尽管还存在诸多制约因素,美国的公立教育还是发生了巨大的变化。但是,美国公众就联邦政府对教育的行政干预和自由独立的学校教育之间的关系仍然存在诸多争议,但在巨大的联邦

---

① Malkin, Michelle. *The Three R's in the Age of Obama: Rappin', Revolution and Radicalism*. FrontPageMagazine. com [EB/OL]. http://archive.frontpagemag.com/readArticle.aspx? ARTID=36433.

② Malkin, Michelle. *The Three R's in the Age of Obama: Rappin', Revolution and Radicalism*. FrontPageMagazine. com [EB/OL]. http://archive.frontpagemag.com/readArticle.aspx? ARTID=36433.

③ Kennedy, G. Introduction// G. Kennedy (Ed.). *Education for Democracy* (pp. vviii)[C]. Boston, MA: D. C. Heath and Company, 1952.

资金支持的压力下,学校教育将不可避免地被政府的教育意识形态"牵着鼻子走"。

(一) 联邦政府的资金支持及其与公立学校之间的关系

联邦政府对教育越来越多的干预在民众中引起了骚动。美国民众主要是担心联邦政府在全国范围内接管教育,为公立教育提供资助后会减少学校竞争压力,降低教育水平和质量。尤其是教育者担心在众目睽睽之下私立学校和宗教学校将被压缩,公共联邦资助计划会由于联邦政府对教育的控制而停滞不前。政府对教育的资助没有获得公众广泛接受的主要原因,正是在于学者们害怕对公立教育的偏袒而导致对其他私立教育机构的不公平。

阿克斯特(R. G. Axt)提出了一个折中的方案,对公立学校加大资金支持的同时也对私立机构进行经济支持,将其作为联邦政府的公共政策。[1] 但是对于支持私立学校和宗教学校的人来说,这个方案也不是特别受欢迎。法雷尔(A. P. Farrell)对此极度反对,认为对公立机构的资金援助具有压倒性优势,如果真的实施后,私立学校深受影响,将会产生国家集权制形式,因为只要学校接受联邦资金并幸存下来,在本质上将会产生极权主义[2]。霍林斯赫德(B. S. Hollinshead)充满激情地反对公共资助计划,他认为由不同种类的机构提供的教育多样性对于培育国民的幸福感是至关重要的,因为在"相互竞争"思想的影响下,对形成多样性的思想非常有益,而只有在不同种类的教育机构提供不同的思想观念时,这种多样性才有可能出现[3]。因此,美国民众对于联邦政府对教育的资金支持与要求结束种族隔离相比,在感情上表现出更多的忧虑。

民众对公立和私立机构的资金支持的讨论,主要是纠结于联邦政府的作用上。有些美国民众担心由于联邦政府的干预,会在公共教育部门功能上产生垄

---

[1] Axt, R. G. *The Federal Government and Financing Higher Education*[M]. New York, NY: Columbia University Press, 1952.

[2] Farrell, A. P. *Report of the President's Commission: A Critical Appraisal*[C]. In G. Kennedy (Ed.). Education for Democracy (pp. 97-104). Boston, MA: D. C. Heath and Company, 1949/1952.

[3] Hollinshead, B. S. Colleges of Freedom // G. Kennedy, Ed.. *Education for Democracy* (pp. 90-96)[C]. Boston, MA: D. C. Heath and Company, 1949/1952.

断，这些学校为了获得持续的生存机会，会对联邦政府感恩戴德，完全按照联邦政府的指示行事，将"学术自由"置于危险境地[①]。教育者最担心的是因此会出现不合格的学生、经济破产、极权主义、私立学校和宗教学校的灭亡。在实践中，《高等教育法案》(HEA)确保学校在有需要的时候可以领取联邦资助，来自HEA的普通机构的资金并不要求必须用于公立学校。新增加的入学机会也没有引起公立教育的土崩瓦解，但这也并不意味着就美国公立教育而言，所有种族、性别、宗教和阶级的学生都已经获得平等受教育的机会。但必须认识到，伴随着种种争议，联邦政府对教育的主导权将发挥日益重要的作用。

（二）社区学院的"阶级分化"意识形态

社区学院是美国高等教育的一大特色。在政府的大力支持下，为了迅速加快大众高等教育的发展速度和规模，联邦政府将"次级学院"打造升级为"社区学院"，现已成为全美发展速度最快、办学规模最大、形式最灵活的具有美国特色的大学模式。社区学院主要依靠当地政府和社区的资助，学院的快速扩张和分化却都没有联邦资金的支持。总体上，联邦资金对社区学院的支持发展缓慢，如今对社区学院最主要的支持来自各州。州委员会进行项目研究，编写总体规划，通过立法，然后进行系统建设，这样社区学院才会在20世纪60年代出现"井喷式"的增长。

当然，联邦政府对社区学院的生存和扩张也给予了大力支持，而且还通过相关立法进行制约。像议会通过的《退伍士兵权利法案》《高等教育法案》和其他关于创建入学机会的政策，都赋予学生上学的机会，满足社区学院扩张的需求。另外，联邦对社区学院的支持主要是通过《高等教育法案》，为学生提供补助金、贷款和勤工俭学机会。

除了这些资助之外，《高等教育法案修正案》对社区学院最主要的直接影响是1992年通过立法，在教育部建立社区学院联系办公室，为两年制学生设置总统奖学金。《高等教育法案》的其他调整，如修改了佩尔基金获得资格，使得该基金也适用于兼职学生，通过一种间接的方式影响社区学院。最后，2008年《高等教育法案》再次授权包括提供相关的联合声明，建立拨款项目，为中等后教育提

---

① Gilbert, Claire Krendl, and Donald E. Heller. Access, Equity, and Community Colleges: The Truman Commission and Federal Higher Education Policy from 1947 to 2011 [J]. *The Journal of Higher Education*, The Ohio State University, 2013, 84(3). 429.

供资金支持。

联邦政府在社区学院主要是针对职业教育进行课程设置,在联邦层面建立职业规划和资助,要求社区学院提供某一类型的教育。如联邦政府在1963年通过了《职业教育法案》及随后的修正案,为职业教育规划提供了联邦资金支持。除了联邦资助外,社区学院也获得了许多其他方面的资金支持,如中等后教育促进基金,诸如工作培训合作、工作机会与基本技能、综合性贸易和竞争、现场文化和合作教育,这些项目提供的资金比联邦政府的要少,但都关注对职业教育的资助。

人们对高等教育的社区学院的描绘充满了阳光,但在获得教育机会和学术成就时,对社区学院的批判也在持续进行,因为社区学院的扩张潜藏着阶级分化的意识形态。比如两年制学院与"白人,具有较高的社会经济地位、较高的平均分数,获得四年制大学学位"等社会因素无甚关联,这就引起了人们的怀疑,是否增加的中学后教育的比例只简单地持续了阶级分化?通过教育的阶梯把没有准备好的、贫穷的非白人学生引入两年制学院中?对社区学院的另一个关注来自于其较低的毕业率,尤其是与四年制大学进行对比的时候。祖克(Zook)认为,社区学院的真正功能在于像一个筛子一样,这些学校将那些上四年制大学的学生分离开来,将剩下的少数有能力向四年制大学转换的学生分离出来,为其余的大部分学生提供终端的职业教育[1]。

不管怎样,对于扩大高等教育的受众面而言,社区学院功不可没,因此会继续获得联邦政府的资助。展望未来的社区学院的发展,需要继续有一个真正的、始终如一的、得到经济资助的、为不同种类学生提供入学机会的教育场所,在不同层面的政府之间和政府内部需要发展更强大的合作机制,将高等教育中脆弱的教育系统和社区更密切地联系起来,这对于国家未来发展来说是至关重要的。

第二节　美国教师的意识形态观念影响

美国围绕着公立学校教师的政治和社会价值的争论始于20世纪60年代。

---

[1] Brint, S., and J. Karabel, *The Diverted Dream: Community Colleges and the Promise of Educational Opportunity in America*, 1900—1985[M]. New York, NY: Oxford University Press, 1989.

60年代,一场社会剧变以民权运动、女权运动、越南战争的抗议和青年反主流文化运动为背景,美国的大学教师无论是政治上的自我认定还是实践上的表现都显示出了压倒性的政治左翼倾向。在很多方面,美国教师都将自己划归为保守主义的政治哲学的对立面。一些教师在批评政府的保守主义倾向中的声音越来越大。无论是在教室或校园里,还是在校园外,普通公众和大众媒体的评论都引起了对教师政治意识形态的重新关注。

一、美国公立学校教师的意识形态特点

在美国,越来越多的教师认为教授他们自己的意识形态是一种责任和权利[①]。这也是学生和大众对教师的期望吗?教师的主要功能被认为是教育学生。教师负责教学内容和指导学生在不同领域的调查研究。他们也在不同程度上是学生的榜样、辅导员和导师。教师同样被期待参与学术和进行富有成果的研究,这无论是在校园还是对美国社会都是有意义的。尽管很多大学教师将科研作为主要任务,教学放在第二位,但无论教师的劳动产出是一项新技术还是基因图谱抑或是政治分析,大学教师都被期待有助于更多知识的增长,为美国社会和世界的发展做出贡献。所有这些功能在利益贡献上应该是平等的,这意味着他们在为所有的美国公众,无论是学生、家长或普通公民提供服务时其意义是同等重要的。

(一)教师意识形态的"一致性"趋向

美国尽管在政治上多极化,但这并没有成为阻挡教师意识形态一致性的绊脚石。在任何环境下意识形态一致性的程度都在发展,教师和学校是没有区别的。美国的大学教师的意识形态主要有四个特点[②]:

一是教师会持续对美国进行批评,指责美国处理世界问题的方式。许多教师认为尽管美国可能为作为个体的他们创造了机会,但却成为国家之间的最主要的全球威胁。通常情况下表现出来的是对于美国的权力、原则和行为的不信

---

① Wilson, Robin. "We Don't Need That Kind of Attitude: Education Schools Want to Make Sure Prospective Teachers Have the Right "Disposition"[J]. *The Chronicle of Higher Education*, December 16, 2005, sec. A8.

② Tobin, Gary A., and Aryeh K. Weinberg. Behaviors and Beliefs of College Faculty [J]. *Institute for Jewish & Community Research*, 2006. 23.

任的、不道德的和不公正的集体声音。

二是教师往往批判商业活动。商业机构("大企业")常常被大多数美国人批评,无论是石油、医药或其他大公司。教师往往是重要的批判者。此外,调查显示相当大一部分的社会科学和人文学科教师怀疑资本主义本身的合理性。

三是教师普遍支持如联合国和联合国国际法院等国际机构超越于美国自治和单边主义政策。这种意识形态理念非常强大。他们致力于对全球主义的支持,主张限制美国的力量并主张支持和加强国际机构。教师往往不相信美国的外交政策,更遑论美国的单边主义行为,他们对国际社会的信任超过对美国政府的信任。

四是坚持宗教远离公共领域的信念。虽然教师在宗教信仰上比例低于公众,但他们不反对宗教,大多数教师肯定对上帝的信仰。然而,教师的确提倡进行严格的政教分离,并对那些他们认为将宗教过多注入公共部门的人怀有敌意。

(二)教师意识形态的"差异性"表现

政治意识形态渗透在教师的所有方面,表现在比人口因素如性别、年龄和种族等更有影响力的指标上。在一些领域中,这些决定性因素仍然影响着教师的信念和行为。年轻的教师,他们的做法不同于年长的教师,往往倾向于更强烈的对美国和商业活动的批评。同样地,女性与男性相比,女性往往倾向于更多的自由主义,对美国更多的批评和更加支持国际机构与批判美国单边主义。有宗教信仰的教师倾向于保守党,更多地投票给共和党人,具有较少宗教信仰的教师则更倾向于自由主义和民主党。党派关系、投票模式和自我认定的政治意识形态是最强烈的意识形态的预估器。不过需要注意的是,尽管大多数保守主义者是共和党,大多数自由主义者是民主党,还有一些教师党派和意识形态不一定一致。然而,教师在学术领域比人口因素的差异性更大:社会和人文学科的教师是始终如一的自由主义者,他们的信仰更倾向于一致。商业课教师是最保守的,但与此同时,他们的信仰和行为也是最多元化的。只有30%的商业课教师把自己定义为共和党,35%定义为保守党,他们是迄今为止在校园中最保守的教师。[①]

每一个教师都认识到他们在学生意识形态教育发展中的作用,将政治视为

---

① Tobin, Gary A. and Aryeh K. Weinberg. Behaviors and Beliefs of College Faculty [J]. *Institute for Jewish & Community Research*, 2006. 30.

培养积极公民关系的本质因素。尤其是每位教师都认为政治具有为民主社会提供各种信息的重要功能,有意识地将激励学生成为政治参与者作为主要的教育目标。加州大学的校长理查德·阿特金森最近宣布,不应该期待一位教授在他的教学中保持毫无偏见的意识形态。大学修改了学术自由的指导方针,"学术质量的评估应该由其内容而非动机产生结果。因为学术自由关心的是学术质量,它不区分'兴趣'和'无兴趣'的学术,它区分称职与不称职的学术"①。教师的作用被重新定义,教授可以自由地在课堂上讲授他们的教材和学术与个人观点。正如杰克逊女士(Jackson)所说,"我认为政治是公民教育的重要组成部分,是成为有贡献公民的组成部分。为了成为有生产力的社会成员,你需要了解事件进程以及正在发生的事情"②。教师首先运用政治知识分析进步的公民关系的形成,人们通过政治行为和志愿行为寻求更好的社会模式。从实用主义层面上看,很多教师将政治知识视为文化资本的一种类型,满足他们的学生在随后的成年人生中参与社会的需要。

二、美国教师"政治文化"的意识形态性

美国高校教师的政治信仰和行为具有重要的意识形态性。首先,研究表明有较高百分比的学生都有过自己的教师将个人政治观点带进教室的经历。有研究显示,46%的学生表示他们的教授在教室中宣讲他们个人的政治观点。③ 而教师在校园扮演的角色远远超出他们在教室里的时间。在课堂上他们正式建议学生进行专业选择,但他们给整个校园进行开放性讲座,参加委员会,在集会或抗议中演说,作为课程要求的一部分在办公时间分配学生进行自己的写作和研究。事实上,教师可能没有安排学生获得"群体思维"的行为方式,但确实剥夺了

---

① *Letter to the Regents of the University of California*, University of California, *Office of the President*, March 21, 2003[EB/OL]. http://www.universityofcalifornia.edu/senate/underreview/apm010prop.pdf.

② Journell, Wayne. *The High School Journal. Spring* 2010. *The Influence of High—Stakes Testing on High School Teachers' Willingness to Incorporate Current Political Events into the Curriculum*[M]. The University of North Carolina Press, 2010. 116.

③ See *Politics in the Classroom: A Survey of Students at the Top 50 Colleges & Universities*[R]. Connecticut: Conducted for The American Council of Trustees & Alumni by The Center for Survey Research & Analysis at the University of Connecticut, October November 2004, 2.

学生思考的自由。在大学校园意识形态的观点应该是丰富多样的,学生接触到新的、大胆的思维方式也是对知识的延伸和拓展。

(一)教师中的意识形态"集体思维"

大学教师被广泛当作媒体权威发布者、非营利组织的顾问和为官员提供建议的专家。教师保持高度的社会、道德、知识权威和声望。尽管美国社会存在反智主义,教授们仍被期待能够提供建议、指导和智力支持。斯坦福大学、哈佛大学、耶鲁大学和其他精英机构在社会上具有举足轻重的地位,在教室里,保守的教师代表"少数派观点"。

有学者认为,应该为大学教师提供一个更广泛的分析工具、知识范式和解决美国社会和世界各地问题的途径。在得到私人捐赠、基金会、州和联邦政府资助时,尤其是当注册的民主党和共和党的比例为 44:1 时,社会学部门如何能够提供客观甚至创造性的解决方案?如果个人政治意识形态不仅指导教学而且用于研究,全国的教师如果实际上采用相同的政治视角,他们怎么能提供周密的政策建言解决如贫困移民等诸如此类复杂的问题?当私人或公共的资助者付费进行帮助指导公共政策的研究时,这样的研究能得到最严格的检查吗?还是资金先入为主的政治议程?当他们清楚自己的意识形态局限,教师能够进行创造性思考吗?[①]

有学者认为,占主导地位的政治意识形态渗透到教学与研究中,会腐蚀高等教育的理想。它降低了大学应该是怎样并大学所能达成的目标。学校组织进行的有力并严密的辩论、意见相左的观点、挑战传统的智慧,所有这些都是在特定领域所接受的规范的数据和理论来源,也是丰富高等教育的源泉。[②] 而由于民主党和共和党人数的巨大差距,在校园无论支持任何团体都会被限制在"熔炉"的思想中,这使得教师在最大程度上保持基本一致,只能在边缘对琐碎的细节进行修修补补,或者是获得微不足道的发现。群体思维窒息了自由大学理想的心脏和灵魂。[③]

---

① Cardiff, Christopher F., and Daniel B. Klein, Faculty Partisan Affiliations in All Disciplines: A Voter Registration Study[J]. *Critical Review* 17, nos. 3-4, 2005. 237.

② Piereson, Jim. Only Encouraging Them[J]. *Wall Street Journal*, November 18, 2005, sec. editorial.

③ Tobin, Gary A., and Aryeh K. Weinberg. Behaviors and Beliefs of College Faculty [J]. *Institute for Jewish & Community Research*, 2006. 30.

（二）教师中的意识形态"同质性"

教师并不能代表美国政治的多样性。有人认为大学需要成为一个不同于社会整体的机构，代表着先进的政治、社会和文化对现状的批判。大学及其教师应该挑战现有的规范，成为创造新思维的领导者，带来更进步和健康的社会。所有的机构、组织、社会网络都在传播文化、规范和共同价值。教师尤其应该代表广泛的思想意识和哲学思维，这样学生才能更方便地接触到各种各样的知识方法和框架。共同的政治意识形态并不必然意味着大学不需要提供这种途径，大学可以提供"共同"的校园产品推销自己，如讲座、研讨会和其他课外活动，这与课堂授课一样重要，学生将自由选择自己感兴趣的文化。

"同质性的思维和行动为教学和学习创建一个危险的环境。校园中普遍一致的政治意识形态和文化在本质上是令人讨厌的，即使存在着代表少数人观点的意见。高等教育不应该由自由主义或任何政治意识形态和文化占主导地位。如果由保守主义或佛教、福音派在校园占统治地位也同样是不幸的。当任何思想深入到一定程度，在大学教师中出现政治自由主义和民主党的身份认同，这都是不妥当的。"[1]

因此，人文学科被赋予了一个全新的意义，一项光荣的使命，期待对众多学科的浸入，以及变革理解社会、世界和宇宙的方式。当然，有人也认为教师的政治意识形态和行为与教室无关，不会影响到学生和学习。但教师倾向于教授那些他们相信的内容，有时候是有意识的，有时候是无意识的。学生可以从少数持其他观点的教师中找到对商业、健康等问题的不同意见。但在社会和人文学科中的自由主义倾向几乎是唯一的。所以，美国大学教师需要表达他们各自不同观点的自由空间，无论党派、宗教、性别、种族，都应该有机会充分表达他们对社会问题的看法，成为各种思想交流碰撞的源头，这样才是美国多元化的价值需求支持下的个性化的精神和创造力的来源。

三、美国教师政治观点的意识形态性

今天的公立学校教师中，更多的人遵守一套共同的政治信仰和行为。大部

---

[1] Tobin, Gary A., and Aryeh K. Weinberg. Behaviors and Beliefs of College Faculty [J]. *Institute for Jewish & Community Research*, 2006. 39.

分教师都自我认定为民主党和自由主义者,自由主义倾向超越公立学校教师的任何其他政治倾向。在许多方面,他们与大多数美国人分享着共同的信念,但他们大都是自由主义者和民主党人士。虽然大批教师是温和派和独立派,但数据显示,这个群体的投票行为往往表现出自由主义和民主党倾向:他们投票给民主党候选人,人数比例为 2∶1。在校园里,加上 2/3 的温和派和独立派人数就意味着自由主义和民主党明显领先。政治保守派只占校园中的少数,更多集中在如商业和管理学的特定学术领域。核心保守/共和党教师约占 16%～17%。尽管教师们对经济问题、社会和伦理问题的态度是不一致的,但在校园中有明确的政治意识形态倾向性。①

(一) 教师的意识形态"政治化"立场

对美国高校教师最极端的指控是认为他们是深植在美国的致使其衰败的"第五纵队"。劳赫(Marc J. Rauch)在其《美国恨教授》一文中写道:"这些(教授)都是反美者,憎恨犹太人、憎恨基督教的社会主义者,迫切希望看到我们国家的灭亡。没有必要拐弯抹角,他们是美国的敌人。"②这些极端的观点仅来自一些"边缘"教师的意见,但大家显然把他们当成了剩余教师的代表。事实上并非如此。如当问到对"对美国的 9·11 袭击是合理合法地反对美国政策和实践"这个观点是何态度时,大约 95% 的教师持反对意见,在调查中占了绝大多数。大约 3% 同意这个说法,2% 表示不确定。其中这 3% 的人大约在全美人数为18 000 人,这个人数足以让全美学生在校园中听到他们的声音,或者通过任何一家媒体传播出去,因此,他们看起来就是代表了美国的全体教师。当然,对这些群体的关注主要是因为作为教师,他们竟然持有那样的观点,会让人觉得有些过激。但他们只是极少数人,他们的观点代表不了美国大学教师的整体意见。事实上,总共有 14% 的美国人认为这个袭击是正当合理的,77% 表示反对,7% 表示不确定。③

---

① Tobin, Gary A., and Aryeh K. Weinberg. Behaviors and Beliefs of College Faculty [J]. *Institute for Jewish & Community Research*. 2006. 21.

② Rauch, Marc J. "America—Hating Professors," *FrontPageMagazine*, October 14, 2002[EB/OL]. http://archive.frontpagemag.com/readArticle.aspx? ARTID=218752002, (accessed September 1, 2013).

③ Tobin, Gary A., and Aryeh K. Weinberg. Behaviors and Beliefs of College Faculty [J]. *Institute for Jewish & Community Research*, 2006. 32.

虽然绝大多数教师不具备"反美"的要件,但的确存在较高比例的对美国的不信任和批评的声音。例如,95%的教师虽然认为9·11袭击是不合法的,但有54%的教师认为美国在中东的对外政策至少应该为伊斯兰武装力量的增长负少部分责任;64%的人认为作为军事大国,美国的国内政治腐败和对别国压制也是一个原因;大约29%的人认为西方文化的扩散和传播也是诱因之一;25%的人认为伊斯兰宗教自身也是袭击发生的原因。35岁以下的年轻教师最易于将其归咎为美国的问题,大约有60%,而人文社会科学的教师中也有60%持此观点。总体上认为是美国自身原因的教师数量是认为是伊斯兰自身原因的教师数量的两倍。人文类教师在此观点上的比例是3∶1。①

政治学家埃弗里特·卡尔·赖德(Everett Carll Ladd)和社会学家李普塞(Seymour Martin Lipset)是最早系统地通过实证调查研究教师态度、信仰和价值观的学者。正如许多人认为的那样,当前在热烈讨论的大部分国内和外交政策问题上,发现教授显然普遍站到"左"边。赖德和李普塞也证明了在最有声望的机构中对教授的观察是最明显的:机构越有名,教师的自由主义倾向越明显。这多少逆袭了传统的社会科学的关系:特权越多越强大就往往越保守。为了解释这一现象,李普塞认为知识创造力与批判社会的能力呈正相关。②

当把教师按照学术领域进行分类时,研究表明,人文社会学科的教师是最左/自由主义,其次是物理和生物学科的教师。在光谱的另一端的教师是工程和商业。因此,职业地位和学术领域研究的两个变量被发现与教师的政治观点和行为相关。由卡内基高等教育委员会(1969、1975)和卡内基教学促进基金会(1984)进行的一系列调查,进一步证明了大学教授的自由主义政治倾向,尤其是人文社会学科领域的教师,这也引起了保守主义者对高校的诸多批评。③

(二)教师的意识形态"政治化"过程

在20世纪90年代早期,通过对卡内基数据的重新分析,理查德·汉密尔顿(Richard Hamilton)和洛厄尔·哈金斯(Lowell Hargens)认为在响应美国教师

---

① Tobin, Gary A., and Aryeh K. Weinberg. Behaviors and Beliefs of College Faculty [J]. *Institute for Jewish & Community Research*, 2006. 33.
② Lipset, Seymour Martin. *Rebellion in the University* [M]. New Brunswick: Transaction Publishers, 1993.
③ Horowitz, David *The Professors: The 101 Most Dangerous Academics in America* [M]. Washington, D. C. : Regnery Publishing, 2006.

"左翼"的特殊性问题时,其数量似乎是呈递减趋势,在很大程度上仅局限于人文社会学科领域,而对其他学科的主导作用在减弱①。但这种认为教师中激进主义者数量正在下降的观点只是少数人的意见。李普塞及其同事的后续研究中,对教师差异性源头的争论——到底对意识形态的自我选择影响有多少,相对于保守主义者而言,有更多的自由主义者被吸引到大学来从事教学工作,特别是对于某些学科,在职业中被社会化并继续发展。对这些原因的精确定位会产生不同的政治策略。②

今天我们也许经历第二波教师的政治化。分析表明,在大多数教师的信念中,年龄通常不具有实际意义,在某些特定问题上,这些 35 岁以下的年轻人证明他们甚至比年长人群更倾向于自由主义。而年长的教师始终如一地批评大型企业,他们也致力于民主党,很少选择投票给第三方的候选人。最年轻的教师则更倾向处于美国的政治体系的边缘位置,即使候选人没有获胜的机会,也无怨无悔地支持共和党候选人。这可能是一个青年的职责或甚至更明显的向"左"转的变化。

调查结果隐含着对目前校园中最年轻的教师政治意识形态的维护。此外,反战、反以色列、反全球化和反商业都是校园实践不可缺少的全部或部分组成内容。那些被这种环境拒绝的人,可能会在毕业后远离校园。而那些被激励的人,迷恋这种来自理智主义堡垒的政治和社会变革的想法的人可能会选择进入学术界。就像他们的教授在 20 世纪 60 年代那样,在充满激情的抗议活动中跨入了教师行列。对于这些年轻的教员,伊拉克是新的越南,以色列是新南非,跨国企业是全球新殖民者。虽然对战斗的相同渴望从一代传到另一代,但是斗争的重点已经发生了转移③。

四、美国教师教育组织的意识形态抉择:以 TFA 为例

教师培养方式决定了教师质量的优劣。美国学者沙科纳(Kenneth M. Zeichner)认为美国的教师教育存在"专业化"(professionalization)、"解制"

---

① Hamilton, Richard F., and Lowell L. Hargens, "The Politics of the Professors: Self-Identifications, 1969—1984[J]," *Social Forces* 71, 1993(3). 603-627.

② Tobin, Gary A., and Aryeh K. Weinberg. Behaviors and Beliefs of College Faculty [J]. *Institute for Jewish & Community Research*, 2006. 46.

③ Tobin, Gary A., Aryeh K. Weinberg and Jenna Ferer, The UnCivil University[J]. San Francisco, California: *The Institute for Jewish and Community Research*, 2005.

(deregulation)和"社会正义"(social justice)三种基本取向。① 呼应了这种教师培养趋势,"为美国而教"(Teach for America,简称 TFA)就是为了解决"成千上万的学生生活在贫困中,缺少能够使他们获得成功的合格教育——仅有 8% 的学生在 24 岁的时候从大学毕业,相对应的是富裕家庭的同龄人中 80%的人能毕业"②这一问题。所以,在美国 TFA 以"为所有孩子提供优质教育"为口号,吸引了许多优秀毕业生的加盟,也为那些立志于投身"教育平等"的年轻人提供了就业机会。

(一)美国教师选拔的意识形态困境

自 20 世纪 90 年代以来,在美国移民潮的持续发酵及第三次婴儿潮的来临,很多地方的教育部门推行小班化教育改革,加之行业间的收入差距造成的教师流失,还有超过 100 万的老教师即将退休等不利因素的影响下,美国中小学教师的短缺现象极其严重。美国国家教育统计中心(NCES)的数据表明,接近 1/3 新教师在他们的第一个三年任期内离职,在第一个五年任期内离职率甚至达到了 50%。③ 导致中小学教师短缺的直接原因有:大量正规院校或教师培训项目培养的毕业生不愿意从事教育,而许多在任新教师又因无法胜任教学工作而不得不离开教师岗位,与此同时,美国经济不景气使得许多行业收入下滑,各级政府为稳定和扩大教师队伍出台了一系列优惠政策,希望跨入教师行业的其他领域的人才也日益增多。目前,美国新教师的吸纳,已从原来单纯的大学毕业生扩大到学校和社会各行业,形成了初就业新教师和转行新教师两种类型。

1. 美国"教师专业化"的意识形态追求

"美国教师最苦恼的,是美国公众普遍存在的一种观念,即认为从事教育工作的教师许多是找不到其他工作的人,素质低,训练差;社会精英或素质高的人不会从教;大学选择教育学的学生,属所有大学生中水平最低的那 1/4,稍稍有

---

① 贾雪姣,索丰."为美国而教"的价值承当:社会与个人的双赢[J]. 外国教育研究,2012(1).
② TFA. *Who We Are As a Country Starts in Our Classrooms*[EB/OL]. http://www.teachforamerica.org/why-teach-for-america.
③ 李进忠,郝静. 新教师选拔的标准及其成长——美国的经验[J]. 基础教育参考,2006(4). 35.

一点能耐、聪明一点的学生,都去念别的专业,不念教育学。这种情况把美国学校教育从最开始就摆在一个最低水平上了。"①为消除这种印象,也为了切实提高美国教师的素质和水平,提高教育成效,美国由不同的团体成立了对教师进行培训和资格认证的不同组织。

全国教师教育鉴定委员会(National Council for the Accreditation of Teacher Education,简称NCATE)成立于1952年,主要负责对培养中小学教师和其他教育人员的教师教育机构进行鉴定、审查、认可,目前已发展成为拥有33个专业团体的鉴定认可的专业组织。在美国目前近1 300个教师教育机构中,已有500多所学校得到NCATE的鉴定认可,另有100所左右的学校正等待NCATE对其进行鉴定。

全国职业教师标准委员会(NBPTS)(National Board for Professional Teaching Standards)1987年正式成立,是一个独立、非营利性、非党派性组织。其委员大部分来自学校教师,其他为学校行政人员、学区委员会主管、州长、州议员、高等教育主管、企业以及社区领导人等。其主要任务在于:其一,为优秀教师建立一套明确的规范和标准;其二,为教师在教学和领导方面的优异表现提供项目支撑和支持政策;其三,在这个过程中赋予国家委员会认证教师及领导者的其他权力。这个过程不像目前的新教师和学校顾问的"门槛准入"那样实行强制的国家资格认证系统。

全国教师认证委员会(NBCTs)(National Board Certified Teachers)是一个教师、学校顾问及其他教育工作者自发形成的组织,他们认识到组织有经验的教育者为教学实践的质量把关很有必要。全国教师认证委员会认为一个教师或学校顾问是一个具有成熟技巧、满足职业化标准、以学业为基础、经过评估证明的合格挑战者。对于该委员会的支持来自政府部门、立法者、州与地方学校委员会、教师联合会、教师教育者、教学规律与专业组织、社区和公司领导者。更重要的是,该委员会还取得了课堂教师和学校顾问的支持。他们发展和修订了认证标准,教师成为大部分的认证成员。

全国教育协会(NEA)(National Education Association)主席肯定了国家认证委员会在课堂实践中的积极影响,"越来越多的人参与到该认证委员会中提高学生学习。没有什么比赋予每个儿童一个高质量的教育更重要的事情。国家认

---

① 沈宁. 点击美国中小学教育[M]. 武汉:湖北人民教育出版社,2001. 188-197.

证委员会是非常宝贵的职业发展经验,将为教师带来更好的教学和学习机会"①。合格的教师和学校顾问对于学生的学习起着关键作用。可以说,在美国这场教师专业化的运动当中,NBPTS发挥了极其重要的引领作用。"大量研究证明国家委员会认证教师的学生成绩要高于那些没经过认证的教师的学生的成绩。"②

2."新"教师的培养模式及其挑战

从21世纪初,在由联邦资金支持的学校(Title 1 schools)中,每年大约有8 000名受训于TFA的教师从事12年一贯制的教学。在媒体上这些教师经常被称为"最优秀、最聪明"的人。TFA从顶尖大学的不同受教育程度的应届大学毕业生中进行招聘、选拔、管理和培训,然后将他们放到城市或郊区的学校中从教两年。这其中只有十分之一的教师被认为教学优异从而被选拔进入TFA,接受5周的夏季训练,这些人就成为成千上万的学生的教师。

TFA的管理理念和商业意识形态模式备受政客、公司和私有化拥护者的欢迎。它表明,"任何人"都可以从事教学工作而无需事先进行任何相关教育学、课程、儿童发展、学习理论或教学知识等方面的培训。而这些利益相关者认为TFA应该成为推动城市学校改革的重要组成部分,而实际上这种未经充分准备的教师培养模式对于儿童教育是有问题的。"正如我们不会选择带孩子去看只接受5周培训的医生或牙医,如果我们知道某人在大学擅长化学或历史,我们应该自动假设他知道如何教5岁孩子重要的阅读基础知识,或知道他如何教五年级学生学习分数吗?这样的言辞,虽然看似缺乏常识,却正是TFA及其支持者极力传播的。"③

由于招聘条件的限制,包括教师甄选和留任的困难,美国许多村镇的学区已经转向像TFA那样的教师培养方案。因此,有34个州的学区每年支付2 000至7 000美元的教师培训费用,再加上教师工资、福利和职业发展费等。通常情

---

① http://www.nbpts.org/sites/default/files/documents/certificates/General/Guide_to_NB_Certification%203.25.13.pdf.

② Promoting Student Learning, Growth & Achievement. *National Board for Professional Teaching Standards*[EB/OL]. http://www.nbpts.org/promoting-student-learning-growth-achievement.

③ Kavanagh, Kara M., and Alyssa Hadley Dunn. The Political Spectacle of Recruiting the "Best and the Brightest"[J]. *Critical Education*, 2013, 4(11). 49.

况是大多数教师被放置到很难招到合格教师的大城市的学校中。尽管媒体和一些州及学区的政策制定者将使用 TFA 培养的教师作为应对"教师短缺"的紧急措施,但相关研究持续表明,达到合格质量的教师数量不是问题,问题是这些教师纷纷涌向高薪区的郊区,而不是去城市和农村地区。"我们都知道并不是教师短缺","只是缺少在恶劣的工作条件下为低工资工作的意愿"①。虽然最近的经济衰退导致财政预算短缺、学校关闭、休假和全国范围的教师裁员,政府仍然正在考虑满足 TFA 的合同,并在华盛顿、乔治亚州、马萨诸塞州、北卡罗来纳州、德克萨斯州和华盛顿特区等地增加名额。例如,在阿拉巴马州的亨茨维尔,尽管该地区在两年之内裁掉超过 300 名认证教师,董事会成员仍然考虑由 TFA 的职员来填补空缺,支付价值 150 万美元的合同。在乔治亚州的一个大学区中,受信任的教育者有数百人被解雇,而 TFA 的成员由于他们的特殊合同而得到保护,即使他们缺乏经验或评估的得分较低②。

3. TFA 培养标准的"迂回路线"

依据 NCLB 法案中对"高质量"教师的资格标准,法律明确要求新教师需要具备文学学士学位,胜任主要科目教学,有国家的认证或许可资格。重要的是,它将认证标准留给了国家。加利福尼亚和许多州一样,很大程度上依赖实习生,如 TFA 的学员、在贫穷地区的教员。之所以这些州敢于这样做,是因为教育部的监管没有完全忠实于法律,而是给教师提供了一种获得认证资格的"迂回路线",这就是政府强调的 TFA 及与其类似的培训方式,通过这种方式可能会取得令人满意的资格证明。而在 Title 1 学校中读书的孩子的家长,会认为这样就造成了法律上的漏洞:为了获得资格认证,新教师必须完成他们的"迂回路线"。在加州大约有一万名教师以低于法律规定的标准实施教学。③ 将教师作为城市学校"高质量"的来源,或者为最有可能从教的人做准备。虽然 TFA 及其支持者的"迂回路线"中使用"高质量"的话语,声称他们是"最好和最聪明的人才",可以通过缩小成就差距重新制订学校改革议程。美国学者达林·哈蒙德等人对

---

① Dunn, A. H. *Teachers without Borders?: The Hidden Consequences of International Teachers in U.S. Schools*[M]. New York: Teachers College Press, 2013.

② Dunn, A. H. *Teachers without Borders?: The Hidden Consequences of International Teachers in U.S. Schools*.[M] New York: Teachers College Press, 2013.

③ http://www.freepatentsonline.com/article/Education-Next/253538335.html.

狭隘的"高标准"的定义表示不满,不赞成将不合格的教育者放置在贫困学生的教室中。第九巡回法院裁决蕾妮诉邓肯(Renee v. Duncan)案,支持达林·哈蒙德的观点,明确:(1)州和学区不具备能力辨别像TFA学员那样准备不足和不具备认证资格的教育者对低收入和少数民族学校的教育资格;(2)像TFA学员那样非认证的教育者在与父母、公众或政客的交流报告时不会被贴上"高质量"的标签;学区和州将为未能为低收入学生和少数民族学校提供合格认证的教师而承担责任。①

(二) TFA培养方案的意识形态批判

当像TFA这样的培训组织,在政府的支持中获利,他们也会将公众注意力从城市学校的系统性失败中转移,从而远离对教育公平的追求。这就类似于一种政治现象,导致对"政治科学的滥用",像"相信教育"这样的组织延续了站在对民主学校选择"迂回路线"的反对立场上的传统,最终减少了民主学校发生改革的可能性②。

1. TFA的新自由主义意识形态

新自由主义发端于经济理论,支持私人利益超越公共利益,坚持自由市场和竞争的价值观。有研究已经通过新自由主义的视角分析了其他的教育改革,包括特许学校、教育券和高风险测试。(如阿普尔、吉鲁和索特曼等)。新自由主义对利润的追求超过了对人的关注③,因此也就无视持续招聘和培训的是否是合格的城市教师。教师招聘和改革也处于新自由主义教育议程的前沿。

在教师招聘中,新自由主义教育议程反映的四种途径是:(1)私有化,如以营利为目的的教师培训、人力资源计划、特许学校和教育券;(2)分散控制,学校监督;(3)使用标准化测试来确定教师质量和效果;(4)在与教师质量的对话中弱化

---

① Darling-Hammond, L., D. J. Holtzman, S. J. Gatlin, and J. V. Heilig. *Does Teacher Preparation Matter? Evidence about Teacher Certification, Teach For America, and Teacher Effectiveness*[M]. Stanford, CA: Stanford University, 2005.

② Kovacs, P. E. and H. K. Christie, The Gates' Foundation and the Future of U. S. Public Education: A Call for Scholars to Counter Misinformation Campaigns[J]. *Journal of Critical Education Policy Studies*, 2008, 6(2). 12.

③ Chomsky, N. *Profit over People: Neoliberalism and Global Order*[M]. New York: SevenStories Press, 1999.

教师工会的领导地位①。在新自由主义议程的影响下,教师教育已经被重新定义为仅仅是提高学生的考试分数的一种手段。②

还可以通过新自由主义镜头,运用类型学的方法分析教师教育改革的TFA的招聘策略。首先,TFA的教师通常在城市地区的特许学校任教,有助于新自由主义意识形态所主张的通过"选择"(教师和学校)提高城市学生的教育成绩。第二,学区支付给TFA"输送"教师的费用,加上给教师的福利、职业发展费。但反对者认为这些支付给TFA的钱可以更好地用于减少班级规模、为经验丰富的教师进行专业发展、21世纪的技术或教材的培训。第三,从2012年秋季开始,TFA绕过大学进行招募,明确自己的培训品牌和认证资格。第四,TFA经常批评教师工会,认为那是教师教育改革的一个障碍。③

在凌驾于公众利益的价值观上,新自由主义与TFA出现了另一个交叉点。2011年马尔科姆·格拉德威尔(Malcolm Gladwell)与TFA的创始人文迪·卡普(Wendy Kopp)谈论时说:"TFA不是教学组织,而是领导发展组织。"将TFA如此定位,它超出了对教师职业的关注,将"教师"视为一个为期两年的志愿者或服务者的机会,TFA提供货币激励,对于许多大学毕业生来说,比他们毕业后的其他的就业机会要好。他们将会获得薪水和福利待遇,同时获得美国服务基金,可用于日后的研究生学习,为"后-TFA"事业打基础。此外,参与TFA的成员,一旦他们的教学承诺完成后,往往会获取更大的财富和人际关系。虽然有研究发现,教师的社会地位低下导致许多人认为教学是一个"半专业"的职业,尤其以城市教师的社会地位最低,研究表明TFA的证书消除了这一社会地位低下的状态。TFA增加了成员的使用价值和交换价值,通过从顶尖大学招聘数万名申请者,将他们"沉浸"于社会、资源和教育网络中,毕业生在职业生涯"服务"满两年后,扩大他们进入和追求"非教学"职业时降低成本。"TFA成员轻松地用他们的证书交换到高薪工作或进入顶尖研究生院深造;不是TFA学员不能做到

---

① Weiner, L. Research in the 90s: Implications for Urban Teacher Preparation. *Review of Educational Research*, 2000,70(3). 369-406.

② Sleeter, C. Equity, Democracy, and Neoliberal Assaults on Teacher Education[J]. *Teaching and Teacher Education*, 2008,24(8). 1947-1957.

③ Kavanagh, Kara M., and Alyssa Hadley Dunn. The Political Spectacle of Recruiting the "Best and the Brightest". *Critical Education*, 2013, 4(11). 53.

这一点。"①例如,TFA 夸耀与财富 500 强公司和研究生院有完善的网络合作关系,可以为学员提供下列有利条件:(1)研究生院推迟他们的入学时间,直到两年任教结束;(2)提供专门为 TFA 学员保留的丰厚的奖学金;(3)为毕业生提供实习机会和职业指导。TFA 成员在接受这个机会时几乎什么都没有失去,因为他们有资格获得美国服务队基金、无息贷款、赠款旅行和搬迁费用和将来的研究生学位。②

2. TFA 的个人价值与公众利益

通过将教师培养时间从四年缩短到五周,TFA 的成功招聘和对低收入学校教师安置、两年的服务承诺,使得 TFA 学员得以延缓他们的职业选择或者等待更好的工作市场,重新打造他们的个人履历。在美国经济衰退时期大学毕业生面对艰难的就业环境时,TFA 无疑给这些毕业生提供了一个缓冲的机会。他们成功的招聘,通过强有力的推广、游说和市场信息,强调坚定的、努力工作的具有奉献精神的教师能够缩短学生的成就差距。这种教育公平的信息引起了许多大学生渴望做出不一样的成绩和改变这个世界的共鸣。反过来,由于这些学生被视为"最优秀和最聪明的人",拥有很多工作机会,他们在贫困学校中的两年教学任务被视为"慈善服务",他们被描绘为致力于公共服务的"类似的志愿者",而传统教师就没有这样令人羡慕的地位了。例如,有学者分析了 300 多名 TFA 教师,发现他们中的大多数来自"中上等"阶层家庭,将 TFA 视为国内社区服务,可以"实现一种责任和对孩子的拯救"的机会③。维尔特里指出,我们应该质问联邦和州通过的《2009 年爱德华·肯尼迪服务美国法案》支持 TFA 成员作为美国志愿队奖学金的收益者的政策。④ 另外,他们从美国政府和学区中收取报酬的行为怎么能称为"志愿服务"? 为什么普通教师在同样的学校做同样的工作却没有得到这样的高尚标签或财政激励?

---

① Maier, A. Doing Good and Doing Well: Credentialism and Teach For America[J]. *Journal of Teacher Education*, 2012,63(1). 11.
② Kavanagh, Kara M., and Alyssa Hadley Dunn. The Political Spectacle of Recruiting the "Best and the Brightest"[J]. *Critical Education*, 2013, 4(11). 54.
③ Veltri, B. T. *Learning on Other People's Kids: Becoming a Teach For America Teacher*[M]. North Carolina: Information Age Publishing, Inc. 2010. 27-28.
④ Veltri, B. T. *Learning on Other People's Kids: Becoming a Teach For America Teacher*[M]. North Carolina: Information Age Publishing, Inc. ,2010. 31.

需要明确的是，并不是所有的 TFA 成员的利益都凌驾于公众之上，都认同新自由主义关于教育和城市学校的改革理念。有些人加入 TFA 是出于好的意向，希望长时间从事教学工作。然而，TFA 的模式却鼓励其成员更多关注金钱激励，成为一个 TFA 成员，同时意味着无法计数的社会资本和交换价值，在组织和政策层面非常明显地证明着新自由议程。TFA 的言辞和政策鼓励着招募的新成员思考 TFA 从长远看带给他们的附加值，而忽视了新自由主义如何解决城市问题，只是增加了不平等的现实性。通过作为一个组织机构进行操作的 TFA，传播只需要"聪明"并且有"领导"头脑的概念，凌驾于公众之上的价值，其构建的模型最终恶化了对失败的穷人和少数民族群体的城市学校改革的成果。

3. TFA 政治语言的"象征意识形态"

埃德尔曼（Edelman）认为，那些当权者（和拥有报道权力的媒体）一起，运用社会问题、政治领导人、反对方、新闻事件和语言，用一种符号的方式创建一个远离现实的表面化的政治现象[①]。政治组织抛弃了推行平等主义、补偿原则和社群主义的价值观，达到为 TFA 及其学员美化和遮掩的目的，教育政策隐藏在公共意识和公共善的面具之下，为一小部分人（一定阶级的和隔离的政策）的特殊利益服务[②]。在新教师招聘和培训中，TFA 使用"企业化"和"市场化"的新自由主义语言，在这样的背景下，就出现了一系列的教师培训中的意识形态符号。

有学者对语言是如何被用于政治目的展开了研究，认为虽然语言仅仅是象征性的，却呼唤出了比现实更华丽的很多情感[③]，如"爱国主义""民主""问责制""高标准"和"选择的自由"等都具有的象征意义。类似的语言也反映在 TFA 的营销、招聘材料和培训中。像"公平""标准""问责制""高期望""任务""运动""提高学生的成绩""数据"和"愿景"都具有多重定义，仅依靠民众的常识是很难完全

---

① Edelman, M. *The Symbolic Uses of Politics*. Chicago, IL: University of Illinois Press, 1970. Eidler, S. Deferring Six Figures on Wall Street for a Teacher's Salary[EB/OL]. Retrieved online at http://www.dealbook.nytimes.com.

② Smith, M. L. *Political Spectacle and the Fate of American Schools*[M]. New York: RoutledgeFalmer, 2004. 37.

③ Edelman, M. *The Symbolic Uses of Politics*. Chicago, IL: University of Illinois Press, 1970. Eidler, S. Deferring Six Figures on Wall Street for a Teacher's Salary[EB/OL]. Retrieved online at http://www.dealbook.nytimes.com.

理解的。对这些言辞的关注真正忽略的是现实的城市学校中的教学和学习。例如,在 TFA 中,其成员将会"被相信"他们会"如何教",他们花费了超过他们原本接受培训的 5 周的大量的时间来学习 TFA 的使命、哲学以及如何成为一个好的团队成员和支持该组织的目标①。象征性的意识形态语言充满了 TFA 的教室、对话和目标任务,但它并没有为现实课堂教学中的课堂管理、课程规划、有效的激励和教学策略做准备。尽管这些新成员、政治家和公众都能听到的看似"无私"的语言,对现实的照本宣科、有限的教学工具包、管理和激励策略使得许多成员特别是在第一年的教学生涯中在"教什么"以及"如何教"中感到困苦不已。通过政治游说使得 TFA 拥有一个场所,能够出售他们关于城市学校改革的"叙述",获得政治支持和联邦资金。甚至常青藤大学联盟和其他精英大学也在他们的招聘名单上,宣传海报上微笑着的有色人种的孩子靠在喜气洋洋的年轻人身边用手指向论文,这些都是 TFA 用来出售的道具的符号模型。② 另一个例子是 5 周的教师培训的"研究所","作为领袖的教师计划"和"目标""愿景""任务""拯救学生""教育公平"和"改变生活轨迹"等都是符号,都会出现在招聘材料、视频、书籍和信息中。这些意识形态通过道具、愿景、大目标、课堂管理颜色图表与奖励和后果进行强化控制。这些图表的奖励和后果、目标和愿景都张贴在 TFA 教师表现突出的教室中,让参观者立即知道谁是现任或前任的 TFA 教师。

TFA 也雇佣了全球化的意识形态符号语言,开始扩大他们在美国边境之外的教师招聘,开创了新的"为全体而教"(Teach for All)的组织机构,在 26 个国家的全球倡议中扩大了其影响力、使命和组织哲学。如"为印度而教""为澳大利亚而教""为巴基斯坦而教"等只是几个声称解决全球不平等的"全球网络"的例子。当前对"全球化"修辞的使用只是 TFA 的企业和以市场为导向的语言符号。在 TFA 中的共同的主题是"投资",TFA 的校友随后可能被聘为"教师领导和发展经理(MTLD)",管理其他人的收入。他们也可能被雇佣作为招聘人员、资金筹集者或夏季训练的负责人。对"为所有人而教"的描述是使用"社会企业"的市场意识形态语言,甚至呼吁全球网络"获得公共和私营部门的支持……节省时间,更快的学习进度"。由于 TFA 承认全球贫困和系统性的不公平等障碍,

---

① Veltri, B. T. *Learning on Other People's Kids*:*Becoming a Teach For America Teacher*[M]. North Carolina:Information Age Publishing, Inc,2010.

② Veltri, B. T. *Learning on Other People's Kids*:*Becoming a Teach For America Teacher*[M]. North Carolina:Information Age Publishing, Inc.2010.

公众会认为"节省时间"是一个合乎逻辑的目标。然而,在全世界儿童和学校领导中推动私人经营模式和节省时间的管理技术,只能在事实上带来更多的压迫条件,把这些儿童当作棋子并处于"危险"的教育愿景中。①

4. TFA 的平等教育的"虚假意识形态"

有学者认为,政治现象通常包括投射和铸造出吸引大众的"直觉、情感和隐性假设"的特征,正如 TFA 所宣传的"能够即刻地改变根深蒂固的社会问题"的政策。将"失败"描绘成个体、机构和社会的问题,政治现象"将责任感下降和危机归罪于教师、父母、孩子,而非政客和政策"。② TFA 的招聘材料、视频网站、标语和证书中的领导力,持续强调这些挑战都是可以解决的,而实际上只接受 5 周培训的"教师进行持续一年的工作"就能够解决这些问题吗?

TFA 的学员扮演"救世主""传教士""志愿者""最优秀和最聪明的人"和"变革引擎"的描述贯穿于招聘材料、资格证书和大众媒体中。因此,招募的新成员正迅速想象着他们自己正站在学生的人生"成功"和"监狱"之间。TFA 将大量的情感和压力放置到新任教师身上,他和他的学生们每天、每周、每月都被进行数据追踪。③ 这个信息同时忽略了教育体制和以种族、阶级不平等的学校基金为基础的条件,忽视了学校和社区资源、他们所服务的社区中的收入水平。此外,除了课堂互动外,TFA 将其成员铸造成领导者,进而通过在政策、医疗、教育和商业职业来影响教育平等。尽管有大量的争论和负面压力,一些毕业生仍被作为"领袖"之星进行宣传。

另一方面,TFA 将其他主张教育改革的团体(大学教师教育和教师工会)当作"敌人"。他们引用各种各样的理由将这两个组织当作对立面,包括对教师任期没有挑战性;使得教师教育时间过长,更难和需要更多的金融投资,并有不称职的教师呆在教室里。创造情感上的反对而不是从批判和关切的角度出发,正是 TFA 的核心哲学进行的招聘和意识形态传播。

TFA 的任务也正是许多学者、教师、父母和社区成员共同分享的:在城市学

---

① Kavanagh, Kara M. Alyssa Hadley Dunn. The Political Spectacle of Recruiting the "Best and the Brightest"[J]. Critical Education, 2013, 4(11). 55.

② Smith, M. L. Political Spectacle and the Fate of American Schools[M]. New York: RoutledgeFalmer, 2004. 19.

③ Veltri, B. T. Learning on Other People's Kids: Becoming a Teach For America Teacher[M]. North Carolina: Information Age Publishing, Inc, 2010.

校促进教育机会和教育结果平等。TFA 认为,如果学生在最好的学校接受教育并成为 TFA 学员,无论他们是否有经验,在最差的学校中教这些孩子,教育平等的"结果"将会实现。然而,实现这个结果的手段包括不严格的招聘,这些人缺少教育的师资准备,对有效教育法、教育理论和儿童发展理论缺乏批判性理解。对埃德尔曼而言,政治现象的危害之一是"赋权给特定群体,对其他人却是剥夺话语权"①。对于 TFA 及其学员来说,他们的手段是成功的,他们被赋予了个人终身的、职业的、学术的和金钱的利益,却无视在他们教室中的学生是否成功和结果是否平等。

史密斯认为,"在政治现象中的行为通常使用数字和投票结果与研究报告来鼓吹他们宣称的行为的理性"。② 实际上,在政治上,行为是感性的、个人的而非理性的。例如,在 TFA 网站中有用大写黑体字描述的文字:"在路易斯安那州、北卡罗莱纳和田纳西州经过严格的国家研究和全州范围内的研究得出结论,'为美国而教'成员比其他新教师对学生成绩的影响更大。"可是在这个结论发布之前,并没有对 TFA 教师与接受传统师资培养和认证的新教师进行比较,或对学生的控制、教师和学校变量进行精确的调查。像这样的误导性陈述容易对基于大学的师资培养计划、新教师和 TFA 成员产生不准确和不公平的假设。③

政治现象中,民主参与作为一种仪式,其外观是对精英利益相关者们早已做出或正在做出的决定的隐藏,其余部分来自"所有参与者都将被平等对待"的幻觉。但如果人们意识到他们的参与并不起作用,就会导致"民主"选举参与率的持续下降。学校的校长也并不总是希望雇佣 TFA 的教师,但由于学区与 TFA 的合同,他们必须满足 TFA 的需求,即使裁掉经验丰富的教师也在所不惜④。在现实中,当学校管理者试图拒绝使用 TFA 的教师时,会发现他们的这种拒绝只是白费力气,最后只好放弃抵制,而不是由学校、教师培训组织和 TFA 成员进行平等商定。这也就说明了其成员只学会了如何成为"好成员"而不是质疑该

---

① Smith, M. L. *Political Spectacle and the Fate of American Schools* [M]. New York: RoutledgeFalmer, 2004. 29.

② Smith, M. L. *Political Spectacle and the Fate of American Schools* [M]. New York: RoutledgeFalmer, 2004. 26.

③ Kavanagh, Kara M., and Alyssa Hadley Dunn. The Political Spectacle of Recruiting the "Best and the Brightest"[J]. *Critical Education*, 2013, 4(11). 56.

④ Veltri, B. T. *Learning on Other People's Kids: Becoming a Teach For America Teacher*[M]. North Carolina: Information Age Publishing, Inc., 2010.

组织的方法论或原则。因此,虽然 TFA 的教师培养方式具有灵活性,突出了对学员领导能力的培养,对培养教师高效教学的能力进行适当鼓励和监管,为他们提供更多机会等方面都具有显著的优势,但从作为公益事业的教育的长远发展来看,这种"速成"教师产品的培养方式还是有很多地方值得商榷的。

第三节　　美国学校意识形态教育的路径选择

学校是如何为学生在民主社会发挥积极作用做准备的?作为民主社会的参与公民,学校意识形态教育有助于他们形成自己对社区、国家和世界的认识观点和解决办法。罗伯特·普特曼(Robert Putnam)认为,如果每个人都不再充满活力地参与公民生活,这对于民主共和政体的成功运行将是一个挑战。① 为应对普特曼所说的"共和政体成功运行"的挑战,学校有责任为学生提供一种积极民主的公民权利意识形态教育。

一、促进公民民主的意识形态教育哲学

在促进公民权利意识形态教育中,美国从事政治科学教育的学者认为即使他们投入大量时间和精力进行认真教学和研究,却常常被(特别是所谓的"研究型大学")同事用怀疑和猜忌的眼光看待。对政治科学的这种消极看法不仅在美国,在英国和欧洲及其他地方也普遍存在。有学者认为民主意识形态教育必须从属于政治科学学科,也就是将政治科学与现实世界中的"政治"分离开来②,使政治科学的公民民主教育中的"研究"和"教学"相分离。这种消极态度来自对于信息"传输模式"的信赖,即认为"好的教学源于好的研究",甚至是简单地认为研究优先于教学。基奥恩(Keohane)批判了这种看法,他认为"我们是为'研究机会'而非'教学工作量'而教"③。在现实中,需要为研究

---

① Molina, Anthony DeForest, Elizabeth Theiss Smith, and, Richard Braunstein. Promoting Student Political Engagement[J]. *Peer Review*, Spring Summer 2008, Vol. 10 Issue 23. 22.

② Sloam, James Introduction: Youth, Citizenship, and Political Science Education: Questions for the Discipline[J]. *Journal of Political Science Education*, 2010, 6.326.

③ Keohane, Robert O. Political Science as a Vocation[J]. PS: *Political Science and Politics*, 2009, 42(2). 359.

和教学建立一种良好的互动关系。良好的教学需要建立在知识、理解力、政治科学家与政治科学学生的经验的基础上来增加其附加值。这就是约翰·杜威所说的个体的学习来自他自己直接的实践。这一点对于研究者来说，其直接的对象就是学生。

（一）公民教育的意识形态性

要想成为负责任的公民必须要理解民主社会的变革方式。美国人需要加深对民主基础的理解，然而相关文献却说明了美国人在这方面的不足①。2002年的《公共议程》(Public Agenda)很乐观地报告美国人"从心底里知道"他们有一个普遍的（即使是一种内隐的）对基本的公民自由、法律法规和美国历史的理解。而这对于真正认知和承担积极公民责任只是基础。

有学者通过比较研究，发现当代的美国年轻人与其他时代的同龄人相比，显示出他们对政府结构、历史事件和当代政治的认知是最少的②。另外，他们为承担公民责任做准备的努力也在急剧下降③。在问责制的竭力倡导和K-12阶段广泛使用的高风险测试的驱动下，许多学区学校开始在课程之外进行对社会研究的基础性指导工作。

在对"学生应该学习什么"的建议中，有学者认为美国人至少应该知道美国民主逐步形成的历史。他们应该了解美国民主的基本著作，如美国的三权分立，审查与制衡的原则，一项法案如何成为一项法律，公民自由和公民权利的原则等。应该能够回答这样的问题：第一修正案能够确保哪些权利？美国为什么需要多党制体系？还需要学会面对不同的政治观点和价值观之间的碰撞；需要调查进步主义者、自由主义者、社会主义者、保守派和平等主义者不同的观点；需要发展"宪法意识"，关于自由、正义和平等的价值观的美国宪法发展进程；应该知道《独立宣言》《宪法》与《人权法案》的不同。④

---

① Delli Carpini, M. X., and Keeter, S. *What Americans Know about Politics and Why It Matters*[M]. New Haven, Conn.：Yale University Press, 1997.

② Wichowsky, A. *"What Young People Know."* College Park, Md.：The National Alliance for Civic Education, 2002[EB/OL]. Retrieved July 6, 2010, from http：//www.cived.net/wypk.html.

③ Lane, E. America 101[J]. *Democracy Journal*, 2008,10. 54.

④ Wichowsky, A. *"What Young People Know."* College Park, Md.：The National Alliance for Civic Education, 2002[EB/OL]. from http：//www.cived.net/wypk.html.

这种对社会民主意识形态的深层次的理解,需要的不止是一门必修课程。依赖政治科学部门的教学是远远不够的,因为这些仅仅能覆盖一小部分的学生群体,而且他们倾向于关注对民主的分析而不是对民主的实践。学生需要理论与实践相结合的机会。有人主张"公民自由"需要成为支配一切的主导学习对象,成为强调进行民主学习的全面的教育策略。

教育家和政策制定者越来越关注年轻公民的"政治冷漠"现象。自从20世纪60年代开始,社会政治参与度全面降低,投票率从65%降至2000年的50%左右。而年轻人(18—24岁)的投票率下降得更厉害,在2000年直逼新低,达到36%,在2004年总统竞选的热潮中曾升至42%的参与率[①]。

不仅是那些只获得高中文凭的人表现出这种冷漠,大学生也面临同样的困境。自从20世纪60年代以来,研究显示,大学新生对重要政治事件的同步思考,与朋友谈论政治,获得政治知识,他们所反映的这一系列政治指标,在过去的40年中都下降了近一半[②]。研究者指出,年轻公民所掌握的政治知识中也出现了相似的情况。《美国政治科学协会特别工作小组论公民教育》(the American Political Science Association Task Force on Civic Education)中总结道:"当前的政治知识水平、政治参与和政治热情如此之低,以至于威胁到了美国民主政治的活力和稳定性。"[③]

(二)政治学科中的意识形态教育价值

在对美国公民教育质量的描述中,政治科学学科要面对的第一个问题是:"应该认真对待政治科学教育研究吗?"尽管认识到意识形态教育的重要性,在大部分学校中关于公民和政府的论题总是会变成事后想起的事情。尽管美国接近90%的高中生至少要学习一门公民和政府课程,这些课程却通常没有像历史课那样被严格对待,只是作为一个学期的选修课,而不是学生的必修课程。尽管美

---

① CIRCLE. The Center for Information & Research on Civic Learning & Engagement. 2005. *Youth Voting in the 2004 Election*, CIRCLE Fact Sheet[EB/OL]. http://www.civicyouth.org/PopUps/FactSheets/FS_Exit_Polls.pdf.

② Sax, L. J., A. W. Astin, J. A. Lindholm, W. S. Korn, V. B. Saenz, and K. M. Mahoney. (2003)[M]. *The American Freshman: National Norms for Fall 2003*[M]. Los Angeles: Higher Education Research Institute, UCLA.

③ American Political Science Association Task Force on Civic Education in the Next Century. 1998. [R] *Expanded Articulation Statement: A Call for Reactions and Contributions*. PS: Political Science and Politics 31: 636 - 637.

国政治科学协会(APSA)做了很多努力,有研究者发表在杂志上的优秀成果,以及在美国、英国、德国和法国的政治科学家进行的深度访谈,都揭示出了具有压倒性的(通常是不言而喻的)对政治科学教育价值的怀疑。对从事政治科学教育者而言,这种看法削弱了政治科学的核心教育意义,一些具有现实性的问题如"学生(主要是年轻人)如何了解政治",政治"千禧一代(Millennials)是什么",等等。这也可以大体说明在广义的"政治"上,青年参与或不参与政治的原因,是解密年轻人如何理解政治黑匣子的武器。[①]

对于政治科学教育的分析,可以有效揭示年轻人政治参与问题。通过政治科学教育研究,为学生如何学习政治带来新见解,明了他们如何形成对政治观念的理解,这对于明确学生的认知过程至关重要,可以使政治参与更具吸引力,甚至有助于年轻人的理性养成。无论他们是否是政治活动和公民社会的积极参与者,他们都具有价值观、政治决定和对他们日常生活产生影响的"政治经历"。比如公共部门关注支付大学讲座费用的效果,而学生们毫不意外地对增加学费计划表示关注。这是政治如何影响日常生活中作为"公民"的学生最显著的例子。以学生为中心的方法通过经验学习来获得教学和学习需求,利用政治科学教育者和政治科学学生的经验和研究,将其作为政治科学(学科)与政治世界的联结桥梁。而教师是主要的经验学习的信息传递者,在政治理解力的发展上,教育关系的建立起着关键的认知社会功能的作用。无论是否将大学作为一个"迷你"政治场所,它们至少是政治与公民行为的场所,在这个竞技场个体地发展他们自己的政治传奇。

政治学习研究表明,对政治的看法基于不同的理解层次:第一,民主作为一种生活方式的个人经历和兴趣;第二,民主作为一种社会体系的更广泛的社会/社区环境;第三,民主作为一种统治方式的国家和正式的政治。只有将这些层级联系在一起,政治科学和参与政治选举才是真正具有意义的。通过考察政治学习的过程,关注个人的或教师的经验,可以在这些不同维度之间建立联系,也就是说,从"实践经验中学习"。在这个模型中,政治学习的中间支柱——"具有读写能力""参与"和与学习者的"经验"相关的"协商"精神——适合用于政治科学的公民意识形态教育。

[①] Sloam, James. Introduction: Youth, Citizenship, and Political Science Education: Questions for the Discipline[J]. *Journal of Political Science Education*, 2010, 6. 325-335.

学生在课堂上获得了知识和理解力(政治读写能力),学习美国政治体系,就能解释特定的问题,比如"为什么年轻人参与投票的人数那么少"?这就与学生自身的政治经历有关,与对于美国的政治制度是积极或者消极的态度有关。比如对"伊拉克战争"和"窃听丑闻"就会使得学生对美国的内外政治感到失望①。实践经验表明,将学生的经历结合进入课堂和课程,搭建与学生获得恰当的政治分析与行为的概念相沟通的桥梁,展示政治事件如何与政策和选举政治相关联,这对于学生的民主意识形态教育是至关重要的。

(三)创建与"政治实践"相结合的意识形态教育文化

公民意识形态教育学科中一个有争议的问题是:"公民学科对于促进公民政治参与起作用吗?"尤其是美国面对持续下降的民主参与率,公立学校中的教育就被视为一个进行公民意识形态教育的重要内容。有人认为在民主参与中的"下降的参与率"概念的指向和年轻人的参与形式发生了变化,至少在年轻人和竞选政治意识形态之间存在脱节。

在这个立场上,杜威就强调教育的重要性不仅是为了民主,而且这两者之间的关系是"教育就是民主"。其他哲学家从康德(Kant)到斯图亚特·密尔(John Stuart Mill)都指出,教育的核心作用是"为了民主",而杜威,其后的雅斯贝尔斯(Karl Jaspers)到布迪厄(Pierre Bourdieu)再到巴伯(Benjamin Barber)则认为,教育和"民主"(包含政治和社会)是"同一枚硬币的两面"。杜威的政治哲学吻合教学与学习的"建构主义"方法,他尤其是将学习作为个体行为的直接后果。科尔布(Kolb)的"经验学习循环"与其相似,体现了建构主义者强调"积极学习"与"通过经验学习"的概念。而建构主义者,在决定教育者如何发展教学实践和课程以及学生学习的方式时,都认为学生的感知能力是关键的。因此,研究如何进行政治科学教育,就能够说明教育、社会和政治之间的关系。同样地,教育根植于民主的事实意味着当有效地进行政治科学教育时,它也必然包含"好的公民教育"的核心特征。

因此,大量研究有力地证实了公民教育的作用,培养"良好和积极的公民",

---

① Colby, Anne, Thomas Ehrlich, Elizabeth Beaumont, and Jason Stephens. *Educating Citizens: Preparing America's Undergraduates for Lives of Moral and Civic Responsibility*[M]. San Francisco, CA: Jossey-Bass, 2003. 19.

支持构建"强有力的民主"是核心意识形态的培养途径。① 然而,如上文所言,从跨国研究的视角看,政治科学教育普遍不受重视,比如,在学科教育和政治实践中保持分离,主张政治科学的教学与促进政治参与之间的分离。这或多或少对于促进学生的民主参与造成负面影响。

美国学者研究发现,美国政治科学家的教学态度与政治实践之间是积极的相互影响的关系②。首先,政治实践与学科教育是紧密相连的,尤其体现在教学过程中。其次,需要参照目标模式,支持促进培养"良好和积极的公民"的目标标准,良好的政治科学教育必然牵涉经验学习,将最终带来积极的政治参与率,这两者间是没有矛盾的。杜威认为"教育离开了社会背景将是无意义的",同样地,"政治科学教育如果脱离了真实世界的政治也将会是无意义的"。在谷歌一代(Google Generation)的政治意识形态中,他们与"信息资源"难分难舍。美国年轻人"在线"发现甚至经历政治,因此关于真实世界的政治信息及其内部关系,不能也不应该从政治科学意识形态教育中分离出来。作为政治科学教育者,应该帮助学生发展发现信息资源的技巧,通过网上世界开辟出一条新航道。通过展示正确的方式进行"定点学习",能够增加学生在劳动力市场上的可迁移技能,增强政治学习过程,增加学生对公民作用和价值观与政治参与的信念。通过将当地政客和政府官员介绍给学生,让真实世界的政治与政治科学在课堂中进行交汇,能够增加学生对他们现存政治努力的价值感。

二、基于教室的意识形态教育模式

在有限的课堂空间中,教材、教室和课程是需要适用于这个有限空间的所有资源。而关于填充到这个空间的"什么知识"或"谁的真理",阿普尔认为在那些占据和控制这些空间的人中制造了永恒的意识形态冲突。③ 因此,教什么,甚至问题如何被教,只能部分地由教师和学生决定。这就形成了一种印象:教师只是作为"教育机构"而不是"学科"中最有效的元素。尤其是由于联邦和州政府试图

---

① Crick, Bernard. The Presuppositions of Citizenship Education [J]. *Journal of Philosophy of Education*, 1999, 33(3): 2337-2352.

② Hunter, Susan, and Richard A. Brisbin. Civic Education and Political Science: A Survey of Practice[J]. PS: *Political Science and Politics*, 2003, 36(4): 759-763.

③ Apple, M. W. The Text and Cultural Politics[J]. *Educational Researcher*, 1992, 21(7): 4-19.

或已经对教室空间持有越来越多的控制权,教师和学生的自治权的发展受限于那些对课程有更大控制权的人。正如克雷格(Craig)在经过十年的对德克萨斯州的"问责"研究显示,增加的"问责"制加剧了对教室空间的争夺,教师被限制在执行课程制定者要求的功能上,而不是满足其他的教育要求①。

(一)课程标准和竞选政治的意识形态"胶着"

在高风险问责项目的广泛实施之前,美国学校就已经开始针对学生的社会问题研究进行指导。因此,在学校学生需要经常针对时事政治进行讨论。然而,近期研究显示,在教室进行的针对社会实践的课堂讨论越来越少,也很难持续进行。其原因至少部分地由于评估中要求较高的学生成绩通过率,这无形中给教师增加了压力。而实际上,学生认为当教师在全班范围内就有争议的政治问题开展讨论的时候,社会研究课程更加有趣,他们更愿意积极参与。②

对于高风险测试下的课程标准的影响研究一直都是一个热门话题。在 2008 年的总统大选中,有些教师与学生一起准备迎接美国宪法考试,这也是学生的毕业资格考试。但并不是所有的州都有这样的要求,如在伊利诺斯州的高中就没有要求所有的学生在毕业前必须通过美国宪法的考试。然而在其他大部分的州,对宪法的考试总是出现在美国政府指定的考试课程名单的最后面。几乎所有的教师都认为让学生进行"政治参与"教育是课程的基本目标,而且也是他们对公民教育的个人哲学。而将竞选融入到正规课程的程度及成功与否,这之间的差距很大,主要在于教师面临着让学生通过宪法考试的压力。

再比如在南达科他州大学开设的另一门课程是《竞选与民主》(*Campaigns and Democracy*),向学生介绍实用的政治技巧,反映了竞选对于民主品质的影响。为了在竞选期间招募每周至少工作 8 小时的学生志愿者,政府官员和竞选代表的候选人将参与每学期的第一次课。在竞选期间,课堂关注实际的竞选技巧,使用"竞选指南"作为课程文本。选举日之后,学生会关注他们为之工作的竞选体系,在多大程度上能够提供更好的治理和真正的民主参与。而课程毕业生已经成功地为选举办公室运转进行工作,成为城市委员会成员或州立法者,很多

---

① Graig, G. J. The Contested Classroom Space: A Decade of Lived Educational Policy in Texas Schools[J]. *American Educational Research lournal*, 2009, 46. 1054.

② Parker, W. G. Public Discourses in Schools: Purposes, Problems, Possibilities[J]. *Educational Researcher*, 2006, 15(8). 11-18.

人继续成为政治教授,从而为候选人、政治党派和政治顾问团服务。①

(二) 教室中师生交流的意识形态定位

在美国的多元民主社会,要想使学生具有足够的政治参与能力,具有与其他人讨论社会和政治问题的能力,并且能对公共政策做出明确的判断,就需要在教室中训练学生的参与技能。哈贝马斯相信语言的力量,认为对于公共政策的冲突最好通过为表达这些观点"找一个出口"的方式解决,实现个体服从于大多数人理智讨论的一致结果,对不同意见的表达会促进社会团结,也对政治交流中持不同观点的群体显示了参与者的宽容性②。

个体参与需要进入公共空间,允许在应对不同的论题、原因和信息时表达支持或反对立场③。因此,教室应该像公共领域一样,在一定时间和空间中呈现给学生以事件为依据的讨论,用一种公平的方式,排除来自教师或其他权威人物的限制④。在成功参与中,创建一个开放的空间进行讨论仅仅是一方面,更重要的是,在他们进行课堂讨论,面对出现的具有不同意识形态的观点时,还要成功地培育学生的宽容精神。只有当教师创建讨论的机会并且学生呈现不同的观点时,这种宽容才能产生。⑤

而福柯(Foucault)认为,个体间的平等的对话永远不会真正存在,因为所有的交流都内在地由权力充斥其中。⑥ 换句话说,教室将永远不会真正作为彻底的开放空间进行讨论,因为权力结构的本质必定会将学生从教师、行政管理者和政策制定者中分离开来。福柯还提出了他的社会权力的观点,通过一种他称之

---

① Molina, Anthony DeForest, Elizabeth Theiss — Smith, and Richard Braunstein. Promoting Student Political Engagement[J]. *Peer Review*, SpringSummer2008, Vol. 10 Issue 23. 24.

② Thomassen, L. The Inclusion of the Other? Habermas and the Paradox of Tolerance [J]. *Political Theory*, 2006,34. 439-462.

③ Garleheden, M., and R. Gabriels. An Interview with Jürgen Habermas[J]. *Theory, Culture, & Society*, 1996,13. 8.

④ Englund, T. Deliberative Communication: A Pragmatist Model[J]. *Journal of Curriculum Studies*, 2006,38, 503-520.

⑤ Hess, D., and L. Ganzler. Patriotism and Ideological Diversity in the Classroom // Westheimer (Ed.). *Pledging Allegiance: The Politics of Patriotism in America's Schools* [C]. New York: Teachers Gollege Press,2007. 131-138.

⑥ Foucault, M. Politics and Ethics: An Interview // P. Rabinow (Ed.). *The Foucault Reader*[C]. New York: Pantheon,1984. 373-380

为"政府性"(governmentality)的研究框架,运用政府的发展历史,从强制的君主权力到由体系和机构组成的分散系统,解释现代新自由主义的出现,强调其特性是全球范围内的自由市场理念和竞争精神。在美国,新自由主义可以被追溯至20世纪80年代初,是里根竞选总统时的保守派运动的先锋队,其关于教育的立场,最终导致了对教师和学生采取更大的"问责"措施。对福柯而言,政府在新自由主义运动中主张创建"安全机器",保护国家政治经济利益[①]。教育通过将未来公民培养成为有生产力的社会成员,实现保护国家的经济利益的功能。这也正是美国意识形态教育的目的所在。在过去的三十多年中,联邦和州政府认为有必要通过立法加强美国教育系统的安全性,通过强制的课程标准和高风险评估寻求对学生和教师的问责,总体上在教室里提供给教师的自由余地会越来越少。

三、培养"客观"的意识形态教育立场

美国学校教育的初衷是让学生掌握学术探究的技巧,而不是依附于盲目的个人信仰。1970年肯尼斯·鲍尔丁(Kenneth Boulding)说:"在学校和大学中,正式教育的主要任务是超越学生个体经验,扩大他们对世界的想象,赋予他们这种包含了对地球甚至宇宙的整个体系的想象。"[②]如果让学生基于他们以高等教育为开端的判断,那种教育目标将很难实现。政治科学课堂尤其易于将当前政治中的既定问题与学生的生活和新闻媒体中普遍存在的政治现象相混淆,学生也会将他们的个人信仰与学术观点相混淆,大学课程中的学术规范都会受到影响。因此,在教室针对特定观点进行讨论时,美国一些社会科学家主张将个人偏见摒除在客观讨论外,这是一种普遍的意识形态教育立场。而实际上真正"中立"的意识形态教育并不存在。

(一)使用历史案例和模拟练习

这通常培养学生"客观"的意识形态教育立场。在课堂上,学生会被教师要

---

① Foucault, M. Governmentality// G. Burchell, G. Gordon, & P. Miller (Eds.). *The Eoucault Effect: Studies in Governmentality* [C]. Ghicago: University of Ghicago Press, 1991. 102.

② Boulding, Kenneth E. The Task of the Teacher in the Social Sciences// William H. Morris. ed *Effective College Teaching: The Quest for Relevance*, [C]. Washington, D. C.: American Association for Higher Education, 1970. 105.

求就他们关注的时事热点进行讨论,从而表达个人的政治观点。时事热点讨论能够激发学生的兴趣,他们从新闻中看到的内容也能够吸引学生进行讨论。但由于对时事热点的讨论很容易使学生具有倾向性观点,因此,有学者主张在政治科学课堂可以使用历史案例研究而不是完全依赖时事热点阐明主题。这样做显而易见的好处是学生不会在历史事件上选择有倾向性的立场。并且历史案例研究能够让学生对课堂强调的概念保持持久的政治研究兴趣。

一份记录完好、研究丰富的历史案例能够引起学生对政治的兴趣。如修昔底德(Thucydides)的《伯罗奔尼撒战争历史》(*History of the Peloponnesian War*)中的米洛斯岛人辩论(Melian Debate),可供让学生讨论不平等权力之间的关系、在战争中的道德训令、对全球安全使命的国内政治辩论与发生在几个世纪之前的历史事件背景的相互关系等①。没有时事热点所凸显的意识形态的干扰,学生能够在对事件的了解中关注抽象的原则,这样就将个人"立场"的影响最小化,但如果学生就当前的国外政策进行研究,就会融入更多的个人立场。模拟和角色扮演练习也有助于将个人所持有的政治意识形态立场的影响最小化,因为学生正忙于适应在模拟练习中所分配的角色上,并且被鼓励从不同的政治视角看世界。在角色扮演中,学生被分配扮演地位不同的政府官员的角色,帮助学生超越他们自己的立场接触世界事务。

(二) 使用假设和虚构的例子

通过假设的角色而非真实世界的例子,可以使学生在课堂中表达个人"偏见"的机会最小化。另外,还可以通过假设的情景和虚构的案例引导学生进行"客观"的讨论。比如在经济学领域,有学者认为通过假设的商品而不是具有个人偏好的商品或服务能够更好地证明经济原则。例如,在关于美国政治和市场的课程中,在讨论到利益集团的政治意识形态时,不是通过对有争议的利益集团如"国家枪支协会"(National Rifle Association)或"妇女全国组织"(the National Organization for Women)进行讨论,因为对于这些组织,学生或许会抱有强烈的个人观点,可以通过假设的组织来说明利益集团的政治,如"全国机械制造协会"(the National Association of Widget Manufacturers)或"美国经济繁荣协会"(the American Association for Economic Prosperity)。虽然在考察真实生活中

---

① Bald, Suresht. *The Melian Dialogue. Pew Trust Cases in International Affairs*[M]. Washington, D. C. :Georgetown University,1996.

的利益集团时,也能够得到同样的原则,但由于虚构的例子在生活中是不存在的,学生得出的结论就不会受到他们个体的倾向性影响①。

假设案例同样也可以包括虚构的政治事件。如金柏丽(Kimberly)将索福克勒斯(Sophocles)的《安提戈涅》(*Antigone*)用在政治科学课堂上,说明"领导力和合法性,好的法律是什么样子,公民应当如何表现,他们应当如何生活在一起"②。流行的电视剧、电影和音乐也提供了无数的虚构的政治意识形态的例子。保罗·坎特(Paul Cantor)写了流行、生动的电视节目《辛普森一家》(*The Simpsons*),阐明了出现在政治和政治科学中的事件和概念。现在风靡中国的电视剧《纸牌屋》(*House of Cards*)同样深刻揭示了美国社会最高层的政治运作中的阴谋。科幻片同样也能够使用想象的世界揭示政治和政府。《寻找新世界》(*To Seek Out New Worlds*)以及《政治科幻》(*Political Science Fiction*)从科幻的王国引出延伸的虚构"案例研究",甚至有可能使用科幻构筑关于政治科学的整个阶级来阐明政治概念。在练习中的假设也不需要避免学生对时事热点的兴趣。如在政治理论课程中的写作练习时,要求学生表达出他们对想象的政治乌托邦的政治恐惧或渴望。③

对政治概念进行考察时,隐喻性的建构也是一个常用的方法。在历史案例研究中,对于学者来说,隐喻非常有用,因为在生成理论进行实证测试所假设的命题时,政治的隐喻可以远离当前政治论题中有争议的观点,是更抽象的"概念化"政治和政治行为的方式。在国际关系课堂上,教授通常让大一学生将国家想象成"台球"。相似地,国家政权的概念通过让他们思考国家是一个有着硬壳的"容器"或"黑匣子"的隐喻展开联想。撇开这种国际关系隐喻范式的正当性不论,更需要关注的是,原则越抽象,学生就越不容易渗入他们个人对当前政治事件的相应立场。政治现象的隐喻描绘使得学生相信政治表现能力更具有创造性,不用考虑围绕在他们身边的实际的政治实践。④

---

① Sloam, James. Introduction: Youth, Citizenship, and Political Science Education: Questions for the Discipline[J]. *Journal of Political Science Education*, 2010(6). 325-335.

② Kimberly, Cowell Meyers, Teaching Politics Using Antigone[J]. PS: *Political Science & Politics* 2006, 39(2). 347.

③ Cantor, Paul A. The Simpsons: Atomistic Politics and the Nuclear Family[J]. *Political Theory*, 1999, 27(6). 734-749.

④ Marks, Michael P. Fostering Scholarly Discussion and Critical Thinking in the Political Science Classroom[J]. *Journal of Political Science Education*, 2008(4). 212.

（三）传授民主技巧的意识形态教育方法

民主本身就是一场实践。对于学生来说很重要的一点是需要有意识地明确民主技巧，这与批判思维和写作等其他核心技能一样，也需要学生学习，在美国已经开设相关课程及设定课程目标，加强学生对民主技巧的熟练程度。

美国的一些公民组织已经找到了一定范围的行之有效的方法促进民主实践：研究团队、选择任务、明确主题框架、观点学习、分组讨论、组内对话、后续研究。然而许多教师需要适应课堂环境，他们或许知道围绕着学科内容如何优雅地发起课堂讨论，但许多人不知道如何面对有争议的话题或在课堂中如何处理人与人之间的冲突。教师需要帮助学生学习进行民主思考的基本原则，帮助对困难话题的讨论，设法解决一些"突发事件"，善于利用冲突，不能回避对课堂论题进行的讨论。[1]这种以课堂为基础的经历，如果同样被带入相关课程的学习中，将会强化学生的学习效果，能够创造性地重新唤起学生集体做出他们希望如何生活的决定。许多大学已经建立了学习社区，通常为时一年，在这里学生与教师学习和居住在一起，社区设定民主主题，为学生发展自我民主提供了重要的机会。在这里，课程及相关内容被综合起来，成为学生接受民主教育和进行民主参与的理想场所。

除此之外，为强调社会科学和政治科学的学科工具性，美国许多大学运用普通的教育行政手段指定政治科学课程，强调培养学生运用社会科学方法进行探究的技巧。如在威拉姆特大学（Willamette University），要求课程依据"探究模式"进行分类，他们采用的是与常见的课程分类相对立的传统学术分类。他们认为对方法论的注意事项优先于课程的实证内容，标明指定的探究模式。因此，课程被指定进行"理解社会"的探究模式（这种指定采用将社会科学方法分配进入课堂中），被指定为"通过观察和收集数据，开发模式或理论，解释社会现象并进行评估"[2]。课程被授权作为理解社会的探究模式，然后将社会科学方法放置到这些课程的中心位置，而不再强调他们的实证主题。这有助于保持课堂讨论的有效性，关注非对抗性的政治科学方法，取代学生对当前政治的个人偏见。

强调批判性思维技巧也能够鼓励学生从接近论题的个人政治信仰中分离

---

[1] Marks, Michael P. Fostering Scholarly Discussion and Critical Thinking in the Political Science Classroom[J]. *Journal of Political Science Education*, 2008(4). 214.

[2] Salem. *College of Liberal Arts Catalog 2005－2007*[M]. OR: Willamette University, 2007. 32.

出去。教育学者们普遍接受的观点是认为批判思维技巧需要将个人的偏好和偏见放置一边。批判思维对于拥护和接受学术探究的标准是必要的。分配给学生的既定任务被用来作为鼓励政治事务与个人观点相分离的手段。如吉姆·约瑟夫森(Jim Josefson)认为学生通过书写反思性的短文,强调反对辩论中采取的某个立场。在反思性写作的这些优点中,"对学生提出挑战,对课程材料进行明确反思,促使他们对自己先入为主的观念进行质疑",包括写关于文献回顾的作业也能够引起学生对事物的更广泛的注意力,而非停留在对当前事物的表达上。①

詹姆斯·威尔金森(James Wilkinson)等发现,"一些学生如果带着强烈的个人信仰就会产生困惑。他们前言的陈述为'我对……表示强烈的……',相信有这种真诚就会实现目标。就像学生们认为分数应该建立在个人努力的基础上,个人对确信事务的偏见必须学会通过更加严格的标准检验他们的观点"②。批判思维技巧鼓励学生从盲目反对转变为对所有的观点都兼容并包,推崇探究方法;这个技巧对于一个学生学习最初相对陌生的传统学术课程是很重要的。

作为社会科学家,运用具有批判思维技巧的教学手段能够鼓励学生获得更广博的思想,而不是偏见。当学生确实掌握了批判思维,当选择某种做事方式时,他们就更好地装备了解决现实世界政治问题的武器。需要吸引学生对政治和公共政策的兴趣,但要让学生看到不再保持他们自己的政治偏好的好处,就能以最好的可能的解决方法应对政府面临的难题。有学者认为,学习民主技巧的目的是增加更宽广的对民主意识形态的理解和需求,不仅仅是学生,还应该包括公众的积极参与。因为只有一半的年轻人上大学,需要更积极的学院、社区和公民组织之间在民主协商过程中有技巧地合作,在技术层面上这种合作要在一定范围内为全体社会成员谋福利,而不仅仅只是为受过大学教育的人服务。③

(四)实证化的政治理论课堂模式

在某种程度上,政治理论课堂对学生的带有偏见的观点具有分析辨别能力,

---

① Josefson, Jim. Don't Argue, Reflect! Reflections on Introducing Reflective Writing into Political Science Courses[J]. PS: *Political Science & Politics*, 2005, 38(4). 763.

② Wilkinson, James, and Heather Dubrow. Encouraging Independent Thinking// C. Roland Christensen, David A. Garvin, and Ann Sweet. eds. *Education for Judgment: The Artistry of Discussion Leadership*[C]. Boston: Harvard Business School Press, 1991. 258.

③ Thomas, Nancy L., and Matthew Hartley. Higher Education's Democratic Imperative. *New Directions for Higher Education*, 2010(152).

因为这些课程强调在实证案例的基础上进行概念分析。如美国政治课堂上强调对于分权、联邦主义、多元主义、利益代表等概念的分析；比较政治学课堂上关注政府结构的变革、政策构想、诸如社团主义的实践；国际关系课堂上重点强调运用在国际关系理论中的竞争范式。美国学者认为通过将这些讨论定格在抽象的概念中，而不拘泥于当前的事件上，能够训练学生将思维集中在治理原则而非具体事务上，否则他们就会受个人偏见的影响。

有人认为将政治哲学课程作为模板，优点是当学生对于这门课程中的某些主题如正义、民主、领导权、好的生活、权力、立宪主义、法律、主权、合法性和公民权等意识形态概念有自己的观点时，他们倾向于将其作为抽象物而非它们的实际表现。而这些下属学科，如美国政治、比较政治和国际关系，很明显不可能离开对实证主题的调查，如果对政治的具体证明先于它们所属于的抽象概念的讨论，学生就更容易倾向于衡量辩论不同的立场而不是依靠他们个人的偏好——这些偏好来源于他们所看到的新闻及个人所受的经验影响。在一定程度上所有的政治科学课堂都是政治哲学课，它们优先于对具体事务的抽象概念。在鼓励对身边具体事务的超越政治化的偏好方面，强调实证问题的哲学根基是有意义的。①

总之，在教育问题上，学生们希望接受一种实际的并且与个人相关的教育。同时，他们对于当前的政治事件也缺乏事实上的了解。如美国高等教育研究机构 2009 年对 219 846 名四年制大一学生的调查研究发现，只有 36% 的学生认为"能够即时了解政治事件"是一件重要的事情②。时事政治与同时期的公共问题为学校学科教育和民主教育之间提供了丰富的联系机会。

而关于学校民主意识形态教育的现状，美国几乎没有大学能够进行持续的、紧密结合的和在全校范围内对重要的基本民主事实进行努力传播的实践。如"9·11"灾难后，关于这类在国家受到威胁时刻的行为，如何确保更好地平衡国家安全与公民自由关系的诸多重要的问题，在美国历史上"人身保护令"（the

---

① Marks, Michael P. Fostering Scholarly Discussion and Critical Thinking in the Political Science Classroom[J]. *Journal of Political Science Education*, 2008(4). 215.

② Higher Education Research Institute. "*The American Freshman: National Norms Fall 2009.*" Los Angeles: Higher Education Research Institute, University of California Los Angeles, 2010[EB/OL]. http://www.heri.ucla.edu/PDFs/pubs/briefs/brief-pr012110-09FreshmanNorms.pdf.

writ of habeas corpus)的法院命令,赋予保护美国人免受不公平的或随意的逮捕与拘留宪法权利,该命令在"9·11"前只有四次被暂停:内战时期、重建时期、美西战争及二战时期。当"9·11"后再次因为"反恐战争"被暂停时,校园对此保持了沉默。有学者认为这么重要的公共政策问题需要进行全国讨论和辩论,大学院校应该成为这场讨论的领军人物。① 学校应该精心设计在辩论中出现的不同的价值观之间碰撞,使学生能够理解在重要事件中,少有简单的"指定答案",并培养他们的民主意识形态和对当前政治事件的参与热情。

四、基于学生"参与效能"的意识形态教育目的

美国的公民意识形态教育除了课外创建公民空间,课内的学科教育和设定课程策略,以及进行实践参与等实证学习目标外,培养学生"一生"成为积极民主公民的另一个策略是有意识地推动学生的参与文化。核心要素是努力确保学校教职员工的参与热情,他们具有公民和政治生活经验,同时能够建立引导学生参与的动力机构。美国的许多大学拥有政治组织和俱乐部,但却缺少具有共享特征、活动的多样性和对校园中公民和政治事件的参与热情,学生也甚少参与校园外的活动。在学校培育公民参与文化与对公民进行的民主意识形态教育是有天壤之别的。

对于政治参与,有学者认为,这是培养负责任的公民的良好道德品质的直接路径,认为政治参与将使人们获得新观念和建立新的身份认同,政治参与将教会人们如何承担责任。但更多的学者倾向于通过间接的途径如市场、公民社团和家庭等来促进公民意识形态的培养,而对政治参与的教育功能不抱乐观态度。

(一)公民意识形态教育在"政治参与"中的效能

美国公立学校教育的长期目标,是为年轻人在国家和社区的公民和政治生活中进行积极的政治参与做准备②。在美国,传统上学校被视为主要对年轻人,尤其是中学生负责,使他们掌握必要的技巧,能够理解政府的工作,在选举中获得所需信息。大学被理想化地定位成解决"民主事务"和"公共问题"的地方。他们有条件

---

① Hirschl, T. A., D. A. Ahlquist, and L. L, Glenna, Ideology and the Crisis of Capitalism[J]. *Workplace*, 2008, 15. 75-92.

② Lerner, R. M. *Liberty*: Thriving and Civic Engagement among America's Youth[M]. Thousand Oaks, CA: Sage, 2004. 147.

召集学生、教师、职员、公民领袖、政府官员和每位公民的积极参与。大学有丰富的学科经验,与社区中的个人和组织有紧密的联系,能够将多方面的专家和不同观点放到一起讨论。然而,近些年,美国公民意识形态教育的效能被认为是出现问题的,主要是由于年轻一代在政治生活中的参与热情日益下降。最显而易见的信号是在过去 30 年中年轻人对总统竞选参与投票率持续处于低迷状态。除了在 1992 年中投票人数略有上涨外,从 1972 年 18—20 岁的年轻人首次被赋予选举权,直到 2000 年,25 岁以下公民对美国总统大选的年轻人投票参与率持续下降,比其余人群的参与率都低。尽管 2004 年在大选中的热情大涨,但如何在人群中保持和加强其政治参与率仍然是一个挑战。[1] 如今的学生通过电子形式进行的公共参与的比率却在日益增加。2008 年的总统大选就证明了强大的社会网络和电子沟通能够吸引年轻人参与竞选。今天的校园中,学生活动不再是依赖于俱乐部和学生领袖,大部分学生通过网络获得信息,如通过"脸谱"进行自我组织行动。这说明,大学需要通过增加电子媒体进行社会参与实践的途径,增加问题意识,鼓励学生对解决公共问题的关注。

学校中公民意识形态教育计划的复兴已经成为鼓励年轻人提高投票参与率的一个方法。除了家庭之外,教室作为一个重要的社会化机构,能够鼓励年轻人发展和实践公民技巧,给他们提供公开讨论政治和社会问题的机会,为公民的政治参与提供培训场地。然而,三十年来,研究表明公民意识形态教育课程是低效的[2]。有学者开始通过提供有效的公民课程研究来重新引起人们的关注,分析教室中的公民指导在培育政治知识和公民参与中所起的作用[3]。但这个作用的影响却似乎不那么可信,因为格林(Greene,2000)的数据分析表明从公民指导中获得的知识仅仅存在于那些当前注册公民课程的学生中,因此,对公民教育的获益是否能够延伸出教室经验外产生了质疑[4]。不管怎样,这些研究表明学校的公民教育计划有助

---

[1] Pasek, Josh, Lauren Feldman, Daniel Romer, and Kathleen Hall Jamieson. Schools as Incubators of Democratic Participation: Building Long-Term Political Efficacy with Civic Education [J]. *Applied Development Science*, 2008, 12(1). 26.

[2] Langton, K. P., and M. K. Jennings. Political Socialization and the High School Civics Curriculum in the United States[J]. *American Political Science Review*, 1968, 62(3), 852-867.

[3] Niemi, R. G., and J. Junn. *Civic education: What Makes Students Learn* [M]. New Haven, CT: Yale University Press, 1998.

[4] Greene, J. P. Review of R. G. Niemi and J. Junn, Civic Education[J]. *Social Science Quarterly*, 2000, 81. 696-697.

于提升学生的政治知识水平和参与度,尤其是强调对公民教育产生的短期影响。特别是在校园中选择一个主题——通过主持人召集一群固定的学术专家和特邀发言人、形成论题的框架、组织丰富的辩论;如果组织者比较激进的话,还会召开圆桌会议。这是一种传播公共信息的很好的方式,几乎成为民主协商的模板。

对于高中生的服务性学习(service learning)在促进公民参与作用中的研究,既牵涉学生的志愿活动,又要求在社区中的服务经验,同时与解决社会和经济问题的课程、课堂讨论相对接。这些针对高中生的大部分计划只是在当前或短期效应内进行评估。另外,梅尔基奥(Melchior)对高中进行了广泛的调查,随后进行了长期研究,发现参与这些"服务性学习"计划的学生在一两年后几乎所有的短期效应都消失了[1]。

只有两项研究特别考察了鼓励公民政治参与课程的长期效应。一项是公民教育中心(the Center for Civic Education)通过邮寄的方式,从毕业的校友中对"我们人民"(We the People)课程的反馈调查问卷,与来自《国家选举研究》(*National Election Studies*)的数据进行对比。尽管研究发现该课程对毕业生的影响要优于普通公众的各种各样的政治参与指标,却缺少相似的核心群体对比样本,很难做出因果关系的确切结论[2]。另一项是"儿童美国选举"(*Kids Voting USA*)课程,对课程学习结束两年后的学生公民教育对其产生的影响进行了比较研究。麦克德维特(McDevitt)发现两年后学生在课程中曾获得的政治参与讨论的趋势以及关于政府的知识仍然保留着[3]。这项研究并不是在举行大选的背景下展开的,因为只有这样才能真正测量出未来参与选举的倾向而非真正进行投票的行为。另外,他们还观察到当学生还在学校的时候所获得的知识与所学内容紧密相关。公民教育的影响是否能够推广至对新政治内容的学习,尤其是在学生高中毕业后,还有待进一步考察。

还有学者 2002—2003 学年在费城公立的高中开展调查公民意识形态教育

---

[1] Melchior, A. *National Evaluation of Learn and Serve America School and Community-based Programs* [EB/OL]. Final Report. Waltham, MA: Brandeis University. Available at http://eric.ed.gov/ERICDocs/data/ericdocs2sql/content_storage_01/0000019b/80/16/05/f8.pdf,1998.

[2] Center for Civic Education. *Voting and Political Participation of We the People: The Citizen and the Constitution Alumni in the 2004 Election* [R],2005.

[3] McDevitt, M., and S. Kiousis. *Education for Deliberative Democracy: The long-term Influence of Kids Voting USA* [M]. Circle Working Paper 22,2004.

干预的长期影响的研究。该设计增加了学生政治参与的"学生之声"(Student Voices)课程。[1] 在其刚刚启动的时候就开展了对该项目的早期评估,发现越来越多的学生在学习该课程的进程中,对政治参与的热情愈加高涨,他们对政治知识和当前时事比起那些只是学习普通公民课程的学生,更加有兴趣。后续对这批学生在他们参与该项目一年半到两年后进行了追踪调查,虽然他们中的大部分人(98%)已经高中毕业,但仍特别评估了在2004年总统大选中该项目对学生相关认知、态度、行为表现上的影响。通过这些表现,研究者发现这种公民教育模式能够在很长一段时间内促进他们的政治参与。[2]

(二) 政治"参与效能"的意识形态目标

戈尔(M. L. Goel.)认为,政治效能即"人们对有能力影响决策制定过程的感觉"[3],这种感觉长期以来也被视为基本的政治态度。实际上,一个人对影响政治进程能力的自信与实际的政治参与是高度相关的。这种关系产生了一种直觉:人们越相信他们的努力能成功影响政府,他们就越愿意进行这样的行动。而效能并不是一个一维指向的概念,一般认为有两个组成部分,即内在效能和外在效能。内在效能是指对于个人而言,有能力理解和有效参与政治生活的信念,而外在效能是指对于政府而言,对公民的需要和要求如何回应的信念。[4]

尤其是内在效能已经被定义为公民意识形态教育努力实现的重要目标之一。因为内在效能对于年轻人来说是必需的,他们会感到有参与政治的动力和目标——"参与的必要性";如今的年轻人令人失望地缺失了这些[5]。另外,对内在效能的感觉在生活的早期就已经得到了体现,对于政治新手来说,会成为重要的未来积极参与的预报器。如果年轻人对他们有效参与政治体系的能力没有信心,他们倾向于躲避以后的政治参与机会。

---

[1] http:www.student-voices.org.

[2] Feldman, L., J. Pasek, D. Romer, and K. H. Jamieson. Identifying Best Practices in Civic Education: Lessons from Student Voices Philadelphia[J]. *American Journal of Education*, 2007, 114. 75-100.

[3] Goel, M. L. Conventional Political Participation// D. H. Smith, & J. Macauley (Eds.). *Participation in Social and Political Activities: A Comprehensive Analysis of Political Involvement*[C]. San Francisco: Jossey-Bass, 1980. 127.

[4] Balch, G. I. Multiple Indicators in Survey Research: The Concept "Sense of Political Efficacy."[J] *Political Methodology*, 1974, 1(2). 1-43.

[5] Delli Carpini, M. X. D. Gen. com: Youth, Civic Engagement, and the New Information Environment[J]. *Political Communication*, 2000, 17. 348.

学生通过关注他们社区中的问题,学习这些问题是如何通过州和当地政治的行为予以解决,以及政府系统是如何工作的,以此来获得经验。其重要特征是依赖学生发现需要关注的社区政治问题。因此,赋予学生这种职责能够增加他们对于该项目的"主人感",这是能够增加内在政治效能的有利因素之一。同时,教师作为引导者,帮助学生理解符合他们兴趣的政策和选举事项。而且因为政府的工作事务知识融合在当地社区问题的背景中,政治竞技场就变得不那么吓人和陌生。那么反过来,由于学生成功地学习并理解了政治系统,他们的政治效能感也相应地增加了。

在课堂上创建对政治和社会问题公开讨论的环境已经被证实能够扩大公民教育的积极影响[①]。通过与同伴、教师和政治领导者之间的审慎互动,学生能够收集关于政治进程的知识,参与到在辩论和论证中对政策问题和实践技巧的细致推理。另外,当学生察觉到政治信息对于他们人际间的交流和沟通有帮助后,他们将会更有动力关注媒体上的政治。使用计算机终端作为课堂参与工具,学生能够通过登录网站参与当地政策制定和政治团队。在这里,学生能够阅读到覆盖他们所在城市和州的每日新闻,可以给候选人和政府公务员发电子邮件,对当前事件进行投票,也能在学生信息论坛上发表观点。这种交互式的媒体参与类型的设计,赋权给学生使其在政治进程中有更积极的参与作用,也会让学生提高内在效能意识。同样地,网络向学生传达了包含的信息,通过与他们沟通自身关注的时事问题,他们的声音被倾听,激发了他们对政治的关注热情,鼓励他们参与公共事务。

(三)课外"政治参与"的公民空间:以南达科他州大学为例

在南达科他州大学(the University of South Dakota, USD),"公民空间"(civic space)的概念指社会的、物理的,甚至是虚拟的"场所"。在这里社区成员能够聚集到一起并进行公共分享。公民空间的创建作为进行意识形态教育的核心策略,有助于发展与公民政治参与相关的组织机构、课堂、课程和文化。通过创建教室外的"公民空间",利用课程学习任务,在教职员中提升公民参与文化来完成这个目标。同样,这项工作也有助于学生、教职员工和大部分社区成员共同参与更有活力的公民生活。

---

① Campbell, D. E. Voice in the Classroom: How an Open Classroom Environment Facilitates Adolescents' Civic Development[J]. CIRCLE *Working Papers*, 2005. 28.

在 USD 所进行的公民意识形态教育中,一些学生组织也提供关于公民政治参与意识的培养。如"政治科学联盟"(Political Science League,PSL),是一个学生参与组织,以无党派形式组织研讨,通过举办大量的公共论坛吸引各界人士参与。PSL 论坛尤其是得到了来自大学学生、教职员和社区成员的鼎力支持和帮助。除了这些促进论坛发展的有力因素外,PSL 还有一系列的发言人制度,并有政策智囊团和设置在社区的校园功能发展委员会的积极参与。其每周四下午 4 点开始的"星期四 4 点钟"针对社会热点和难点等,邀请全校范围内的师生进行一小时的非正式讨论。法布尔(W. O. Farber)在 50 多年前创建了该组织,他对此举发展学生"知的背景、看的愿景、做的意愿"怀有坚定的信心。法布尔所在政治科学部和 PSL 的贡献作为对快乐和丰富生活的"参与、投入和关心他人"的核心信念。伴随着这个观点,PSL 的目标是给学生和社区创造一种积极讨论、允许形成个人思想和观点然后进行质疑的方式呈现不同信息。所有这些都为公民和学者的理性决定奠定了基础。①

另一项提升公民参与的核心策略是积极支持校园政治党派——大学民主党和大学共和党组织活动。如在大学民主党中,政治科学部的教师通过提供竞选需要的学生志愿者和对政治事件的关注,鼓励学生与州或国家的民主党委员保持紧密联系,同时通过邀请候选人和领导者到校园中与学生进行互动,吸引学生参与投票。作为交换,学生志愿者能够得到州党派事务讨论的免费入场券,建立全州范围的大学民主联邦,统筹全州范围事务。在非选举年,大学民主党首先在校园中进行一系列关于政党思想的宣传,包括对美国医疗卫生系统和伊拉克战争的关注;并公开放映相关的电影,组织就某事件进行讨论。

相似地,校园共和党按照常规投入到提升学生政治参与效果的活动中,比如对大学共和党每日政治博客的维护。这种由学生发起的特定的网络行为为学生提供了政治新闻新动向和分析视角。它培养了学生参与政治的技巧,使得学生毕业后能够积极行使民主社会的公民权。另外,在过去的几年里,大学共和党主持了 2008 年州立大学共和党校园大会,将共和党学生、往届毕业生和全州范围内的领导人聚集一堂。这个大会为学生提供了在全州范围内与共和党领袖和大学共和党党员进行网上联系的机会。除了设置投票注册驱动外,大学共和党实

---

① Molina, Anthony DeForest Elizabeth Theiss-Smith, and Richard Braunstein. Promoting Student Political Engagement[J]. *Peer Review*, 2008, 10(23). 22.

际上牵涉进了地方和国家的选举中。这为学生提供了在地方、州和国家获得政治参与机会的有价值的经验；通常是在学生毕业后，这种机会及其内在联系就会转变为有意义的公民参与行动。

正如大学共和党和民主党中的个体参与行为一样重要，在创建公民空间时也需要这两个组织之间的对话与合作。如共同发起对日常政策的辩论，为双方政治光谱的学生提供公民空间，参与到日常生活事务的对话中。同样地，大学民主党和共和党合作发起"最后机会整夜投票注册驱动"，不仅仅对增加投票注册人数起到积极的影响，而且也为学生之间的积极合作，促进公民参与提供机会。

因此，创建一个积极的公民参与不仅仅是有组织存在就可以的。对于每个组织来说，最关键的是有教师的指导并能够定期与组织者见面，鼓励他们在更广泛的意义上考虑其在校园和社会中的功能。另外，相关部门还需提供必要的资源支持这种活动，包括演讲者的费用和免费的午餐。因为学生群体通常参与这些部门和其他组织活动，可以获得不断增加的资源和更广泛的交际网支持。这些活动产生了一个更健康的公民参与的政治氛围。而更多的高年级学生能够继续这种公民传统，因此教师的投入对于维持一个强有力的积极的公民文化也是必不可少的。

最后，公民空间的创建也可以从字面上来理解。校园中什么样的空间能推动与公民政治参与意气相投最有影响力的讨论？比如在一个剧院空间中既能够看电影又能够进行观影后的讨论；图书馆的内部空间能够组织召开小团体的会议；有一个临近教师办公室的会议空间能够让小群体与教授见面，组织和策划行动方案；传统大学尤其是这种四方形的设计有利于教师在师生中不同部门发起非正式的对话，这对于全校进行广泛交流是非常重要的。因此，教师课堂设计和建筑结构在构建大学全体师生能够参与的空间上发挥了重要作用。如果大学渴望周围社区的参与，他们必须提供来访者的停车位，因为在大学活动参与中，几乎没有什么是比不能停车为最大的阻碍了。①

（四）课内"政治参与"的民主意识形态教育实践

正如许多政治科学家和教育学家所说的，在政治学习过程中，参与是核心。政治学习过程也应该与民主社会中学生的参与行为相关联，这在某种积极意义

---

① Molina, Anthony DeForest Elizabeth Theiss-Smith, and Richard Braunstein. Promoting Student Political Engagement[J]. *Peer Review*, 2008, 10(23). 24.

上也有助于促进学生发展潜在的政治意识。根据美国学者在 1999 年进行的一项调查,90％的学生十分肯定公民教育课程中的"服务性学习"对政治态度的影响,认为该课程中的服务经历是整个大学教育中最重要的组成部分。[①]

大学和政治科学部在努力寻找通过意识形态课程学习,提高学生政治参与率的途径。如"研究方法介绍"(Introduction to Research Methods)课程,其中之一是如何对行为进行研究的内容。这种研究方法鼓励在研究过程中学生积极参与,而传统教育学方法相对缺少活力。因此,学生在这门课程中参与每两年秋季持续的投票活动(国家与州的选举年),在接下来的学期进行分析和宣传。学生参与制作调查问卷,在全州不同投票点发布个人问卷,输入调查数据,分析数据并在媒体上和研究群体中发布结果。这种在同期投票中实时的和实地的实践经历使学生学到一定的政治技巧,为他们今后的人生价值观的确立打下了基础。无论从哲学还是技术层面上看,该课程制定的计划和执行措施被视为民主社会公民意识形态学习的有效途径。学生很轻松地称这门课为"参与的政治理论"课而非"研究方法介绍"课。该课程从更广泛的视角设计并呈现了学校民主意识形态教育的参与过程。

有学者认为社会研究课程应该给学生提供机会,考察当前事件和政治争端,洞察有意义的社会话题,并对这些话题进行实质性的讨论。而所有的社会研究课程都具有达到这些要求的潜在条件,当代的公民和政府课程在本质上使得他们成为"正规高中课程的一部分,最明确地与教育的民主目标紧密相连"[②]。因此,在课程学习设计中,可以让学生对他们同伴的政治观点和参与进行调查问卷分析,另一个有效的方式是在课堂外要求学生结合自己的政治兴趣就社会或政治中的某个问题进行研究。协商也是政治学习过程的必要组成部分。培养学生的民主协商精神具有重要意义。在整个大学,学科间的"教育和行动"项目(Education and Action, EA)要求学生获得 6 个学分的依次课程学习,主要是社区、可持续性和司法问题,最终以社区服务项目结束,涵盖从课程概念到真实生活领域。目标是赋予学生调查重要的时代问题的经验,设计回应前摄性(proactive)问题或有兴趣的计划。"教育和行动"项目是学生获得毕业资格的要

---

① Hunter, Susan, and Richard A. Brisbin, Jr. The Impact of Service Learning on Democratic and Civic Values[J]. *American Polical Science Association*, 2000(9).

② Kahne, J., B. Chi, and E. Middaugh. Building Social Capital for Civic and Political Engagement: The Potential of High-school Civics Courses [J]. *Canadian Journal of Education*, 2006,29. 387-409, 391.

求,确保每位毕业生至少有一次机会用一种具体的方式学习和参与社会问题。

调查发现,作为"不参与者"或"政治冷漠者"的美国年轻人与那些选修政治课程、成绩为 A 并获得政治学科学位的学生对政治文化的表现有很大不同。目前的年轻一代对于"好公民"有不同的认知和理解,有学者提出,与其做一个"政治参与"公民不如做一个"负责任"的公民,①实现从"能力"向"责任"的转移。因此,使学生超出校园界限参与当地事务,以更好的政府治理为目标,在教师的支持性的指导下所采取的最初的行动措施对于培养"负责任"的公民具有重要意义。

通过对美国学校公民意识形态教育的实践研究,可以看出,要想使学生取得长期和持久的政治参与热情,学校的意识形态教育是有效的途径。尤其是课程教学,可以使用诸多方法让学生对当前的政治环境保持关注。一个真正的民主社会正需要全体公众的集体参与,但如果这个民主社会只是被少数党派和社会上层人士所把玩,那么大多数学生的参与热情必定会下降。

五、基于家庭和宗教的意识形态教育环境

在美国学校意识形态教育中的宗教与公立教育的关系中,美国人认为公立学校的道德教育应是非宗教的,其主要任务是培养民主社会的合格公民,为学生提供共同的道德根基,以提高社会的亲和力,维护团结。

(一)家庭在意识形态培养中的作用

在殖民地时期,美国的道德教育主要依靠宗教来进行,"宗教主要是家长的职责"②。"在清教徒以及其他基督教徒心目中,宗教和道德教育是无法分开的,它们仅次于满足青年人的生理需求,是培养青少年的最为基本的任务。"③到 19 世纪上半叶,美国"公立学校之父"赫拉斯·曼则旗帜鲜明地主张学校教育的非教派化,从而开启了学校道德教育的世俗化进程。

学校不过是家庭和传统道德的延伸。家长们之所以对把孩子送到公立学校

---

① Dalton, Russell J. *The Good Citizen: How a Younger Generation is Reshaping American Politics*[M]. Washington, DC: CQ Press, 2008.

② [美]欧内斯特·博耶. 关于美国教育改革的演讲[M]. 涂艳国,方彤,译. 北京:教育科学出版社,2002. 120.

③ McClellan, B. Edward *Moral Education in America: Schools and the Shaping of Character from Colonial Times to the Present* [M]. New York: Teachers College Press, 1999. 2.

感到放心,是因为这些学校都是由地方政府控制的,而且直接反映了以宗教为价值观导向的家长们的意识形态。家庭、社区在道德教育中起着至关重要的作用。美国人认为,一个人的道德观念是从小培养和形成的,家庭、社区对一个人道德观念的形成起着至关重要的作用。父母不仅有养护孩子的义务和责任,也有培养孩子具备社会所需要的责任感、与他人和平相处、必要的文明礼貌习惯等道德观念和品质的责任。由此或许可以理解,随着美国社会离婚率的日益提高,破碎家庭的日益增多,家庭对青少年启蒙阶段的道德教育功能越来越弱化,使美国社会尤其是青少年的道德水平日趋下降,因此,社会呼吁加大学校尤其是大学在青少年道德教育方面的责任。

(二)宗教意识形态教育的影响

在现代社会,宗教领域不断受到世俗力量的攻击和蚕食,美国许多州宣布在公立学校进行宗教教育违法。联邦最高法院 1962 年宣布在学校中祈祷为非法,1963 年宣布在学校进行《圣经》阅读也是违法的,至此,公立学校中的宗教活动基本消失。当美国社会和文化出现危机、世俗文化的弊端日渐显露的时候,宗教、宗教教育又焕发出新的生命力,一个最直接的原因就是 60 年代的民权运动、道德相对主义乃至虚无主义的兴起,致使学校道德教育备受批评,道德教育的世俗化被指认为罪魁祸首之一。到了 80 年代,代表保守势力的里根政府入主白宫,公开支持在公立学校内祈祷的倡议。

事实上,宗教只不过是一种形式,是美国人借以表达自己对美国所持的坚定信仰的形式,上帝也不过是美国社会的化身,是一种所谓的"美国精神"的化身——这正构成了美国独特的"公民宗教"现象,不仅为全体美国人树立了"我们是美国人"的群体意识,而且在增强民族认同感和凝聚力、传播美国的价值观念、强化作为美国人的荣誉感和自豪感等方面发挥了较大的作用。

然而当学校的权力被一群外来的精英势力所掌控之后,学校现在成为横在家长和孩子们之间的一道障碍。很多人都感到,以往存在于家庭、教会和学校之间的统一关系破裂了,人们的日常生活失去了控制,孩子乃至整个美国也同样失去了控制。正是这种"外来精英的控制"、与圣经教义的割裂以及"上帝所给予"的家庭和道德结构的瓦解,带给美国民众强烈的失落感,并成为他们致力于教育变革的不懈动力。

(三)社区在意识形态教育中的作用

社区在青少年道德教育中的作用主要表现在以下几个方面。一是由社区中共同生活的人提出一些青少年应当具备的道德品质，以此调整和充实学校与道德教育有关的课程；二是一些地方的报纸、广播、电台开设一些道德教育的节目，针砭一些非道德现象，引发大家的讨论；三是社区为学校开展活动提供方便，让学生在活动中接受教育。与此相关的是，各种民间的团体，如设在华盛顿附近的"全美道德教育协调中心"、设在亚利桑那州的"实际应用和职业道德发展中心"、设在旧金山市的"全美大学生社会服务教育协调中心"，在道德教育方面起着积极的作用。①

民粹主义越来越成为影响美国教育政策的重要社会力量，这不仅是指它的话语影响，更重要的是它的经费支持，以及它在学校应该做什么、如何使用经费以及由谁掌控等问题的社会冲突中的影响力。他们所关注的问题还涉及一系列和"什么才是学校教育的合法性知识"相关的问题。在对宏大的学校知识体系的思考中，保守主义活动家对课程的开发商施加不小的压力，以改变课程的内容以及州政府关于教学、课程和评估的政策。这点至关重要，因为美国不存在国家课程，课本都是商业化运作，由各州政府自己采买，所以民粹主义对课本开发商以及州政府的政策游说行为的影响还是很重要的。

家庭以及社区及各方面的宗教教育共同影响着青少年的意识形态教育。美国父母注意从小培养他们的宗教道德观，包含着许多基本的道德规范和原则，还有无处不在的大众传媒的力量，从不同角度全方位地传播美国意识形态，引导青少年在日常生活中遵循特定的道德准则。总之，美国的家庭道德和宗教意识形态教育是无法分割的。

---

① 中国赴美道德教育考察团. 美国道德教育考察[J]. 思想教育研究，1996(6).

第五章　全球化进程中美国学校意识形态教育问题及其实质

美国人民坚信教育有改变他们及其子女命运之威力。为确保自由,美国的确寄希望于教育……所有的人,无论属于什么种族、阶级或经济地位,都有充分发挥他们个人的意愿和精力的良好机会和方法。这就意味着,所有的孩子,凭着他们个人的努力和有力的指导,可望获得就业谋生以及安排他们自己生活所需要的成熟的和有见识的判断,从而不仅为他们本人的利益服务,也为社会本身的发展服务。[①]

——美国著名教育专家 威廉·贝内特

目前美国常被认为拥有世界上"最好的教育体系",推行的各项有关教育改革的政策都密切依循"教育机会均等"与"提高教育质量"的意识形态调整、变化与完善。伴随着义务教育法的实施,受教育者被学校所"俘虏",各种社会群体都在关注哪些世界观和价值观将会被学校教育系统所采纳。由于掌握着美国主流群体的意识形态,公立教育政策转变为与"移民"和"少数民族"群体进行意识形态斗争的战场,而社会改革家和阶级利益相关者也为了使学校接纳他们的价值观而斗争。在公立学校的社会化进程和价值观转化上,在很多关于学校意识形态教育的斗争中,公立学校已经并将继续获得控制权。

第一节　"教育平等"与基于"阶级地位"的教育意识形态

学校系统的支持从来都是与社会阶级的意识形态相关联的。在多元化社会的美国,公立教育获得来自社会政治和经济的支持,因此,其教育内容也很"善解人意"地反映了这种多元主义构成的群体的意识形态。政治被视为对教育中特定阶级意识形态的基本承诺,这也是美国的教育系统存在着较大差异的根本原因。这一点也可以从公立教育提供的多种可选择教育模式中看出多元主义意识形态斗争的影响。比如美国社会存在不同资助性质的、不同性别的、不同教育场

[①] [美]贝内特.关于美国教育改革的报告//吕达,周满生主编.当代外国教育改革著名文献(美国卷第一册)[M].北京:人民教育出版社,2004.329.

所和不同教育理念指导下的形形色色的学校,有公立学校、私立学校、宗教学校、男校、女校、全日制学校、半工半读学校和家庭学校等。在 20 世纪初,美国的公立学校教育被认为是建立在"最好的教育体系"的设计模板上,广受推崇,而到了 21 世纪,这种优势正在逐渐失去其有效性。

公立教育成立之初,被视为"社会控制"的最完美的形式以及"社会更新"最安全的方法。为了实现这些目标,学校最初通过"熔炉"手段,使得所有孩子能够以同样的方式接受高效率的学校教育。普通学校(common school)的教育哲学是使所有类型的孩子在一个公共教育体系的统一屋檐下接受教育,学校的教育任务是统一多元信仰体系。可见,多数主义者的信仰体系对学校的"控制"是非常明确的。"学校的任务正是向移民和贫困儿童灌输统一的 WASP(白种人、男性、盎格鲁—萨克逊血统、清教徒)思想"。[①]

一、教育"机会平等"的愿望:目标与现实的差距

历史上,美国曾经有过一个浪漫的信仰,认为教育能够为所有人提供平等的机会。学者们为此提出了许多专门术语进行描述:如"平等对待"所有人;允许所有人具有获利的"平等能力";为每个适龄儿童提供"平等的学校教育经历";为社会流动性提供"平等机会"等。美国人认为学校是"矫正"社会贫困和种族主义顽疾最有效的机构。教育权平等化的民主梦想一直持续到 20 世纪六七十年代开始的对教育效率的研究才慢慢发生变化。公立教育把握着主流文化、政治社会化和永恒的社会一致性的意识形态传播权。然而,它却被错误地放置在解决民主意识形态中的平等问题上。在这个意义上,公立教育正处于一个转折点。

(一)公立教育的"平等"神话

尽管美国的学校教育平均水平有了很大增幅,但 1944 年以来的收入分配却没有发生多大变化。学校仍在扮演着社会不平等的经济和文化再生产的角色。在接受学校教育的过程中,人们被"教会"他们属于哪个社会和经济地位。这没有逃出这样的事实,即在美国,个体的政治和社会影响通常与获得经济机会捆绑在一起。有学者研究,在学校教育中,优势班级成绩相当者的经济收入是没有接

---

① Tyack, D. B. *The One Best System: History of American Urban Education*[M]. Cambridge, MA: Harvard University Press, 1974. 35.

受"良好教育"者的2倍。一个黑人如果只完成了高中教育,则不能获得明显的经济利益。但是即使我们能够改变学校教育成绩,使其趋于平等化,这对于社会机会平等的影响仍然不很显著。博格(Berg)认为,文凭成了不平等社会的新财产。文凭被用来转变成关系到学位和执照的有价值的东西,这加重了可怕的阶级壁垒,并有利于保持社会的阶级分化。对"证书效用"的需求使大量人尤其是年轻人身陷其中,成为社会外围劳动市场的迷失者。①

从学校教育资助情况看,由于美国的教育是地方分权制,其基础教育经费是由联邦、州和学区三方共同承担的。其中,联邦政府承担的比重较小,州和学区承担的比重占到总体的90%以上。虽然美国的法律规定基础教育中每个学生有获得相同待遇的权利,但由于美国教育经费主要来源于财产税,富裕学区和贫困学区的房地产价值是存在差异的,这种房地产的价值差异导致了学区教育经费的差异。在同质公平的思维逻辑主导下,政府对于这种学区之间的不公平现象是不能进行大幅度干预的。同时,由于不同学区的经济发展水平不同,而且同一州内不同学区提供给每个学生的教育经费也存在差异,因此加剧了美国基础教育中的不公平现象。② 法国社会学家布迪厄(Pierre Bourdieu)认为教育的功能从根本上说,就是对资产阶级的文化进行再生产,教育在口头高唱"人人平等",实际上它却充当一种分配和确定社会特权的工具,是最有效地将既存社会模式(不平等社会阶层结构)永久化的手段,使社会不平等正当化。③

最初的"最好的教育体系"预想公共教育能够将不平等的人变成平等的,借此缩小阶级差别,但在现实中,由于一些变量超出了公共教育的直接控制范围,比如家庭背景对于由教育提供的现实机会具有较大的异质性,美国学校没有能力消除阶级和家庭分化的扩大,不能为社会的流动性提供充足的机会。

公立教育"向贫困开战"带来的是失望的结果以及持续的社会歧视。鲍尔斯和金迪斯在他们的《资本主义美国的学校教育》一书中写道:"回顾关于贫困问题

---

① Berg, I. *Education and Jobs: The Great Training Robbery* [M]. New York: Praeger Publications, 1970.

② 杜屏. 以充足性为基础的教育财政公平:美国义务教育财政政策改进对我国的启示[M]. 北京:教育科学出版社,2008. 315-326.

③ 张怡. 文化资本[J]. 外国文学,2004(4). 61-67.

的教育改革是一段短暂的灾难。"①兰德公司研究委员会评估"补偿教育"（supplementary education）项目的有效性，结论是在平均水平上处于不利地位的人群没有获益。科尔曼的报告指出教育资源或质量实际上与教育产出的决定性因素没有直接关系②。

目前的现实已经削弱了那种认为学校教育将会为无论什么背景的人提供工作机会的信念。起初，由于学生在成绩上的巨大差异可能会加剧种族和阶级界限的差异，"补偿项目"的特定目的就是消除由于成绩差距带来的多样性。因而认为一旦学生的成绩有所保证，则所有的学生都能够为获得平等的工作机会相互竞争，由于制度造成的不平等将会消失。然而，这些特殊的"补偿项目"的结果却远不能让人满意。实际上，直接增加贫困者的收入将会使其获得更多的平等权，而非像"补偿教育"项目对学生成绩的过度关注。

随着学校教育年限的延长，一个接受低于高中教育水平的家长会发现自己的孩子在劳动力市场中仍处于不利地位。在学校教育和市场的直接关系中，这种"先入为主"的教育和社会背景的影响被认为是无药可救的。基于这个事实，这种意识形态支持下的"最好的教育体系"受到了无数的关注，也将迎来更大的挑战。

（二）可"选择"的教育：促进教育平等的举措

对于公立学校教育的批判，加之在日益分化的社会中的再生产、突出的阶级性、性别和种族不平等的社会秩序，使得教育家对于学校的功能变得更加敏感。然而，这种关注使得很多学者将学校本身看作问题的根源，而不愿意把学校看成是在结构上具有剥削关系的社会框架的一部分。一种观点认为公立学校拥有一个实际操纵美国民主理想的机会，却不能实现。还有一些改革者提出了新的公立教育的模型，他们认为由于"最好的教育体系"不能在现实中实现这些目标，市民个体应该被赋予控制个人教育决定权的方式。然而，必须认真考察公立学校教育的可选择计划是否能真正对促进教育平等有所帮助。教育券和抵税政策就是被提上日程的改革措施之一。

---

① Bowles, S. and H. Gintis. *Schooling in Capitalist America: Education Reform and the Contradictions of Economic Life*[M]. New York: Basic Books, 1976. 35.

② Raver, Sharon A. Amaerican Public School Ideologies: A Need for Reform[J]. *Education*, 1989, 110(2). 209-215.

教育券出于家庭选择的角度，在教育中为孩子上公立学校或者私立学校提供公共资金的方式。教育券允许人们选择学校，以期不会再出现以下词汇描述的"过于强势、大型、缺乏想象力、非常低效"的公立学校。[1] 但维斯塔（West）指出，由于受到教育官僚主义自身经济利益冲突的影响，教育券并没有很好地被所有人接受。教育券的支持者希望其能够重组教育指导机构，让人们能够参与学校日常计划和得到相关指导。埃里克森（Erickson）发现这种家长的积极参与成为私立学校成功的重要因素。教育券计划使得家庭从私立学校经历中排除施加在孩子身上的不受欢迎的额外控制。

另外一些对教育券计划的批评者认为这将会使学校和教师变得不再完整。教育券只是简单的乌托邦思想，根本不能抵挡学区之间的差别和不平等的利益分配。在个人主义的市场控制下，鼓励使用教育券，会使学校行使系统的权力控制变得更加困难。

而抵税政策意味着选择将孩子送到非公立学校中的个体的纳税义务会降低。有人担心这个计划会释放出更多的多样性选择，而这种趋势正是美国多元文化社会试图通过统一学校系统加以控制的。有调查显示，在荷兰采用相似的制度后公立学校的入学率从75%降低到20%，只有新教和天主教学校扩大了入学率。任何对私立学校提供平等资助的主张都会引发怀疑，直接遭遇"最好的教育体系"中的"统一"和"熔炉任务"的质疑。[2]

抵税政策的支持者认为该设计为激发学校采取更加适当的措施对教育结构危机进行回应。在经济危机中，许多州已经失去了其"合法性"地位。"个人自由选择"延伸至学校的选举与组织中，受到特定阶级和种族群体的欢迎。相对于一般价值观而言，私立学校普遍地在经济和种族融合上比公立学校做得更好。人们希望这个计划能够产生不同的结果和利益，至少在教育选择上希望达到最初的美国教育平等的意识形态初衷。

尽管如此，或许抵税政策的最终结果只能是更加剧了"不平等"。一个年收入2万美元的家庭将交少于400美元的州税收。工人阶级和贫困家庭享受不到

---

[1] West, E. G. The Prospects for Education Vouchers: An Economic Analysis// R. B. Everhaert. *The Public School Monopoly*[C]. Cambridge, MA: Ballinger Publishing Co., 1982. 383.

[2] Raver, Sharon A. American Public School Ideologies: A Need for Reform[J]. *Education*, 1989, 110(2). 209-215.

"建议每个孩子1 200美元的费用",而实际上只能得到200美元。一个四口之家将会在社会中努力购买与他们收入相适应的教育,这将会使他们持续处于不利地位。正如现存的教育系统,在传统上由于学校的经济结构限制,较少行使教育选择的父母在面对自己孩子时将会不大容易对他们孩子的教育进行选择。现在受公立学校教育政策影响较小的父母,在面对抵税政策的推行时,他们对孩子的教育影响也会较小。另外,目前的抵税政策没有对什么构成种族歧视进行定义,或陈述在学校教育的所有阶段实行种族平等,这点引起了人们的批评。

仍然主张"最好的教育体系"的公立教育者认为有利方面是能够使学校实现更负责任的社会目标和加强美国文化多元本质,而对几乎所有州政策的实际影响却显示社会中20%高收入人口始终比处于下端的80%人口获益更多。除此之外,还存在持续的个体教育利益和向上的社会流动性的缺失,这说明教育与工作机会不平等,而且在当前的教育组织中发现,在新结构中他们同样永远处于不平等地位。

教育券计划便是另一个试图对公众教育需求进行"去政治化"的例子。该计划的提出者认为谁的知识应该被教、学校应该由谁控制,乃至学校的经费状况如何,如此种种,都应该交由市场来决定。通过把"工作技能"的最终,界定权交由私营领域,重新私有化论者把"工作"还原为一件"个体"事件,而且是一个纯粹技术性的选择,以此杜绝任何针对工作组织、控制以及薪酬体系的分析和批判。

(三)"平等"与"质量"的兼顾:NCLB的保守主义意识形态

在20世纪的最后几十年里,美国的公立教育发生了改变——从致力于学校平等的受教育机会到学校整合运动和多元文化主义出现反弹。社会各界对学校整合运动和多元文化主义的反对有利于保守主义政治运动的上升。直到2006年,保守主义一直主导着美国的意识形态氛围并影响着教育改革。

对NCLB法案的实施意味着保守主义意识形态的全面加强。法案对于表现不佳的学校,主要的解决办法是主张通过"问责"。学校要具有"灵活性",赋予学生更多的"选择权",为了迎合"保守"的意识形态这些措施已经"表里不一"。对于保守主义者而言,"问责"实现的途径是通过测试手段,评估学生及学校的表现。这是目前推动学校自主改革的动力之一。评估具有"高风险"性,因为测试成绩对于学生和学校来说都非常重要。如果学校和学生在评估中失利,将会被迫进行改革、重组或为他们的学生提供转学选择。基于参加测试的学生的成绩,会对其补习要求、课程选择以及是否可以获得高中文凭产生影响。在一些学者的前期研究中,对这些政策的运用,提出了有效性的广泛质疑。美国国家科学院要求国家研究委员会研究这项"高风险"测试并为政策制定者提出建议。委员会得出的结论是"单一测试不能对学生知识进行明确衡量",这种测试同时对学生个体是一种伤害,并且会"破坏教育质量和机会平等"。[1]

NCLB 强加给学校的制裁已经对少数民族和综合学校(integrated schools,白人、黑人兼收的学校)造成了影响。强加于表现不佳(需要改进)的学校和以市场和选择为导向的政策,除了耗费资源和行政时间外,几乎对学校的改进不产生什么影响,也没有被认真评估过。教师被要求为学生进行测试做准备,而不是认真教授学区设计的课程内容,这也就引发了"为测试而教"的现象。NCLB 的"问责"政策没有奖励进步学校,却不公正地惩罚那些为大量低收入和少数民族学生服务的学校。儿童保护基金(The Children's Defense Fund)的创始人最初的口号就是"不落下一个孩子"(leave no child behind),表达了对 NCLB 法案中"滥用"测试的关注。其他组织也要求公民权和教育平等,表达出相似的关注,如全美黑人立法者会议和全美有色人种促进会反对针对学生个体的"高风险"测试。

NCLB 法案的另一个支柱是"灵活性",旨在授予学区在使用联邦资金上的自由裁量权。联邦法规要求对资金使用的严格监管,而为了提高学区的资金灵活性,对有需要的学生的联邦资金支持却在萎缩。学区已经利用这种"灵活性"的赋权,用于资助法案最初目的以外的其他花费。

其他对学校改革运动的批评中,有学者认为,在追求平等的教育改革运动中,在学校表现方面不应该出现由其所处学区的社会条件而产生的影响。但越来越多的证据表明,只有改善学区的贫困状况,才可以减少学校的"不利"因素。特别是在城市学校,如果当地经济状况维持现状,那么在特征和品质上几乎看不到学校发生好转的希望。贫穷严重限制了社区提高学校质量的能力。这一点从城市学校的失败历史中应该能够更加明确地看到。"不让一个孩子掉队"(NCLB)的口号不应该只是从政治愿景出发。NCLB 法案及其学校改革运动也排除了少数民族教育学者及其权益倡导者的意见。那些最具有经验的和为促进少数民族和低收入学生在学校进步中感兴趣的人已经被边缘化、忽视、诽谤,并

---

[1] Hubert, J. P., and R. M. Hauser. *High Stakes Testing for Tracking, Promotion and Graduation*[M]. Washington, D. C.: National Academy Press, 1998.

被这种严重的保守主义倾向的政治浪潮所淹没。NCLB法案及学校改革运动提出的议程在少数民族社区的政治经济中产生了主要的政治对立情绪。因此,改革声称的教育"机会平等"不仅没有实现,反而加剧了这种不平等。

(四)制定"高标准"的课程和绩效目标

在指数时代,信息,尤其是技术的发展变化非常迅速。高等院校被赋予了主要责任,因为教师是阻碍课程变化的典型代表,大多数大学课程审批流程所需要的时间通常是以年为单位。为了保持他们与指数时代的相关性,高等院校必须变得敏捷、更有灵活性和具有时代紧迫感。换句话说,他们必须能够将新的时代性需求和知识转化带入课程,将过时的知识移出教材,选择那些能够吸引和留住最优秀学生的知识,让他们将来成为有价值的企业家和最有收益的公司员工。

研究和开发得以产生新知识,而研究往往是大学教职员的职责。但现实中,最新研究成果通常只有发表在会议和期刊之后才能最后到达教室,并最终成为教科书。这个过程可能需要数年时间。因此,高等院校必须缩短这个过程和周期,尽早通过研究团队进行前期评估,判断什么样的知识可以作为候选对象被引入课程。通过一个系统化的过程,识别和分析其优势、劣势,机会和威胁的相关性,并将这种新知识转化为符合教育体系的战略计划课程,这将会是一个行之有效的方法[①]。

在2012年美国的高等院校社会规划全国会议上,许多发言人表示,相信许多高等院校毕业生在未来几年将会面临失业的压力。如果这个观点只有部分正确,它仍然是一个最重要的困扰高校预期的问题。坦率地说,高校机构主要依靠学生的学费来支撑他们的运作,因此,需要解决就业的战略,平衡学生入学、在校和毕业率与学生质量相关的内容。一些高等院校可能必须面对的事实是,并非所有的学生都是上大学的料,高辍学率加上较高的大学债务是目前正在酝酿着的一个灾难。

教育将越来越努力定位和服务于日益变化的消费市场。目前的学校可能还没有意识到学生正是他们的商品(知识)消费者。工商业领域开始让高等院校知道当前他们培养的学生缺乏工作能力,与雇主对新雇员的要求之间的鸿沟使得

---

① Swart,W. *Leadership for Academic Units: A Performance Improvement Model for Department Chairs, Dean, and Academic Vice Presidents (or Those Who Aspire to Be)* [M],HRD press,2010.

他们很难被雇佣。在 2008 年第 9 期的《高等教育编年史》中,波音公司代表报道,波音公司将不再从特定工程项目专业招收毕业生,因为这些毕业生并没有为公司带来预期的技能。在这个例子中,人们会质疑究竟谁是大学毕业生的消费者?如果消费者是商业公司,那么在这个例子中波音公司表示提供者(高等院校)的产品质量(受过教育的学生)无法达到要求。如果消费者是学生,成功的评判标准是学生毕业的事实,然后根据这一定义教育机构也就取得了成功。在这篇文章中,波音公司表明"雇主将会成高校问责的主要压力"①。学校的人才培养模式及市场定位也会随着"雇主"的需求而不断调整。教育市场的竞争目的是提高质量和效率,但以市场为导向的改革实际效果并不显著,还存在一个重要的问题。美国高等教育激烈竞争的本质在于,大学争夺最好的教师、最好的学生、来自公共和私人的资源、体育霸主地位和学校的声望,共同制造了一个追求卓越的环境。然而,它也制造了一种极度的达尔文主义,在"赢者通吃"的生态系统中,最强者和最富有的机构成为掠食者,抢夺最好的教师和学生,而受约束较多的公立大学,由联邦研究和金融政策的系统操纵,在这个系统中富者更富,穷者更穷②。

二、"民主理念"与学校"多元主义"的文化意识形态

历史上,美国教育的意识形态基础是民主观念,即教育要为人们提供平等的机会并扩大人们的经济利益。民主不是简单的政府治理的一种形式,它是一种生活方式。如果社会规范能够注入到,居住与工作在一起但具有不同利益的生活态度市民中,并可解决压迫中的公共问题,那么民主政治就是强大的。每个人都愿意分享这种责任而不是追求某种核心权力,这正是民主所具有的品质;然而民主也是脆弱的和短暂的。"如果我们的孩子们不去学习西方与美国文明的历史,不去珍惜美国的传统、历史、文化与建国原则,我们又如何期待他们来捍卫美国的自由呢?年轻的美国公民又如何能走向成熟,从历史的角度来严肃审视当代的政治思想,或了解公共政策问题,甚至是理解投票的价值呢?"③民主必须在

---

① Basken, P. Boeing to Rank Colleges by Measuring Graduates' Job Success[J]. *The Chronicle of Higher Education*, Sept. 19, 2008. A1, A14-16.

② Duderstadt, J. J. *The Vie from the Helm: Leading the American University During an Era of Change*[M]. Ann Arbor, MI: University of Michigan Press, 2007.

③ [美]罗姆尼. 无可致歉:罗姆尼自传[M]. 白涛,译. 北京:法律出版社,2012. 194.

每一代人中得到重生和滋养。一代人对强大的民主承诺愿景,反映了他们对基本民主意识形态的渴望。因此,美国人认为,需要广泛号召每一位在社会、经济和政治上持多样性观点的公民参与公共问题的解决,实现共同的公共善举目的。

(一)"一"与"多"的文化价值困境

学校道德教育应给学生提供一种占支配地位的意识形态,还是呈现多样化的意识形态以供学生选择,这是困扰现代意识形态教育的一个重要问题。换句话说,学校意识形态教育到底应该是一元化的还是多元并存的?一元化的意识形态教育面临无视儿童的尊严和自主选择能力、存在种族和文化偏见、不适应时代发展多元化趋势的指责;而多元化的意识形态教育同样也有诸多不足之处。"一元"与"多元"的冲突正存在于美国的意识形态教育之中。

在相当长的历史时期里,美国社会的主流文化就是清教传统,亦即 WASP 文化传统,其他民族、种族、宗教的伦理意识形态始终处于边缘、被同化的境地。反映到学校意识形态教育中,也是清教伦理居于一尊,意识形态教育一元化的形式从公立学校诞生一直持续到20世纪中期。"19世纪和20世纪的前10年间,数以百万计的外国移民来到美国,因为他们中的很多人都不讲英语,难以被同化,所以,学校就像其身处其中的城市一样,成了大熔炉。"[1]熔炉理论更进一步强化了清教伦理文化在公立学校的统治地位,因为"美国化就是要剥夺移民的种族性,反复灌输处于支配地位的盎格鲁—撒克逊道德观念"[2]。

其实,黑人从来没有真正同白人融合在一起,而大批新移民的进入,虽然丰富了美国文化,但他们从生活习惯到价值观念都同原来的主流社会有相当大的差距。在纽约、加利福尼亚、佛罗里达等人口众多的州的某些社区和城市,亚裔或拉美裔人口已经占到人口的大多数,英语成了第二语言,新移民同主流社会的融合程度很低。于是人们开始把美国社会说成是一个文化"马赛克"或者"拼盘","多元文化主义"的观念应运而生。

教育改革的世界很大程度上就是这样的政治战场。由于所有的改革都依赖于特定竞技场中权力的相互制衡,在平等的权力社会和经济中心的笼罩下,政治

---

[1] [美]欧内斯特·博耶.关于美国教育改革的演讲[M].涂艳国,方彤,译.北京:教育科学出版社,2002.120.

[2] Nord, W. A. *Religion and American Education: Rethinking a National Dilemma* [M]. The University of North Carolina Press, 1995. 40.

权力相互作用并产生国家教育制度。当谈论改革的时候所有这些权力因素必须予以考虑。公立学校教育的支持者,将"最好的教育体系"当作推行统一的多元价值体系,认为他们关注的焦点是在一个公共框架下建立和持续进行学校教育,认同一切,并将最好地服务于集体利益。即使在城市内部,学校的条件普遍较差,居民也应该为公共教育负责。

美国教育在系统上已经不能够为贫困家庭儿童提供平等的机会。对来自教育失败的诟病的压力,使得更多人倾向于主张能够为所有家庭提供教育自由权。如果目前的教育体系不能提供平等的环境,人们希望采用可选择的体系,如"教育券"和"抵税"计划。争论的核心问题是新的选择是否能够或至少比传统学校要优越,能够提供更加高效的教育。考虑到教育政策制定的垄断模式,改革者将会更努力确保择校能够铲除从前的不平等形式。

然而,传统的学校教育模式并没有在教育层面上被批评不平等,因为至少教育目标实现了平等,更多的不平等发生在社会层面。让人感到担忧的是,如果美国社会鼓励的完全是异构性的文化,其中每个种族、信仰和社会阶级成员选择他们自己的教育议程和教育理念,美国会自然发生社会剧变。如果没有主流文化的影响,极端团体间的对话将会最大限度被剥夺,甚至可能会消失。有人担心择校计划将会允许很多或大或小的利益群体通过集中化的系统教育,明确使用各自的价值观和社会化进程,从而达到影响大多数儿童社会化的目的。他们担心这将为社会、政治和文化带来不利影响。明显的是,断裂的社会和教育意识形态是大家都不愿意看到的。所以,公立学校提供了文化传统的共性,保留过多的差异性,这就会扰乱对社会秩序的控制。

因此,我们会发现,美国政治文化的一大特点是,在意识形态上既多元,又高度一致。美国是个移民国家,原有的印第安人在美利坚民族中只是微不足道的部分,在欧洲人来到新大陆建立殖民地之前,这里被看成是无主的土地。虽然美国最早是由13个英属殖民地独立后形成的,并且英裔人成了美国人数最多的单一种族,英语是单一的国语,但英国人并未构成美利坚民族的主体,或"多数民族"。据统计,目前可以辨别的英裔人只占美国人口的15%,比德裔人(占13%)或黑人(占11%)实在多不了多少。[①] 就是英裔人占美国人口最多的时候,到

---

① [美]托马斯·索威尔. 美国种族简史[M]. 南京:南京大学出版社,1993. 3.

1890 年第一次人口调查时,也未超过 50%。① 美国是个公认的移民国家,其社会是由许多种族、民族组成的,各种族、民族的人在移入美国时都将其母族文化带到美国,使其在新大陆生根、发芽。从这一点来说,美国的文化是多元的,并不像有些多民族国家那样有一个主体民族或人口占绝大多数的民族。而美国社会又非常需要一种能将各种族、民族维系在一起,使社会保持"一体化"的纽带。

在美国,不同种族之间虽然存在矛盾,但是无论是有种族优越感的白人,还是曾受过种族歧视的黑人,或是固守传统民族文化的唐人街的华人,都坚定地崇尚自由、民主、个人主义等意识形态,在这方面,他们有着惊人的一致性。这种一致性对美国社会来说是至关重要的。正因为这样,美国主流社会一方面容忍各种差异存在,另一方面却极端坚持为维护社会统一所必需起码的一致性。任何对基本一致性的威胁,都将受到美国主流社会和主流文化的反击。②

(二) 种族问题:民主与"多元主义"文化中的"阴霾"

美国校园一开始就在民主和多样性之间存在着深刻的断裂。这对于许多致力于分享同样深切地希望创建一个更加公正的社会承诺的人来说是令他们蒙羞的。种族问题与美国的民主难解难分地纠缠在一起。正如维斯特(Cornel West)所说,"民主已经成为一个反抗压迫和向帝国'种族主义'的腐败宣战的斗争。作为民主生活的阵地,单一地关注于竞选政治是目光短浅的"③。人民拥护民主参与和多样性,需要切实地构建相互之间强有力的联合,这样才能带来有意义的变革。

在一个充分实现了民主协商的社会,所有的自由公民都将有平等的机会参与并影响他们生活的社会、政治和经济体系。这种理想需要依赖存在于美国社会的更多平等的条件。为了这个理想,协商程序必须具有目的性,包括检视合法存在的潜在权力和特权模式。不同的观点不仅需要被宽容,而且需要自觉地寻找和思考这些观点。另外,正如美国政治制度的建立者所理解的那样,价值困境位于社会的中心,是最具有紧迫性的问题,公民中不同的优先权和价值观必须被认识到并在政治过程中被表达出来,避免多数人的暴政或转入极权化群体的手

---

① [美]纳尔逊·布莱克. 其社会生活与思想史(上册)[M]. 许季鸿,等,译. 北京:商务印书馆,1994. 36.
② 金灿荣. 政治——文化分裂与美国政局演变[J]. 美国研究,1995(1).
③ West, C. *Democracy Matters*[M]. New York: Penguin Press, 2004. 15.

中。"美国信念的价值观是……自由、平等、个人主义、民主、宪政下的法治。这些是相互区别又彼此相关的政治理念,它们自18世纪末19世纪初发端于不同的根源,然而在美国精神中得以汇集且彼此强化。……在美国,所有的价值在理论上共存共荣,尽管它们在实践上可能彼此冲突。的确,这些价值不仅共存于美国社会之中,也共存于公民个人之中。"[1]民主意识形态教育就意味着在"变化"中看到所希望的世界。呼唤民主复兴是有利于全民的事情,但由于美国是一个多元文化的社会,具有强烈的种族隔离倾向。

许多学生来自与自己生活区域大体上相似的大学,2009年的大一学生中基本上有三分之一的人认为在过去的一年里他们没有与来自其他种族或民族群体的学生有过交往[2]。如果美国的社会机构持续、不平衡地服务于特权选民,而且美国大部分公民对美国社会的多样化、对形成美国社会生活的经济和历史现实没有深入了解的话,就不会促进美国民主的繁荣发展。

2009年,美国教育委员会(the American Council on Education)公布的"谁完成了高中、谁参与什么类型的机构以及谁获得什么学位"的研究结果显示,在过去的20年中,大学入学率一直在增加,目前传统大学年龄人口中的41%已经在大学注册。尽管在入学率的数量上取得了很大的进步,但由于入学率的不均衡发展,种族和民族的差异不仅仍然存在,还一直在扩大。亚裔美国人的大学入学率最高,达到63%;紧随其后的是白人学生,从1988年的31%增加到2007年的45%;非裔美国人从22%增加到33%;西班牙裔美国人从17%升至27%[3]。

美国家庭中的第一代大学生(first-generation college students)的入学率中,低收入家庭和有色人种的学生要比其他家庭和人种的同龄人低很多。高校中只有7%的大学二年级学生来自社区收入最低群体家庭的四分之一,相对比而言,来自最高收入家庭的学生比例为60%。苏珊(Susan Dynarski)认为,即使

---

① [美]塞缪尔. 亨廷顿. 失衡的承诺[M]. 周端,译. 北京:东方出版社,2005. 17-18.

② Higher Education Research Institute. "*The American Freshman: National Norms Fall 2009.*" Los Angeles: Higher Education Research Institute, University of California Los Angeles, 2010[EB/OL]. http://www.heri.ucla.edu/PDFs/pubs/briefs/brief-pr012110-09FreshmanNorms.pdf.

③ Ryu, M. "*Minorities in Higher Education 2009 Supplement.*" Washington, D. C.: American Council on Education[EB/OL]. Retrieved July 12, 2010, from http://www.acenet.edu/AM/Template.cfm?Section=CAREE&Template=/CM/ContentDisplay.cfm&ContentID=34214.

在最聪明的孩子中,家庭收入也是一个强有力的大学入学率的预报器。①

学生来自不同的人口群体,所获得的教育成就也是不同的。入学时具有较高的 SAT 成绩、缴纳较高学费的这种符合大学"质量"要求的学生,往往具有较高的毕业率、毕业后有高收入或较高的研究生入学率,两者呈现出高度的正相关②。而低收入学生家庭中的第一代大学生(first-generation college students)、有色人种学生上的大学与精英学校的教育资源严重失衡。

从事教学工作的人口比例也是严重失衡的,白人、男性占统治地位的现状及其前景也不会得到根本扭转。一份 2009 年美国教育委员会(the American Council on Education)发布的调查报告显示,在四年制大学中,拥有终身教职地位的较低级的教师中只有 5% 为女性,4% 为有色人种。这种状况在社区学院稍有改观,这两类群体的比例共为 6%③。院校的领导者也具有相似的不平衡性。有色人种掌控着 16% 的较高的领导地位,校长的比例是 14%④。女性的比例稍高些,23% 的女性为大学校长,拥有 45% 的高级行政权。换种说法,86% 的校长是白人,77% 的校长为男性。

第二节 美国意识形态教育的"国家控制"

为了实现在全球范围内的竞争,国家必须给公民提供知识和技能,还必须对所有教育阶段的学生进行社会主流意识形态的传播和灌输,实现社会意识凝聚的目的。同时也必须建立和维持具有竞争精神的世界一流学校,通过再生产优秀的科学家、工程师、医生、教师和其他知识专家,进行领先的学习和研究,以确

---

① Dynarski, S., and J. Scott-Clayton. Complexity and Targeting in Federal Student Aid: A Quantitative Analysis[J]. *National Bureau of Economic Research Working Paper* 13801. Cambridge, Mass.: National Bureau of Economic Research, 2008.

② Espenshade, T., and A. W. Radford. *No Longer Separate, Not Yet Equal: Race and Class in Elite College Admission and Campus Life*[M]. Princeton, N. J.: Princeton University Press, 2009. 16.

③ Hartley, M., P. D. Eckel, and J. E. King, *Looking beyond the Numbers: The Leadership Implications of Shifting Student, Faculty, and Administrator Demographics*[M]. Washington, D. C.: American Council on Education, 2009. 22-23.

④ Hartley, M., P. D. Eckel, and J. E. King, *Looking beyond the Numbers: The Leadership Implications of Shifting Student, Faculty, and Administrator Demographics*[M]. Washington, D. C.: American Council on Education, 2009. 32.

保美国能维持其在本世纪的全球领导地位。

一、地方对学校意识形态控制的"退化"

传统的美国公共教育政策蓝图一直延续着社会对公立学校的控制。这种"控制"通过很多途径实施,包括对学校资金监管、监控政党意识尤其是对课程设置的控制。各地方实体都很重视当地学校课程的内容和执行情况,无论对何种类型的学校都会进行管理权的相互争夺。20世纪以来,美国工业文明迅速发展的同时,对教育的整合也逐渐被提上日程。在过去一百年里,教育的主导策略对课程的影响最大。整合有限的资源和提高地方教育水平的目的,一直贯穿在教育系统的学校改革中。

(一)地方控制教育的意识形态"退化"

地方对教育的控制"退化"现象,"并不是一个经过精心打磨的结果,而是一个基于人口、社会和政治变化的综合过程,与现代性相关联,削弱了人们对小社区的忠诚感"[1]。交通和通讯技术的迅速发展,社会流动性的加快,意味着人们很少居住在他们出生的社区或者附近的某个社区。交通运输和通讯的变革为商业和投资者提供了大量的机会,商品的流动,促进金融业的迅速发展。人们很少担心距离产生的成本。国家媒体的扩展和因特网技术意味着社会的期望和价值观不再那么明确,必须与更广泛意义上的受众的期望和价值观进行竞争,借此吸引全国乃至世界对公民的普遍身份认定。

人口的流动性和与技术相关的变革,削弱了人们在地理和空间上认为地方政治就其自身而言是粗暴的、具有腐蚀性的观点。民主党曾经努力扩大种族和经济平等,而具有地方色彩的意识形态却要维持现状。当地公民通常依靠对地方的这种心理对抗州政府,希望重新针对富裕和贫穷地区的资金差异进行改革。产生于共和党及其保守派的核心城市的官僚机构及其赞助政体,认为地方学区,至少在大的核心城市的学区,大部分是民主主义者的领地,这些民主主义者将公立教育视作为了工作机会,获得其他赞助的贪婪"银行",而不是将学校视作对人力资源投资和缩小成就差距的教育机构。这种思维方式将民主和共和两党联合

---

[1] Henig, J. R. *The Political Economy of Supplemental Educational Services* // F. M. Hess & C. E. Finn (Eds.). *No Remedy Left Behind: Lessons from a Half Decade of NCLB*[C]. Washington, DC: AEI Press, 2007. 66-95.

的不同因素交织在一起,最终在 2001 年通过了《不让一个孩子掉队》(NCLB)法案。NCLB 法案制定各种各样的对学区和学校的制裁手段;而在管理学校和提供额外教育服务中却更多依赖私营部门的提供,在分配给州的核心监督责任时,明显地只是让当地机构在外围工作而不是依托其开展。对地方学区的失望也促使联邦政府积极推动教育改革,因此在该法案出台前就连续"啄食"了当地学区的权力。

(二)地方学校整合的意识形态困境

美国"农村学校整合运动"产生于美国农村工业化和城市化迅猛发展、城乡教育差距逐步扩大的社会背景中,是一场对美国农村学校转型和发展产生了重要影响的教育革新运动。19 世纪后期,美国农村小学教育逐渐暴露出一些弊端。学校之间、学区之间彼此缺乏联系与协调,缺乏统一的教育标准,随意性和低效率等问题成为农村学校发展的严重障碍。由于人口分散,农村学校规模小,现代教育学原则难以贯彻。美国学校的经费在很大程度上来自资产税和当地居民所缴的教育税,美国农村地区所能获取的教育经费明显少于城市,农村小学的基础设施和办学条件也很差。

在 20 世纪初期,当工厂模式主导美国学校教育时,学校被期待能遵循社会的集体化倾向,进行资源整合,即吞并较小、孤立的学校,由更大、更富的学校取代。在政府的大力支持下,全美较小农村学校的整合行动得以广泛传播。作为学校整合的一部分,教育专家提出为农村小镇的全体公民提供扩大的课程、更优质的资源和更多机会。学校整合为合并村镇的全部教育资产,声称能为该地区的学生提供更丰富的学习经历。

这一趋势并没有随着工业时代的结束而褪去色彩。在美国农村地区,大量的工业和就业机会被转移出去。由于国家在上个世纪从农业国向工业化社会转型,美国小城镇的农业逐渐消失。如今,很多地方成了"鬼城",短时间内飞速增加的财富很快又消失了。学校整合的结果是很多农村地区的行业损失,一些地区最后不得不把他们的孩子转向整合学校,在某种意义上是为了放弃一定量的个人身份和政治自治来换取可变数量的资金。认为学校"越大越好"的传统观点持续影响着公众。尽管合校可能会为农村教育系统提供强大的资金支持,但学生进入扩大的学校会在某种程度上对他们的社会发展造成伤害。即便如此,为了完成民主社会对公民的"塑形",有人认为合校会有利于农村学校孩子生活的社会回归。

美国在过去的一百多年的学校整合历史上,产生了严重对立的双方。阵营的一方是教育专家,为"落后"的农村地区的居民提出了最先进的建议,因为专家认为村民自己是不能作出明智的、富有建设性的教育决断的;阵营的另一方是农村社区的居民,希望通过抵制合校保留当地社区的意识形态和文化。或许可以这样说,在过去的一个世纪里,对农村学校的核心课程改革是双方关系紧张的根源。村民一直不情愿让学校接受陌生的新工业策略,而这些地区的教育者努力为学生提供一种学校经历,为他们终将会遇到的快节奏世界做准备。

(三) 对教育管理的意识形态博弈

一直到近代,通过学校整合运动产生的"本土化"竞争以及对课程改革的影响还在持续。课程制定者所作出的决定将比以往任何时候都重要。在某种程度上,一所学校的课程改革是否有意义,主要依靠当地校本管理的质量。在农村学校这些决定尤其关键,作为课程修订和发展的"变革推动者"的教师,面对当地的议程有些还不能很快地作出回应。在各种各样的合校风潮运动中,农村地区许多规模较小的学校已经消失。这些学校被合并的目的正是希望合并后的资源能更好地为所有的学生提供更多的受教育机会。然而,结果却并不尽如人意。

在整合的过程中,教育专家认为当地村民不具备正确运转学校的专业知识,而村民担心自己孩子的价值观会被合并社区所腐蚀。例如宗教,在许多小镇维持着极其重要的社交作用。如果一个社区中某个教派占主导地位,来自其他社区的学生被转入这所学校后,该学生的道德和宗教价值观可能会被相冲突的价值观所取代。此外,村民不愿意失去对当地学校的控制,他们对学校整合的屈服是因为他们相信不管怎样,整合是一个可行的解决资金和资源匮乏的有效途径。但是这些决定是否压抑了公民的民主实践能力?他们自主权的妥协是否意味着失去一定的社会权利?或者实际上他们的权利是通过必须成为"大多数"来实现的?正如课程理论家保罗·西奥博尔德(Paul Theobald)指出,1918 年以后,农村地区学校和学生的数量在下降。1950 年,美国大约有 60 000 所只有一个教师的学校,到 1970 年下降到 2 000 所。这个趋势此后就没有停止。美国在 1940 年存在 117 108 个学区,到了 1993 年减少到 15 367 个,[①]美国"在意识形态方

---

① The obald, Paul. *Call School: Rural Education in the Midwest to* 1918[M]. SIU Press, 1995. 30.

面,农村学校合并的斗争基本结束,学校合并从一个完全的政治问题转变为一个技术和管理问题"。①

因此,教育管理者必须认识到每一个农村社区文化的不同特色,并能有效地实施相应的改革。比如一个农业主导经济的小镇,和另一个是由煤矿和冶炼主导的小镇,在表面上看似乎完全相同,但实际上经济发展模式的不同却改变着两个社区的社会结构。如果主要是浸信会教堂的教友构成的小镇里,公民认可的孩子接受教育的课程将会与隔壁社区主要是天主教主导的课程大大不同。在为农村学校建设新课程中,教育家需要提前考虑几个因素:进行合校或学校体系自治;社区内的道德宗教结构;无论他们最终是否会离开本地区,考虑有利于当地学生的学业成就和行为的因素;现存的课程是否是严格把关和能够长期使用的;能得到多少资金和人力资源;教师自身的偏见和愿望等。这些变量中,教育管理者承担着考虑和决定影响课程制定的因素,这是潜在的、需要精心准备的艰巨任务。此外,在一所小学校中为了课程进行决策共享也是必要的,需要每一位教师的自觉参与意愿。这也是农村学校需要面对的巨大挑战。在"新千年"里的"新课程"——这个美国社会被猛踢的政治足球——未来在基础教育中将继续发展。②

二、对教育管理权的意识形态争夺

美国教育在传统上,最早被彻底授权给当地社会的学校和学区制定政策,而这一惯例在一个世纪以来逐渐被削弱。州政府对地方教育的第一次广泛入侵就是从漫长的整合学校运动开始的,地方学区的数量从 1937 年超过 11.9 万个下降到 1980 年的 1.6 万个。③ 第二个对地方教育的侵蚀来自联邦法院,从 20 世纪 50 年代中期到 70 年代中期,从要求废除种族隔离的直接干预中体现出来。这种教育权集中化趋势已经通过增加的州政府以及在国家层面上的国会和总统的

---

① Mitzel, Harold E. *Encyclopedia of Educational Research*, Fifth Edition[M]. New York: The Macmillan Publishing Co., Inc., 1982. 362-366.

② Feldmann, Doug. Curriculum and Community Involvement [J]. *Mid-Western Educational Researcher*, 2006, 19(1). 33-34.

③ National Center for Education Statistics (NCES). *120 Years of American Education: A Statistical Portrait*[M]. Washington, DC: National Center for Educational Statistics, 1993.

干预表现出来。

(一) 政府对教育控制权的"集中化"趋势

政府对教育的日益增加的控制主要表现在两个方面。一方面,出现了一系列的所谓的"教育州长",反映了政府首脑对公立教育的质量与经济发展关系的不断深化的认知。这种以行政长官为中心的对教育功能的重视,已经转移到更大范围的官员的集体认知中,联邦政府通过开创"问责"和"标准化考试"作为对学校增加投资的优先权标准,国家行政联合会在进行指导学校改革中发挥了核心作用。另一方面,以州法院为核心,与经济平等而不是经济增长问题相联系,法律适宜于迫使州宪法建立一个更平等和充分的学校金融体系,而不是依靠联邦的支持。[①] 在1919年,州政府为公立K-12年级的教育提供了每1美元费用补贴17美分的政策,而地方提供剩余的部分。从1979年至今,国家却提供了与地方相当的补助。

这种增加的州的功能无疑标志着地方管理教育的终结,而后者保留着强有力的政治力,约束州政府的行政干预,但法院的干预减少了地方经济和学校支出之间的联系,尽管地方在努力保持这种联系。另外,发端于20世纪80年代的"问责运动"导致了州政府不断增长在测试、标准化和课程上的作用,这无疑又加剧了地方与学校之间的分离。

这种由行政长官强化和州政府对教育权力的"回收"都先于NCLB法案,在这一时期的联邦政策也鼓励增长州政府的功能,通过提供拨款支持尤其是在州的教育部门建立更大的专业的管理部门为手段。某种程度上,这些集中化的趋势满足了对国家"一致认同"感的增加和意识形态功能上对社会流动性的要求,因此产生了良好的效果。无论这是否反映了一种潜在趋势,这些变化的确意味着地方色彩在教育上已经成为"外部事务"了。地方学区也失去了他们历史上的垄断地位,地方利益被关在门外,不再会引起学校董事会重视,为了获得更大的利益,在州和联邦层面上中央官员具有不断增加的管理办学质量的权力。

这里的"权力"被视为不同层面的政府之间的综合分配。联邦制正是采取"分层蛋糕"理论的"零和博弈"模式。州政府拥有的权力部分正是地方所失去的。当联邦政府主张维护自己的权力,最终会是对州权力的覆盖。因此,每一层

---

① Reed, D. S. *On Equal Terms: The Constitutional Politics of Educational Opportunity*[M]. Washington, DC: Georgetown University Press, 2003.

政府被分配拥有指定的和明确的权力范围。例如国家安全属于国家政府范围，而道路与高速公路属于各州事务，消防则属于地方职权功能。关于权力的分配和使用，有学者用"大理石蛋糕"的比喻替换了"分层蛋糕"理论。格罗金斯（Grodzins）描述了联邦制的现实困境，如职责划分模糊，政府各层面的核心功能的分享的方式太过于根深蒂固，不会轻易动摇。"大理石蛋糕"这个比喻仍然没有终结联邦制作为一种零和博弈游戏的描述。① 相反地，认识到对于职责没有清晰正式的划分，也使许多学者拷问联邦制为何成为不停歇的权力拉锯战。历史的发展前景是国家从倾向于在各州分享实质性利益的阶段转向"强制性的联邦制"的推进，华盛顿的政策制定者使用财政和管理手段推动州和地方朝向他们希望发展的方向前进。

实际的权力运作中，州与国家政府偶尔相互之间"拆借"权力和许可，这就说明了对权力的分配和各层面权力之间并不必然是零和博弈的关系。这种"拆借"的能力与在 NCLB 法案中的地方政府的管理功能也有相关性。尽管大部分的政策声明看起来是从华盛顿到各州的发散性辐射，但美国教育政策的实施很大程度上仍然依靠地方学区。即使不包括教师，在公共教育中几乎 99% 的全职雇员是受雇于地方层面的。这种地方性在实施阶段具有潜在的重塑联邦和州政策的作用，在教育这种"宽松的联合"方式中是很普遍的。随之带来的问题是，作为一种问责手段，不断增长的对测试分数的关注，会使得州政府制定政策时更不留余地，也影响到他们的行政能力和对基层的影响力②。

（二）"择校"和市场意识形态的影响

历次教育的失败和公立学校教育质量的不断下降则是"择校制度"推行的教育背景。八九十年代，美国通过"择校制度"进行的基础教育改革具有一种"市场意识形态取向"，旨在把美国的公立教育体制和管理方式从过去的"政治行政模式"转化为一种"经济市场模式"，从而减少和克服过去公立学校体制的"垄断"与"官僚"，为广大儿童和家长提供更多的自由选择权利。美国最早在 20 世纪 50 年代就提出"择校"计划；20 世纪 90 年代，出现了第二次热潮，先是为低收入家

---

① Grodzins, M., and D. J. Elazar. *The American System: A New View of Government in the United States*[M]. Chicago: Rand McNally, 1966.

② Manna, P. *School's in: Federalism and the National Education Agenda*[M]. Washington, DC: Georgetown University Press, 2006.

庭分配的小规模的教育券运动,后来发展到更广泛的州与州之间发展迅速的"特许学校运动"。

1. 择校运动的市场意识形态

在克林顿总统的所有教改政策中,最雄心勃勃的是与"择校"有关的"特许学校计划",其根本目的是改变公立学校的垄断,增加父母的选择。择校运动,意味着尝试将决策权从当地公立学校学区转移到市场,父母作为消费者和供应商行使其意识形态影响力,学校在回应竞争威胁时能够积极促进课程改革和提高自身成绩。在该计划下,教师和其他社区组织、企业等都可以申请开办学校。克林顿赞同这项计划,并多次拨款用于特许学校的实验。1991年明尼苏达州发起一场全州运动,颁布了国家的"第一部特许学校法"。1995年克林顿总统在国情咨文中积极督促各州以立法形式支持特许学校的创立。特许学校被设计成在市场中更具有竞争力的公司:他们的收入依靠入学率,因此他们要响应更多的家庭需求;他们免于很多条例的约束,因此在实施新教育理念时具有更多的灵活性和创新性。

特许学校比"教育券"计划更少惹人争议,因为它保持了公共控制的要素,特别是包括要求通过抽签的方式分配稀缺席位,禁止将学费强加到超越公共资助的范围的程度,学校开办需要证明实现了教学目标,否则将面临被吊销执照的危险。很多州也被授权奖励和监督新建立的特许学校,这就部分地削弱了地方学区对公立教育垄断的方式,这也是地方控制的衰减的信号。

在明尼苏达州开始了教育改革后,很多州建立了学区间的择校计划,使得很多家庭有机会将孩子送到本学区外的公立学校入学,在一定程度上能确保州对这些孩子的资助直接用于所接收的学校。公立学校择校的另一个形式是受控制的选择。在这种选择下,学生不需要在家庭居住地上学,也将不存在"家庭所在地的学校"这一说法。在众多提供不同课程的学校中家庭可以进行自由选择,学区在一定的范围内尽力调整以适应父母的要求。

"磁石学校"也是择校运动的一个组成部分,是在美国积极废除种族隔离制度的过程中产生的,在20世纪七八十年代广泛发展,使得学区成为废除种族隔离学校系统的方式。在校车计划和强制性学生分配计划无法改变"白人逃离"(white flight)的情况下,为了吸引白人回到黑人和其他少数民族种群占多数的学校中就读,就提供特殊的课程吸引外学区的学生入学。磁石学校的产生和发展不仅改变了当时学校里的种族歧视现象,成为学校实现废除种族隔离的唯一途径,而且改变了美国的公立中小学形式单一的状况,促进了美国基础教育模式的多样化,因此受到美国政府的大力支持。

随着时间的流逝,"磁石"概念逐渐与废除种族隔离相分离,因为磁石学校吸引政策制定者和家庭的是学校提供的多样性和更多选择机会。到 1999 年,超过 3 000 所磁石学校具有清晰的种族平衡目标,大约有 250 万学生注册[1]。与特许学校相比,磁石学校具有较小的争议,这种由学区驱动的选择对于大部分学生来说具有普遍性。另外,大部分学区拥有正式或非正式的政策,当他们为了学术或其他可以接受的理由进行转学时,是可以得到去其他学区上学的准许的。除了增加的种族社会经济融合的目标外,地方学区采用择校作为一种内置的"安全阀门",允许家庭在教育系统内进行重新选择,帮助学生更好适应满足他们的社会需求、课程兴趣和学习方式的需要。控制公立学校的选择权,总体上增加了公共机构,通过市场化途径,放弃了地方阵地,屈服于市场意识形态,成为分配服务的一种方式。

2. 重思择校:作为设计者的政府职责

将布什总统的"教育券"计划与克林顿总统的"特许学校"计划相比较,我们可以看到,这两个计划从不同的方面促进美国公立学校体系中竞争的产生,营造着"市场经济"的某些机制:"教育券"强调的是把"钱"补助给家长,使他们拥有选购学校教育服务的权利与能力,而"特许学校"强调的是把"权"转让给学区中的"学校的经营者",让他们提供更多样和更优质的公立学校服务。

这两项政策都使美国公立学校制度和公立学校教育发生了很大的变化。过去美国政府用公共税款支持的公立学校体制带有明显的政府"行政意识形态",而新的教育改革正促使这种"行政意识形态"转变为社会"市场意识形态"。正如美国的评论家所说,学校正在进入市场的中间地带[2]。

择校最初是为应对公立教育面临的严峻挑战而提出的,当时公立学校被描绘成没能力、也不愿意改革的官僚垄断机构;而如今择校已经得到所有层面的政府部门的欢迎,在教育的蓝图中呈现着较好的发展态势。克林顿政府以来,"择

---

[1] Kahlenberg, R. *Rescuing Brown v. Board of Education*:*Profiles of 12 Districts Pursuing Socioeconomic School Integration*[M]. New York:The Century Foundation,2007.

[2] 曾晓洁. 美国的"择校制度"与基础教育改革[J]. 比较教育研究,1997(6). 48.

校"是对公立学校的选择,不包括私立学校,这一点是根深蒂固的。据全国教育统计中心(National Center for Education Statistics)的统计数据,儿童在指定的公立学校的入学率在 1993 年至 2003 年间从 80% 下降到 74%。但是儿童上公立学校入学率的增长,在同一时期从 11% 增长到 15%。儿童上非宗教性私立学校的数量也成比例地增加,从 1.6% 增加到 2.4%。但学生总体上在公立学校择校数量的增长超过了那些选择私立无教派学校的增长,大约是 10∶1 的比例。[①]

而核心城市学校系统由于居住人口变化而遭受变故,在这些地区,公立教育较少具有像在郊区学区那样的政党守护的意义。很多核心城市,包括那些曾经做出了突出的经济贡献的地方,存在较高比例的老年业主和年轻未婚群体。富裕家庭往往选择生活在郊区,将他们的孩子送往私立学校,这意味着公立学校的自然合并与公民人口相比更小,这些公民更愿意花费在其他种类的服务中或使得税收保持较低比例。除了联合的规模,在那些公立学校中的孩子更多来自少数群体和低收入家庭,这意味着支持学校的选民的影响力也更弱小。与这种背景相对立的是,一些学区故意把公立学校择校作为一种工具,维持和扩大白人数量和更富裕家庭在他们的学校中的比例和成为他们的邻居。当特许学校成为将学生从传统学校中脱离的主要威胁时,它也有可能将家庭从对私立学校的选择中移出。在华盛顿和纽约,一些长期存在的天主教学校也被转变成特许学校。[②] 因为特许学校是公共资助的,对每个学生的支持比例通常与传统学区相挂钩,这也意味着保护教育消费的自然的选民规模也在增加。

(三)对学校管理的"私人接管"

择校运动主要从市场经济的"需求"考虑入手,通过制定政策赋予父母选择权,增加父母对地方学校和学区的影响力,提升个体影响储备,在市场议价中削弱公共制度的影响。因此,在某种形式上"需求方"已经被转变成教育等式中的"供应方"。美国的 K-12 教育长期以来由公共资金提供赞助。在近期,私人赞助的数量有巨大的增加,有些是盈利组织,有些是非盈利组织,他们为学生提供

---

① Tice, P., D. Princiotta, C. Chapman, and S. Bielick. *Trends in the Use Of School Choice: 1993 to 2003* [M]. Washington, DC: U. S. Department of Education, National Center for Education Statistics, 2007.

② Reed, D. S. *On Equal Terms: The Constitutional Politics of Educational Opportunity* [M]. Washington, DC: Georgetown University Press, 2003.

一系列的教育服务,有些甚至直接管理学校。

1. 扩大的私人赞助

全美范围大约有 50 家教育管理组织(educational management organizations,EMOs),在政府授权下签订合同,通过利益集团对特许学校或公立学校进行管理,28 个州管理 533 所学校。非盈利的特许管理组织(charter management organizations,CMOs)数量也有了很大幅度的提高。在 2007—2008 学年中,至少有 33 个 CMOs 管理超过 189 所学校,注册学生数为 5.7 万人。另外,NCLB 法案鼓励盈利组织部门提供补充的教育服务(supplemental education services,SES),在正常的上课时间外为学生提供辅导服务。[1] 私营部门围绕着学校教育进行的测试和创办的出版业在 NCLB 之前就已经得到迅速增长,联邦法律会继续确保由州发起的学生学业标准和问责运动将会持续增长和扩张。据统计,总体上为了发展、出版和报告所需要的测试支出已经达到了 5 亿至 7.5 亿美元,涌现出了大量的教课书出版公司,如培生集团(Pearson)、米夫林出版公司(Houghton Mifflin)、麦格劳希尔集团(McGraw-Hill)。正如汤姆·托克(Tom Toch)所说的,"'全能服务'公司组织测验;伴随他们的是州的标准化测试;确保他们是技术过硬的;进行出版、发行并且评分;分析结果"[2]。由私营部门为 K-12 教育提供的服务在 2004 年已经达到 220 亿美元。[3] 这个数据还在增加,这些服务包括专业发展、辅导、测试准备和对合约学校进行管理等。

择校运动中,对供给方的私有化的讨论与对需求方的私有化的讨论很相似。尽管这些供应商的"顾客"通常是他们从事合约的公共机构,但还是潜在地创建了一个不同的限制机制,私营公司并不是被迫在市场上针对个体家庭出售他们的服务。像开普兰公司(Kaplan)为个体家庭提供 SAT 辅导,政府是不加过问的。而当他们通过 NCLB 法案的组成部分提供学生 SES 辅导,或者向老师提供

---

[1] Henig, J. R. The Political Economy of Supplemental Educational Services// F. M. Hess & C. E. Finn (Eds.). *No Remedy Left Behind*: *Lessons from a Half Decade of NCLB*[C]. Washington, DC: AEI Press, 2007. 66-95.

[2] Toch, T. *Margins of Error*: *The Education Testing Industry in the No Child Left Behind Era*[M]. Washington, DC: Education Sector, 2006.

[3] Newman, A. Mapping the K-12 and Postsecondary Sectors// F. M. Hess (Ed.). *Educational Entrepreneurship*: *Realities*, *Challenges*, *Possibilities*[C]. Cambridge, MA: Harvard Education Press, 2006. 83-102.

培训,或者实施直接的数据管理系统时,这些公司就需要与公共管理者共同完成了。

支持将学校"承包"给社会私营部门的人,认为只要存在多个竞争者,并对提供者的服务进行评价,就不会削弱地方政府的权力。经济学理论认为公共官员应该积极扩大这种行为方式的范围,同时保持监管和控制。而一些反对学校管理私有化模式的批评者警告说,承包将会系统性地削弱公共权力,如果私营部门的提供者拥有占统治地位的信息和专家,如果公共部门官员缺少行政能力,政党将会终结合同,如果这些私营部门为政治力量进行游说,将会改变政策,赋予他们更多自治或削弱监管。[①] 而不管是持何种意见,给私营部门带来的好处是,尤其在教育领域,这种分散的,以教室为核心的服务本身就使得实施监管变得困难,并且公众对于如何产生最好的监管仍是模棱两可的。实践中,这种系统的私有化现象正在出现,增加的对私营部门的依赖,使得民主意识形态控制教育的活力正在衰竭。盈利组织的教育功能日益增加,几乎贯穿 K-12 教育的全部范围,由此增加的不平等和降低的透明性,明确地显示出教育意识形态控制的一系列的危险信号。

2. 反思私有化意识形态:作为综合立约人的地方政府

公立教育的私有化管理模式以削弱公共权力和能力为代价,由此带来的风险是可想而知的。有学者主张对待私有化问题,需要区分系统的私有化(systemic privatization)和实用的私有化(pragmatic privatization)的差异。系统的私有化包含通过协商,对公共权力和私人权力进行实质性的重新分配,不是行政校准,而是通过政治、意识形态和制度权力的赋权,一旦解除约束,公共和私人权力将会各自加强力量,脱离民主监管和公共控制的轨道[②]。实用的私有化是有选择性的,在公共权力本质归属不变的前提下,对政策进行微调和重新分配公共和私人责任,在更大程度上产生公共善。实用的私有化包括增加对市场力量的单维度依靠,如私人在资金上的支持作用,获得学费税点或教育券等。但其

[①] Feigenbaum, H., J. R. Henig, and C. Hamnett. *Shrinking the State: The Political Underpinnings of Privatization* [M]. Cambridge: Cambridge University Press, 1998.

[②] Henig, J. R. The Political Economy of Supplemental Educational Services// F. M. Hess & C. E. Finn, Eds. *No Remedy Left Behind: Lessons from a Half Decade of NCLB* (*pp. 66-95*)[C]. Washington, DC: AEI Press,2007. 66-95.

并没有减少公共机构的核心作用。与私人公司订立合同管理学校,会直接减少公共雇员的数量和服务。围绕着学校改革中以市场为导向的方法,有人持根本的否定态度,认为这些实用性的功能排挤掉了公共部门展开更好工作的机会,以及对民主进行回应的论坛已经成为以市场和个人选择为中心的决定场所。① 但如果合同订立的标准赏罚清晰,明确具有民主性,条约保护核心的公共价值,立约者能够获得过程中和最终结果的精确数据,监管机制能够充分发挥作用,其结果将会比广泛意义上的公共服务要好。比如有些公共部门与私立学校签订合同,为那些患有严重残疾的学生提供服务,能够满足学生多样化的需求。

在 NCLB 法案授权下的补充教育服务(SES)就是一个例子,说明私营部门不断扩大的作用并不会必然导致对当地政府功能的削弱。SES 要求当 Title 1 学校没有实现年度进步计划达到三年及三年以上时,当地学区为低收入学生提供放学后、周末和暑假辅导。正如国会设想的那样,认为公立学校没有竞争力并且效率低下,并对私营部门怀有敌意。因此计划的许多方面是绕过或边缘化地方学区设计的,虽然学区能够提供这些服务,但国会明确暗示社会利益团体和非利益团体能够提供更优异的服务。另外,如果公立学校没有在法律要求下满足取得适当进步的规定,学区就禁止他们自己提供教学服务。NCLB 法案要求学区必须空余至少 20% 的 Title 1 学校满足 SES 的组合消费需要,并且任何与之相关的交通费按法案规定予以补贴。学区被要求当他们的孩子在 SES 中成绩合格时通知父母,并明确肯定私营部门的工作,为希望来注册的学生解释入学流程。如果更多的学校没有达到年度进步计划就会有更多的家庭选择 SES,他们更多地选择私营部门,就会减少官方学区对预算的控制。

实际上,NCLB 法案对地方学区持续的反对态度,引起了人们对全面爆发"顽强的地方支持者"和"私营部门"之间的战争担忧,地方支持者将会倾其所有保持他们正在消退的权力。但随着时间的流逝,逐渐显示出地方当局有能力进行敏捷的行动,还具有很大灵活性,并在某些方面取得了优势。私营部门也需要和希望与当地政府合作。他们需要学区帮助他们通知父母的选择,而父母,即使孩子在失败学校,也依赖对教师和校长的信任,他们的支持对于市场的提供者来说也是关键的。他们也需要学区,因为很多私营部门希望使用学校建筑作为他

---

① Henig, J. R. Understanding the Political Conflict over School Choice// J. R. Betts & T. Loveless, Eds. *Getting Choice Right*[C]. Washington, DC: Brookings,2005.176-209.

们的授课场所,雇佣教师服务指导。在实践中私营部门通过与单一的主要顾客——学区提供服务,花较高代价和出售门对门的困难任务。不同于体制性私有化,自由市场取代了公共权力,结果是私营部门与地方官员签订合约,共同促进学生进步。

在与私营部门订立合约的制度框架下,公共官员致力于在特定的条件下要求私营部门直接提供特定的公共商品和服务。为公共服务订立合同在市政部门已经成为家常便饭,但仅仅是近期才开始涉足K-12教育领域。对于订立的综合性的合同,很多人认为这将会削弱当地政府的权力,比如立约者具有寡头地位,或存在信息不对称,就会使得政府官员更难监管;如果私营部门表现欠佳,而公共官僚机关社会缺少行政能力或政治支持干预。但合同也能够成为一个实用性的工具,使得地方官员更加有效率、有影响力,扩大他们提供服务的范围。①

这个现象也证明了近期出现的作为"多样性的提供者"(diverse provider)或"打包管理模式"(portfolio management model,PMM)组织管理地方学区。在这种模式下,不是通过基于其工资单和直接的责任制,对体系内的教育者的全部学习进行直接的全部管理,而是由中心学校进行行政监管,包括特许学校和由私人盈利组织和非盈利组织管理的学校。

国家和州政府对教育进行的积极干预,强调以市场为导向的择校方式,以及扩大的私营部门提供的教育管理服务,共同构成了真实的和实质性的美国学校改革的意识形态蓝图。围绕着学校问题的政治,看起来更像是围绕着其他国内政策问题的政治,像住房、福利、社会服务和社区发展。在地方教育领域这种市场转向是有重要意义的,政府依赖私营部门提供服务早就不是什么新鲜事——很久之前,政府、非盈利和盈利组织已经成为混合的市政公私合作伙伴中不可分割的组成部分。② 私营组织仍然需要与当地政府进行沟通,构建基于地方支持的合作关系。这可以作为理解美国教育政治中的"新"地方色彩的途径。

---

① Donahue, J. D. *The Privatization Decision*[M]. New York: Basic Books,1989.
② Salamon, L. *Partners in Public Service: Government — nonprofit Relations in the Modern Welfare State*[M]. Baltimore, MD: Johns Hopkins University Press,1995.

第三节 教育"产业化"的意识形态冲突

在美国发展的历史中,人们发现,经济萧条过去后好时光会再一次到来。但资本主义制度下的放任自流的自由企业问题,伴随着定期的经济低潮的爆发,对于任何一个执政者都是一种挑战。政府完全的"自由放任"政策被证明是不可行的。在理想世界中,道德和伦理追求将会成为主流意识,伦理规范不仅仅是写在纸上,还要落实到行动中。对于私有企业、企业自有和自我管理的制度,有人反对有人支持。历次经济萧条和衰退都导致国会制定监管措施,而业界巨头和商业人士都会找到政策中新的漏洞,继续进行创造性的努力,提高公司生存风险底线。通过游说政府,工商业巨头能够为监管改革进行有利于他们的辩护。同样工会能够使用他们的金融拳头影响国会通过有利于他们的立法。这些游说者的数量从 1998 年的 10 662 人增长到 2008 年的 14 800 人[①]。在由过度的"消费主义"引发的次贷危机与全球经济大萧条过后,教育中的"消费主义"又再次袭来,将教育完全推向市场,学生和家长成为名副其实的"商品"和"消费者"。

一、教育的"产业化"意识形态

现代强制教育体系规模已经逐渐扩大,在结构上也发生很多变化,但其教育理念仍带有工业文明的标记。"今天在学校里教授的核心课程就是'个人主义''消费主义''功利主义'和'人类中心'。与此相随的是我们被进行程序化设计,是关于技术进步和经济发展的内涵价值的令人眼花缭乱的成就,以及不会出错的信仰"[②]。在这样的教育模式下,培养出来的必然是"异化"的人,没有自己的情感和判断,只有对物质和欲望的追求。

(一)"隐性"教育和"产业化"模式

约翰·泰勒·盖托(John Taylor Gatto)提出解构现代教育体系的观点,他

---

① Grier, Peter. D. C. Influentials[J]. *The Christian Science Monitor*, September 27, 2009. 17-18.

② Le Fay. Raven. An Ecological Critique of Education[J]. *International Journal of Children's Spirituality*, Vol. 11, No. 1, April 2006. 35-45.

基于美国公立教育系统的研究,认为在美国课程中有 7 种隐性课程被广泛使用①:(1) 混乱——缺乏连贯性,不按自然顺序或秩序进行物质区分或从中得到有意义的事实;(2) 阶级地位——班级里每个人都有自己的位置,有区分他们智力的数字,并伴随其一生;(3) 冷淡,中立——铃声响起,学生不知道什么是有意义的课程,不能对任何一门学科太过于感兴趣,因为铃声响起他们必须去到另一个教室"了解"另一门学科;(4) 情感依赖——使用奖惩制度,学生被放置到一个无能为力的境地,全凭学校教师的摆布;(5) 智力依赖——学生学会去向"专家"询问在他们的一生中需要做些什么,而不是用他们自己的智慧去寻找答案;(6) 暂时的自尊——成绩单、进行年级测试,确保学生依靠专家评价获得自尊;(7) 无处可藏——学生们被持续不断地观察和研究,因为他们必须被控制在高压下。家庭作业确保了对他们校外时间的监督。学生没有隐私并学会没有人可以被信任。

盖托认为这些课程组成了"隐性课程",目的是为了确保资本主义的消费文化,在学生离开学校的时候,会被这 7 种教育彻底地程序化,他们中的大多数毫不迟疑地在社会中找到属于自己的位置而不会有任何疑义——因为接受"良好教育"的人不会批判性地思考,不能进行有效的辩论,也不能从他们自身自由的愿望出发行动。社会批判家伊凡·伊里奇(Ivan Illich)认为②,在工业社会,这是掌权者故意而为之,因为他们个人成长的方式屈服于他者制定标准的人,很快会对他们自身采用同样的规则。他们不再必须回到他们本来的位置,而是将他们放置到他们自己设计的插槽中,用他们被教导的方式寻找、挤压自己的每一寸肌肤,正是在这样的进程中,将他们的同伴也放置到他们的位置中,直到每个人、每件事都相互附着。

在过去的 20 年中,美国教育发展越来越"市场化"和"商业化",也被称为"教育产业化"。伴随着朝向知识经济的市场驱动,在私有化、企业赞助的推动下,技术和知识产品大量出售,这以此说明在快速实现价值的趋势中,学生成为消费者,父母成为顾客,教师成为雇员,都服务于生机勃勃的教育产业。在美国,教育产业被预计价值在 6 300 亿—6 800 亿美元一年③,而就此预估全球教育产业价值将达数万

---

① Gatto, J. T. *Dumbing Us Down*:*The Hidden Curriculum of Compulsory Education*[M]. Gabriola Island, BC, Canada: New Society Publishers, 2005. 1-11.

② Illich, I. *Deschooling Society*[M]. Marion boyars Publishers Ltd. July 1st 2000. 45.

③ Light, J. *The Education Industry*:*The Corporate Takeover of Public Schools*[EB/OL], Corpwatch. Available online at: http://www.corpwatch.org/issues/PID.jsp? articleid=889.

亿美元。"培养出掌握宽容和理解艺术的国家公民这个民主教育的传统目标,正在让位于各种的社会达尔文主义——不惜一切代价争输赢。"[1]

正是由于这种经济"钱"景,教育部门通常吸引着一些大型全球机构的注意力。如经济合作与发展组织(OECD),世界贸易组织(WTO)和世界银行(WBG)在教育政策方面已经着手进行强制结构转换,允许教育产业中的大企业进行全面的市场渗透。教育系统的变化同时伴随着经济的"结构调整政策"。经合组织、世界银行和其他国际机构已经开始推行他们"自由贸易"的新自由主义议程,将"教育"和"经济"混同、不提倡公立教育、"终身学习"与"职业教育"混同等倾向。而"教育应该服从于一种伟大的世界秩序,而不是个别人或集团的眼前利益。任何教育企业化,教育产业化的念头都只会让这个世界继续以它现有的方式恶化下去"[2]。这种教育的产业化是跨国企业进行的确保国家教育"开放"的政策,可以不受监管地进入全球市场,是以社会和环境健康发展为代价的经济策略的一部分。教育全球化完全由市场和企业承办,其危险性还没有引起人们的足够重视,人们还没有意识到它将带来的长远危害。更重要的是各国政府都将其视为在21世纪的知识经济社会中保持经济增长和保持竞争优势的核心策略。

(二)"商业文化"对教育的意识形态染指

现代教育体系中的相关经济与社会问题催生了教育市场化的兴起。推行激进的教育改革成了当务之急,而各大企业正是瞧准了这一商机。人们也不再深究教育为什么会失败及其历史根源是什么。相反,教育改革迈向了"市场接管"的怀抱。在"新自由主义"意识形态的影响下,教育滑向了完全由"生产""利润"和"控制"为核心理念的商业模式运作中。美国教育顾问斯蒂芬·斯特林(Stephen Sterling)认为,教育市场化改革带来的变化有:对课程控制的集中化;削弱地方政府的控制,削弱教师之间合作和教育机构间的联系;鼓励传统教育方法;加强考察监管制度;通过机构间的竞争获得学生和资源;严格控制教师教育;将校长和领导者变成经理人[3]。这种模式培养出来的人与工厂生产出来的产品

---

[1] [加]杰弗里·斯密斯.全球化与后现代教育学[M].郭洋生,译.北京:教育科学出版社,2000.61-149.

[2] [加]杰弗里·斯密斯.全球化与后现代教育学[M].郭洋生,译.北京:教育科学出版社,2000.61-149.

[3] Sterling, S. *Sustainable Education: Re-visioning Learning and Change*[M]. Green Books for the Schumacher Society, 2001. 40.

具有许多相似之处:年轻人和任职资格被生产出来;具有明确的规格和用途;课程提供了每阶段的生产指令;教师和技术员具有同样的作用,甚至可以彼此替换。

通过这种途径,企业顺利地接管了教育产业,对"生产材料"进行培训,可以毫无顾忌地推销他们的产品和服务活动,传播资本主义意识形态;利用政府缺乏资金的弱点,企业以悬挂"胡萝卜"的形式,赞助失败的教育机构,进而实施掠夺——通过给教育机构大量金钱,或者完全出资购买,承诺这些机构在市场经济的竞争优势,从而垄断到更多被动消费者。"企业史无前例地控制着学习环境,通过阴险的和不受质疑的方式随心所欲地浇铸学生的思想。越快抓住人们的思想就越有利,因为年轻人的思想更容易受影响,一旦成型会一生忠实于这种思想。"[1]

在教育系统的所有阶段学生们都将接受企业的市场化管理。如欧盟颁布法令,欧洲任何一所公立学校必须在 2010 年与一个企业结成对子[2]。企业在教育中的市场化行为中最厚颜无耻的例子是将产品标识和商业广告堂而皇之地展示在教科书、影像资料、食堂、校车、体育设施、厕所、学生酒吧甚至走廊海报中[3]。这显示了企业不会仅仅满足于简单的商标"灌输",企业市场在向教育进攻,而且他们现在正努力地,"将他们的商标不仅仅是添加到教育中,而是成为教育学科,不是选修课而是必修课"[4]。1995 年美国消费者联合会公布了一份报告:"数以千计的企业将其市场行为目标锁定在学校的孩子或他们的教师身上,范围包括教师视频资料、指导用书,从海报到辩论赛,分发赠品和优惠券"[5]。这些企业公开声称他们提供珍贵的教育资源,为贫困学校提供必要的服务,而他们的真实目的很明显是争夺市场份额。

在"产业化"改革的学校教育中,企业信息已经频繁出现在学生的学习材料中。由于越来越多的公众意识到工业化的生产方式是对环境的最严重威胁,而

---

[1] Beder, S. *Global Spin: The Corporate Assault on Environmentalism* [M]. Dartington, Devon, Green Books, 2002.

[2] Sterling, S. *Sustainable Education: Re-visioning Learning and Change* [M]. Dartington, Devon, Green Books, 2001. 40.

[3] Light, J. *The Education Industry: The Corporate Takeover of Public Schools* [EB/OL], *Corpwatch*. 1998. http://www.corpwatch.org/article.php?id=889,1998.

[4] Klein, N. *No Logo* [M]. New York: Picador, 1999. 89.

[5] Klein, N. *No Logo* [M]. New York: Picador, 1999. 93.

且这种趋势也将威胁到世界商业利益。一些企业已经认识到学校的环境教育将会对企业未来的发展产生积极的影响,尤其是通过对孩子的有针对性的教育也将会影响他们父母的消费行为。因此企业将"绿色教育"的观点作为教学材料充斥在学校中,材料全部采用"绿色"视角,并且宣称具有"客观性",强迫孩子被动接受企业关于环境问题的观点。如2001年苏格兰企业分发了2万份《生物技术与你》杂志到学校。由孟山都企业(美国著名农业生化企业)、诺华企业(瑞士制药企业)、辉瑞(美国制药企业)和罗那普朗克(法国制药企业)发行,这份杂志公开攻击有机农业,宣称转基因农作物对人们有利,进一步宣称孟山都企业最好卖的杀虫剂"比食盐的毒性还低"①。再如国际纸业企业出版的《保护美国的森林》,在解释了砍伐树木对野生动物和人是多么的有益后,世界上最大的纸品制造商佐治亚太平洋企业(财富500强企业,总部在美国,主营林产品纸品)就重点深入调查了在印度尼西亚砍伐原始森林,通过宣称他们的工作有利于野生动物来证明他们的不可持续的砍伐行为的合法性。因为如果没有人砍伐,树木生长得越老就越容易被疾病、腐烂和恶劣天气杀死。古老的树不能供给多种多样的野生动物食物,因为森林地表的树荫不利于动物需要的地表植物的生长②。还有美孚石油企业分发免费的影像资料《聚苯乙烯、塑料和环境》,描述了塑料作为人类制造的理想产品,可以回收和转储;通用汽车企业发布了影像资料《我需要地球,地球需要我》,宣称石油回收的好处却没有提及减少运输的必要性③。这些企业使用的一贯策略是通过忽略一些事实而夸大另一些事实对公众进行欺骗,他们试图传递给中小学生的最主要的信息是"化学和技术解决我们的问题,过度消费是我们与生俱来的,对商业有利的行为有利于每个人"④。为了企业利益可以假借"科学"之口,堂而皇之地影响学生的价值判断,如果教育任由"市场之手"进行指挥,教育的意义也就荡然无存了。

---

① Monbiot, G. The Corporate Takeover of Childhood. *Guardian*[EB/OL]. http://www.monbiot.com/2002/01/08/the-corporate-takeover-of-childhood/.

② Beder, S. *Global Spin: The Corporate Assault on Environmentalism* [M]. Dartington, Devon, Green Books, 2002. 170.

③ Korten, D. *When Corporations Rule the World* [M], Kumarian Press, West Hartford, CT, 1995. 156.

④ Selkraig, B. Reading, 'riting and Ravaging: The Three Rs, Brought to You by Corporate America and the Far Right[J]. *Sierra*, 1998, 83(3). 63.

二、美国高等教育中的"商业意识形态"

全美的金融危机与经济下滑已经导致了政府对高等教育的公共资助预算的持续削减。伴随着这种预算模式的变化,普遍转变的是对课程资金的压缩。在这个新模式下,以市场成本为核心的学术行为必须证明要么是能产生补偿性的社会收益,要么是能成为获得优先资助的机构。在这种背景下,许多人文教育课程,尤其是研究生教育课程,被迫通过增加学生学费,开发网上教学和远离工厂的实习,发展大学生学位选择等方式获得新的财政来源[1]。对于某些特定学校来说,这种压力被认为是地方性的和短期的,一旦经济形势好转,财政压力就会减轻。而从学校教育的更广阔的变化背景看,目前面临的压力正处于社会政治经济长期转型的过程中,因此为这些公共教育课程带来了严重的生存挑战。

(一)高等教育商业意识形态的驱动因素

教育全球转型的核心驱动力是一个形成价格、财政、市场和优先权的潜在的政治经济的长期转变的结果。目前的教育环境与几十年前相比更加混乱,更加具有竞争性,也更具有威胁性。就全美而言,公立教育的政治优先性已经下降。半个世纪前,国家的政治领袖通过支持投资,扩大大学入学机会,增加前沿研究,来促进经济繁荣,强化他们的声望,从而获得选票。如今,教育作为促进经济资产发展的功能甚至比 50 年前得到了更好的认识。尽管如此,在全国层面上高等教育的政治优先性还是在下降,很明显地体现在政府对其资助水平上。

1. 政府的资助水平的持续下降

在 20 世纪的后 50 年中,占统治地位的观点是大学应该运用他们的专业知识,解决美国所有关键的社会和经济问题,从对外关系到国内政策,从向"贫困宣战"到发起"冷战"。然而,几十年来,美国对公立大学的预算资助呈现下降的趋势,而且这种趋势要远远早于 2008 年的经济低迷开始的时期。即使是国家金库充盈的时候,与其他资助相比,对高等教育的资助通常也黯然失色,尤其被强制托管、不可任意支配的医疗补助计划款项、K-12 教育和其他项目所挤压。在大学财政中的国家资助额度的百分比同比许多机构中降至个位数,现在都被称

---

[1] Teicher, P. *The Effects of the Recession and State Deficits on Graduate Public Administration and Affairs Programs*[M]. Washington, DC: NASPAA, 2010.

为"名义上的公共"(public in name only)。的确,公立和私立大学的界限,过去从来没有认真进行过界定,现在看来,越来越不需要界定了①。

即使公共资助在下降,公众对限制学费增长的需求却在加强,政治资本也与那些承诺控制学费增长的当选官员站在一起。大学面临着诸如入学权、学费和学习成就等问题承担更大公众责任的压力。在对经济衰退的清醒认识中,学生作为未来雇员的前景以及大面积的学生债务问题也日益凸显。同时,完成高等教育的成本却在持续增长,其速度已经超出传统收入来源,引起了对新资助机会竞争的增长。经济下行也削减了大学捐款,因此更加剧了成本与收入的差距。这些损失中有些已经找平,许多机构在努力增加私人资金投入中变得更加具有商业意识形态。另外,来自毕业校友的捐赠通常具有严格的目的,不能取代对一般性运营中的公共资助。尽管如此,对私人资金增长的依赖以及对预期捐赠的期待,在面对全球经济的不稳定性上还是一个具有风险的策略。

2. 公共教育课程面临的价值困境

对于研究型大学,面对滞后的捐赠和州财政支持的下降,有时会从增加的联邦研究基金中找到平衡。但是,这些基金并不是对所有的大学和所有课程都一视同仁,当然也包括公共教育课程,他们并不承担这些核心课程的运作成本。事实上,大范围的联邦资助通常只对主要的基础研究和核心研究进行投资,从而增加了大学整体上的经济压力。考虑到联邦预算状况,不大可能对研究基金进行大量投入,结果是,更多的机构追逐相对固定的联邦资金支持,而那些获得更多支持和倾斜的研究机构需要为多获得的这些美元尽力证明他们投资的合理性。

"我们的课程——或许前所未有——必须展示我们存在的目的;展示我们与学生、我们的大学以及我们更广阔的社会之间的关联性。"②问题在于,并不是因为公共教育课程没有实现教学目标,或没有完成设定的职业责任标准;也不是学校的领导者不关注公共教育课程或没有认识到该课程的作用。该课程所面临的挑战来源更具有基础性,甚至更有威胁性。在本质上,公共教育课程及其体现的公共服务价值使它们自身不再像 20 世纪 50 年代那样得到重视了。并且,这些

---

① Rich, Daniel. Public Affairs Programs and the Changing Political Economy of Higher Education[J]. *Journal of Public Affairs Education*, 2012, 19(2). 264.
② Berry, F. *The Changing Climate for Public Affairs Education*[M]. NASPAA Presidential Address, 2010.

课程及其价值对于 21 世纪大学所具有的公共功能来说并不重要。

新信息技术产生了网上及通常以利益为导向的高等教育选择机会,逐步增加了相互竞争,同时也消耗了公共资源。美国国会委员会评估了没有获得学位的学生的债务问题:由于大量联邦资金支持盈利性的课程,一些边缘化的和处于不利地位的学生积累了许多实质性的债务,他们中很少有人能够毕业或毕业后找到一份工作以偿还贷款[①]。社区学院,美国高等教育中增长最快的组成部分,直接为了本州和联邦的资金而竞争。总的来说,更多的机构为了同样的收入来源在同一时间而竞争,而其稳定的资金来源量正在下降。更多的机构也在为了学术能力、支付学费的学生、美国大学适龄人口规模下降而竞争,这也意味着将来这种竞争将更加激烈。

3. 高等教育面临的全球竞争压力

高等教育的整体图景还在发生变化,在国际范围内也展示了具有深远意义的挑战。在全球范围,对高等教育的需求和要求都在增加。从某种角度上说这对于各国的大学也是一个好消息。美国高等教育被视为国家的经济资产,无可争辩地成为国家最成功的工业。实际上,美国的高等教育是世界上其他国家所顶礼膜拜的,而其他国家也在努力赶超这个目标。如中国和印度已经超过美国的年度大学毕业率,并在对高等教育的规模、质量和研究能力上的投资势头大增。全美公民从 25—34 岁的中等后教育学历人口占比是第 10 位[②]。正如拉马尔·亚历山大(Lamar Alexander)参议员所说,现在祝贺我们自己拥有世界上最好的高等教育体系就好比 20 世纪 60 年代的底特律祝贺他们自己成为全美制造了几乎世界上最好的汽车一样。[③]

在研究生教育和科学研究领域对美国高等教育的领袖地位威胁更大。美国高等教育,尤其是研究生教育,几十年来成为吸引全球的磁石。现在却很清晰地

---

① U. S. Senate Committee on Health, Education, Labor and Pensions. *The Return on the Federal Investment in For-profit Education: Debt without Diploma*[M]. Washington, DC: Author, 2010.

② Christensen, C., and M. Horn. Colleges in Crisis: Disruptive Change Comes to American Higher Education[J]. *Harvard Magazine*, 2011, 7(21). 1.

③ Alexander, L. The Three-year Solution. *Newsweek*[J]. Retrieved from http://www.thedailybeast.com/newsweek/2009/10/16/the-three-year-solution.html, 2009, October 16.

看到美国高等教育工业的长期统治地位正在受到挑战。在 2005 年,一份科学、工程学和医学的学术报告发出警告,除非迅速采取行动,美国在科学和技术领域的领导地位将不再持续①。在一个技术"变平"的世界,所有的大学,尤其是研究型大学,现在必须变得更加具有商业意识形态。美国大学现在仍然处于世界前列,但他们正在失去基础。弗雷德曼(Friedman)指出,这种挑战是一种"安静的危机",反映了美国的科学和工程基础遭到持续的侵蚀,同时其他国家正在增加教育投资和承诺加强它们的教育体系,包括高等教育体系。目前的州和联邦政府的预算危机在近期不会发生任何变化。具有讽刺意味的是,正是在这个时候,当全球需求正在增加,高等教育与经济长期发展之间的联系比以往任何时候都重要时,美国高等教育工业或许会失去其全球市场地位。②

10 年前,康内尔大学前任校长弗兰克·罗兹(Frank Rhodes)宣称"高等教育商业化正在进行基础性的重构,没有大学能够豁免","知识商业正在规模上激增,成为全球范围的,高度分化的,密集竞争性的",结果它正在驱动产生一个"可与卫生保健、加工制造业和其他工业经历相比较的猛烈转向的重组③"。对于美国大学而言,这些变化是引人注目的和容易让人动摇的,它们改变了高等教育的价值观和优先权,支持高等教育的资源如何产生和分配,谁将为谁提供学术课程的内容,以及什么样的课程标准将被评估通过。

(二)高等教育的商业意识形态模式

高等教育的政治经济转型在未来几十年中将会持续深入进行下去。无论任何理性的考虑,美国都将处于供应与需求的全球经济形态的重构进程的开始。全球与国家竞争必定会加剧,州对公立大学的资金支持将会不可逆转地下降。大学正在面临着回应大幅度增长的学费的财政压力,如果放置到市场中,价格就会让他们陷入困境,也会受到来自增长的学生贷款的压力。价格上无法参与竞争或者增加学费标准,在面对许多吸引较低花费选择的非传统学习者的竞争时,

---

① National Academies of Science, Engineering and Medicine. *Rising above the Gathering Storm: Energizing and Employing America for a Brighter Future* [M]. Washington, DC: Author, 2005. 4.

② Friedman, T. L. *The World Is Flat: A Brief History of the Twenty – first Century* [M]. New York: Farrar, Strauss and Giroux, 2005.

③ Rhodes, F. H. T. *The Creation of the Future: The Role of the American University* [M]. Ithaca, NY: Cornell University Press, 2001. 230.

大学将会处于防守地位。还有新增加的来自跨国网上大学的竞争因素,他们提供高端教师和大范围课程的全球选择优势,远超任何在固定学校或网上提供资源的单一机构。在这种背景下美国大学对资源的争夺将会更加激烈,美国高等教育工业将会产生分化和差异。

由于政府对高等教育支持的下降,社会公共教育课程不能满足新时代的价值要求,在面对全球竞争压力时,高校正在回应这种压力,研究型大学已经找到一种策略:转型成由商业意识形态主导的大学。这种模式将高等教育面对的价值混乱、竞争和政治经济威胁转变成大学发展的机会,采用新制度作为创新的引擎,驱动以知识为基础的全球经济。这种"商业意识形态"要求大学必须对竞争身份和市场地位变得更加自力更生、自我指导和具有清醒的自我意识。

1. 高校商业意识形态的发展机遇

对这种商业意识形态模式的潜在设想是,大学对于 21 世纪可持续的经济发展和繁荣是不可或缺的:能够产生新的智力财富使其商业化;强化科学和技术劳动力储备;培育和强力启动新商业项目吸引投资,创造就业机会;以大学知识资产的流动性应对全球政治经济的新挑战;服务于 21 世纪创新和文化的核心。这些功能的全部实现需要运用新的计算方法对教育优先性和教育成果进行评估,必须对能够产生较大影响的创新点进行投资,在高等教育市场内外都赋予其竞争优势。具有商业意识形态的大学也需要制度上的大转变,采用来自私立部门的方法和实践转变保守的和臃肿的学术机构,成为一个合理的和灵活的全球竞争者。北卡罗来纳大学的校长霍顿·索普(Holden Thorp)认为,具有商业意识形态的思维方式必须自始至终进行学术文化的灌输:"将大问题作为大机会"的思维方式,并关注于驱动创新和变革的最初行动[①]。由于缺少商业意识形态因素,大学没有实现自我挑战,同时也缺少对社会期望的关注。对商业意识形态的灌输能够使得大学成为"真正的创新引擎,正如社会期待它们成为的那样"[②]。

对于具有商业意识形态的大学模式的呼吁已经势不可挡。通过对经济控制

---

① Thorp, H., and B. Goldstein. *Engines of Innovation: The Entrepreneurial University in the Twenty-first Century*[M]. Chapel Hill: University of North Carolina Press, 2010. 6.

② Thorp, H., and B. Goldstein. *Engines of Innovation: The Entrepreneurial University in the Twenty-first Century*[M]. Chapel Hill: University of North Carolina Press, 2010. 21.

的自我密封的逻辑支持外,无一例外地关注具有较高影响力的对"大问题"的解决途径,尤其是在经济下行的时候作出的对经济再次繁荣的承诺。现在大学的公共职能越来越关注于以新知识为基础的全球经济的创新引擎的贡献上。对于那些主张寻找新工作机会、新商业和为城市、州和国家可持续发展的经济增长的人来说,大学的这些因素都具有强大的吸引力。

2. 高校商业意识形态模式中的发展理念

为了开发具有商业意识形态的大学模式的潜在力量,大学领导者通常转向私营部门寻求指导。大学运作的"私有化"主张,通常被作为大学转型成为更加成功的地区、国家和全球竞争者。从私营部门复制商业实践模式,进行积极的市场化运作,出售其产品,这些对于大学都不再是新鲜事。然而真正在起变化的是渴望为全部大学灌输这种商业意识形态和思维的商业模式和市场化做法。商业意识形态的大学是一个将高等教育面临的挑战视为商业问题,并寻求商业途径解决的"工厂"。在对竞争成功的标准研究中,行政管理者输入了最新的商业理念和方法,包括价格、增加的收入、促进成绩和强化自力更生。正如大卫·科伯(David Kirp)所说,大学已经接受了多种多样的市场技巧增加他们的竞争力,加强他们对学生顾客和投资伙伴未来预期的设想[①]。另外,创新和商业意识形态已经成为研究型大学的构成部分,企业家必须在这种制度中产生。

与商业意识形态的大学模式相关联的正是那些主张革新政府的狂热分子的呼声,他们寻求重新打造政府官僚机构,转变成通过灌输竞争、激励措施和其他私营部门增加绩效的有活力的组织机构。正如卡马克(Kamarck)所主张的,"其本质上革新的政府是具有商业意识形态的","其运行尽可能地像私营商业部门,对革新政府的文献和实践充满了对竞争、灵活性、雇员授权和顾客服务的赞誉之词"[②]。对于主张具有商业意识形态的大学,成功的秘诀大致相同。面对各种内部和外部环境压力,大学实现了最大程度上的"有更加复杂技术的,以知识经济为基础的,所提供赚钱机会的快速增长",商业优势的驱动已经成为自我强化的

---

① Kirp, D. *Shakespeare, Einstein, and the Bottom Line: The Marketing of Higher Education*[M]. Cambridge, MA: Harvard University Press, 2003. 153.

② Kamarck, E. C. *The End of Government…as We Know It: Making Public Policy Work*[M]. Boulder, CO: Lynne Reinner, 2007. 63.

手段,增加的竞争性相应地刺激了寻找更多资源的努力。①

在主张"大学商业化"的学者看来,大学就是一个巨大的商业活动场,必须作为商业获得成功,否则就不能成功。占主导地位的州立大学的办学理念似乎更加留恋过去的模式而非未来。大学正在为经济发展做出巨大的贡献,这种贡献在未来将更加突出。对高等教育的这些认识再加上几乎是定势的高等教育结构,无论是行政管理还是学术课程,正翘首期盼商业意识形态和创新的强有力作用。

但是,这种商业意识形态的大学模式是存在问题的,它的问题不是因为缺少连贯性和逻辑基础或者是缺少基本理论,而是在于其视角的狭隘化,且其独特性也往往伴随着这种狭隘化的视角——代表了将大学从其公共服务的意识形态职能中转移,而这种公共职能支持了高等教育半个多世纪的扩张,其中包括开设了大部分的公民意识形态教育课程。

(三)高等教育商业意识形态模式的局限性

在高等教育的商业转型中,追求新的课程和收益途径的选择将会使得一些课程变得更强大。但由于对公共教育课程长期缺乏有力支持及社会表现出的对公共服务价值的侵蚀,从长远看对于社会主流意识形态的教育和传播会产生更大的威胁。为扭转这一局面,需要限制21世纪高等教育中的商业意识形态的导向作用,另外是用一种更加广阔的视角去构想大学的意识形态功能。

1. 商业意识形态的悖论

考察商业意识形态模式的核心理念就会发现其局限性。商业意识形态的内涵十分宽泛,当人们对"商业意识形态意味着什么"及"它所要传递的是什么精神"而发问时就显得迷雾重重②。有人认为商业意识形态是对我们时代历史上的最典型特征的描述,实际上在应用上是没有边际的:"商业意识形态的基本内涵及伴随的技巧,无论你的兴趣、梦想及价值观是什么,都是一样的。"③然而这

---

① Bok, D. *Universities in the Marketplace: The Commercialization of Higher Education*[M]. Princeton, NJ: Princeton University Press, 2003. 14-15.

② Rich, Daniel Public Affairs Programs and the Changing Political Economy of Higher Education[J]. *Journal of Public Affairs Education*, 2012, 19(2). 275.

③ Thorp, H., & Goldstein, B. *Engines of Innovation: The Entrepreneurial University in the Twenty-first Century*[M]. Chapel Hill: University of North Carolina Press, 2010. 8.

种观点却使得与支撑该概念的基本特征相混淆了。企业家并不仅仅是创新者和改革代言人,他们也是从事冒险事业的人,并且他们所从事的冒险事业通常并不是存在于大多数事务中。经济学家意识到商业意识形态具有一种重构的创造力,能够重振资本主义经济。然而,大多数情况下大多数企业家在他们所做的大多数事情上都是失败的①。因此,人们就很困惑:商业意识形态在缺少必要元素的情况下是如何使得大学做得更少而得到更多,如何增加他们所做事情的影响力和效率,使得他们能够解决社会的"大问题"?在经济学理论上,企业家为其自己的成功和失败负完全责任,而当商业意识形态的思维方式灌输到大学校园中,谁为这种精神负责呢?

2. 高校商业意识形态的价值

商业意识形态大学是否真的能够成为切实传递大学承诺的、有助于 21 世纪的经济繁荣发展的创新机构?我们知道,在全球化背景下,在不断增加的竞争力中,一方面大学对知识经济社会的发展有重要作用,而期待在特定的社会或国家中,大学将会占有多少全球商业利润则是另一方面。有学者认为,如果美国的加工制造业还由外国的工厂,如印度和中国进行生产,那么产生于美国大学的智力财富的商业化,对于当地或国家经济中的就业增长所起的作用就会大打折扣②。最重要的是,大学在智力财富商业化的投资中已经失去了领袖地位,其大部分的专利不能最终带来税收,而对此进行的成本弥补却是实实在在的需要由研究机构承担的。

由于大学越来越关注于商业意识形态、私有化、产生收益和经济发展,这些维度不可避免地成为判断一所大学课程、人口和公共责任的价值标准。学术质量将不会作为商业成功的基准之一参与评估,因此,很难避免出现这种忽视学术质量的结果。大学领导者或许声称高质量的课程在增加财政收入中缺少引领作用,但仍然会珍视和支持这些课程,但商业意识形态的大学能够负担多少这样的需要沉重补贴的课程呢?即使是最传统的对学术质量的测量中,诸如著作和期刊文章发表数量,比起他们长期的对经济价值的学识贡献来说就变得不那么重

---

① Rich. Daniel. Public Affairs Programs and the Changing Political Economy of Higher Education[J]. *Journal of Public Affairs Education*, 2012, 19(2). 275.

② Rich. Daniel. Public Affairs Programs and the Changing Political Economy of Higher Education[J]. *Journal of Public Affairs Education*, 2012, 19(2). 276.

要了,前者能带来更高的国家和国际排名,市场认知度更大。哈佛大学校长福斯特(Drew Faust)认为,"作为一个国家,我们信奉教育作为经济增长和繁荣的关键因素,但我们应该记得大学只是作为大量的而非可测量的实体。高等教育不仅对经济增长的来源有责任,而且也为社会的批判和良知负责"①。因此,实现公民责任需要的不仅仅是商业意识形态的思维方式。

3. 高校商业意识形态模式的局限

分析大学商业意识形态模式的局限性,也需要考察其所声称的包括为21世纪经济发展所做的贡献。关于高等教育与经济繁荣之间的关系是一个老生常谈的话题了。公立学校的建立之初就包含着对社会经济发展的期待,并且也是公共资金对此进行资助的重要理论来源,美国150多年前的《赠地法案》就能很好地说明这一点。另外,历史记录很清晰地显示美国大学在促进社会和国家的经济与社会幸福方面起了关键作用。而大学做出这些贡献所使用的方法是多种多样的,也逐渐被人们所熟悉。例如二战后的半个多世纪以来,高等教育,尤其是公立大学为更广大的人群提供了空前的获得高等教育的机会,创造了世界上最高的受教育水平的劳动力人口。这种对经济发展和繁荣的贡献并不是商业意识形态大学的逻辑模式的组成部分。舒尔茨(Schultz)指出,在历史上,美国高等教育既体现了民主又体现了市场理念和责任,但现在的经济压力已经将大学推向了培养更加企业化精英人才的方向,服务于市场需求,将他们的责任感替换成对民主的服务,已经成为占主导地位的意识形态。②相似地,克里斯多夫(Christopher Newfield)也指出,与大学相关的竞争力和经济需求在新的政治和经济转型中侵蚀了公立大学的民主意识形态教育使命,尤其是其承诺保持学生的低成本教育。增加的"大学作为一个私人化的知识工厂的视角,与扩大的入学机会和平等主义的发展理念的下降保持一致"。③

商业意识形态与经济效益直接挂钩,这种模式对于学校而言过于狭隘化了。而在全球市场化浪潮中,完全将这种模式抛弃也是不可能的。因此,需要找到另

---

① Faust, D. The University's Crisis of Purpose[J]. *New York Times Book Review*, 2009. 19.

② Schultz, D. *The Corporate University in American Society* [EB/OL]. *Logos*, http://www.logosjournal.com/issue_4.4/schultz.htm. [2005].

③ Newfield, C. *Unmaking the Public University: The Forty-year Assault on the Middle Class*[M]. Cambridge, MA: Harvard University Press, 2008. 10.

一种与其相互补充的方式。从长远看,21世纪高等教育中最有意义的底线是学术质量,任何其他的底线最终都会削弱大学生存下去的原因。另外,其他体制能够比大学更实际地也更有效率地产生商业行为。学术成功首先在于学生的成功;其他结果都是由此派生的。大学承诺的学术成功必须产生于支持这种成功的资源需求上,如果没有商业成功学术成功是不可能的。加上商业意识形态因素,将会强化后者,但后者并不是前者的替代品,在其自身正确性上也不应该成为大学的首要目标。

第四节 美国意识形态教育中"文化霸权"的全球彰显

21世纪以来,美国更加追求构建以资本主义意识形态为主的世界体系,在对外关系中意识形态考量仍占主导地位。老布什政府就是"按照我们自己的价值观和理想建立一种新的国际体系"。克林顿在就职演说时提出要"为维护美国的价值观而战"的原则,并强调,"美国将建立每个大国都是民主国家的世界","促进民主不仅符合美国的价值,而且符合美国的国家利益"。[①] 小布什在其上台第一年公布的《美国国家战略报告》中明确提出两大目标:一是大力向全世界推行其民主自由的意识形态;二是防止任何大国崛起并挑战美国的全球领导地位。在其第二任期内更强调要实现"全球民主化"。著名新保守主义者的目标也是在全球推进美国式的民主自由体系,推销并保护美国的价值观。民主党总统奥巴马第一次就职演说中声称,不仅要对美国也要对世界负责,"我们需要一个新的负责任的时代,一个觉醒的时代,每个国人都应意识到我们对自己、对国家和世界负有责任,我们不应该不情愿地接受这些责任,而应该快乐地承担起这些责任"。

一、学校道德教育中的"文化"意识形态冲突

美国的意识形态教育主要是依托家庭、教堂和社区开展。对孩子进行道德和价值观教育被认为是"家庭的私人事务",学校只承担读、写、算等技能的教育。公立教育运动开展后,美国学校意识形态教育的内容,才体现在一些"公民""行

---

① Mansfield, Edward D., and Jack Snyder. Democratization and War[J]. *Foreign affairs*, May/June, 1995, Vol. 74. 79.

为与道德"等课程内容上。但受到美国社会制度和文化的影响,长期以来都没有统一的学生意识形态教育相关课程的大纲。从杜威的实用主义价值观在全美的风行,到科尔伯格的道德认知发展理论的"公平"原则,到后来政府推行的"品格"教育,都体现了美国教育中的文化意识形态。

20世纪40年代,对新技术和科学的需求,使美国要求学校对智力成就和基础的学术技术更加重视。另外,当时美国的所谓的"民主主义"和宗教的力量联合在一起达到了反对共产主义的目的。学校因此重新形成了意识形态和公民教育的共识,创建了全新的课程,让学生能够战胜新的全球威胁;在波斯顿的学校中,公开宣传"共产主义是民主的敌人",以此来警醒学生。[①] 在这种氛围下,教育学生对民族的忠诚,其目的是在经济和军事领域能与社会主义阵营的"领头羊"苏联相抗衡。但在实际中,对学生的道德责任和公民责任感的意识形态教育也随之滑坡了。最后,美国人逐渐认同的趋势是,个人应与社会和国家的公共性区分开来,美国人认为宗教和道德是个体的责任,应把它归为家庭和教堂,而不是学校。"今天,美国文化的许多方面都存在问题,处于衰退或甚至受到攻击之中。在美国文化的本质内容被取代或削弱之前,我们应该明确让美国成为当今强国的价值观,并扪心自问这些价值观是否对国家实力至关重要,如果是重要的,那么就要采取措施来加强,并在某些情况下拯救这些价值观。"[②]

当亨廷顿用"文化冲突"置换"政治冲突",以文化上的认同和归属取代意识形态的对立时,文化间的冲突归根结底隐含着意识形态的内核。对此,亨特说得很明确,"一种意识形态之所以能持续存在,可能要归功于某种文化的推动力,而这种文化起初并无显著作用"[③]。亨利·基辛格认为,"在冷战中的胜利,已将美国推入一个与十八至十九世纪欧洲的国家体系十分相似的世界……超越一切的意识形态争端或战略性威胁的消失,使各国可以将其对外政策的基础逐渐转向对本国直接利益的追求"[④]。但冷战后美国的反共主义及全球主义这两大意识形态的目标仍然在冷战思维的惯性作用下继续在其外交决策中发挥着

---

① Feinberg, Jnel. *Rights, Justice, and the Bounds of Liberty*[M]. Princeton, NJ: Princeton university Press, 1982. 89.
② [美]罗姆尼. 无可致歉:罗姆尼自传[M]. 白涛,译. 北京:法律出版社,2012. 240.
③ [美]迈克尔·H. 亨特. 意识形态与美国的外交政策[M]. 褚律元,译. 北京:世界知识出版社,1999. 14.
④ [美]亨利·基辛格. 外交[M]. 纽约,1994. 805.

作用。

二、全球化背景中的美国文化"软实力"

在日趋激烈的全球知识经济竞争中,谁掌握了 21 世纪的教育,谁就能在 21 世纪的国际竞争中掌握主动权。"教育—知识与科技—人才"优先发展已渐趋成为世界各国提升当代国际竞争力的核心链条①。美国的经济、企业和社会机构已经成为国际化的,遍布全球的并与其他国家和人民相互依存的关系。全球知识的瞬息万变、资本和低贸易壁垒的工作机会所决定的市场特点共同制造了新的商业范式,如外包和离岸外包、从公共向私人股本投资、对国家或地区利益的认同和忠诚下降共同造就了全球繁荣。

在资本主义社会,学校文化的功能是达成政治目标的重要手段,一方面是社会化功能,即传授知识及技能,形成社会所期待的价值观以及"道德社会化"功能。另一方面是"选择"与"分配"功能,即将不同的学生按学校学术标准筛选出来,进行教育后成为精英阶层;而未被选择的学生分流到职业技术学校或直接进入工厂。

哈佛大学教授大卫·兰德斯在其著作《国富国穷》一书中对于为什么有的国家繁荣富强而有的国家贫穷提出了一些关键性的见解。他根据调查得出结论:"文化导致了所有的这些差异"②,这不仅仅涉及理解过去的伟大文明为什么会衰落,正如之前所描述的,而且也解释了今天各个国家之间为什么会存在差异。人们所信仰、珍惜、为之奋斗与牺牲的东西在深层次上决定了其社会的本性,而且还影响着这些社会的繁荣与安全。因此,美国丰富的自然资源肯定是促进了美国的发展,但真正让美国在人类的发展历史上成为最强大、最仁慈的国家,并保持下来的原因,却是美国的文化。

最近美国国家情报委员会 2020 计划总结道:

"21 世纪正是在这种全球的、高度竞争的、知识驱动的经济中重塑社会本质的强大的力量,对国家、民族和城市发展造成了艰巨的挑战。来自世界日益全球化的变化的数量和速度——除了它的精确特征——将会是 2020 年世界的最典型特征——增长的互联性反映在信息、技术、资本、商品、服务的扩大的流动中,

---

① 何伟强.论当代国际竞争对教育优先发展的诉求[J].浙江教育学院学报,2009(3).35.
② [美]戴维·S.兰德斯. 国富国穷[M]. 门洪华,译. 北京:新华出版社,2001.1.

世界各地的人们将会成为一个包罗万象的大趋势,一种无处不在的力量,在2020年将在实质上成为所有主导趋势。"①

今天,一个大学学位成为大多数职业的必需品,越来越多的人更加需要研究生教育学位。在知识经济时代,资产驱动产业价值的要素不再是物质资本或非技术工人。相反,是文化知识和人力资本。这种日益增加的高等教育的功利主义观点也充分反映在公共政策中。美国州长协会(NGA)指出,"21世纪经济的推动力是知识,开发人力资本是保障繁荣的最佳途径"②。文化成为一种强大的政治力量。就像20世纪60年代的太空竞赛刺激了教育与研究投资的大量增加,有迹象初步表明21世纪的技能竞赛可能很快成为美国占主导地位的国内政策面临的首要问题。但与太空竞赛的重要区别是,太空竞赛激起了公众对基础教育的广泛关注,全国的关注点集中在教育"最好和最聪明"的社会学术精英的培养上;而21世纪的技能竞赛关注的是培养占人口比重较大部分的劳动力的技能和知识水平,并将其视为经济繁荣、国家安全和社会福利的核心要素。正如商业型大学所声称的那样,委员会认识到大学文化的比较优势将在一个动态的全球社会中,其知识基础的宽度、深度和范围内产生,其创新能力和产生新观点满足社会需要的能力。

三、基于"国家安全"的意识形态教育政策

美国是一个种族和文化存在巨大差异的多元主义国家,在国家治理模式上,主要依靠的不是人们之间的社会关系,而是基于"美国至上"信念的"国家认同"。而美国人时刻都在宣扬这种观念,寻求在世界上的"霸权"地位。从某种角度,对于美国来说,"寻求甚至制造敌人成为美国国家安全的一种需要,也就是轻率甚至有意把某些或某类国家作为现实的或潜在的对手,并以此来判断对方的意图、基本战略,规划自己的战略目标和相对能力"③。

在"9·11"事件发生后,为了保护美国国土安全,在2001年10月26日,美国总统布什签署通过了《美国爱国者法案》(USA PATRIOT ACT)。2002年布

---

① National Intelligence Council. *Mapping the Global Future: Project 2020*[M]. Washington, DC: Government Printing Office, 2004.
② NGA. "Do Skills Matter?". *NGA Workforce Development Policy Forum 2003*[M]. Washington, DC: NGA, 2003.
③ 张爽."美国至上":对冷战后美国国家安全战略报告的一种解读[D].上海:复旦大学博士学位论文,2003.13.

什政府成立"先进科学与安全跨部门委员会",严格控制外籍学生对敏感技术领域的学术接触,在如激光、高性能金属材料、导航与制导系统、飞弹推进技术、飞机发动机、资讯安全和海洋生物技术等敏感研究领域。另外,凡在美国大学或实验室研究机密技术的外国研究生,都必须接受该委员会就其背景进行的调查。委员会每年还负责审核 1 000—2 000 个签证申请,并严格控制已在美国获得本科学位并计划攻读研究生课程的某些外国籍学生。这样,几乎每一位理科和工科方面的科学家和学生都会受到更严格的检查。仅在 2002 年一年,接受"签证螳螂检查机制"的人数就达到 14 000 名。①

2003 年,美国国会通过的 H. R. 3077 号《高等教育国际研究法案 2003》(*International Studies in Higher Education Act of 2003*)对《高等教育法》第六章(Title VI)所规定的国际教育项目——"国际和外语研究"进行修订和重新授权,强调美国需要加强并提高美国人在国际关系、世界地区和外语方面的知识,授权成立一个独立的"国际教育顾问委员会"(International Education Advisory Board,简称 IEAB),以便向国会和国务卿就国土安全、国际教育、国际事务和外语培训等方面提出建议。②

这样做的目的就是政府要更加严密控制任何从事国际研究的人。其出发点无论是试图压制大学校园对政府的批评,还是对从事国际研究的人员进行控制,对于具有美国传统的"大学自治"和"学术自由"理念的教授们而言,凡此种种限制都侵犯了他们的自由权利,他们认为该法案的修订威胁到课程教学和科学研究的自由。因为法案不但授权顾问委员会负责对受资助学校的教学资料、课程设计和聘用教师资格等进行评价,而且把大学,尤其是大学中的区域研究项目当作培育"反美情感"的温床。有些民主党立法者需要采取更多的保护措施,才能确保学者们不至于踩到"意识形态红线",认为"教授们所担心的不是这样的委员会应该做什么,而是试图做什么",因为任何包含文化研究的学术项目都会被置于顾问委员会的监督之下。其中所蕴含的风险就在于,"思想道德上不支持美国对外行动的教授们就可能终止任用,课程中包含批评美国对外政策内容的要进行审查,被认定是完全反美的课程要禁止讲授"。所谓的"国家安全"实质上已经

---

① 李联明."9·11 事件"之后美国高等教育国际化政策调整及其影响[J]. 全球教育展望,2009(10). 52.

② 李联明."9·11 事件"之后美国高等教育国际化政策调整及其影响[J]. 全球教育展望,2009(10). 53.

变成了"不分享、不说话、不传播"的同义词。①

2006年,美国联邦教育部发布了《回应变革世界之挑战:为21世纪而加强教育》(Answering the Challenge of a Changing World: Strengthening Education for the 21st Century)报告(以下简称《报告》),该报告同样把教育问题上升到国家安全战略的高度加以对待。在《报告》的扉页中,乔治·W.布什总统明确提出:"我们需要鼓励孩子们更多地学习数学和科学,并确保这些课程能够与其他国家相竞争……我们确信,如果美国的孩子们在生活中获得成功,那他们就会确信美国在世界上也是成功的。"②时任美国教育部长玛格丽特·斯佩林斯(Margaret Spellings)更是直接指出:"高中改革不只是'教育问题',它还是经济问题、公民问题、社会问题和国家安全问题。因此它是每一个人的问题。"③

四、全球化背景中的意识形态"价值争夺"

早在160多年前的19世纪中叶,当马克思主义刚刚诞生的时候,敌对势力就把共产主义视为"幽灵"。对此,马克思、恩格斯在《共产党宣言》的一开头就进行了形象描述:"一个幽灵,共产主义的幽灵,在欧洲游荡。为了对这个幽灵进行神圣的围剿,旧欧洲的一切势力,教皇和沙皇、梅特涅和基佐、法国的激进派和德国的警察,都联合起来了。"④进入20世纪,特别是"二战"后到冷战结束,由于价值观念、思想体系和社会制度等意识形态上的差异和对立,在反对共产主义方面,美国后来居上,成为"急先锋"。冷战随着苏联解体而宣告结束后,其与东欧剧变大大"刺激"了西方敌对势力的意识形态冲动,在全世界推行美国的利益和价值观念,因为"决定美国资本主义命运和前途的是意识形态,而不是武装力量"⑤。与此同时,美国加紧了对华反动广播的宣传和渗透。

全球化时代的到来,作为一种外在力量是对民族国家观念、意识的重塑和建

---

① 李联明."9·11事件"之后美国高等教育国际化政策调整及其影响[J].全球教育展望,2009(10).54.

② Answering the Challenge of a Changing World: Strengthening Education for the 21st Century [EB/OL]. [2009-10-11] http://www.ed.gov/about/inits/ed/competitiveness.1,2006-02-02.

③ Answering the Challenge of a Changing World: Strengthening Education for the 21st Century[EB/OL]. http://www.ed.gov/about/inits/ed/competitiveness.1.

④ 马克思恩格斯选集(第1卷)[M].北京:人民出版社,1995.271.

⑤ 钱海源.帝国主义的战略阴谋:在中国搞意识形态多元化[J].当代思潮,2000(4).58.

构。全球化给人们带来各种交往关系变化的同时,也使价值问题凸显出来,"经济全球化的推进不同社会制度国家之间的矛盾由过去单纯的尖锐对抗转变成了经济上的既竞争又合作、政治上的既对立又对抗、文化上的既交锋又交流的模式,形成了一个进步性与矛盾性并存、诸种文明的冲突与融合并存、多种价值观的较量与兼并过程并存的复杂局面"。①

随着后现代主义对现代性的批判与全球化程度的加深,意识形态教育面对现代性社会危机出现了新的教育理念和教育形式,同时,意识形态教育的特点决定了它是教育蕴含其中的一种特殊形态,在社会的不同阶段具有不同的表现形式。美国人一直在追求给"世界树立一个自由与民主的榜样"的目标,并谋求把这种自由和民主的"福祉"传播到世界各地。当今美国经济、军事及科技方面的明显优势继续支撑着这种"民主的资本主义"及美国"例外论"的神话,使它们在美国的意识形态教育中发挥着重要影响和作用。

美国从 20 世纪 90 年代始,相继问世了一批意识形态教育研究的著作和文件,掀起了意识形态教育浪潮。几乎与此同时,从事道德教育的专家和学者对柯尔伯格(L. Kohlberg)的道德判断与推理方法和价值澄清学派进行了批评,很多学者转向了直接进行价值引导的品格教育,公民教育受到了新的重视,对学生进行宗教教育的呼声渐起,新一轮的道德教育注重的是对学生的直接的西方资产阶级意识形态引导。

美国还借助经济全球化的浪潮,推销其政治文化模式,进行文化扩张。美国凭借经济、技术和知识等方面的优势,大力发展全球卫星视听系统以及信息互联网,通过无法阻挡的电波,大肆向其他国家特别是广大发展中国家进行文化倾销,占领这些国家的文化阵地。在 21 世纪,各种传媒尤其是互联网已经成为国际意识形态争夺的新阵地和新形式。美国在大力加强报纸、电视、广播等传统媒体进行意识形态渗透的同时,手段越来越隐蔽化,越来越具有欺骗性。在全球化继续扩展蔓延的世界经济浪潮中,英国和美国的西方意识形态价值观直接而强劲地影响了其他国家,利用国际互联网传播时间迅速和自由开放的特点,超越地域、时间限制,对其他国家进行思想渗透,宣扬资产阶级文化和价值观,尤其是其高度发达的经济、商业化运作的电影等文化模式、"及时享乐"的消费模式、快餐文化等对世界上其他国家的影响还在加剧。

---

① 宋效峰. 文化全球化与我国的意识形态安全[J]. 中共天津市委党校学报,2006(3). 98-102.

第六章　全球化进程中美国意识形态教育的发展及其启示

如果我们总是等着别人或是其他时机，改变永远不会到来。我们自己就是我们一直等待的人，我们自己就是我们所寻求的改变。

——美国第44任总统　贝拉克·侯赛因·奥巴马

自古以来，教育与其对思想的"浸染"就是同生同构的关系。20世纪90年代在欧美兴起新的道德教育浪潮，注重教育的意识形态性和通过教育传递社会倡导的价值观。在全球化进程中兴起的终身教育中，教育与人的生存目的论不可避免地联系在一起。人的生存需要全面的教育，人是具体的、目的性的存在，教育就是要培养和造就身心健康、富有情感、充满活力和体现特定意识形态观念的公民。因此，教育应该是具有思想性的教育，不只是单纯地传授知识、培养技能和提高智力，"塑造知识人是一个值得反思的教育信条，教育回归人自身、回归生活才是教育的出路"①，各级各类学校都应该加强价值观引导。从这个角度来说，意识形态教育将传递当今社会的价值观，是学校教育不可或缺的内容之一。

第一节　意识形态教育的共性研究

从民主主义国家到专制主义国家，从资本主义到共产主义或社会主义国家，从富裕国家到贫穷国家，几乎在所有国家，政府直接主导从初等到高等的学校教育的所有层次——为什么国家要主导学校的意识形态教育？总的来说，是因为教育不仅仅传授技能，同时也使得公民社会的特定意识形态得以传播其基本的信念、态度、价值观和行为模式。在这个问题上，政府不可能对公民意识形态教育漠不关心。因为各种技能可以由社会上的行业协会大包大揽，而公民意识形态方面的教育则需要国家对学校的直接控制。

一、学校意识形态教育的功能

美国著名学者杰罗姆·布鲁纳（Jerome Bruner）认为，一种由政府赞助的

---

① 鲁洁. 一个值得反思的教育信条：塑造知识人[J]. 教育研究，2004 (6).

"官方"的教育事业是以传递和解释说明自然和社会及世界文化的方式培养信仰、技能和情感①。法国教育部长茹费理在 1876 年说"一个民主政府的第一项职责是实施对公立教育的控制,这点必须被理解"②。在 20 世纪的西方社会,公立教育被认为是唯一最出色而且普遍成功的机构。在美国最初扩大公立教育活动、"普及初等教育"的旗帜下,或在"为了全民的教育"的国际发展目标中,教育都彻底地取得了胜利。③ "两个世纪前公立学校的这种包容性和强大的体系在世界任何地方还都不存在。……在历史上的深刻印象是随着民族主义的兴起,有利于教育的局面才发生转变……在制度这座大山的范围内,将过去与现在分割开来的民族主义及其一个个的山峰和高原的正是民族国家,使用学校作为民族主义的政治工具。"④公立学校逐渐成为教育掌握者争夺的意识形态教育传播阵地。

(一)传播社会主流意识形态的重要方式

意识形态虽然是理论形态,但它却有很强的实践性和工具性特征,作为社会控制的手段,其作用不容小觑。意识形态具有社会动员的能力,是可资利用的重要的政治资源,意识形态可能没有诸如"硬实力"的军事技术那么直接,但其影响范围更大、作用时间更长,是保持社会稳定的中流砥柱。"意识形态作为国家的'软国家机器'在阶级统治的过程中发挥着作为国家实体性存在所难以起到的作用。不仅如此,意识形态功能和作用的发挥及其程度与社会及其成员的意识形态拥有量正相关,即较大的意识形态拥有量能使个人搭便车或违犯规则的可能性降低。"⑤

像所有成功的机构一样,公共教育的起源包裹在将公立学校描绘成显而易见的、不可避免的,但结果完全是由国家良好动机驱动的过程中:政府推动教育

---

① Bruner, J. S. *Toward a Theory of Instruction*[M]. New York: W. W. Norton & Co,1968.

② Pritchett, Lant. "When Will They Ever Learn?" Why All Governments Produce Schooling[J]. BREAD *Working Paper* No. 031 June, 2003.

③ Pritchett, Lant. "When Will They Ever Learn?" Why All Governments Produce Schooling[J]. BREAD *Working Paper* No. 031 June, 2003. 2.

④ Good, Harry G., and James D. Teller. *A History of Western Education*[M]. The Macmillian Company:London,1969.

⑤ 林毅夫.关于制度变迁的经济学理论:诱致性变迁与强制性变迁//[美]R.科斯,等.财产权利与制度变迁[C].上海:上海三联书店,上海人民出版社,1994.382.

主要是为了经济发展,它是必须的;为了减少不平等,它不可或缺;为了满足公民需要,它必不可少;因为它是最经济理想的选择。因此,各个国家普遍重视教育的重要意义,并且直接由政府推动学校教育。其原因是不言自明的:第一,正规的学校教育同时生产技术和意识形态;第二,市民个体和行使国家权力者直接关注学校提倡的意识形态;第三,行政权力受制于市民;第四,由于意识形态教育不能从外面进行直接评估,也不能直接监管,唯一可行的方法是控制对意识形态的指导。"如果政府和个人对以下意识形态持不同态度——关于谁应当合法统治,关于更可行的经济制度,关于财富分配的公正性,关于对国家的忠诚(相对于地区、种族、部落、家族),关于宗教,关于政治意识形态——这时政权就要直接控制学校教育,进行信念指导。"①

几乎所有的教育系统都有"精英"和"大众"教育,这些区别正是社会分化的来源。在教育历史上,由日益上升的精英阶层接受传统的精英教育发挥了主要作用。学校教育作为教育的主要形式出现,是因为经济和社会的变化。教育必然传达这些变化的意识形态理念。国家统治者不可能对这些理念视而不见。对理念的指导不能离开对知识传输过程的直接控制。因为强大的国家政权寻求对公共教育的意识形态控制,这已经成为学校教育的主要形式。公共意识形态教育逐渐普遍化,要么由强大的意识形态政权直接提供,要么在日益增强的市民社会的需求中产生。

有学者通过比较几个国家的早期公立教育发现:教育不仅仅传授学术技能,它还关涉信仰、观念和价值观等意识形态要素;公立学校的出现往往主要是由于政府扩大对现有学校的意识形态控制内容,随后才进行教育技能的扩展;公立学校教育通常用于促进现存的政体或统治者的意识形态,但是这些意识形态往往与社会和公民的现存的意识形态相冲突;因此,政府控制的学校范围往往是有争议的、复杂的和不受欢迎的。②

因此,学校教育中只传达"价值中立"的技能是不可能的。一个孩子通过阅读一些内容才学会"读"的技能,这些文本内容不可能是价值无涉(value-free)的,甚至纯语言的学习也包含价值负载;历史也不是中性的。此外,课堂教学的

---

① Pritchett, Lant "When Will They Ever Learn?" Why All Governments Produce Schooling[J]. BREAD *Working Paper* No. 031 June, 2003. 1.

② Pritchett, Lant "When Will They Ever Learn?" Why All Governments Produce Schooling[J]. BREAD *Working Paper* No. 031 June, 2003. 3.

结构本身也被纳入沟通、价值观、态度的社会化,对待权威的态度、对待同学的合适方式等等。那些参与学校教育的教育家、家长、宗教领袖和政客将此定义为"协同生产"。这当然不是说个人的信仰是由学校教育所决定的,家庭、社区、社会背景、同伴和个人经验都可能是更重要的。然而,学校教育中显性和隐性的"道德教育"、公民指导和具体政治训练一直都是个人意识形态养成的重要元素。

(二)增强社会"认知一致性"的重要途径

意识形态认识的一致性是社会和政治稳定的必要组成部分。意识形态假设的前提是关于个人与社会之间的关系,谁将最终从经济产品中获益。教育机构也具有多重功能,包括意识形态教育,提高发展技能和促进公民社会化。有人认为意识形态的特征之一是无处不在的政治追求,意识形态可以广义地定义为形成社会行为和社会理解力的信念。教育机构是社会再生产和传播社会意识形态的主要阵地,是社会保持稳定和统一的重要力量。意大利理论家安东尼奥·葛兰西曾把意识形态这种整合社会的重要功能称为"社会水泥",他指出,一个政党要靠争取意识形态的"领导权"而成为一个"历史集团",从而使社会成为统一体。所以,"在保持整个社会集团的意识形态的统一中,意识形态起了团结统一的水泥作用"[1]。

沃特金斯(Watkins)的分析机构提供了 1865—1954 年间的美国社会种族意识形态的演化和传播的基本问题。他们发现在这一时期分离的和不平等的非裔美国人被新创建的教育机构整合,这种教育强调培养半熟练的手工劳动者。社会慈善家纷纷为当时被描述为"国家建设者"的汉普顿学院慷慨解囊,急于稳固由进步主义运动提升的种族地位,缓解打破奴隶枷锁之后挥之不去的社会冲突。教育系统的发展使美国社会的种族意识形态制度化了。这种分析认为对于意识形态传播和再生产,教育是一个核心机构。[2]

21 世纪初,人类社会的过渡性质、生存方式、意识形态和政治环境都发生了根本改变。诸如生物技术、数字计算机、互联网和机器人的革命性技术正在逐步取代劳动力,削减体力劳动者寻找就业的机会。这个具有深刻意义的变化是由

---

[1] 转引自[希腊]普兰查斯. 政治权利与社会阶层[M]. 北京:中国社会科学出版社,1982. 213.

[2] Watkins,W. H. *The White Architects of Black Education*:*Ideology and Power in America*,*1865—1954*[M]. New York:Teachers College Press,2001.

资本的利润最大化驱动着的。在技术背景下,利润最大化会加剧结构性失业,不仅是在美国,在世界范围内皆是如此。美国国内随着与日俱增的经济不平等,社会精英操控选民的政治意识形态动机变得更加明显。因为高等教育是一个潜在的对管理社会意识形态机构的专业阶层人士的意识形态训练基地,它能够成为新政治意识形态形成的聚焦地。因为意识形态对于政治是有用的,必须被广泛传播,因此,教育从来就不是纯粹的技术。

在美国,与阶级分析相关的大多数概念都避免在主流媒体传播和政治中出现。这种做法已经经受住了美国社会日益增加的阶级分化所面临的物质压力,并被那些受过良好教育的管理相关媒体的组织者、基金会和政治机构的专家认可。关于教育在种族制度化实践中的作用,有学者认为"学生在学校呆的时间越长,他们接触的占统治地位的意识形态就越多"[①]。越来越多的人竭力主张重新承认教育的传统功能:使青年人更聪明,使青年人更善良。而要达到"使青年人更善良"的目的,在学校进行价值观的教育,就是再必需不过的事情了,这也是21世纪对教育应具备的功能的呼唤。另外,在美国社会过去30年中这一基本矛盾的发展有进一步恶化的趋势:由于技术的发展,削弱了个人工作安全;更多美国人没有医疗保险;收入波动增加并加剧向下流动趋势;社会安全网被严重侵蚀;工薪收入停滞不前;收入分配差距在扩大。社会物质范畴内的矛盾正成为社会意识形态和政治不稳定性的背景。在这样的背景下,国家精英们更要加强和扩展意识形态凝聚力的教育机制。

二、学校意识形态教育的特点

随着全球化进程的加深和人们认识观念的改变,立足于各国的政治文化历史和意识形态的具体情况,泰勒(Taylor)认为意识形态教育的重点包括如下内容:道德方面;宗教方面;文化审美方面;公民教育方面;民主方面;国家方面;个人和社会方面;精神关怀;教与学的过程;价值观导向等。[②] 意识形态教育以不同的方式进行,最主要的有:直接的价值习得课程,如道德课程、宗教课程、公民

[①] Perrucci, R. and E. Wysong, *The New Class Society* (3rd Ed.)[M]. Lanham, MD.: Rowan & Littlefield, 2007. 217.

[②] Taylor, M. *Values Education in Europe: A Comparative Overview of a Survey of 26 Countries in 1993*[R]. The Consortium of Institutes for Development and Research in Education in Europe, Dundee/UNESCO, NewYork,1994. 10-12.

课程与社会课程等；人文学科和跨学科课程，如历史、语言文学、伦理课程等是进行意识形态教育的最合适的课程；学校整体和课外活动等方面的价值渗透等都是进行意识形态教育的很好的方式。

（一）学校教育的"意识形态性"

意识形态教育作为一种教育现象，由于各个时代和各个国家的实际情况的差异，因而具有不同的属性，但是意识形态性是各种属性中的最普遍的属性。在长期的教育实践中，道德教育、宗教教育、公民教育、政治教育等具有意识形态内涵的教育方式在不断发展完善。在学校教育中，课堂教学是传授社会意识形态的最常见的方式，甚至在知识教授过程中也可以进行价值观的传授，学校集会、集体活动、社会实践、团队活动、个别指导、学习氛围以及"隐性课程"等都体现了意识形态教育的内容与方式。因此，也可以说，意识形态教育就是教育的必然内涵。

在教育与道德的关系上，世界教育的现代化进程中曾有一段时间流行"价值无涉"（value-free）的文化和教育观念，也有人主张"去道德化"的教育（demoralizing education），把教育与道德截然分开。一方面，他们从实证主义的本体论和认识论出发，把教育当作是一种纯粹的知识传授行为，尽可能保持教育的价值中立性（value neutrality），把人文学科和人文知识从科学的学术殿堂中逐出，让纯粹科学成为知识的主宰，人文科学知识与自然科学相分离，"科学开始被界定为对于超越时空、永远正确的普遍自然法则的追寻"[①]，其他知识丧失了合法性，科学知识成为唯一具有合法性的知识。[②] 另一方面，现代化进程中的物质主义、同质社会造就了没有精神生活和灵魂归属的现代人，物质主义与狭隘的进步观念相联系，科学技术、物质产品与社会进步的三位一体企图消除人类生活中的价值，造成了关于人的叙事合法性的危机，误以为只需物质享受，无需精神生活，人就是通过自我奋斗成为自我的主体。随着后现代主义对现代性的批判和对社会科学认识的变化，价值无涉、物质主义、消费主义等思想受到了猛烈地批判，公民教育中的道德教育、思想教育、价值教育又焕发出了勃勃生机。

（二）西方社会意识形态教育的不同策略

如今由知识和创新驱动的高度竞争的全球经济中，各国都面临着维持经济

---

① 华勒斯坦. 开放社会科学（第1版）[M]. 刘锋，译. 北京：三联书店，1997. 4.
② [法]让-弗朗索瓦·利奥塔尔. 后现代状况：关于知识的报告[M]. 车槿山，译. 北京：三联书店，1997.

繁荣和国家安全的全新挑战。这是一个新的时代,受过教育的人们生产着知识,他们拥有的创新能力和商业头脑已经成为实现社会经济繁荣、公共卫生、国家安全和社会福利的关键因素。在给公民提供知识和技能,实现在全球范围内的竞争的同时,国家必须控制意识形态教育,传播社会占统治地位的核心的价值观。无论是否承认,这种意识形态的控制已经渗透进所有教育阶段的教育机构中:中小学、高等院校、实习培训和终身学习机构。由于社会制度的不同,资本主义体制下的意识形态教育形式和社会主义的意识形态教育形式尽管差异很大,但其本质目的却是殊途同归的。

任何政府都乐意通过向意识形态教育投资来对个人意识形态资本积累进行补贴。[①] 诺思还特别强调,"当近来的马克思主义文献强调美国教育体制有价值的一面时,一些马克思主义作家明显忽视了这一点,即这种教育体制并不是'资本主义'所独有的。对合理性的投资是苏联和中国社会更为突出的特点"[②]。可见,对意识形态进行教育投资是古今中外所有国家和政府概莫能外的事情。在现代社会,教育已成为最重要的意识形态国家机器。

美国以法律形式明文规定,各级各类学校都必须开设关于美国思想文化的课程。小学讲历史故事、伟人轶事,重在"知事";中学讲系统历史课,侧重于学习历史事实和过程,重在"明理";而美国高校的意识形态教育侧重于"参与",为培养合格的具有民主意识和行为的公民打基础。面对日益复杂的国际和国内局势,培养更有竞争力的国际公民,美国更加强了其意识形态教育的步伐,从学科建设、政策制定、教师灌输、媒体宣传等不同角度开展具有美国特色的意识形态教育。

英国的公民教育发展比较迟滞,但在国内外政治、经济环境变化以及社会问题日益严重的情况下,英国政府开始重视公民责任教育。1998年公民教育与学校民主教育顾问团提交的《科瑞克报告》中指出,公民意识形态教育的目标是:"确保并增进学生有关参与型民主的性质与实践的知识、技能以及价值观;提高为把学生培养成为积极公民所需要的权责意识和责任感;借此确立参与本地或更广泛社区活动对个人、学校和社会的价值。"[③]为此,英国也加强了对政治科学

---

① 林毅夫.关于制度变迁的经济学理论:诱致性变迁与强制性变迁//[美]R.科斯,等.财产权利与制度变迁[C].上海:上海三联书店,上海人民出版社,1994.382.

② [美]道格拉斯·诺思.经济史中的结构与变迁[M].陈郁,罗华平,译.上海:上海三联书店,上海人民出版社,1994.59.

③ 陈鸿莹.英国公民教育简述[J].外国教育研究,2003(9).39.

教育和公民意识形态教育的个案研究。其原因是一方面,公民意识形态教育已经成为研究的核心范围,英国 2002 年在中等学校中开展公民权利必修课程,这至少在理论上展现了"公民权利教育"的坚实框架。另一方面,在学校范围外,很少有人关注到公民意识形态教育研究,这与美国形成了鲜明对比。在美国的学院和大学中公民意识形态教育激增,诸如"服务型学习"的方式融入课程中,校园中增加的志愿者和来自高等教育公民使命的机构支持。所以,当意识形态教育与学校课程进行融合并包含进入学校的典型的结构中时,才能对学生的民主参与期望产生积极强烈的影响。

德国在《联邦德国教育总法》中以法律形式规定,学校的意识形态教育目标是培养学生对自己行为的责任感,包括对涉及他人、社会及自然环境的行为的责任心,其中规定:"培养学生在一个自由、民主和福利的法律社会中……对自己的行为有责任感"。巴伐利亚州的法规更为详细,如对于 18 岁以上的学生,在道德方面的要求即是培养"尊重人的尊严、自我克制、责任感、乐于负责与助人,能接受一切真、善、美的胸怀,以及对自然和环境的责任心"[①]。

法国政府在 20 世纪 80 年代初所酝酿的对普通高中的教育改革中,公民意识形态教育课的教学得到了进一步重视,课时数也有所增加,其目的就在于帮助青年学生增强公民责任感,从而有效地同堕落、颓废和犯罪行为作斗争。[②]

联合国教科文组织早在 1972 年的《学会生存》报告中就提出,教育发展的方向之一就是使每个人承担起包括道德责任在内的一切责任。1989 年该组织将"面向 21 世纪的教育"国际研讨会的主题确定为"学会关心",呼吁一种道德关怀与道德责任。20 世纪 80 年代末,联合国教科文组织举行了 21 世纪人才素质研讨会,认为 21 世纪人才应掌握三张"教育通行证":一张是学术性的,一张是职业性的,还有一张则是证明一个人的事业心和开拓能力;并指出,没有"第三张通行证",学术和职业方面的潜力就不能发挥,甚至变得没有意义。1998 年 10 月,联合国教科文组织在巴黎召开了首次世界高等教育大会,明确提出高等教育首先要培养"高素质的毕业生和负责的公民"。

不论是哪个国家,对公民的意识形态教育都是愈来愈重视。从意识形态教

---

① 张宗海. 西方主要国家的高校学生责任教育与启示[J]. 高教探索,2002(3). 37.
② 林春逸,刘力. 从"权利公民"到"责任公民"——当代西方公民教育理念的嬗变[J]. 扬州大学学报(高教研究版),2005(6). 34-37.

育的具体实施来说,除了知识教育中蕴涵着一定的价值内涵以外,道德教育、政治教育、思想教育、公民素质、自然教育、文化与审美教育等都是意识形态教育的主要载体;道德教育、思想政治教育、公民教育等是意识形态教育的主要表现形式。学校教育通过实施这些形式的教育活动,传递社会主流阶层的价值观念,使学生形成符合特定社会要求的社会意识和价值判断,确保在全球文化竞争中的意识形态优势,促进社会的稳定和发展。从未来的发展态势看,意识形态教育不仅不会削弱,反而会继续加强,并且,随着全球化社会国家间竞争的加剧,为维护本国主流意识形态的统治地位,学校教育的意识形态功能必然会继续强化,为了不引起被统治阶层的反感,其形式会尽可能隐蔽,但其实质内涵却不应该被忽视或被人为抹杀。

第二节　中国意识形态教育的探索与借鉴

中国的意识形态教育具有鲜明的政党性质。中国的执政党是中国共产党,必然会控制意识形态教育权。但与资本主义社会政党的意识形态控制权不同的是,中国社会已经消除了阶级对立,共产党是代表广大人民群众利益的党,因而从本质上说,也是为人民群众谋福利的党。在中国,学校的意识形态教育也称为"思想政治教育",是伴随着马克思主义中国化的过程产生,随着中国共产党的革命建设和实践的发展而不断发展的。

一、中国意识形态教育的发展现状

从中国共产党成立至今,思想政治教育在话语上经历了宣传工作、政治工作、思想工作、政治思想工作、思想政治工作等转变,虽然这些话语在概念、内容、作用方式、功能导向上有所区别,但是其政治属性是一以贯之的,具有同质性。有人认为意识形态性就是阶级性、政治性,所谓"意识形态性是指思想政治教育的阶级性和政治性,也就是说它明确属于哪个阶级,并为这个阶级的根本利益服务,其根本功能是为了维护一定社会的统治阶级的统治地位"[①]。

---

① 石书臣. 论思想政治教育的意识形态性与非意识形态性的统一[J]. 探索,2003(3). 82.

(一) 中国共产党主导下的意识形态教育

思想政治教育作为一种意识形态教育,是对人们的思想观念、价值选择、行为动机、实践向度等基本问题的研究,总是同人们对物质利益或精神利益的要求密切相关。中国共产党作为全国思想政治教育的主导者,是以其利益为出发点和归宿的,而中国共产党的利益就是实现好、维护好、发展好中国最广大人民群众的根本利益。因此,思想政治教育应符合广大人民群众的根本利益,广大人民群众的根本利益诉求是推动中国共产党思想政治教育发展的现实动因。

1978年12月18日至22日,党中央召开的十一届三中全会,纠正"文化大革命"中及其以前的"左"倾错误,批判了"两个凡是"的错误方针,确定了"解放思想,实事求是"的指导方针,作出了把工作重点转移到社会主义现代化建设上来的战略决策,使思想政治教育从"左"的束缚中解放出来,确立了正确的方向。

1979年3月30日,邓小平在党的理论工作务虚会上作了《坚持四项基本原则》的讲话,指出"我们要在中国实现四个现代化,必须在思想政治上坚持四项基本原则。这是实现四个现代化的根本前提。这四项是:第一,必须坚持社会主义道路;第二,必须坚持无产阶级专政;第三,必须坚持共产党的领导;第四,必须坚持马列主义、毛泽东思想"①。四项基本原则的提出,不但丰富了思想政治教育的内容,而且给思想政治教育坚持正确的方向指明了道路。

1979年6月15日,邓小平在《新时期的统一战线和人民政协的任务》的讲话中,明确指出"为了实现四个现代化,在坚持对极少数反社会主义分子实行无产阶级专政的同时,需要在人民内部广泛地加强思想政治教育。"② 1980年8月18日,邓小平在《党和国家领导制度的改革》的讲话中更为明确地指出:"我们一定要把思想政治工作放在非常重要的地位,切实认真做好,不能放松。"③邓小平的这一系列讲话,为党的思想政治教育的拨乱反正指出了方向。1981年6月党的十一届六中全会通过的《关于建国以来党的若干历史问题的决议》为新时期的思想政治教育提供了理论依据和思想指导,它肯定了毛泽东关于思想政治工作的一系列重要论断,如关于思想政治工作是经济工作和其他一切工作的生命线,要实行政治和经济的统一、政治和技术的统一、又红又专的方针等;同时还提出

---

① 邓小平文选(第2卷)[M]. 北京:人民出版社,1994. 164-165.
② 邓小平文选(第2卷)[M]. 北京:人民出版社,1994. 1870.
③ 邓小平文选(第2卷)[M]. 北京:人民出版社,1994. 342.

社会主义必须有高度的精神文明,要加强和改善思想政治工作,用马克思主义世界观和共产主义道德教育人民和青年。

1986年9月十二届六中全会通过的《关于社会主义精神文明建设指导方针的决议》指出了思想政治教育属于社会主义精神文明建设中思想道德建设的范畴,肯定了思想政治教育的根本任务是"适应社会主义现代化建设的需要,培育有理想、有道德、有文化、有纪律的社会主义公民,提高整个中华民族的思想道德素质和科学文化素质"[①],更是为我党思想政治教育新局面的开创指明了方向。

1989年针对改革开放以后出现的"崇拜"西方资本主义国家的民主、自由和否定社会主义的思潮,1990年2月中共中央《关于新形势下加强和改进军队政治工作的若干问题》的通知,强调必须坚持政治工作的生命线地位,坚持党对军队的绝对领导,坚持四项基本原则,使部队始终保持坚定正确的政治方向。

中共十四大以来,党中央反复强调要在全国各族人民特别是青少年中,加强爱国主义、集体主义和社会主义思想教育。1994年8月23日中共中央印发的《爱国主义教育实施纲要》指出新时期的爱国主义教育必须以邓小平建设有中国特色社会主义理论和党的基本路线为指导,提出了实施爱国主义教育的基本原则、主要内容、重点对象以及一系列具体措施。党中央在加强爱国主义教育的同时,也非常重视世界观、人生观和价值观的教育。

1995年1月江泽民在全国宣传部长会议上指出:"中央一直强调要加强爱国主义、集体主义、社会主义教育",而"要把这一宣传教育坚持下去,搞得更好,就需要把它同正确的世界观、人生观、价值观的宣传教育有机结合起来,引导人们树立崇高的理想和信念,正确处理个人、集体、国家的利益关系"。[②] 同年7月,胡锦涛在全国青联八届一次会议和全国学联二十二大上,对全国青年和同学们提出:"要树立正确的世界观、人生观、价值观,自觉抵御拜金主义、享乐主义和极端个人主义等腐朽思想的侵蚀。"[③]

2001年9月,中共中央印发了《公民道德建设实施纲要》,深刻地论述了公民道德建设的重要性和必要性、指导思想和方针原则、主要内容和方法途径等内容,提出了社会主义的基本道德规范,阐明了社会主义道德建设的主要内容。

---

① 张耀灿主编. 中国共产党思想政治工作史论[M]. 北京:高等教育出版社,1999. 281.
② 张耀灿主编. 中国共产党思想政治工作史论[M]. 北京:高等教育出版社,1999. 324.
③ 张耀灿主编. 中国共产党思想政治工作史论[M]. 北京:高等教育出版社,1999. 324.

2002年11月党的十六大将"三个代表"重要思想确立为党的指导思想,为新世纪的思想政治教育提供了理论指南,并把依法治国和以德治国结合起来,提出依法治国和思想政治工作是相辅相成的(一方面"依法治国"要求思想政治工作进一步科学化和法制化,另一方面思想政治工作是"依法治国"的重要保障),另外十六大还强调了要把弘扬和培育民族精神作为新世纪思想政治教育的重点内容。十六大以后"三个代表"重要思想成为全国人民学习的重点。2003年在中国共产党成立82周年之际,胡锦涛同志在"三个代表"重要思想理论研讨会上强调继续深化学习"三个代表"重要思想,在这一年教育部为了进一步加强高校理论教育和思想政治工作,用十六大精神武装当代大学生,培养具有较高政治素质和专业水平的人才,对高校"两课"教学中深化"三个代表"重要思想的"三进"工作提出明确要求。第二年的8月,在总结多年来大学生思想政治教育成功经验的基础上,结合新形势新任务,明确了从2005年1月开始,用一年半左右的时间,在全党开展保持共产党员先进性教育活动,并提出了开展先进性教育活动的指导思想、目标要求、指导原则以及方法步骤。

构建社会主义和谐社会,是党的十六大提出的重大任务,2006年10月党的十六届六中全会通过的《中共中央关于构建社会主义和谐社会若干重大问题的决定》更加明确地提出了构建社会主义和谐社会,是我们党以马克思列宁主义、毛泽东思想、邓小平理论和"三个代表"重要思想为指导,全面贯彻落实科学发展观,从中国特色社会主义事业总体布局和全面建设小康社会全局出发提出的重大战略任务,要在构建社会主义和谐社会的过程中建设社会主义核心价值体系,树立社会主义荣辱观,培育文明道德风尚。这一决议拓展了思想政治教育的内容,对思想政治教育也提出了新的要求。2007年10月召开的十七大,提出了"一条道路、一面旗帜、一个体系",并将"一观三制"(科学发展观、代表任期制、巡视制度、党的常委会接受全委会监督)纳入党章成为全党意志,这为新时期思想政治教育的发展指明了道路。

党的十八大报告指出:"科学发展观同马克思列宁主义、毛泽东思想、邓小平理论、'三个代表'重要思想一道,是党必须长期坚持的指导思想。"[①]强调"要深入开展社会主义核心价值体系学习教育,用社会主义核心价值体系引领社会思

---

① 胡锦涛.坚定不移沿着中国特色社会主义道路前进 为全面建成小康社会而奋斗[M].北京:人民出版社,2012.8.

潮、凝聚社会共识"①。这是对全社会的教育要求,也是对大学生的教育要求,其不仅包括个体的"文明素质和社会文明程度明显提高",而且包括社会的"引领社会思潮、凝聚社会共识"。党的十八大报告重申,要广泛开展理想信念教育和深入开展主旋律教育,首次提出"倡导富强、民主、文明、和谐,倡导自由、平等、公正、法治,倡导爱国、敬业、诚信、友善,积极培育和践行社会主义核心价值观"②。"三个倡导"的价值观,是几年来社会主义核心价值体系建设新成果的概括,是大学生普遍认同的价值取向,为高校进一步深化社会主义核心价值体系建设提出了新的内容与要求,为培育和践行社会主义核心价值观奠定了基础。

党的十八届三中全会对新的历史条件下全面深化教育改革作出了新的战略部署。特别是围绕党的十八大提出的"把立德树人作为教育的根本任务,培养德智体美全面发展的社会主义建设者和接班人"的总要求,为新形势下进一步坚持立德树人基本导向,加强和改进大学生思想政治教育工作指明了努力方向。③

(二)中国意识形态教育中的问题

当代中国处于"核心价值"与"多元价值"的多维度博弈中。价值多元化给中国社会的发展提供了更大的空间和更多的机遇,但也在一定程度上淡化了主流意识形态,削弱了核心价值,影响到社会力量的凝聚与整合。马克思主义作为科学的世界观、合理的价值论和有效的方法论,应当也有可能在对当代中国问题的深度关注与合理解读中发挥更加积极的引领作用,并使自身在形态与内容的统一中获得发展。

首先,对意识形态教育的狭隘化理解。由于中国的社会主义意识形态性质,党、政府和社会机构的工作指导思想都是统一的"马克思列宁主义、毛泽东思想和中国特色社会主义理论体系",学校教育的指导思想当然也不例外。因此,当提及"意识形态教育"时,人们的理解即"思想政治教育",即"马恩、列宁、毛泽东及其他党和国家领导人的理论"。应该说,意识形态教育的阶级性质天然地决定了其必然包括宣传和传播党的指导思想,但除此之外,还应该包括其他方面的内

---

① 胡锦涛.坚定不移沿着中国特色社会主义道路前进 为全面建成小康社会而奋斗[M].北京:人民出版社,2012.31.

② 胡锦涛.坚定不移沿着中国特色社会主义道路前进 为全面建成小康社会而奋斗[M].北京:人民出版社,2012.32.

③ 冯刚.落实立德树人根本任务 提高大学生思政工作质量[N].中国教育报,2014-01-17(3).

容,比如中国优秀传统文化教育、公民教育、道德教育、法制教育、世界优秀思想文化教育等,而不能以偏概全。这种狭隘化的理解,使得学校中的意识形态教育内容紧紧围绕着党的思想和理论展开,而很少实质性地涉及公民社会对人的需求、人的个性的全面发展。

其次,意识形态教育方式的僵化。中国的学校意识形态教育最常见的方式是全国高校统一采用教育部、中宣部指定的"马工程"系列教材,在中小学则根据学生的不同年龄阶段,开设"公民"课等,均由学校组织进行统一(通常是大班)课堂讲授,大学还要求学生进行"暑期社会实践活动",撰写调查报告,大约1—2个学分。目前,中国思想政治理论课的现状往往是教师在课堂上讲授,学生偶尔回答问题进行师生互动。普遍情况是由于授课内容相对理论性较强,授课方式单一,学生不感兴趣,教学效果也就较差。对于学生的社会实践活动,由于缺少资金支持,致使教师无法开展具体的学生实践指导和监督,也往往会流于形式,不能取得预期的效果。教育部也相继出台一系列改革措施,提高思想政治理论课的学科地位。在2005年12月23日国务院学位委员会和教育部《关于调整增设马克思主义理论一级学科及所属二级学科的通知》中,马克思主义理论一级学科被正式设立,把思想政治教育作为马克思主义一级学科下的二级学科,并被视为"马克思主义理论学科中的应用学科",用马克思主义理论研究成果去教育学生,用马克思主义的立场、观点和方法培育青年学生的世界观、人生观、价值观,研究新时期高校思想政治教育与思想政治工作的特点和规律。思想政治教育学科建设进一步完整化、系统化和科学化。但在实际教学中如果还是继续沿用这种"显性"的"灌输"方式进行教育,对青少年的科学世界观和价值观的养成还是没有实质性的帮助。因此在教育方式上需要转换话语体系,拓展教育途径,并改进教育方法,优化教育模式。

再次,意识形态教育缺乏时效性。虽然党和政府对我国意识形态教育极为重视,尤其是在1989年的"六四"风波后,邓小平尖锐地指出:"十年最大的失误是教育,这里我主要是讲思想政治教育,不单纯对学校青年学生,是泛指对人民的教育。"[1]此后,党中央根据"十年最大的失误是教育"这一论断,采取各种措施,从各个方面大力加强党的思想政治工作。但在经济全球化背景中,"市场经济"理念也逐渐占据了学校的人才培养目标。尤其是在高校,哪种专业最受市场

---

[1] 邓小平文选(第3卷)[M].北京:人民出版社,1993.306.

欢迎、最好就业，招生人数和资源分配上就必然偏向哪个专业。而关于意识形态教育的各专业就业面窄，招生规模小，因而成为"冷门学科"。全球经济发展批判理论认为，当解释不同国家的经济发展时，只是狭隘地关注经济因素。要加强对文化因素的重视。教育发展不仅仅是政治和经济合力作用下的结果，也要考虑学生、教师、父母和公众思想观点的合理性因素。教育中的意识形态因素至关重要。①

青少年时期是一个人形成政治价值观和行为规范的关键时期，这一时期获得的经验和思想对其今后甚至一生都有很大的影响。因此，及时对青少年开展意识形态教育是十分必要的，而学校教育无疑是使年轻一代进入政治社会和形成公民意识的最基本的手段。进一步开发理论资源和转换思想观念，促进社会和谐的实现和核心价值的确立。在思想政治教育过程中既要张扬主体的个性又要凝聚社会的共识。需要针对新时期对人才需求的新方向，改革意识形态教育思路，培养适合全球化时代的具有高素质和高情商的社会主义接班人。

（三）新世纪中国意识形态教育面临的挑战

东西方文化的不断交流和碰撞中，西方文化和价值观的渗透，是新时代意识形态教育面临的重大新情况和新课题。自 20 世纪 90 年代后期以来，在主流意识形态之外，新儒学、新权威主义、新自由主义、新保守主义、新利己主义、新实用主义、后现代主义、拜金主义、历史虚无主义以及宗教思潮等各种社会思潮此起彼伏、层出不穷。我们还必须清醒地认识到：目前的经济、政治、军事格局和文化格局在短时期内仍然难以根本改变。特别是资本主义经济危机和社会主义中国的迅速崛起，必然会极大地刺激国际资本主义，驱使他们加紧实施对社会主义中国的西化和分化的意识形态侵蚀战略，在经济、政治、军事上进一步挤压中国的生存空间，并以前所未有的广度和深度进行思想文化上的渗透。而国内的一些亲西方势力，则与其结成"神圣同盟"，共同向中国社会主义意识形态发起空前的挑战。

由于社会条件的变化，当代意识形态逐渐与大众传播、大众文化相结合并渗透到人们的日常生活领域，对人们产生了潜移默化的影响。在思想文化上，通过鼓吹"指导思想多元化"，试图用"普世价值观"和民主社会主义，颠覆马克思主义

---

① Laursen. Per F. Ideological Power in Education[J]. *European Educational Research Journal*, Volume 5, Numbers 3 & 4, 2006. 276-285.

特别是中国化马克思主义的指导地位,通过动摇民众对共产主义的理想信念,使他们成为精神上的"无家可归者",进而实现资本主义意识形态的"一统天下"。在经济体制上,主张西方的新自由主义,颠覆社会主义的基本经济制度,实行彻底的私有化,进而剥夺民营经济的生存权和发展权,为国际资本占有中国的资源和市场扫除一切障碍。在政党治理上,鼓吹所谓"宪政民主",照搬西方的多党制,颠覆中国共产党的执政地位,瓦解社会主义的基本政治制度,让中国惟西方马首是瞻。在社会发展上,鼓吹所谓"现代公民社会理论",企图在基层党团组织和政府之外罗织新的政治势力,进而由小及大、由低而高,步步为营地建立起反对党,最终向处于执政地位的中国共产党发起"进攻"。通过所谓的"公共知识分子理论",并通过一年一度的推举活动营造声势、扩大影响,以此斩断知识分子与祖国、人民的天然责任关系,为"异见"知识分子传播错误思潮制造法理依据、营造舆论空间。

现代网络技术的意识形态影响也不可小觑,是新时代思想文化建设面临的重要新情况和新挑战。随着高科技的发展,现代网络对人们思想的影响越来越大,它能迅速为人们提供大量信息,促使人们更新观念,增长各种知识,交流内心情感,活跃文化思想等,也能传播国外敌对势力的反动言论,传播西方有害的社会思想和腐朽文化思想,传播各种谣言和不可靠信息,等等。当前形势下,我们只有加强引导,强化调控,采取有力措施,才能发挥网络的积极效应,遏制消极效应,并在网络的双重效应挑战中,把党的思想文化工作不断推向前进。一方面,这些社会思潮中的某些思想观点是同主流意识形态有明显分歧甚至是相互对立的,所以在主流意识形态之外出现了一个阵容庞大的非主流意识形态,这是中国改革开放以后意识形态领域发生的最重要分化;另一方面,非主流意识形态的各种社会思潮并不是铁板一块,它们各持己见、相互排斥,实际上也是中国意识形态走向分化和多元化的突出表现。

这些社会思潮既有上升到意识形态层面的思想理论,同时又有扩散为在较广层面上存在的社会心理,所以这些社会思潮是意识形态与社会心理综合而成的社会意识。这些思潮传入中国,不仅对中国学术界和理论界产生直接影响,甚至通过国内学者的研究得到进一步阐述和发挥,而且它们还通过文学艺术、影视媒体等形式广泛地传入社会各阶层,如果控制不好,必然会给中国带来复杂的意识形态分化,影响中国的稳定大局。

因此,改进党对思想文化建设的领导和管理,建设一支坚强的思想文化队伍，把社会主义核心价值体系融入思想教育和文化建设的全过程，是新时代中国意识形态教育的长期战略任务，必须以马克思主义指导思想、中国特色社会主义共同理想、民族精神和时代精神、社会主义荣辱观等社会主义核心价值观的完整体系为核心，加强我国意识形态的堡垒作用。这既是应对西方无硝烟战争的政治谋略，应对我国现实生活中存在的严重问题的有效手段，同时也是总结苏联亡党亡国的沉痛教训而得出的科学结论。

二、美国"意识形态教育"对中国的借鉴意义

每个国家的公民意识形态教育的根本目的都是培养适合本国政治经济文化制度的合格公民，美国也不例外。尤其是随着教育对促进社会发展的作用越来越显著，追求"人力资源"高回报率的教育必须保证其培养的人才是符合美国社会意识形态发展需求的，政府对学校的意识形态控制作用必然会加强，作为学校意识形态教育核心的课程教育中的意识形态色彩将更为突出。美国通过学校教学、媒体宣传、公民实践等多种途径和渠道建构了立体化的意识形态教育体系，渗透式地开展公民意识形态教育，使公民主动接受美国主流的意识形态和价值观念，具有隐蔽性的特点。美国各州的教育部门要求学生必须完成指定的公民教育课程，学习美国的宪法及政治制度、公民的各项权利和义务、民主的基本原则、民主存在的问题等内容。大学阶段主要是进行"政治社会化"教育，主要体现在培养"积极"公民的政治参与性，加强学生的法制教育和纪律教育上。美国的学校课程基本上可以分为两类，一类是与思想政治教育内容有关联的人文社会科学课程，如公民科、历史科、地理科、法律科、社会科等，另一种就是专业技术课程。美国有95％的大学设置了各种通识课程，其中包括美国宪法、美国现代文明、西方思想史、西方文明史等，这些通识课程一般都是大学生必修的基础课，也是美国进行意识形态教育的有效隐蔽途径之一。

中国与美国意识形态教育状况的不同，多来自于价值准则和意识形态教育观念的差异，从美国意识形态教育的历史沿革和当代发展的全貌来看，总的来说，是值得我们借鉴的。这是因为：首先，美国的意识形态教育传递和发展了适应其自身社会制度的意识形态教育规范和伦理准则，美国社会从来没有因核心意识形态教育规范的丧失，而导致基本经济秩序的混乱和社会政治制度的瓦解；其次，经过专家及教育者的努力，美国目前已经形成了有较深理论基础而且实用价值较高的意识形态教育方法体系，如柯尔伯格的意识形态教育认知发展理论，

弗雷德·纽曼的社会行动模式等,不仅在美国,在世界上也有广泛的影响。除此之外,美国社会的最主要和最基本的意识形态教育标准一直保持着较高的稳定性和连续性,而且在绝大多数的时间里,美国人及美国政府十分重视学校的意识形态教育。

中美在文化的基本精神方面是有差异的,但在国际发展不断一体化的今天,东西方文化互相吸收、互相融合的倾向日益明显。这也为研究美国意识形态教育理念,吸收与选择美国意识形态教育的合理因素和科学因素提供了良好的背景条件。

(一)意识形态教育的"显性"与"隐性"的结合

美国公民教育旨在通过多样化教育途径培养具有强烈国家认同感,符合美国民主宪政制度要求的合格公民,具有明显的政治意识形态取向。这使得美国公民教育与中国大学生思想政治教育具有内在的、本质的一致性,即具有鲜明的意识形态特点,通过有效手段塑造与本国政治体制相适应的政治人,从而维护现有政治经济制度以及社会的稳定,进而实现国家、社会和个人的全面、和谐发展。

意识形态传播主要采用两种方式:显性传播和隐性传播。意识形态的显性传播主要是指执政党和政府通过学校教育、新闻媒体等载体直接地把自己的执政理念、政策主张、纲领路线等灌输给广大人民群众,以一种直接的、外显的方式进行意识形态教育。这种显性的教育方式在中国叫"思想政治教育",美国并没有这种叫法,一般称为"政治社会化"或"公民教育"。在学校教育中,现代几乎所有国家都开设以意识形态为主要内容的教育课程。通过课程内容的学习,受教育者就能够了解这些意识形态所包含的价值观念,认同执政党和政府的合法性。这就要求在选择教育方法时要采取显性教育方法,说理教育法、批评与自我批评法、典型示范法等都是显性教育的方法。这些方法主要是作用于人的理性思维,解决的是理性认识问题,但由于缺乏灵活性、生动性、多样性和趣味性,往往使受教育者产生逆反心理。

隐性的意识形态教育就是把特定的意识形态观念寓于一定的活动、影视作品、社会景观或一定的教育环境氛围中,使人们在活动娱乐中不知不觉地就受到意识形态的影响,产生意识形态的认同,即"教育者将体现社会要求和教育者价值选择的思想政治教育内容,借助现代化的信息传播方式广泛撒播到受教育者的日常生活的各个领域,引导其自主选择、学习、接受思想道德"[①]。阿尔都塞指出:"这种意识形态涉及到行动:我将要插入实践的行动。而且,我将指出这些实践是受到它们被写入其中的惯例统治的,而且这种统治是在一种意识形态国家机器的物质存在之内实现的,即使仅仅是那种机器的一小部分:一个小教堂里的弥撒、一次葬礼、体育俱乐部里的一场小比赛、一个校庆日、一次政党集会等。"[②]也就是通过这些实践活动,把理论体系意识形态所蕴含的价值观念融合到意识形态的感性经验形式中,在不知不觉中达到教育效果。意识形态潜移默化地对人产生了影响。而且仪式活动不仅是观念的外化,更重要的是意识形态的作用机制,即意识形态通过感性经验的实践形式发生作用。这种方法的特点是具有隐蔽性、渗透性和非正规性。如美国的小学主要教授孩子们认识代表美国的各种标志,学习有关美国政府和美国历史的基本知识,不少州还规定学生应该了解本州的政府机构、历史知识以及州旗、州歌、州花等象征标志;一些学校还通过让孩子投票决定班级和学校的重大事情等方式使他们对民主有感性的认识。因此,意识形态教育必然要运用隐性教育的方法,比如情感熏陶、形象熏陶等方法,才能更好地达到教育目的。还应该注意到,意识形态的这两种传播方式不是截然分开而是交替使用的,因此,思想政治教育在选择方法时应该采取二者相结合的原则。

(二)注重培养学生的"民主协商"精神

对于国家来说,意识形态作为一种重要的政治资源,世界上没有一个国家政权和执政党会放弃而不利用这种政治资源。如果执政党放弃了对意识形态的主导,甚至失去了对有害意识形态的识别和自卫能力,就会患上意识形态的"失语症"。但在全球化背景下,社会结构和社会关系发生了大变化,社会成员常常会受到各种意识形态和思潮的影响,面临各种矛盾和利益的困扰,甚至有发生裂变和分化的可能,而占据统治地位的意识形态要不断调整和创新,适时协调各利益集团的关系,使社会成员面对新出现的政治和社会秩序困惑能得到合理和比较满意的解释。因此,在对学生进行核心意识形态教育时,也需要培养学生的民主

---

① 万美容. 论信息社会与思想政治教育方法的现代化[J]. 思想政治教育研究,2008(6). 9-13.

② [法]路易·阿尔都塞. 哲学与政治:阿尔都塞读本[M]. 陈越编. 长春:吉林人民出版社,2003. 256.

协商精神。

美国的教育一向主张学术自由，师生间进行有生气地思想交换，自由发表个人意见，不会被教师简单贴上"正确"与"错误"或"好"与"不好"的价值评价标签，鼓励学生进行独立的或以小组为单位的智力探究，对社会事件能进行有创造性的批判和勇于尝试不同的问题解决方案，鼓励学生对知识的追求，勇气，宽容精神，这些都构成了美国教育的意识形态基石。对于美国的民主来说，这些教育意识形态却体现了重要的具有深切利害关系的阶级核心利益和价值观。

在美国的学校教育中，一直鼓励培育一种民主的对话和政治协商精神，因为美国人认为它是民主复兴和学生进行平等学习的必然保障。校园中的民主对话和政治协商精神的原则是：全纳、理性、中立、尊敬和权力分享——也能够指引学校在关于我们社区、国家和整个世界面对的问题中，朝向更民主的对话和政治协商，对社会问题产生的价值观冲突详加考察，对于如何促进人们的生活，构建社区和强有力的民主进行更多的学习。[1]

在课堂上，美国教师通过对有争议的问题进行讨论，培育学生的民主思维模式[2]。在这些讨论的话题中，有些是被视为有争议的，尤其美国社会倾向于在民主党和共和党这两个主要政党之间的意识形态纷争，就使得对那些包含政治或政治事件的课堂讨论中，教师必须要提供给学生多元的、具有争论性的观点。即使在教室中呈现意识形态的同质性，教师也要使用各种不同的策略，诸如自由/保守测验，教室观点的民意调查，或使用交互技术，讨论存在于学生中的不可避免的意识形态区别。[3] 因此，提供一定的教室空间，教师就当前时事政治进行讨论，允许学生参与具有实践理性的、具有宽容氛围的公共讨论，就能服务于培养更具有批判精神的社会公民。

对于中国的意识形态教育课堂，一般而言主要是在课堂上讲授国家指定的教材内容，对教师的课堂授课内容进行监督和反馈，即教师要围绕教材体系和内

---

[1] Pritchett, Lant. "When Will They Ever Learn?" Why All Governments Produce Schooling[J]. BREAD *Working Paper* No. 031, June 2003. 42-43.

[2] Hess, D., and J. Posselt. How High School Students Experience and Learn from the Discussion of Controversial Public Issues[J]. *Journal of Curriculum and Supervision*, 17, 2002. 283-314.

[3] Journell, W. Maximizing the Potential of Computer-based Technology in Secondary Social Studies Education[J]. *Social Studies Research and Practice*, 4, 2009h. 55-70.

容授课。这样能确保对学生进行社会主义主流意识形态的灌输和传播,但教师授课方式的呆板、机械和单调却使得意识形态教育效果很差。我们应该借鉴美国的民主协商精神,充分调动学生的参与精神,利用思想政治教育课堂,向学生全面宣讲马克思主义的相关理论成果。结合国际和国内政治事件,采用显性和隐性相结合的教育方式,让学生在各种思潮中认清方向,坚定信念。"思想道德教育的目的在于提高人对道德生活本质和规律的理性批判思考能力,思想道德行为是理性选择和决断的结果,或者说是运用智慧进行审慎的道德思考的产物。"①因此,对青年学生进行正确的价值观引导,培养学生的理性判断能力,才能更好地服务于日益强大的社会主义中国。

(三)探索意识形态教育的实践途径多元化

美国是一个文化多元的"色拉盘"式的国家,它的教育体系又是公立与私立共存。因此,当美国学者在论述进行意识形态教育的必要性时,当然会遇到一个实际的问题:在多元价值观并存的社会中,怎么才能进行统一的意识形态教育?"也就是你究竟在进行'谁的'价值观的教育?'谁的'问题,在某种程度上比'怎样的'问题更令美国教育界头疼。但是他们仍然站在他们固有的价值观立场上,尽力去回答'谁的'问题。"②因为不同的文化群体都希望将自己的道德要求变成学校道德教育的内容,而美国是移民社会,因而不可避免地在道德教育领域出现不同的主张。其中自由主义和保守主义的对立更为明显,前者强调推理、问题解决和批判的思考;后者专注于传统道德价值的灌输——清教伦理和共和主义的公民美德奠定了传统道德教育的基调。为了防止人们的道德腐败,美国殖民时期学校的任务是把年轻人培养成为纯洁和忠诚的清教徒,具备成人所有的宗教、社会、政治和经济等方面的信念。学校要帮助孩子养成良好习惯,因为没有这些良好习惯,他们就得不到拯救③。

从18世纪末,美国的意识形态教育经历了"道德发展阶段理论"(即强调学生道德发展应该与他们的认知水平相适应)、"价值澄清理论"(即强调学生应正

---

① 顾海良. 从战略角度思考大学生思想政治教育[N]. 光明日报,2005-02-22(8).
② 夏伟东. 前车之覆 后车之鉴:美国青少年道德教育的理论与实践一瞥[J]. 高校理论战线,1996(12). 40-45.
③ Hunt, Thomas C., and Monalisa Mullins. *Moral Education in America's Schools: The Continuing Challenge*[M]. Information age publishing, 2005. 7.

确地评价行为过程)、"政治社会化理论"(即通过教导学生学习政治文化,重视公民教育,让他们在潜移默化中接受以资本主义社会政治文化为基本特征的政治理念、政治信仰、政治准则,形成特定的政治立场、政治信仰和政治人格)三个发展阶段。其具体途径可有如下四种。

一是推动品格教育。20世纪90年代美国开始兴起品格教育。联邦教育部部长贝内特(William J. Bennett)提出了3Cs——品格(charater)、内容(content)和选择(choice)。他认为"品格"包括"有思想、仁慈、诚实、尊重法律、知道对错、尊重父母和老师、勤奋、自我牺牲、努力工作、公平、自律和爱国"等传统道德价值,而"内容"则强调美国和西方文明共同的核心历史和文学。[①] 历史学家施莱辛格(Arthur M. Schlesinger)提出,学校作为"制造美国人"的场所,应捍卫"伟大的美国熔炉"的历史传统,"我们的学校和学院训练未来的公民。尤其我们的公立学校已经是同化的基本工具和培养美国认同的基本手段。"[②]在《品格教育》一书中,作者将尊重(respect)和责任(responsibility)视为普遍道德价值观的核心,是学校必须教授的3R(读reading、写writing、算arithmetic)课程之外的第4R和第5R课程。鉴于美国教育长期重视能力而轻视责任感,美国学者博伊认为,学生的素质主要包括能力和责任感两个方面,他提出教育目的的重点应实行"从能力到责任感"的转换。联邦政府通过实施"蓝带奖励计划"促进学生品格的发展。各学区纷纷确定重要的品格,如俄亥俄州普林斯顿学区确定了12种价值:诚实正直、可信赖、端庄而富有同情心、忠诚、聪慧、自由、正义、平等、差异和宽容、责任、团结、自律和勇气。[③]

二是关注社会政治活动。为了培养美国社会未来的民主参与型公民,教师组织美国学生在课程的学习过程中开展积极的课堂讨论,利用媒体提出的观点和对政治参与表示的支持态度。如学生学习了如何使用新媒体获得与他们自己的生活和社区相关的政治事件信息,然后可以在同伴之间进行讨论。该项目也向学生展示了他们的观点如何能够有效地与立法者进行沟通。邀请参与竞选的

---

① Butts. R. Freeman. *The Civic Mission in Educational Reform*: *Perspectives for the Public and the Profession*[M]. Hoover Institution Press,1989. 28.

② Schlesinger, Arthur M. Jr. *The Disuniting of America*: *Reflections on a Muiticultural Society*[M]. W. W. Norton & Company, 1998. 21.

③ Murphy, Madonna M. 美国"蓝带学校"的品性教育[M]. 北京:中国轻工业出版社,2002. 46-47.

官员、候选人、政策制定者和新闻记者到教室里,允许学生直接对他们关注的问题进行提问,倾听这些"社会人士"解决这些问题的方案。教师要求学生分不同的学期关注不同的政治动态,比如在选举年的话,学期课程就会关注政府选举,为讨论州政府在当地事务中的作用提供了机会。在下个学期,课程会关注于市政府,尤其是刚上任的市长的作为。① "竞选不仅是为了进军最高权力,同时也是一次对广大民众进行深入全面的思想政治教育的好机会。"② 两党的竞选活动往往被看成一场政治闹剧,民间戏称为"驴象之争"。但从普及和宣传资产阶级的政治、经济、社会主张和价值观念等方面来看,又是很有实效的。这种效能不仅仅直接影响投票,而且间接影响学生通过对政治的关注和对政治知识的学习。新媒体为年轻人提供了了解候选人信息和政治知识的平台。例如,据统计,在竞选活动中对新闻的关注度与青少年政治知识量呈正相关。③ 相应地,如果公民拥有更多的政治知识,他们就能更好地参与政治,因此会有助于加强实际的政治知识和选举之间的联系。例如,通过知识链接关注选举的新闻同样能够促进公民对竞选的参与。青少年如果经常阅读报纸也能够促进对政治的参与预期。④

三是志愿服务活动。美国十分重视借助各种志愿服务活动向民众传递意识形态教育信息。1990 年,美国国会通过《国家、社区服务信托法》,正式将国民服务定为国家政策;同时,美国还依法成立了国家和社区服务委员会,专门负责志愿活动的全国性协调;此外,美国政府还不断加强对各类志愿活动的资金支持,1992 年美国政府就为国家和社区服务委员会提供了 7 300 万元的专项资金扶持,其中绝大多数的资金用于支持全职青年服务和主要由教育机构资助的边服务边学习活动。美国建立这一机构的宗旨在于号召年轻人立志投身于对国家有利的志愿服务活动中,培养公民的责任感。⑤

---

① Pasek, Josh Lauren Feldman, Daniel Romer, and Kathleen Hall Jamieson. Schools as Incubators of Democratic Participation: Building Long-Term Political Efficacy with Civic Education [J]. *Applied Development Science*, 2008, 12(1). 28.
② 陈立思. 当代世界的思想政治教育[M]. 北京:中国人民大学出版社, 1994. 69.
③ Eveland Jr., W. P., J. M. McLeod, and E. M. Horowitz. Communication and Age in Childhood Political Socialization: An Interactive Model of Political Development[J]. *Journalism and Mass Communication Quarterly*, 1998, 75(4). 699-719.
④ Nisbet, M. C., and D. A. Scheufele, Political Talk as a Catalyst for Online Citizenship [J]. *Journalism and Mass Communication Quarterly*, 81. 877-895.
⑤ 张园园. 美国思想政治教育载体及其运用经验研究[J]. 求索, 2012(10). 195-197.

四是大众传媒。大众传媒在西方意识形态教育实践中也备受青睐。书籍、报刊、广播电视、电影、网络等大众传播媒体都成了西方国家宣传自己国家思想政治观点和道德规范的媒介。在美国，大众传媒特别是网络传媒的意识形态教育功能备受重视。美国凭借其在互联网技术及普及上的优势，探索出了大量行之有效的方法，把大量的资本主义意识形态教育内容注入网络的路径，建设了相当数量的渗透着浓厚的美国政治特色的网络平台，一般网站在版面和内容的设计上图文并茂，不仅全面地介绍了美国的公民生活、政治和政府知识，还详细地介绍了美国的一系列政治制度，包括白宫的政治理念、政治经济制度、总统大选以及各个党派之间的权力制衡等。可以说，在网络意识形态教育方面，美国已经形成了一个信息网络完备、手段丰富多样、方法潜隐巧妙和渗透能力极强的体系，积累了在市场经济和民主法制条件下进行思想政治教育的丰富经验。

结　语:"立场坚定"与"放眼全球"的意识形态教育

任何一个国家的民族文化及意识形态的生命力,都在于它既能保持其文化及意识形态的优秀传统,又能充分吸收各种适应时代要求的外来文明的积极成果。

竞赛场地正在变平。大约30亿在游戏中出局的人走进这个通常需要跑进的平的竞赛场,他们来自中国、印度、俄罗斯和中欧,来自有着丰富教育遗产的国家。变平的世界正在飞速前进,没有什么东西能够阻挡它。如果越来越多的美国人没有被授权和教育参与这个所有知识中心相互连接的世界,我们的生活质量将会下降。在我们的社会中我们拥有所有美国人在这个世界上茁壮成长的原料,如果我们浪费了这些原料,我们将停滞不前[①]。

在经济全球化的背景下,只有将全球意识与民族意识进行有目的地积极融合,才能促进本国文化和意识形态的合法性构建。德国哲学家伽达默尔认为,现代视阈总是与传统视阈互相融合,没有这种融合,就不会有整体意义上的现代视阈。[②] 这种融合既包括了传统与现代的融合,更涵盖了东西方不同价值的融合。因此,学校意识形态教育要实现这一历史融合,必须深刻地关注世界发展趋势和中国现代化实践的融入,在参与现代化的伟大变革运动中,既要根植于深厚的民族文化传统,汲取优秀传统文化的生命养分,又要以开放的姿态走向世界,避免狭隘的民族意识形态,大胆吸收其他民族优秀的文化传统,同时还要融入具有时代精神的发展潮流中,才能建立中国特色的社会主义意识形态教育体系。

一、意识形态教育中坚定"马克思主义"的指导思想

与统治阶级有关的思想和文化都被认为是学校教育的思想和内容,这些思想和文化往往被看成是优势文化,这些优势文化又被看作是"肯定统治阶级物质

---

① Friedman, T. *The World Is Flat: A Brief History of the 21st Century*[M]. New York: Farrar, Strauss, and Giroux, 2005.
② [德]格奥尔格·伽达默尔. 真理与方法[M]. 洪汉鼎,译. 上海:上海译文出版社,1999. 393.

财富和符号财富的社会阶级的主要价值观念、利益和关注点的社会实践和表象"①。马克思曾警告:"如果从观念上来考察,那么一定的意识形式(指意识形态)的解体足以使整个时代毁灭。"②苏联就败在了意识形态上,败在了对马克思主义、对社会主义信仰和信念的动摇上。"一定的意识形态作为一面旗帜,为一定的社会或国家进行政治导向和社会价值导向,对人们的思想、行为进行符合目标的引导,对偏离目标的思想、行为进行阻滞。"③意识形态就是一种核心凝聚力,在这种凝聚力的感召下,人们会为了国家的繁荣富强由衷自豪和骄傲,也会为了捍卫国家的荣誉而奉献和牺牲。

意识形态可以是一个国家、一种制度,或者一系列与这个制度相关的基本价值的法理和逻辑基础。"意识形态是作为构成礼仪、实践以及学校的日常作业的社会过程所表现的物质存在;意识形态既不生产意识,也不生产被动服从的态度,而是作为建构学生无意识的意蕴与观念的'表象'(representation)系统发挥作用的。"④一定的意识形态作为系统的理论体系和突出的价值体系,能成为一种巨大的物质力量,激发和动员整个社会成员战胜各种困难和风险,为既定目标不懈奋斗,"成为一个重要的凝合剂,能够把各种运动、党派、革命团体都聚合起来"。⑤

因此,在意识形态教育中,必须坚持马克思主义的指导,这个立场始终不能动摇。一是因为马克思主义具有鲜明的阶级立场、严密的科学体系和巨大的实践指导作用,是我们立党立国的指导思想。只有在马克思主义的方法论指导下,坚持马克思主义的指导地位,运用马克思主义的立场、观点、方法观察当代中国与世界,才能把握大势、看清本质、明确方向,从而坚定信念,奋力前行。二是因为马克思主义、共产主义的崇高信仰是共产党人的命脉和灵魂,对共产党人有着巨大的激励和鞭策作用。三是因为实现中国梦,必须"坚持中国道路、弘扬中国精神、凝聚中国力量"。这就需要我们用马克思主义中国化最新成果——中国特色社会主义理论体系,武装全党、教育人民、指导工作,把全国各族人民团结和凝

---

① Mclaren, P. Life in School: An Introduction to Critical Pedagogy in the Foundations of Education[M]. New York, Longman, 1989. 172.
② 马克思恩格斯全集(第46卷)(下)[M]. 北京:人民出版社,1980. 35.
③ 郑永廷,等. 社会主义意识形态发展研究[M]. 北京:人民出版社,2002. 344.
④ 佐藤学. 课程与教师[M]. 北京:教育科学出版社,2003. 194.
⑤ 迈克尔·罗斯金,等. 政治科学[M]. 北京:华夏出版社,2001. 10.

聚在中国特色社会主义伟大旗帜下,共同致力于实现中国梦。而世界上敢于"做梦"的另一个国家——美国,与其说代表着一种梦想,不如说这梦想更多地意味着实现富足、强大、强权、霸权……①这梦想也促成了美国教育意识形态对"教育质量"的敏感,尤其是在第二次世界大战以后美国燃起称霸世界的野心与梦想。

邓小平也曾说过,"我们这么大的一个国家,怎样才能团结起来、组织起来呢? 一靠理想,二靠纪律。……没有理想,没有纪律,就会像旧中国那样一盘散沙,那我们的革命怎么能够成功? 我们的建设怎么能够成功?"②在他看来,共同理想信念、铁的纪律,"无论过去、现在和将来,这都是我们真正的优势。"③

在推动实现中华民族伟大复兴的历史进程中,要努力构建和宣传以中国梦为主题的正能量文化,造就一大批在实现中华民族伟大复兴的进程中起到引领作用的高水平人才。中国梦是强国梦,强国必先强教。学校意识形态应成为实现中国梦的助推器,将中国梦的宣传教育融入到学校教育教学、校园文化建设之中,使高校真正成为高素质创新人才的孵化基地、国家创新体系的核心力量。因此,必须在意识形态教育中坚定立场,这样才能保持社会稳定发展,鼓励大学生追求青年之梦、学子之梦,引导广大学子将个人价值与国家命运紧密联系在一起,积极投身于社会实践中,早日实现中国梦的民族复兴。

二、意识形态教育中"放眼全球"的融入姿态

随着全球化进程的日益深化,世界与民族国家、传统与现代、价值普遍主义与相对主义等矛盾日益突出,世界各国如何有效地进行意识形态教育成为一个严峻的课题,各国立足于自身的社会历史文化背景和意识形态传统进行教育是一个普遍的现象,意识形态教育受到空前的重视。

全球化作为一种外在力量对民族国家的观念、意识进行重塑和建构。"经济全球化的推进不同社会制度国家之间的矛盾由过去单纯的尖锐对抗转变成了经济上的既竞争又合作、政治上的既对立又对抗、文化上的既交锋又交流的演化模式,形成了一个进步性与矛盾性并存、诸种文明的冲突与融合并存、多种价值观的

---

① 张西明. 新美利坚帝国[M]. 北京:中国社会科学出版社,2003. 自序1.
② 邓小平文选(第3卷)[M]. 北京:人民出版社,1993. 111.
③ 邓小平文选(第3卷)[M]. 北京:人民出版社,1993. 114.

较量与兼并过程并存的复杂局面。"①正是在这种国际背景下,意识形态教育应融入世界发展的大趋势中,不能固步自封、盲目自大。在融入到全球化趋势的过程中,意识形态教育需要有文化共性、价值共享和人类进步的博大胸怀。

首先,从文化共性上看,人类有很多共性,因而必然有一些共同意识形态教育原则。如诚实守信、尊老爱幼等道德戒律;在特定情况下,各阶级都可以提倡爱国、抗击侵略等道德要求;促进个性发展、培养独立人格等道德修养。市场经济条件下,各国都应具备生产中的人本理念、交换中的平等精神、分配中的公平原则、消费中的人格意识等道德意识,这些都体现了思想政治教育非意识形态性的功能。正如恩格斯在谈到道德问题时所指出的那样:由于处在同样的或差不多同样的经济发展阶段,由于有共同的历史背景,"道德论必然是或多或少地互相一致的"②。全球化进程中,人们的交往越来越密切,人与人之间的生活关系不可能全部政治化、阶级化。

而"普世价值观"也不应该被视为"洪水猛兽",这些价值观不仅超越了民族、种族、区域的限制,而且超越了不同的文明、时代的区分,是人之为人的基本要求和行为底线。比如尽管基督教、佛教、伊斯兰教等宗教的信仰、道德体系有所不同,尽管东方和西方的文化价值观有鲜明的差异,尽管不同时代的道德有所变更,但总有一些伦理道德是普遍适用于各种文明、各个时代的,各种文化从不同的角度表达了一些共同的伦理价值观,像诚实、自尊、尊重他人、勤劳、勇敢等,这些普适性的伦理便构成了多元社会的共同基础。学校意识形态教育应在反映多元化价值观的同时,致力于传播和发展这些普世伦理,让学生遵守最起码的道德底线。

美国政府在外交实践中也把普世价值作为美国主要的国家利益之一。美国 2010 年版《四年防务评估报告》阐述了奥巴马政府对美国国家利益的界定,该报告写道,美国的主要利益是"安全、繁荣、广泛尊重普世价值以及能够促进合作行动的国际秩序"③。白宫公布的 2010 版美国《国家安全战略》报告明确提及"普世价值"对于美国的重要意义。这是美国联邦政府在官方文件中首次正式使用

---

① 宋效峰. 文化全球化与我国的意识形态安全[J]. 中共天津市委党校学报,2006(3). 98-102.

② 马克思恩格斯选集(第3卷)[M]. 北京:人民出版社,1995. 434.

③ The Department of Defense of US, *Quadrennial Defense Review Report*, Feb. 2010. 9[EB/OL]. http://www.Defense.gov/qdr/images/QDR_as_of_12Feb10_1000.pdf.

"普世价值"一词。此前,"普世价值"主要为学者所使用,如今该词成为美国政府的官方话语。这既是美国推广美式民主政治的一次重大转折,也预示着"普世价值"已经成为美国推行全球战略的重要手段。

中国需要积极参与"普世价值"观念的建构。从理论的角度承认"普世价值"的存在,符合现代科学的基本常识。承认"普世价值"的存在,并不意味着我们必然要认同美国所定义的"普世价值"的内涵,而是强调国际社会应该在对话与交流中寻找文化共性,充实"普世价值"的应然内涵。

其次,从价值共享上,需要指出的是,占统治地位的意识形态并非无处不在。所有教师不一定认可所有相同的东西。在复杂的社会和道德问题上他们的意见是有分歧的。在政治行为上教师当然会相互模仿,但从更广泛的信仰看,在一定范围内,考虑到特定的政治行为如在投票都显示了这种分歧。政治不平衡性反映了一个核心的教师意识形态,从整体上看并没有偏离太远。[1]

核心价值可能没有"普世价值"那么广泛,但它们同样也是一个团体、社会所不能违背的,对个体的身心发展和该社会所有成员的和谐相处来说是不可缺少的基本价值。所谓"核心价值观",是在一个社会中居于基础地位,被普遍认同、起支配作用的核心理念,具有普遍性和相对稳定的特点。它不仅是人们分辨是非、判别善恶的基本标准和尺度,也是人们据以行动的基本价值规范和最起码的道德要求,作为社会的一员,不管他有怎样的生活理想和价值追求,这些基本的价值规范是无论如何都必须共同遵守的,否则整个社会就会走向崩溃。[2]

吉布斯(Gibbs)和厄雷(Earley)认为,民主社会中的核心价值观应当包括同情、勇气、礼貌、公平、诚实、友好、忠诚、意志、尊敬和责任心。并且,大量研究表明,通过课堂和学校内的互动、阅读多元伦理的文本、开展合作性学习和游戏等,可以增进不同种族的学生之间的相互了解、信任和友爱,减少歧视和敌对。在实践中,核心价值已为美国的许多州所倡导和实施。像乔治亚州就提出37项要求学校传递的核心价值,其中包括作为公民应遵守的核心价值、对待他人的核心价值、对待自我的核心价值三个方面。弗吉尼亚州教育局也提出了一些核心价值,像友谊、信任、尊敬、公正、对他人的需要和观点有足够的敏感、通过合作来解决

---

[1] Tobin, Gary A., and Aryeh K. Weinberg. Behaviors and Beliefs of College Faculty [J]. *Institute for Jewish & Community Research*, 2006. 23.

[2] 金业文,刘济良. 价值多元时代的学校德育改革思考:来自美国的启示[J]. 全球教育展望,2009(1). 51-54.

冲突等。康涅狄格州、缅因州、明尼苏达州、犹他州等也有类似的教育计划。在20世纪90年代初,美国的许多州教育当局就通过制定政策的方式来要求学校传授能够避免文化分裂的核心价值,当然,尽管这种努力也不是没有受到抵制,但教授核心价值的做法在实践中仍然产生了重要的影响。①

最后,"人类进步"需要依赖全球致力于开放新技术和促进人类共同发展和进步的组织和个人。比如网上的"知识共享"课堂,是可以提高公民素质和创新能力的新路径。由信息技术和教育需求引发的大规模网上共享课程(massive open online course,MOOCs)浪潮又冲击着学校。新技术降低了知识的获取成本,MOOCs 的出现使大学不再是封闭的港湾,大学校园正逐渐失去独占独享已有知识的特权。一方面,MOOCs 使大学之间竞争白热化,教育的成本、质量和竞争因为技术而透明,因透明而变得异常敏感;这迫使大学加快教育教学改革,更加关注学生,关注学生的学习体验,关注学生的个性和特点;不把教育质量放到第一位的大学将没有未来!另一方面,MOOCs 也为缩小教育差距、促进社会公平提供了难得的机遇,教育公平和自由学习从来没有像今天这样离人们如此之近,大学的决策者不能也不应当孤芳自赏,应当摈弃狭隘的观念,积极推进网上课程共享,使更多的学生接受高质量的教育。与此同时,MOOCs 正在冲破教育市场的国家壁垒,挑战传统的国家、民族、文化观念。

冷战结束后,东西方意识形态之间的"对抗"越来越被"合作"所取代,国际政治环境日益复杂,社会生产的特性正在发生根本性的变化。科技革命中的生物技术、数字计算机、互联网、机器人等,都起到了替代劳动的作用,减少了净劳动力获得有偿劳动的机会。任何国家的社会上层势力都会努力加强和扩大意识形态机器的凝聚力。因此,教育从来都不会是纯粹的技术,其从个人与社会的关系、个人获得奖励的本质和目的、公民职责和权利及谁最终从经济生产中获益等方面可以进行意识形态的预先假设。②

在借鉴国外意识形态教育的方法和观点的同时,一方面,我们需要从我国现实的教育情况出发,保持和加强自身的教育优势,同时针对自身的教育劣势,积极推进创新性的教育改革,逐渐强化我们的社会主义核心价值观教育,不断增进

---

① Nord, Warren A. *Religion and American Education: Rethinking a National Dilemma*[M]. The University of North Carolina Press,1995. 228.

② Hirschl, Thomas A., Daniel B. Ahlquist, and Leland L. Glenna. Ideology and the Crisis of Capitalism[J]. *Workplace*, Sept. ,2008, 15. 75-92.

自身的教育认同度。另一方面,我们也需要主动大胆地寻求更广泛意义上的国际教育交流与合作,积极利用国外优质教育资源并借鉴全球成功教育经验,逐步提升我们国家的国际竞争力并确保我国的教育安全。

任何一个国家或地区都不存在"淡化政治"的问题,反而正在有意识地加强其政治功能。公民教育的政治功能,简单地说就是巩固政权、凝聚人心、引导发展、化解矛盾、稳定社会。其中,美国意识形态教育中强化政治功能的某些做法,对于我国在新时期加强意识形态教育工作有重要的借鉴意义。"比较研究的价值,不仅来自对其他国家人民取得的成就或进行的实验所提供的实际知识,而且来自比较研究给我们带来的可以补充我们自己看法的观点。"[①]选择美国的"意识形态教育"作为研究对象,尽管在美国不存在"ideology education"这个专业词汇,但笔者认为这并不代表美国就不存在"意识形态教育"。美国与中国的文化差异很大,意识形态也完全不同,社会性质更是相互"敌视",但仍有许多教育发展的共识。无论"他山之石"的成功经验还是失败教训,无论其价值负载的是正能量还是负面效应,都将有助于我们进行思考,启示我们如何对中国的意识形态教育进行审视与反思。

---

① [英]埃德蒙·金.别国的学校和我们的学校——今日比较教育[M].北京:人民教育出版社,2001.2.

参考文献

一、中文文献

[1] 中央编译局编译. 德意志意识形态:节选本[M]. 北京:人民出版社,2003.

[2] [德]汉斯-格奥尔格·伽达默尔. 真理与方法[M]. 洪汉鼎,译. 上海:上海译文出版社,1999.

[3] [德]赫尔巴特. 教育学讲义纲要[A]. 张焕庭主编. 西方资产阶级教育论著选[M]. 北京:人民教育出版社,1964.

[4] [德]卡尔·曼海姆. 意识形态与乌托邦[M]. 黎鸣,李书崇,译. 北京:商务印书馆,2000.

[5] [德]马尔库塞. 单面人[M]. 长沙:湖南人民出版社,1988.

[6] [德]卡尔·曼海姆. 意识形态和乌托邦[M]. 艾彦,译. 北京:华夏出版社,2001.

[7] [德]塞巴斯蒂安·赫尔科默. 后意识形态时代的意识形态[J]. 张世鹏,译. 当代世界与社会主义,2001.

[8] [法]阿尔都塞. 保卫马克思[M]. 顾良,译. 北京:商务印书馆,1984.

[9] [法]阿尔都塞. 哲学与政治:阿尔都塞读本[M]. 陈越编. 长春:吉林人民出版社,2003.

[10] [法]让-弗朗索瓦·利奥塔尔. 后现代状况:关于知识的报告[M]. 车槿山,译. 北京:三联书店,1997.

[11] [加]大卫·杰弗里·斯密斯. 全球化与后现代教育学[M]. 郭洋生,译. 北京:教育科学出版社,2000.

[12] [美]奥克斯,等. 教学与社会变革[M]. 程亮,等,译. 上海:华东师范大学出版社,2008.

[13] [美]罗兰·罗伯森. 全球化:社会理论和全球文化[M]. 梁光严,译. 上海:上海人民出版社,2000.

[14] [美]R.赫斯利普. 美国人的道德教育[M]. 北京:人民教育出版社,2003.

[15] [美]阿尔文·施密特. 基督教对文明的影响[M]. 王晓丹,赵巍,译. 北京:北京大学出版社,2004.

[16] [美]阿兰·伯努瓦. 面向全球化//王列,杨雪冬,编译. 全球化与世界[C]. 北京:中央编译出版社,1998.

[17] [美]阿芒·马特拉. 世界传播与文化霸权[M]. 陈卫星,译. 北京:中央编译出版社,2001.

[18] [美]安东尼·奥罗姆. 政治社会学[M]. 上海:上海人民出版社,1989.

[19] [美]鲍尔斯,金提斯. 资本主义美国的学校教育——教育改革与经济生活的矛盾[M]. 李

锦旭,译.台北:桂冠图书股份有限公司,1989.

[20][美]贝内特.关于美国教育改革的报告//吕达,周满生主编.当代外国教育改革著名文献(美国卷第一册)[M].北京:人民教育出版社,2004.

[21][美]彼得·诺维克.那高尚的梦想——"客观性问题"与美国历史学界[M].杨豫,译.北京:生活·读书·新知三联书店,2009.

[22][美]波莉·汤因比.谁害怕全球文化?//[美]威尔·赫顿,安东尼·吉登斯.在边缘:全球资本主义生活[C].达巍,等,译.北京:三联书店出版社,2003.

[23][美]布列克里局,杭特.教育社会学理论[M].李锦旭,译.台北:桂冠图书股份有限公司,1993.

[24][美]大卫·格里芬.后现代科学——科学魅力的再现[C].转引于刘放桐,等 编著.新编现代西方哲学[M].北京:人民出版社,2000.

[25][美]戴维·S.兰德斯.国富国穷[M].门洪华,译.北京:新华出版社,2001.

[26][美]道格拉斯·诺思.经济史中的结构与变迁[M].陈郁,罗华平,译.上海:上海三联书店,上海人民出版社,1994.

[27][美]德弗勒,丹尼斯.大众传播通论[M].王怡红,等,译.北京:华夏出版社,1989.

[28][美]格尔茨.文化的解释[M].韩莉,译.南京:译林出版社,1999.

[29][美]哈利斯.教师与阶级:马克思主义分析[M].唐宗清,译.台北:桂冠图书股份有限公司,1994.

[30][美]赫钦斯.民主社会中教育上的冲突[M].陆有铨,译.台北:桂冠图书股份有限公司,1997.

[31][美]迈克尔·H.亨特.意识形态与美国外交政策[M].褚律元,译.北京:世界知识出版社,1999.

[32][美]亨廷顿.谁是美国人[M].程克雄,译.北京:新华出版社,2010.

[33][美]加里·沃塞曼.美国政治基础[M].北京:中国社会科学出版社,1994.

[34][美]杰里尔·A.罗赛蒂.美国对外政策的政治学[M].周启朋,等,译.北京:世界知识出版社,1997.

[35][美]卡尔·多伊奇.国际关系分析[M].周启朋,等,译.北京:世界知识出版社,1992.

[36][美]理查德·尼克松.1999年:不战而胜[M].王观声,等,译.北京:世界知识出版社,1989.

[37][美]理查德·尼克松.超越和平[M].范建明,等,译.北京:世界知识出版社,1995.

[38][美]米特·罗姆尼.无可致歉:罗姆尼自传[M].白涛,译.北京:法律出版社,2012.

[39][美]迈克尔·W.阿普尔.意识形态与课程[M].上海:华东师范大学出版社,2001.

[40][美]迈克尔·阿普尔.谁改变了我们的常识?——美国教育保守主义运动与教育不平

等[J].罗燕,译.清华大学教育研究,2006.

[41][美]迈克尔·阿普尔.意识形态与课程[M].黄忠敬,译.上海:华东师范大学出版社,2001.

[42][美]迈克尔·亨特.意识形态与美国外交政策[M].褚律元,译.北京:世界知识出版社,1999.

[43][美]麦金泰尔.德性之后[M].龚群,译.北京:中国社会科学出版社,1995.

[44][美]纳尔逊·布莱克.美国社会生活与思想史(上册)[M].许季鸿,等,译.北京:商务印书馆,1994.

[45][美]欧内斯特·博耶.关于美国教育改革的演讲[M].涂艳国,方彤,译.北京:教育科学出版社,2002.

[46][美]塞缪尔·亨廷顿.失衡的承诺[M].周端,译.北京:东方出版社,2005.

[47][美]塞缪尔·亨廷顿.我们是谁:美国国家特性面临的挑战[M].程克雄,译.北京:新华出版社,2005.

[48][美]托马斯·索威尔.美国种族简史[M].南京:南京大学出版社,1993.

[49][美]威廉·F.派纳,等.理解课程[M].张华,等,译.北京:教育科学出版社,2003.

[50][美]伊万·伊利奇.非学校化社会[M].吴康宁,译.台北:桂冠图书股份有限公司,1997.

[51][美]E.S.萨瓦斯.民营化与公私部门的伙伴关系[M].周志忍,译.北京:中国人民大学出版社,2002.

[52][美]约瑟夫·奈.美国霸权的困惑[M].郑志国,等,译.北京:世界知识出版社,2002.

[53][美]戴维·波普诺.社会学[M].李强,译.北京:中国人民大学出版社,1999.

[54][美]阿里夫·德里克.后革命氛围[M].王宁,等,译.北京:中国社会科学出版社,1999.

[55][美]艾萨克·康德尔.教育的新时代——比较教育[M].王承绪,等,译.北京:人民教育出版社,2001.

[56][美]劳伦斯·A.克雷明.学校的变革[M].单中惠,等,译.上海:上海教育出版社,1994.

[57][美]卡明斯.从课程看道德及宗教教育——意识形态教育的国际比较(之一)[J].钟启泉编译.外国教育资料,1997.

[58][美]华勒斯坦.开放社会科学(第1版)[M].刘锋,译.北京:三联书店,1997.

[59][美]迈克尔·罗斯金,等.政治科学[M].林震,等,译.北京:华夏出版社,2001.

[60][瑞士]吕埃格主编,[比]里德-西蒙斯分册主编.欧洲大学史:第2卷 近代早期的欧洲大学(1500—1800)[M].贺国庆,等,译.保定:河北大学出版社,2007.

[61][加]威尔·金里卡.当代政治哲学:下[M].刘莘,译.上海:上海三联书店,2004.

[62][匈]卢卡奇. 历史与阶级意识[M]. 沈耕,毛怡红,译. 北京:商务印书馆,1992.

[63][英]安东尼·吉登斯. 现代性的后果[M]. 田禾,译. 南京:译林出版社,2000.

[64][英]W. 沃特森. 多元文化主义[M]. 叶兴艺,译. 长春:吉林人民出版社,2005.

[65][英]安东尼·吉登斯. 失控的世界:全球化如何重塑我们的生活[M]. 周红云,译. 南昌:江西人民出版社,2002.

[66][英]哈耶克. 通往奴役之路[M]. 王明毅,等,译. 北京:中国社会科学出版社,1997.

[67][英]萨德勒. 我们从对外国教育制度的研究中究竟能学到多少有实际价值的东西?//赵中建,顾建民. 背景教育的理论与方法:国外比较教育文选[C]. 北京:人民教育出版社,1994.

[68][英]汤普森. 意识形态与现代文化[M]. 高銛,等,译. 南京:译林出版社,2005.

[69][英]埃德蒙·金. 别国的学校和我们的学校——今日比较教育[M]. 王承绪,等,译. 北京:人民教育出版社,2001.

[70][英]安东尼·奥罗姆. 政治社会学[M]. 张华青,孙嘉明,等,译. 上海:上海人民出版社,1989.

[71][英]保罗·史密斯. 一个世界:全球性与总体性// 全球化症候[C]. 天津:天津社会科学院出版社,2001.

[72][德]格拉德·博克斯贝格,哈拉德·克里门塔. 全球化的十大谎言[M]. 胡善君,许建东,译. 北京:新华出版社,2000.

[73]陈时见. 比较教育导论[M]. 北京:商务印书馆,2007.

[74]陈霞. 标准驱动:基于标准的美国基础教育改革[M]. 合肥:安徽教育出版社,2010.

[75]陈振明主编. 政治学[M]. 北京:中国社会科学出版社,1999.

[76]陈立思. 当代世界的思想政治教育[M]. 北京:中国人民大学出版社,1999.

[77]邓小平. 邓小平文选(第 2 卷)[M]. 北京:人民出版社,1994.

[78]杜屏. 以充足性为基础的教育财政公平:美国义务教育财政政策改进对我国的启示[J]. 中国教育政策评论,2008.

[79]高峰. 美国政治社会化研究[M]. 北京:首都师范大学出版社,2004.

[80]河清. 全球化与国家意识的衰微[M]. 北京:中国人民大学出版社,2003.

[81]侯惠勤. 马克思的意识形态批判与当代中国[M]. 北京:中国社会科学出版社,2010.

[82]胡锦涛. 坚定不移沿着中国特色社会主义道路前进 为全面建成小康社会而奋斗[M]. 北京:人民出版社,2012.

[83]季广茂. 意识形态视域中的现代话语转型和文学观念转型[M]. 北京:北京大学出版社,2005.

[84]联合国教科文组织国际教育发展委员会. 学会生存[M]. 上海师范大学外国教育研究

室,译.上海:上海译文出版社,1979.

[85]列宁选集[M].北京:人民出版社,1995.

[86]林毅夫.关于制度变迁的经济学理论:诱致性变迁与强制性变迁//[美]R.科斯,等.财产权利与制度变迁[C].上海:上海三联书店,上海人民出版社,1994.

[87]马克思恩格斯选集[C].北京:人民出版社,1995.

[88]梅孜编译.美国国家安全战略报告汇编[M].北京:时事出版社,1996.

[89]中国赴美道德教育考察团.美国道德教育考察[J].思想教育研究,1996(6).

[90]马骥雄主编.战后国际教育研究丛书:战后美国教育研究[M].南昌:江西教育出版社,1991.

[91]欧力同,张伟.法兰克福学派研究[M].重庆:重庆出版社,1990.

[92]钱海源.帝国主义的战略阴谋:在中国搞意识形态多元化[J].当代思潮,2000(4).

[93]瞿葆奎.教育学文集:英国教育改革(第1版)[M].北京:人民教育出版社,1993.

[94]任晓,赵可金,成帅华.意识形态与外交政策[J].世界经济与政治,2003(2).

[95]沈宁.点击美国中小学教育[M].武汉:湖北人民教育出版社,2001.

[96]石书臣.论思想政治教育的意识形态性与非意识形态性的统一[J].探索,2003(3).

[97]史静寰.当代美国教育[M].北京:社会科学文献出版社,2001.

[98]宋惠昌.当代意识形态研究[M].北京:中央党校出版社,1993.

[99]苏崇德.比较思想政治教育学[M].北京:高等教育出版社,1995.

[100]孙建荣,冯建华,等.憧憬与迷惑的事业——美国文化与美国教育[M].北京:中国社会科学出版社,2000.

[101]王天一,夏之莲,朱美玉.外国教育史[M].北京:北京师范大学出版社,1993.

[102]王晓升,等.西方马克思主义意识形态理论[M].北京:社会科学文献出版社,2009.

[103]王永贵.全球化背景下国际意识形态交锋的基本特点[J].理论探讨,2006(2).

[104]王永贵,等.经济全球化与社会主义意识形态建设研究[M].北京:人民出版社,2005.

[105]夏之莲.外国教育发展史料选粹:上册[M].北京:北京师范大学出版社,1999.

[106]肖前,李秀林,汪永祥.历史唯物主义原理[M].北京:人民出版社,1983.

[107]杨海英.社会主义意识形态创新研究[M].北京:中央党校出版社,2005.

[108]俞吾金.意识形态论[M].上海:上海人民出版社,1993.

[109]张人杰.国外教育社会学基本文选[M].上海:华东师范大学出版社,1989.

[110]张西明.新美利坚帝国[M].北京:中国社会科学出版社,2003.

[111]张耀灿主编.中国共产党思想政治工作史论[M].北京:高等教育出版社,1999.

[112]钟启泉,等.为了中华民族的复兴 为了每位学生的发展[M].上海:华东师范大学出版社,2001.

[113] 朱其东,孙其昂. 思想政治教育本质论的制度分析[J]. 探索, 2011(3).

[114] 朱兆中. 中国社会主义意识形态纵论[M]. 上海:上海人民出版社, 2003.

[115] [希腊]尼科斯·波朗查斯. 政治权利与社会阶级[M]. 叶林, 王宏周, 等, 译. 北京: 中国社会科学出版社, 1982.

[116] 宋惠昌. 当代意识形态研究[M]. 北京:中央党校出版社, 1993.

[117] 邹学荣. 思想政治教育学[M]. 重庆:西南师范大学出版社, 1992.

[118] 佐藤学. 课程与教师[M]. 钟启泉, 译, 北京:教育科学出版社, 2003.

[119] 钟启泉/李其龙. 教育科学新进展[M]. 西安:陕西人民教育出版社, 1993.

[120] 郑永廷, 等. 社会主义意识形态发展研究[M]. 北京:人民出版社, 2002.

[121] [英]彼德·尼内斯. 全球化和市场化背景下的比较教育学者:我们是谁?我们的立场何在?[J]. 覃云云, 译. 北京师范大学学报(社会科学版), 2006(3).

[122] [南非]克莱因·索迪安. 全球化背景下教育的特征及其发展前景[J]. 菅坤. 比较教育研究, 2009(5).

[123] 安钰峰. 谈谈美国学校道德教育多元化的问题[J]. 高校理论战线, 1995(5).

[124] 曾晓洁. 美国的"择校制度"与基础教育改革[J]. 比较教育研究, 1997(6).

[125] 车玉玲. 20世纪意识形态论域的三个维度[J]. 哲学动态, 2002(12).

[126] 陈殿林. 教育生活化:执政党意识形态转化为社会意识形态的路径研究[J]. 当代世界与社会主义, 2011(2).

[127] 陈鸿莹. 英国公民教育简述[J]. 外国教育研究, 2003(9).

[128] 陈军. 美国国民教育的政治化倾向及启示[J]. 三峡大学学报(人文社会科学版), 2001(5).

[129] 陈立思. 当代世界思想政治教育的理论研究述评[J]. 教学与研究, 2000(11).

[130] 陈立思. 关于美国思想政治教育的几个问题[J]. 中国青年政治学院学报, 1997(1).

[131] 陈露茜. 美国公共学校的"意识形态冲突"[J]. 教育学报, 2011(2).

[132] 邓卓明. 国外面向21世纪的思想道德教育趋向[J]. 思想政治工作研究, 1992(8).

[133] 单中惠. 美国公立学校运动新论[J]. 教育评论, 2000(3).

[134] 顾明远. 比较教育的回顾与展望[J]. 外国教育动态, 1991(1).

[135] 关培兰, 石宁. 中美家庭道德伦理观与教育的比较[J]. 比较教育研究, 1999(4).

[136] 何伟强. 论当代国际竞争对教育优先发展的诉求[J]. 浙江教育学院学报, 2009(3).

[137] 金灿荣. 政治—文化分裂与美国政局演变[J]. 美国研究, 1995(1).

[138] 金业文, 刘济良. 价值多元时代的学校德育改革思考:来自美国的启示[J]. 全球教育展望, 2009(1).

[139] 荆萱. 法国:抵制美国"文化入侵"[J]. 前线, 1995(4).

[140]李彩英. 美国学校道德教育初探[J]. 首都师范大学学报(社会科学版),1995(2).

[141]李进忠,郝静. 新教师选拔的标准及其成长——美国的经验[J]. 基础教育参考,2006(4).

[142]李联明. "9·11事件"之后美国高等教育国际化政策调整及其影响[J]. 全球教育展望,2009(10).

[143]林春逸,刘力. 从"权利公民"到"责任公民"——当代西方公民教育理念的嬗变[J]. 扬州大学学报(高教研究版),2005(6).

[144]刘建飞. 论反共主义在美国产生与发展的根源[J]. 美国研究,2000(2).

[145]刘世丽,杨连生. 美国"政治社会化"教育方法的启示[J]. 思想教育研究,2002(9).

[146]刘树道,刘社欣. 新时期必须更加重视思想政治教育的比较研究[J]. 华南理工大学学报(社会科学版),2003(1).

[147]鲁洁. 一个值得反思的教育信条:塑造知识人[J]. 教育研究,2004(6).

[148]萨义德. 文化与帝国主义:第二版[M]. 北京:生活·读书·新知三联书店,2016.

[149]申小翠. "意识形态"概念的历史流变[J]. 中国社会科学院研究生院学报,2006(4).

[150]宋效峰. 文化全球化与我国的意识形态安全[J]. 中共天津市委党校学报,2006(3).

[151]万美容. 论信息社会与思想政治教育方法的现代化[J]. 思想政治教育研究,2008(6).

[152]汪国培. 全球化与社会主义意识形态关系探析[J]. 南京师大学报(社会科学版),2005(2).

[153]王国敏,李玉峰. 挑战与回应:坚守马克思主义在意识形态领域的主流地位[J]. 马克思主义研究,2007(11).

[154]王连夫. 美国的爱国主义教育略论[J]. 思想教育研究,1994(5).

[155]严加平. 从加州特许学校政策看美国教育政策的制定及政府角色[J]. 外国中小学教育,2006(2).

[156]王平原. 美国高校思想教育主要特征及存在问题探析[J]. 煤炭高等教育,1994(2).

[157]邬志辉. 课程全球化的四种哲学观评析[J]. 东北师大学报,2003(6).

[158]吴慧平. 奥巴马教育新政:"力争上游"计划[J]. 外国中小学教育,2010(3).

[159]夏伟东. 前车之覆,后车之鉴——美国青少年道德教育的理论与实践一瞥[J]. 高校理论战线,1996(12).

[160]杨静云. 美国政治观、价值观教育掠影[J]. 思想教育研究,1994(3).

[161]杨威. 社会控制视野中的思想政治教育[J]. 武汉大学学报(哲学社会科学版),2012(3).

[162]于光远. 教育认识现象中的"三体问题"[J]. 中国社会科学,1980(3).

[163]余凯,David Martin Osher. 基于标准的美国基础教育改革的问题和政策启示[J]. 教育

科学，2013(3).

[164] 俞可平. 全球化催变思维方式[J]. 当代社科视野，2010(3).

[165] 张建设. 试析全球化进程中意识形态斗争的新趋向[J]. 当代世界与社会主义，2003(3).

[166] 张勤，李俊. 我国中美思想政治教育比较研究的三个发展阶段[J]. 思想理论教育导刊，2005(2).

[167] 张燕军. 从奥巴马政府修订 NCLB 法看美国教育均衡发展[J]. 外国教育研究，2011(2).

[168] 张怡. 文化资本[J]. 外国文学，2004(4).

[169] 张园园. 美国思想政治教育载体及其运用经验研究[J]. 求索，2012(10).

[170] 张宗海. 西方主要国家的高校学生责任教育与启示[J]. 高教探索，2002(3).

[171] 赵秋梧. "文明冲突论"：亨廷顿为美国构建的意识形态策略[J]. 南京政治学院学报，2003(3).

[172] 周宏. 作为"软国家机器"的意识形态[J]. 河南大学学报(社会科学版)，2002(2).

[173] 李敏. 美国教育政策问题研究——以 20 世纪 80 年代以来基础教育政策为例[D]. 上海：华东师范大学博士学位论文，2006.

[174] 许桂清. 美国道德教育理念研究[M]. 北京：中国社会科学出版社，2008.

[175] 孙帮寨. 意识形态视域中的思想政治教育及其变革[M]. 徐州：中国矿业大学出版社，2010.

[176] 张爽. "美国至上"：对冷战后美国国家安全战略报告的一种解读[D]. 上海：复旦大学博士学位论文，2003.

[177] 冯刚. 落实立德树人根本任务 提高大学生思政工作质量[N]. 中国教育报，2014-01-17(3).

[178] 顾海良. 从战略角度思考大学生思想政治教育[N]. 光明日报，2005-02-22(8).

[179] 吕志勋. 全球化到底是什么？[N]. 解放军报，2001-01-15.

[180] 孙河川，王婷. 美国高质量教师啥标准[N]. 中国教育报，2008-09-09.

[181] [美]托马斯·弗里德曼. 教育在全球化过程中发挥的作用[EB/OL]. http://news.fudan.edu.cn/2013/1029/34704.html.

[182] 胡锦涛. 坚定不移沿着中国特色社会主义道路前进为全面建成小康社会而奋斗[EB/OL]. 中国共产党第十八次全国代表大会报告，http://www.xj.xinhuanet.com/2012-11/19/c_113722546.htm.

[183] 姚雅欣. 消逝的左拉——现实矛盾与可能出路间的现代世界知识分子一瞥[EB/OL]. http://www.eyii.com/news/contend/200899/6024.html.

[184] 王缉思. 美国意识形态的新趋势[EB/OL]. http://www.zhlzw.com/qx/whlw/720079_5.html.

[185] 全国老龄工作委员会. 中国人口老龄化发展趋势预测研究报告[EB/OL]. http://www.cpirc.org.cn/new8/rkxw-gnjetail.

[186] 美国总统面面观[EB/OL]. http://people.bowenwang.com.cn/president.htm?cid=QQA_president.

二、外文文献

[1] Smith, Adam. *An Inquiry into the Nature and Cause of the Wealth of Nations*[M]. Chicago: University of Chicago Press, 1976.

[2] Tocqueville, Alexis de. *Democracy in America*[M]. Chicago: University of Chicago Press, 2002. New York, 1945.

[3] Hero, Alfred O., Jr. *American Religious Groups View Foreign Policy: Trends in Rank-and-File Opinion*, 1937—1969[J]. Durham: Duke University Press, 1973, 21(7).

[4] Apple, M. W. The Text and Cultural Politics. *Educational Researcher*, 1992.

[5] Apple, M. W. *Cultural Politics and Education*[M]. New York: Teacher's College Press, 1996.

[6] Apple, M. W. *Educating the "Right" Way*[M]. New York: Routledge, 2001.

[7] Schlesinger, Arthur M. JR. *The Disuniting of America: Reflections on a Multicultural Society*[M]. New York: W. W. Norton & Company, 1998.

[8] Axt, R. G. *The Federal Government and Financing Higher Education*[M]. New York: Columbia University Press, 1952.

[9] McClellan, B. Edward *Moral Education in America: Schools and the Shaping of character from Colonial Times to the Present*[M]. New York: Teachers College Press, 1999.

[10] Balch, G. I. Multiple Indicators in Survey Research: The Concept "Sense of Political Efficacy"[J]. *Political Methodology*, 1974, 1(2).

[11] Bald, Suresht. *The Melian Dialogue. Pew Trust Cases in International Affairs*[M]. Washington, D. C.: Georgetown University, 1996.

[12] Barton, L.; R. Meigham, and S. Walker (Eds.). *Schooling, Ideology, and the Curriculum*[M]. London: Falmer, 1980.

[13] Beck, U. *Risk Society*[M]. London: Sage, 1992, Giddens, A. *Beyond Left and Right*[M]. Cambridge: Polity Press, 1994.

[14] Beder, S. *Global Spin: The Corporate Assault on Environmentalism*[M]. Cambridge:

Green Books, 2002.

[15] Berg, I. *Education and Jobs: The Great Training Robbery*[M]. New York: Praeger Publications, 1970.

[16] Berry, F. *The Changing Climate for Public Affairs Education* [R]. NASPAA Presidential Address, 2010.

[17] Biesta, G. J. J. Against Learning: Reclaiming a Language for Education in an Age of Learning[J]. *Nordisk Pedagogik*, 2004,23.

[18] Bloom, Allan. *The Closing of the American Mind* [M]. New York: Simon & Schuster,1987.

[19] Bogotch, I. , L. Mirón and G. Biesta. "Effective for What; Effective for Whom?" Two Questions SESI Should Not Ignore//T. Townsend (Ed.). *International Handbook of School Effectiveness and School Improvement* (*pp.* 93-110)[C]. Dordrecht/Boston: Springer, 2007.

[20] Bok, D. *Universities in the Marketplace: The Commercialization of Higher Education* [M]. Princeton, NJ: Princeton University Press, 2003.

[21] Bowles, S. and H. Gintis, *Schooling in Capitalist America: Education Reform and the Contradictions of Economic Life*[M]. New York: Basic Books, 1976.

[22] Brint, S. , and J. Karabel. *The Diverted Dream: Community Colleges and the Promise of Educational Opportunity in America*, 1900—1985[M]. New York, NY: Oxford University Press, 1989.

[23] Bruner, J. S. *Toward a Theory of Instruction*[M]. New York: W. W. Norton & Co, 1968.

[24] Campbell, D. E. Voice in the Classroom: How an Open Classroom Environment Facilitates Adolescents' Civic Development[J]. *CIRCLE Working Papers*, February, 2005.

[25] Cantor,Paul A. The Simpsons: Atomistic Politics and the Nuclear Family[J]. *Political Theory*, 1999,27(6).

[26] Castells, M. *The Rise of the Network Society: The Information Age*[M]. Oxford: Blackwell, 1996.

[27] Chafe, W. *The Unfinished Journey: America since World War II*[M]. New York: Oxford University Press, 1995.

[28] Chomsky, N. *Profit over People: Neoliberalism and Global Order*[M]. New York: Seven Stories Press, 1999.

[29] Gilbert, C, K. , and Donald E. Heller. Access, Equity, and Community Colleges: The

Truman Commission and Federal Higher Education Policy from 1947 to 2011[J]. *The Journal of Higher Education*, 2013,84(3).

[30] Colby, Anne, Thomas Ehrlich, Elizabeth Beaumont, and Jason Stephens. *Educating Citizens: Preparing America's Undergraduates for Lives of Moral and Civic Responsibility*[M]. San Francisco, CA: Jossey-Bass, 2003.

[31] Field, J. *Lifelong Learning and the New Educational Order*[M]. Stoke on Trent: Trentham Books, 2000.

[32] Crick, Bernard. The Presuppositions of Citizenship Education[J]. *Journal of Philosophy of Education*, 1999,33(3).

[33] Darling-Hammond, L., D. J. Holtzman, S. J. Gatlin, and J. V. Heiliy. *Does teacher preparation matter? Evidence about teacher certification, Teach For America, and teacher effectiveness*[M]. Stanford, CA: Stanford University, 2005.

[34] Donahue, J. D. *The Privatization Decision*[M]. New York: Basic Books, 1989.

[35] Feigenbaum, H., J. R. Henig, and C. Hamnett. *Shrinking the State: The Political Underpinnings of Privatization*[M]. Cambridge: Cambridge University Press, 1998.

[36] Foucault, M. Politics and Ethics: An Interview//P. Rabinow (Ed.). *The Foucault Reader*[C]. New York: Pantheon, 1984.

[37] Foucault, M. Governmentality//G. Burchell, G. Gordon, and P. Miller (Eds.). *The Foucault Effect: Studies in Governmentality*[C]. Ghicago: University of Ghicago Press, 1991.

[38] Fuller, Bruce. The Public Square, Big or Small? Charter Schools in Political Context//Bruce, Fuller(Ed.). *Inside Charter School*[C]. Cambridge, MA: Harvard University Press, 2000.

[39] I Kenberry, G. John. *American Foreign Policy: Theoretical Essays*[M]. Scott, Foresman and Company, 1999.

[40] Tobin, Gary A., and Aryeh K. Weinberg. *Behaviors and Beliefs of College Faculty*[M]. Institute for Jewish & Community Research, 2006.

[41] Orfield, Gary, Mark Bachmeier, David James, and Tamela Eitle, *Deepening Segregation in American Public Schools*[M]. Cambridge, MA: Civil Rights Project, Harvard Graduate School of Education, 1997.

[42] Gatto, J. T. *Dumbing Us Down: The Hidden Curriculum of Compulsory Education*[M]. Gabriola Island, BC, Canada: New Society Publishers, 2005.

[43] Whitty, Geoff Sally Power, and David Halpin. *Devolution and Choice in Education: The*

School, The State and The Market[M]. Philadelphia: Open University Press, 1998.

[44]Delanty, Gerard. Ideologies of the Knowledge Society and the Cultural Contradictions of Higher Education[J]. *Policy Futures in Education*, 2003(1).

[45]Biesta, Gert. Good Education in an Age of Measurement: On the Need to Reconnect with the Question of Purpose in Education[J]. *Educ Asse Eval Acc*, 2009,21.

[46]Smith, D. H. and J. Macauley. *Participation in Social and Political Activities: A Comprehensive Analysis of Political Involvement* [M]. San Francisco: Jossey-Bass, 1980.

[47]Good, Harry G., and James D. Teller. *A History of Western Education*[M]. London: The Macmillian Company, 1969.

[48]Gouldner, A. *The Future of Intellectuals and the Rise of the New Class*[M]. London: Macmillan, 1979.

[49]Graham, H. *An Uncertain Triumph: Federal Education Policy under the Kennedy and Johnson Administrations* [M]. Chapel Hill: The University of North Carolina Press, 1984.

[50]Grodzins, M., and D. J. Elazar, *The American System: A New View of Government in the United States*[M]. Chicago: Rand McNally, 1966.

[51]Hargreaves, A. *Changing Teachers, Changing Times*[M]. London: Cassell, 1994.

[52] Hartley, M., P. D. Eckel, and J. E. King. *Looking beyond the Numbers: The Leadership Implications of Shifting Student, Faculty, and Administrator Demographics*[M]. Washington, D.C.: American Council on Education, 2009.

[53]Wall, Helena. M. *Fierce Communion: Family and Cummunity in Early America*[M]. Cambridge, MA: Harvard University Press,1990.

[54]Betts, J. R., and T. Loveless. *Getting Choice Right*[M]. Washington, DC: Brookings, 2005.

[55]Hess, F. M., and C. E. Finn. *No remedy Left behind: Lessons from a Half Decade of NCLB*[M]. Washington, DC: AEI Press, 2007.

[56]Westheimer. *Pledging Allegiance: The Politics of Patriotism in America's Schools* [M]. New York: Teachers Gollege Press, 2007.

[57]Hochschild, Jennifer L. and Nathan Scovronick. *The American Dream and the Public Schools*[M]. Oxford: Oxford University Press, 2003.

[58]Hofstader, R. *Anti-intellectualism in American Life*[M]. New York: Knopf, 1963.

[59] Hollinshead, B. S. Colleges of Freedom//G. Kennedy (Ed.). *Education for*

Democracy (pp. 90-96)[C]. Boston, MA: D. C. Heath and Company, 1952.

[60] Hooks, Bell. *Teaching to Transgress: Education as a Practice of Freedom*[M]. New York, NY: Routledge, 1994.

[61] Hubert, J. P. , and R. M. Hauser, *High Stakes Testing for Tracking, Promotion and Graduation*[M]. Washington, D. C. : National Academy Press, 1998.

[62] Hutchins, R. M. Double Trouble: Are More Studies, More Facilities, More Money the Key for Better Education? //G. Kennedy (Ed.). *Education for Democracy* [C]. Boston, MA: D. C. Heath and Company, 1952.

[63] Jacob, M. , and T. Hellstrom, *The Future of Knowledge Production in the Academy* [M]. Buckingham: Open University Press, 2000.

[64] Reinier. S. Jacqueline *From Virtue to Character: American Childhood*[M] New York: TW Publishers,1996.

[65] Shafritz, Jay M. *The HarperCollins Dictionary of American Government and Politics* [M]. New York:HarperCollins Publishers, 1993.

[66] Jeynes, W. *American Educational History*[M]. Thousand Oaks, CA: California State University, Long Beach, 2007.

[67] Jillson, Cal. *Pursuing the American Dream: Opportunity and Exclusion over Four Centuries*[M]. Lawrence, KS: University Press of Kansas, 2004.

[68] Micklethwait, John, and Adrian Wooldridge. *A Future Perfect: The Challenge and Hidden Promise of Globalization*[M]. New York: Crown Business, 2000.

[69] Kaestle, C. F. *Pillars of the Republic: Common Schools and American Society*, 1780-1860[M]. New York, NY: Hill and Wang, 1983.

[70] Kahlenberg, R. *Rescuing Brown v. Board of Education: Profiles of 12 Districts Pursuing Socioeconomic School Integration* [M]. New York: The Century Foundation, 2007.

[71] Kamarck, E. C. *The End of Government…as We Know It: Making Public Policy work* [M]. Boulder, CO:Lynne Reinner, 2007.

[72] Kennedy, G. Introduction// G. Kennedy (Ed.). *Education for Democracy*[C]. Boston, MA: D. C. Heath and Company, 1952.

[73] Kerr, C. *The Uses of the University* [M]. Cambridge, MA: Harvard University Press, 1963.

[74] Kirp, D. *Shakespeare, Einstein, and the Bottom Line: The Marketing of Higher Education*[M]. Cambridge, MA: Harvard University Press, 2003.

[75] Klein, N. *No Logo*[M]. New York: Picador, 1999.

[76] Korten, D. *When Corporations Rule the World*[M]. West Hartford, CT: Kumarian Press, 1995.

[77] Lerner, R. M. *Liberty: Thriving and Civic Engagement among America's Youth*[M]. Thousand Oaks, CA: Sage, 2004.

[78] Manna, P. *School's in: Federalism and the National Education Agenda*[M]. Washington, DC: Georgetown University Press, 2006.

[79] McClellan, B. E. *Moral Education in America : Schools and the Shaping of Character from Colonial Times to the Present*[M]. New York : Teachers College Press, Columbia University, 1999.

[80] McGirr, L. *Suburban Warriors: The Origin of the New American Right*[M]. Princeton, NJ: Princeton University Press, 2001.

[81] Mitzel, Harold E. *Encyclopedia of Educational Research*: Fifth Edition[M]. New York: The Macmillan Publishing Co., Inc., 1982.

[82] National Academies of Science, Engineering and Medicine. *Rising above the Gathering Storm: Energizing and Employing America for a Brighter Future*[M]. Washington, DC: Author, 2005.

[83] National Center for Education Statistics (NCES). 120 *Years of American Education: A Statistical Portrait* [R]. Washington, DC: National Center for Educational Statistics, 1993.

[84] National Intelligence Council. *Mapping the Global Future: Project 2020* [R]. Washington, DC: Government Printing Office, 2004.

[85] Newfield, C. *Unmaking the Public University: The Forty-year Assault on the Middle Class*[M]. Cambridge, MA: Harvard University Press, 2008.

[86] Newman, A. Mapping the K-12 and Postsecondary Sectors// F. M. Hess (Ed.). *Educational Entrepreneurship: Realities, Challenges, Possibilities*[C]. Cambridge, MA: Harvard Education Press, 2006.

[87] Newman, F., L. Couturier, and J. Scurry. *The Future of Higher Education: Rhetoric, Reality, and the Risks of Market*[M]. San Francisco, CA: Jossey-Bass Publishers, 2004.

[88] NGA. *Do Skills Matter? NGA Workforce Development Policy Forum 2003* [M]. Washington, DC: NGA, 2003.

[89] Niemi, R. G., and J. Junn. *Civic Education: What Makes Students Learn*[M]. New Haven, CT: Yale University Press, 1998.

[90] Chomsky, Noam. *On Power and Ideology*[M]. Boston: South End Press, 1987.

[91] Nord, W. A. *Religion and American Education: Rethinking a National Dilemma*[M]. The University of North Carolina Press, 1995.

[92] Nowotny, H. , P. Scott, and M. Gibbons, *Re-thinking Science: Knowledge and the Public in an Age of Uncertainty*[M]. Cambridge: Polity Press, 2001.

[93] Parsons, T. , and G. Platt, *The American University*[M]. Cambridge, MA: Harvard University Press, 1973.

[94] Perkin, H. *The Rise of Professional Society: England since 1880*[M]. London: Routledge, 1989.

[95] Perrucci, R. , and E. Wysong. *The New Class Society*[M]. Lanham, MD: Rowan & Littlefield, 2007.

[96] Berger, Peter L. and Samuel Huntington. *Many Globalizations : Cultural Diversity in the Contemporary World*[M]. New York: Oxford University Press, 2000.

[97] Phillips, K. *American Theocracy: The Peril and Politics of Radical Religion, Oil, and Borrowed Money in the 21st Century*[M]. New York: Viking, 2006.

[98] Phillips, Kevin. *Wealth and Democracy: A Political History of the American Rich*[M]. New York: Broadway Books, 2002.

[99] Butts, R. Freeman *The Civic Mission in Educational Reform: Perspectives for the Public and the Profession*[M]. Stanford: Hoover Institution Press, 1989.

[100] Ramsey, Patricia. *Teaching and Learning in a Diverse World: Multicultural Education for Young Children*[M]. New York: Teachers College Press, 1987.

[101] Ravitch, D. *Left Back: A Century of Failed School Reforms*[M]. New York, NY: Simon & Schuster, 2000.

[102] Readings, B. *The University in Ruins*[M]. Cambridge, MA: Harvard University Press, 1996.

[103] Reed, D. S. *On Equal Terms: The Constitutional Politics of Educational Opportunity*[M]. Washington, DC: Georgetown University Press, 2003.

[104] Reese, William J. Public School and the Elusive Search for the Common Good. // Larry Cuban and Dorothy Shipps (Eds.). *Reconstructing the Common Good in Education: Coping with Intractable American Dilemmas*[C]. Stanford, CA: Stanford University Press, 2000.

[105] Rhodes, F. H. T. *The Creation of the Future: The Role of the American University*[M]. Ithaca, NY: Cornell University Press, 2001.

[106] Robins, K, and F. Webster. *The Virtual University? Information, Markets and Managements*[M]. Oxford: Oxford University Press, 2002.

[107] MaCridis, Roy C. *Contemporary Political Ideologies: Movements and Regimes*[M], Cambridge, MA: Winthrop, 1980.

[108] Rudolph, F. *The American College and University*[M]. Athens, GA: University of Georgia Press, 1990.

[109] Rury, J. L. *Education and Social Change: Contours in the History of American Schooling*[M]. New York, NY: Routledge, 2008.

[110] Sadker, David Miller, and Karen Zittleman. *Teachers, Schools and Society*[M]. New York: McGraw Hill, 2008.

[111] Salamon, L. *Partners in Public Service: Government-Nonprofit Relations in the Modern Welfare State*. Baltimore. [M], MD: Johns Hopkins University Press, 1995.

[112] Scapp, R. *Teaching Values: Critical Perspectives on Education, Politics and Culture*[M]. New York: Routledge, 2003.

[113] Scottish Executive. *A Curriculum for Excellence: The Curriculum Review Group*[M]. Edinburgh: Scottish Executive, 2004.

[114] Slaughter, S., and L. Leslie. *Academic Capitalism: Politics, Policies, and the Entrepreneurial University*[M]. Baltimore: Johns Hopkins University Press, 1997.

[115] Smith, M. L. *Political Spectacle and the Fate of American Schools*[M]. New York: RoutledgeFalmer, 2004.

[116] Spring, J. *Deculturalization and the Struggle for Equality*[M]. New York, NY: McGraw-Hill, 1997.

[117] Sterling, S. *Sustainable education: Re-visioning Learning and Change*[M]. Devon: Green Books, 2001.

[118] Swart, W. *Leadership for Academic Units: A performance Improvement Model for Department Chairs, Dean, and Academic Vice Presidents (or those who aspire to be)*[M]. Amherst, MA: HRD press, 2010.

[119] Teicher, P. *The Effects of the Recession and State Deficits on Graduate Public Administration and Affairs Programs*[M]. Washington, DC: NASPAA, 2010.

[120] Hunt, Thomas C., and Monalisa Mullins. *Moral Education in America's Schools: The Continuing Challenge*[M]. Charlotte, NC: Information Age Publishing, 2005.

[121] Thorp, H., and B. Goldstein. *Engines of Innovation: The Entrepreneurial University in the Twenty-first Century* [M]. Chapel Hill: University of North Carolina

Press, 2010.

[122] Titus, Dale. *Balancing Unity and Diversity: A Fedagogy of the American Creed* [A]. Paper presented at the Annual Meeting of the American Association of Colleges for Teacher Education, 1997.

[123] Toch, T. *Margins of Error: The Education Testing Industry in the No Child Left Behind Era* [M]. Washington, DC: Education Sector, 2006.

[124] Townsend, T. *International Handbook of School Effectiveness and School Improvement* [M]. Dordrecht/Boston: Springer, 2007.

[125] U. S. Senate Committee on Health, Education, Labor and Pensions. *The Return on the Federal Investment in For - profit Education: Debt without Diploma* [M]. Washington, DC: Author, 2010.

[126] Veltri, B. T. *Learning on Other People's Kids: Becoming a Teach For America Teacher* [M]. North Carolina: Information Age Publishing, 2010.

[127] Watkins, W. H. *The White Architects of Black Education: Ideology and Power in America*, 1865—1954 [M]. New York: Teachers College Press, 2001.

[128] Webb, L. Dean, Arlene Metha, and K. Forbis Jordan. *Foundations of American Education* [M]. Columbus, Ohio: Merrill, 2007.

[129] Zinn, Howard. *A People's History of the United States. 1492—Present* [M]. 20th ed. New York: HaperCollins Publishers, 1999.

[130] American Political Science Association Task Force on Civic Education in the Next Century. Expanded Articulation Statement: A Call for Reactions and Contributions [J]. PS: *Political Science and Politics*, 1998, 31.

[131] Atkin, C. K. Anticipated Communication and Mass Media Information-seeking [J]. *Public Opinion Quarterly*, 1972, 36(2).

[132] Basken, P. Boeing to Rank Colleges by Measuring Graduates' Job Success [J]. *The Chronicle of Higher Education*, 2008, 9(19).

[133] Graig, G. J. The Contested Classroom Space: A Decade of Lived Educational Policy in Texas Schools [J]. *American Educational Research Journal*, 2009, 46.

[134] Granger, D. No Child Left Behind and the Spectacle of Failing Schools: the Mythology of Contemporary School Reform [J]. *Educational Studies*, 2008, 43(3).

[135] Gray, J. School Effectiveness and the "Other Outcomes" of Secondary Schooling: A Reassessment of Three Decades of British Research [J]. *Improving Schools*, 2004, 7(2).

[136] Greene, J. P. Review of R. G. Niemi and J. Junn, Civic Education[J]. *Social Science Quarterly*, 2000, 81.

[137] Grier, Peter. D. C. Influentials[J]. *The Christian Science Monitor*, 2009, 9(27).

[138] Hess, D., and J. Posselt. How High School Students Experience and Learn from the Discussion of Controversial Public Issues[J]. *Journal of Curriculum and Supervision*, 2002, 17.

[139] Hirschl, T. A., D. A. Ahlquist, and L. L. Glenna. Ideology and the Crisis of Capitalism[J]. *Workplace*, 2008, 15.

[140] Hunter, Susan, and Richard A. Brisbin. Civic Education and Political Science: A Survey of Practice[J]. *Political Science and Politics*, 2003, 36(4).

[141] Hutcheson, P. The 1947 President's Commission on Higher Education and the National Rhetoric on Higher Education Policy[J]. *History of Higher Education Annual*, 2002, 22.

[142] Illich, I. *Deschooling Society*[M]. Marion Boyars Publishers, 2000.

[143] Beach, J. M. The Ideology of the American Dream: Two Competing Philosophies in Education, 1776 – 2006[J]. *Journal of the American Educational Studies Association*, 2007, 41(2).

[144] Duderstadt, James J. Aligning American Higher Education with a Twenty-first-century Public Agenda. Examining the National Purposes of American Higher Education: A Leadership Approach to Policy Reform[J]. *Higher Education in Europe*, 2009, 34(3-4).

[145] Sloam, James Introduction: Youth, Citizenship, and Political Science Education: Questions for the Discipline[J]. *Journal of Political Science Education*, 2010, 6.

[146] Piereson, Jim. Only Encouraging Them[J], *Wall Street Journal*, 2005, 11(18).

[147] Patten, Jim van. Progressivism: Another Look Then and Now[J]. *Journal of Philosophy and History of Education*, 2010, 60.

[148] Josefson, Jim. Don't Argue, Reflect! Reflections on Introducing Reflective Writing into Political Science Courses[J]. PS: *Political Science & Politics*, 2005, 38(4).

[149] Pasek, Josh, Lauren Feldman, Daniel Romer, and Kathleen Hall Jamieson. Schools as Incubators of Democratic Participation: Building Long-Term Political Efficacy with Civic Education[J]. *Applied Development Science*, 2008, 12(1).

[150] Journell, W. Maximizing the Potential of Computer-based Technology in Secondary Social Studies Education[J]. *Social Studies Research and Practice*, 2009, 4.

[151] Kahne, J., B. Chi, and E. Middaugh, Building Social Capital for Civic and Political Engagement: The Potential of High-school Civics Courses[J]. *Canadian Journal of*

Education, 2006,29.

[152] kavanagh, Kara M., and Alyssa Hadley Dunn. The Political Spectacle of Recruiting the "Best and the Brightest"[J]. *Critical Education*, 2013,4(11).

[153] Katayama,K. Is the Virtue Apprach to Moral Edocation Viable in a Plural Society[J]? *Journal of Pilosophy of Education*, 2003,37(2).

[154] Keohane, Robert O. Political Science as a Vocation[J]. PS: *Political Science and Politics*, 2009,42(2).

[155] Key, S. Economics or Education: The Establishment of the American Land Grant Universities[J]. *The Journal of Higher Education*, 1996,67.

[156] Kovacs, P. E., and H. K. Christie. The Gates' Foundation and the Future of U. S. Public Education: A Call for Scholars to Counter Misinformation Campaigns[J]. *Journal of Critical Education Policy Studies*, 2008,6(2).

[157] Krugman, Paul. For Richer: How the Permissive Capitalism of the Boom Destroyed American Equality[J]. *The New York Times Magazine*, 2002,10(20).

[158] Lane, E. America 101[J]. *Democracy Journal*, 2008,10.

[159] Langton, K. P., and M. K. Jennings. Political Socialization and the High School Civics Curriculum in the United States[J]. *American Political Science Review*, 1968, 62(3).

[160] Pritchett, Lant "When Will They Ever Learn?" Why All Governments Produce Schooling[J]. *BREAD Working Paper*, 2003,6(31).

[161] Luyten, H., A. Visscher, and B. Witziers. School Effectiveness Research: From a Review of the Criticism to Recommendations for Further Development[J]. *School Effectiveness and School Improvement*, 2005,16(3).

[162] Lyotard, J-F. *The Postmodern Condition: A Report on Knowledge*[M]. Manchester: Manchester University Press, 1984.

[163] Maier, A. Doing Good and Doing Well: Credentialism and Teach For America[J]. *Journal of Teacher Education*, 2012,63(1).

[164] McDevitt, M., and S. Kiousis. Education for Deliberative Democracy: The Long-term Influence of Kids Voting USA[J]. *Circle Working Paper*, 2004,22.

[165] Engel, Michael *The Struggle for Control of Public Education: Market Ideology vs. Democratic Values*[M]. Philadelphia: Temple University Press, 2000.

[166] Marks, Michael P. Fostering Scholarly Discussion and Critical Thinking in the Political Science Classroom[J]. *Journal of Political Science Education*, 2008(4).

[167] Molina, Anthony DeForest, Elizabeth Theiss‐Smith, and Richard Braunstein. Promoting Student Political Engagement[J]. *Peer Review*, 2008,10(23).

[168] Thomas, Nancy L., and Matthew Hartley. Higher Education's Democratic Imperative [J]. *New Directions for Higher Education*, 2010(152).

[169] Nisbet, M. C., and D. A. Scheufele, Political Talk as a Catalyst for Online Citizenship [J]. *Journalism and Mass Communication Quarterly*, 2004,81.

[170] O'Connor, J. Civic Engagement in Higher Education[J]. *Change: The Magazine of Higher Learning*, 2006,38(5).

[171] Parker, M., and D. Jary, The McUniversity: Organization, Management and Academic Subjectivity[J]. *Organization*, 1995,2.

[172] Parker, W. G. Public Discourses in Schools: Purposes, Problems, Possibilities[J]. *Educational Researcher*, 2006,15(8).

[173] Theobald. Paul. *Call School: Rural Education in the Midwest to 1918* [M]. Carbondale: SIU Press, 1995.

[174] Laursen. Per F. Ideological Power in Education[J]. *European Educational Research Journal*, 2006,5(3).

[175] LeFay, Raven. An Ecological Critique of Education[J]. *International Journal of Children's Spirituality*, 2006,11(1).

[176] Hamilton, Richard F., and Lowell L. Hargens. The Politics of the Professors: Self-Identifications, 1969—1984[J]. *Social Forces*, 1993,71(3).

[177] Wilson, Robin" We Don't Need That Kind of Attitude:" Education Schools Want to Make Sure Prospective Teachers Have the Right "Disposition"[J]. *The Chronicle of Higher Education*, Dec., 2005(16).

[178] Schwandt, T., P. and Dahler-Larsen. When Evaluation Meets the "rough ground" in Communities[J]. *Evaluation*, 2006,12(4).

[179] Slavin, R. Evidence-based Educational Policies: Transforming Educational Practice and Research[J]. *Educational Researcher*, 2002,31(7).

[180] Sleeter, C. Equity, Democracy, and Neoliberal Assaults on Teacher Education[J]. *Teaching and Teacher Education*, 2008,24(8).

[181] Hunter, Susan, and Richard A. Brisbin, Jr. The Impact of Service Learning on Democratic and Civic Values[J]. *American Polical Science Association*, 2000,9.

[182] Popkewitz, Thomas S. Curriculum History, Schooling and the History of the Present [J]. *History of Education*, 2011,40(1).

[183]Thomassen, L. The Inclusion of the Other? Habermas and the Paradox of Tolerance [J]. *Political Theory*, 2006,34.

[184] Usher, R. Lyotard's Performance[J]. *Studies in Philosophy and Education*, 25 (4), 2006.

[185]Journell, Wayne. The Influence of High-Stakes Testing on High School Teachers' Willingness to Incorporate Current Political Events into the Curriculum[J]. *The High School Journal*, 2010,93(3).

[186] Robinson, Anthony W. Ideological Influence on Higher Education: Progressivism Versus Conservatism[D]. Kentucky: University of Louisville Louisville, 2008.

[187] Alexander, L. *The Three-year Solution*. *Newsweek* [EB/OL]. http://www.thedailybeast.com/newsweek/2009/10/16/the-three-year-solution.html.

[188]Answering the Challenge of a Changing World: Strengthening Education for the 21st Century[EB/OL]. http://www.ed.gov/about/inits/ed/competitiveness.1.

[189]Baum, S., and J. Ma Education Pays: The Benefits of Higher Education for Individuals and Society[EB/OL]. http://www.collegeboard.com.

[190]Beam, C. Community College Organizer: What Obama Wants to Do for Entry Level Higher Ed. Slate[EB/OL]. http://www.slate.com/id/222257044.

[191] Youth Voting in the 2004 Election, CIRCLE Fact Sheet[EB/OL]. http://www.civicyouth.org/PopUps/FactSheets/FS_Exit_Polls.pdf, 2005.

[192]DeSantis, N. "New Media Consortium Names Top 10 "Metatrend" Shaping Educational Technology"[EB/OL], http://chronicle.com/blogs/wiredcampus/new-media-consortium-names-10-top-metatrends-shaping-educational-technology/35234, February.

[193]Eidler, S. Deferring Six Figures on Wall Street for a Teacher's Salary[EB/OL]. http://www.dealbook.nytimes.com.

[194]Higher Education Research Institute. "The American Freshman: National Norms Fall 2009." Los Angeles: Higher Education Research Institute, University of California Los Angeles, 2010 [EB/OL]. http://www.heri.ucla.edu/PDFs/pubs/briefs/brief-pr012110-09FreshmanNorms.pdf.

[195]Letter to the Regents of the University of California, University of California, Office of the President, March 21, 2003[EB/OL]. http://www.universityofcalifornia.edu/senate/underreview/apm010prop.pdf.

[196] Light, J. The Education Industry: The Corporate Takeover of Public Schools, Corpwatch. 1998. [EB/OL]. http://www.corpwatch.org/article.php?id=889.

[197] Jaschik, S. The Obama plan. Inside Higher Ed [EB/OL]. http://www. insidehighered. com/news/2009/07/15/obama.

[198] Rauch, Marc J. America-Hating Professors, FrontPageMagazine, October 14, 2002 [EB/OL]. http://archive. frontpagemag. com/readArticle. aspx? ARTID = 218752002, (accessed September 1, 2013.

[199] Melchior, A. National Evaluation of Learn and Serve America School and Community-based Programs. Final Report. Waltham, MA: Brandeis University. 1998[EB/OL]. http://eric. ed. gov/ERICDocs/ data/ericdocs2sql/content_ storage_ 01/0000019b/80/ 16/ 05/f8. pdf.

[200] Malkin. Michelle. The Three R's in the Age of Obama: Rappin', Revolution and Radicalism. FrontPageMagazine. com[EB/OL]. http://archive. frontpagemag. com/ readArticle. aspx? ARTID=36433.

[201] Monbiot, G. The Corporate Takeover of Childhood[EB/OL]. http://www. monbiot. com/2002/01/08/the-corporate-takeover-of-childhood/.

[202] Ryu, M. Minorities in Higher Education 2009 Supplement. Washington, D. C.: American Council on Education[EB/OL]. http://www. acenet. edu/AM/Template. cfm? Section=CAREE&Template=/CM/ContentDisplay. cfm&ContentID=34214.

[203] Schultz, D. The Corporate University in American Society[EB/OL]. http://www. logosjournal. com/issue_4. 4/schultz. htm.

[204] TG Research and Analytical Services. Opening the Doors to Higher Education: Perspectives on the Higher Education Act 40 Years Later[EB/OL]. http://www. tgslc. org/publications/.

[205] The Department of Defense of US. Quadrennial Defense Review Report[EB/OC]. http://www. Defense. gov /qdr/images /QDR_as_of_12Feb10_1000. pdf.

后　记

　　2010年9月，非常幸运，我有机会成为程晋宽教授的博士生，两岁半的女儿也开始了她的幼儿园生活。2014年5月，我忐忑不安，准备博士学位论文答辩，六岁半的女儿满怀憧憬，准备上小学。

　　这四年的时光，似乎是弹指一挥间，那么快，又那么慢！

　　额头若隐若现的丝丝白发，提醒着我已经告别了那个不谙世事的小姑娘，这青春的尾巴也快要溜走；从对学科研究不知所措到沉甸甸的学术论文新鲜出炉，提醒着我的时间到哪儿去了；那个从牙牙学语到能够与我进行争辩的伶牙俐齿的女儿，提醒着我生命正在延续的力量。

　　我一直认为，我是幸运的。否则，怎会在我看不到学术研究的前景时，为我带来新的希望？怎会在我入学后因找不准研究方向而困惑时，为我拨开迷雾送来谆谆教导？又怎会在我的博士论文写作无以为继时，为我指点迷津拨云见日？这一切都要感谢我的博士生导师——程晋宽教授。程老师在学术上有严谨的治学态度、深厚的理论基础、宽广的研究视野，在生活上真诚地待人接物，对我悉心地教导、关怀，这所有的一切都使我感动、感激和感恩。

　　感动的是，母校——南京师范大学教育科学学院的诸多知名教授也为我提供了他们无私的真知灼见，在学位课程学习时提供的学术研讨主题拓展了我的学术视野，丰富了我的学术知识，他们是张乐天教授、吴康宁教授、程晋宽教授、张之沧教授等；在博士论文开题时诸位教授的点拨更是拓展了我的研究思路，明晰了研究方法，让我受益匪浅，他们是胡建华教授、张乐天教授、张新平教授、王建华教授和高德胜教授等；在博士论文答辩会上的真知灼见为我今后的研究指明了方向，他们是黄志成教授、许庆豫教授、张乐天教授、程晓樵教授和王建华教授。在攻读博士学位期间，我从这些博导和教授身上真正体会到了何为"学高为师，身正为范"的精神修为！

　　感激的是，我的工作单位——南京森林警察学院，我所在部门的吴小虹主任和我的同僚们默默分担和支持我的工作，让我尽可能心无旁骛地专攻学业；我的步入花甲之年的父亲母亲悉心照顾女儿，分担家务，让我少了许多生活上的后顾之忧；我的先生，一位宽容憨厚的转业军官，承担起了家庭的后勤保障任务，让我安心徜徉在学术的殿堂,我的女儿——上天赐给我的最珍贵的礼物,为我枯燥且时而抓狂的学习状态平添了诸多乐趣。

感恩我的导师——程晋宽教授引领我步入学术生涯的新境界;感恩我的领导和同事对我的提携和帮助;感恩我的父母为我做出的奉献和牺牲;感恩我的小家庭给予我的温暖和关爱。没有他们,我将不再是我。感恩且珍惜!

2014 年 5 月于南京政治学院